土地科学丛书

# 土地利用规划学
（修订版）

彭补拙　周生路　陈　逸　谈俊忠　等编著

东南大学出版社
南　京

## 内 容 简 介

本书简要地阐述了土地利用规划学研究的对象、任务与内容,土地利用规划的体系和程序,系统地论述了土地利用规划的理论基础与原则,详细地介绍了土地利用总体规划、土地利用规划设计和土地利用专项规划的理论和方法,概述了土地生态规划与设计的内容和方法,简述了土地利用规划实施评价的类型、内容和方法,最后简介了土地利用规划信息系统和数据库设计。

本书结构合理、内容全面、论述清晰,深入浅出、图文并茂、理论与实际相结合。

本书可以作为高等院校城市规划、自然地理与资源环境、人文地理与城乡规划、土地资源管理等专业的教学参考书,还可以作为从事土地资源管理、土地规划、城乡规划人员的参考用书。

### 图书在版编目(CIP)数据

土地利用规划学/彭补拙等编著. —2版(修订本). —南京:东南大学出版社,2013.5(2020.9重印)
 (土地科学丛书)
 ISBN 978-7-5641-4095-3

Ⅰ.①土… Ⅱ.①彭… Ⅲ.①土地规划 Ⅳ.
①F301.2

中国版本图书馆 CIP 数据核字(2013)第 023418 号

### 土地利用规划学(修订版)

| | |
|---|---|
| 出版发行 | 东南大学出版社 |
| 出 版 人 | 江建中 |
| 社　　址 | 南京市四牌楼 2 号 |
| 邮　　编 | 210096 |
| 经　　销 | 全国各地新华书店 |
| 印　　刷 | 虎彩印艺股份有限公司 |
| 开　　本 | 787 mm×1092 mm　1/16 |
| 印　　张 | 19.5 |
| 字　　数 | 502 千字 |
| 版　　次 | 2006 年 2 月第 1 版　2013 年 5 月第 2 版 |
| 印　　次 | 2020 年 9 月第 2 次印刷 |
| 书　　号 | ISBN 978-7-5641-4095-3 |
| 印　　数 | 3 501—3 900 册 |
| 定　　价 | 49.00 元 |

(本社图书若有印装质量问题,请直接与营销部联系。电话:025-83791830)

# 《土地科学丛书》编委会

主　编　彭补拙
副主编　陶培荣　黄方方　濮励杰　周寅康　黄贤金
编　者　（按姓氏笔画为序）
　　　　王腊春　许有鹏　朱继业　李升峰　李春华
　　　　张　燕　张兴奇　张建新　周　峰　周生路
　　　　周寅康　陈　逸　高　超　陶培荣　黄方方
　　　　黄贤金　彭补拙　窦贻俭　濮励杰

# 修订版前言

　　土地是万物之源,是人类所有活动的载体。合理的规划和利用土地是区域经济社会可持续发展的重要保证。随着人类对土地认识的不断深入和对土地的不断深化,土地利用规划的内容与方法也不断得到了丰富和发展。我国是人多地少的国家,人均耕地仅为1.38亩,不到世界平均水平的40%,因此土地利用规划工作尤为重要。已经完成的三轮土地利用规划,对耕地保护和土地开发利用起着重要的调控作用。本书力图能够反映土地利用规划学科的最新研究成果,建立相对完整的学科体系。

　　南京大学地理与海洋科学学院(先后经历地理系、大地海洋科学系、城市与资源学系)于1984年正式成立自然资源专业,在此基础上于1993年开设了土地管理与房地产开发专业。土地利用规划的内容分别在"自然资源学导论"、"土地管理学"中讲授。之后,独立开设"土地利用规划学"课程,并于2003年出版《土地利用规划学》一书。由于学科的发展和人才培养的需要,此次修订编者在原有教材的基础上,认真总结多年来从事土地利用规划工作的经验和成果,充分吸收同仁的成果和经验,使之不断完善和补充。

　　该书绪论部分系统地阐述了土地利用规划的定义、内容、体系以及国内外发展现状和发展趋势。理论基础部分重点介绍了可持续发展理论、人地关系理论、地租地价理论、土地区位理论、生态经济理论、土地资源优化配置理论以及土地利用规划依据的主要原则。规划方法中主要介绍了统计与计量方法、空间分析方法、规划中常用的概念模型以及相关代表性方法的应用。土地利用总体规划、土地利用规划设计和土地利用专项规划则分别根据土地利用规划的主要类型相应地进行了系统分析。其中土地利用总体规划重点介绍了土地利用系统分析、土地利用结构调整、土地利用分区和用途管制以及我国已经完成的三轮土地利用总体规划的基本情况；土地利用规划设计则分别介绍了居民点用地规划、交通用地规划、耕地规划、水利工程用地规划、园地规划、林地规划、牧草地规划和水产用地规划；土地利用专项规划则重点介绍了基本农田保护区规划、土地整治规划和土地储备规划。此外，本书也介绍了土地利用生态规划的基本内容和方法。最后，本书在原有教材的基础上增加了土地利用规划实施评价、土地利用总体规划环境影响评价、土地利用规划数据库与信息系统建设等内容。本书不但总结了土地利用规划的理论和方法，同时反映了土地利用规划的最新发展态势，尤其是我们关于土地利用规划的最新研究成果。

本书由彭补拙、周生路、陈逸、谈俊忠拟定编写提纲，具体编写分工如下：第1章彭补拙；第2章陈逸；第3章黄贤金、於冉；第4章陈逸；第5章张建春；第6章周生路、张健、赵小凤；第7章朱明；第8章陈逸；第9章李升峰；第10章谈俊忠、刘玥。全书由彭补拙、陈逸负责统稿和定稿。

南京大学地理与海洋科学学院黄贤金教授、濮励杰教授和周寅康教授及其他老师对本书的编写提出了许多宝贵的意见，在此一并表示感谢。

本书不尽完善之处，请批评指正，以便再次修编时进一步充实完善。

编者<br>2012 年 12 月

# 目　录

**1　绪　论** ………………………………………………………………………… (1)
 1.1　土地利用规划的概念 ……………………………………………………… (1)
  1.1.1　土地利用的含义 …………………………………………………… (1)
  1.1.2　规划的概念 ………………………………………………………… (1)
  1.1.3　土地利用规划的概念 ……………………………………………… (2)
 1.2　土地利用规划学研究的对象、任务与内容 ……………………………… (4)
  1.2.1　土地利用规划学研究的对象 ……………………………………… (4)
  1.2.2　土地利用规划学研究的任务 ……………………………………… (5)
  1.2.3　土地利用规划学研究的主要内容 ………………………………… (5)
 1.3　土地利用规划的体系和程序 ……………………………………………… (6)
  1.3.1　土地利用规划的体系 ……………………………………………… (6)
  1.3.2　土地利用规划的程序 ……………………………………………… (8)
 1.4　土地利用规划在土地科学中的地位及社会经济发展中的作用 ……… (8)
  1.4.1　土地利用规划在土地科学中的地位 ……………………………… (8)
  1.4.2　土地利用规划在社会经济发展中的作用 ………………………… (9)
 1.5　土地利用规划的发展与展望 …………………………………………… (10)
  1.5.1　国外土地利用规划的发展历史 …………………………………… (10)
  1.5.2　我国土地利用规划的发展 ………………………………………… (12)
  1.5.3　典型国家和地区土地利用规划介绍 ……………………………… (13)

**2　土地利用规划的理论和原则** ……………………………………………… (16)
 2.1　土地利用规划的理论 …………………………………………………… (16)
  2.1.1　可持续发展理论 …………………………………………………… (16)
  2.1.2　人地关系理论 ……………………………………………………… (17)
  2.1.3　地租地价理论 ……………………………………………………… (19)
  2.1.4　土地区位理论 ……………………………………………………… (21)
  2.1.5　生态经济理论 ……………………………………………………… (25)
  2.1.6　土地资源优化配置理论 …………………………………………… (27)
 2.2　土地利用规划原则 ……………………………………………………… (29)
  2.2.1　维护和巩固社会主义公有制原则 ………………………………… (29)
  2.2.2　因地制宜原则 ……………………………………………………… (30)
  2.2.3　动态平衡原则 ……………………………………………………… (30)
  2.2.4　综合效益原则 ……………………………………………………… (30)
  2.2.5　指标控制原则 ……………………………………………………… (31)

## 3 土地利用规划方法介绍 (32)

### 3.1 统计与计量分析 (32)
- 3.1.1 相关分析法 (32)
- 3.1.2 回归分析法 (32)
- 3.1.3 主成分分析法 (33)
- 3.1.4 因子分析法 (33)
- 3.1.5 聚类分析法 (34)
- 3.1.6 时间序列分析方法 (34)

### 3.2 空间分析方法 (35)
- 3.2.1 空间自相关 (35)
- 3.2.2 元胞自动机 (36)
- 3.2.3 人工神经网络 (37)
- 3.2.4 遗传算法 (37)

### 3.3 概念模型 (38)
- 3.3.1 PSR 模型 (38)
- 3.3.2 系统动力学模型 (38)
- 3.3.3 建设用地扩张的时空均衡模型 (39)
- 3.3.4 基于碳氧平衡的 NSGA-Ⅱ与 CLUE-S 集成模型 (39)
- 3.3.5 基于柔性决策的弹性土地利用总体规划决策支持系统模型 (40)

### 3.4 代表性方法应用 (41)
- 3.4.1 低碳导向的中国土地利用规划优化控制模型 (41)
- 3.4.2 通州区建设用地扩张的时空均衡评价模型 (43)
- 3.4.3 基于碳氧平衡的苏州市土地利用多情景模拟 (46)
- 3.4.4 通州市弹性土地利用总体规划柔性决策模型 (49)

## 4 土地利用总体规划 (51)

### 4.1 土地利用总体规划的概念和特征 (51)
- 4.1.1 土地利用总体规划的概念 (51)
- 4.1.2 土地利用总体规划的特征 (51)

### 4.2 土地利用总体规划的目标与任务 (52)
- 4.2.1 土地利用总体规划的目标 (52)
- 4.2.2 土地利用总体规划的任务 (53)

### 4.3 土地利用总体规划的主要内容和基本程序 (54)
- 4.3.1 土地利用总体规划的主要内容 (54)
- 4.3.2 土地利用总体规划的基本程序 (56)

### 4.4 土地利用总体规划的体系 (57)
- 4.4.1 土地利用总体规划的体系及其相互关系 (58)
- 4.4.2 土地利用总体规划和其他相关空间规划的关系 (59)

### 4.5 土地利用现状分析 (62)
- 4.5.1 土地利用现状调查 (62)

4.5.2　土地利用现状分析的意义与内容 …………………………………… (63)
4.6　土地质量评价 ……………………………………………………………………… (65)
　　4.6.1　土地质量评价概述 …………………………………………………… (65)
　　4.6.2　土地质量评价的方法 ………………………………………………… (66)
　　4.6.3　土地质量评价程序 …………………………………………………… (67)
　　4.6.4　土地适宜性评价 ……………………………………………………… (69)
　　4.6.5　土地的人口承载力 …………………………………………………… (69)
4.7　土地供需平衡分析 ………………………………………………………………… (71)
　　4.7.1　土地需求量预测 ……………………………………………………… (71)
　　4.7.2　土地供给量分析 ……………………………………………………… (79)
　　4.7.3　土地供需平衡分析 …………………………………………………… (81)
4.8　土地利用结构调整和布局优化 …………………………………………………… (81)
　　4.8.1　土地利用供选方案的拟订 …………………………………………… (82)
　　4.8.2　供选方案的评价与效益分析 ………………………………………… (83)
　　4.8.3　各种用地的优化配置 ………………………………………………… (85)
4.9　土地利用分区与用途管制 ………………………………………………………… (87)
　　4.9.1　土地利用分区概念和主要类型 ……………………………………… (87)
　　4.9.2　土地利用分区的原则 ………………………………………………… (89)
　　4.9.3　主要土地用途区划分要求和管制规则 ……………………………… (90)
　　4.9.4　建设用地空间管制分区 ……………………………………………… (93)
　　4.9.5　土地用途管制 ………………………………………………………… (96)
4.10　我国土地利用总体规划模式变迁研究 …………………………………………… (99)
　　4.10.1　以保障建设用地为核心的第一轮土地利用总体规划(1986—2000年) …… (99)
　　4.10.2　以耕地总量动态平衡为核心的第二轮土地利用总体规划(1996—2010年) …… (100)
　　4.10.3　以节约和集约用地为核心的第三轮土地利用总体规划(2006—2020年) …… (102)
　　4.10.4　土地利用总体规划的发展与展望 …………………………………… (103)

## 5　土地利用规划设计 ……………………………………………………………… (105)
5.1　居民点用地规划设计 ……………………………………………………………… (105)
　　5.1.1　居民点用地 …………………………………………………………… (105)
　　5.1.2　居民点用地选择 ……………………………………………………… (106)
　　5.1.3　居民点用地规划设计 ………………………………………………… (107)
5.2　交通用地规划设计 ………………………………………………………………… (114)
　　5.2.1　交通运输用地的功能与结构 ………………………………………… (114)
　　5.2.2　交通用地的预测 ……………………………………………………… (116)
　　5.2.3　交通运输网的配置 …………………………………………………… (118)
　　5.2.4　交通用地的类型与规划设计 ………………………………………… (119)
5.3　耕地规划设计 ……………………………………………………………………… (127)
　　5.3.1　耕地规划设计目的、意义与内容 …………………………………… (127)
　　5.3.2　耕地组织形式与规划设计 …………………………………………… (128)
　　5.3.3　田间灌排渠系设计 …………………………………………………… (132)

5.3.4 田间道路规划……………………………………………………(134)
　　5.3.5 农田防护林设计…………………………………………………(135)
　　5.3.6 耕地规划设计方案及其评价……………………………………(137)
5.4 水利工程用地规划设计…………………………………………………(137)
　　5.4.1 水利工程用地的类型与规划的内容……………………………(138)
　　5.4.2 水资源的类型与水土资源平衡…………………………………(138)
　　5.4.3 供水工程用地规划设计…………………………………………(142)
　　5.4.4 输排水工程用地规划设计………………………………………(146)
5.5 园地规划设计……………………………………………………………(150)
　　5.5.1 园地规划设计的内容……………………………………………(150)
　　5.5.2 果树树种的选择与配置…………………………………………(150)
　　5.5.3 果园小区设计……………………………………………………(151)
　　5.5.4 果园用地田间工程规划设计……………………………………(152)
5.6 林地规划设计……………………………………………………………(153)
　　5.6.1 林地的功能与分类………………………………………………(153)
　　5.6.2 林地规划设计的内容……………………………………………(154)
　　5.6.3 林地规划设计的特点……………………………………………(156)
　　5.6.4 林地规划设计的评价……………………………………………(157)
5.7 牧草地规划设计…………………………………………………………(157)
　　5.7.1 牧草地规划设计的原理…………………………………………(157)
　　5.7.2 牧草地规划设计的基本内容……………………………………(159)
　　5.7.3 放牧地规划设计…………………………………………………(159)
　　5.7.4 割草地规划设计…………………………………………………(163)
　　5.7.5 牧草地规划设计的评价…………………………………………(164)
5.8 水产用地规划设计………………………………………………………(165)
　　5.8.1 水产业用地及其分类……………………………………………(165)
　　5.8.2 人工养殖场规划设计……………………………………………(166)
　　5.8.3 其他水产用地规划设计…………………………………………(169)
　　5.8.4 水产用地规划设计的评价………………………………………(171)

# 6 土地利用专项规划……………………………………………………………(172)

6.1 土地利用专项规划概述…………………………………………………(172)
　　6.1.1 土地利用专项规划的概念和特征………………………………(172)
　　6.1.2 土地利用专项规划的主要类型…………………………………(173)
6.2 基本农田保护区规划……………………………………………………(174)
　　6.2.1 基本农田及其相关概念…………………………………………(174)
　　6.2.2 基本农田保护区规划……………………………………………(175)
　　6.2.3 基本农田划定规划………………………………………………(177)
6.3 土地整治规划……………………………………………………………(179)
　　6.3.1 土地整治与土地整治规划概述…………………………………(180)
　　6.3.2 土地开发规划……………………………………………………(188)

  6.3.3 土地整理规划 …………………………………………………（196）
  6.3.4 土地复垦规划 …………………………………………………（204）
  6.3.5 土地治理规划 …………………………………………………（211）
 6.4 土地储备规划 ……………………………………………………（218）
  6.4.1 土地储备规划的研究范畴 ……………………………………（218）
  6.4.2 土地储备规划的定位 …………………………………………（221）
  6.4.3 土地储备规划的编制内容 ……………………………………（223）

# 7 土地生态规划 ……………………………………………………（228）

 7.1 土地生态规划的概念与内涵 ……………………………………（228）
  7.1.1 生态规划与土地生态规划概念辨析 …………………………（228）
  7.1.2 土地生态规划的内涵 …………………………………………（228）
 7.2 土地生态规划的产生与发展 ……………………………………（229）
  7.2.1 土地生态规划的萌芽阶段 ……………………………………（229）
  7.2.2 土地生态规划的发展与完善阶段 ……………………………（230）
  7.2.3 土地生态规划的繁荣阶段 ……………………………………（231）
 7.3 土地生态规划的基础理论 ………………………………………（231）
  7.3.1 整体论、系统论与生态系统理论 ……………………………（231）
  7.3.2 生态平衡理论 …………………………………………………（232）
  7.3.3 生态适宜性理论 ………………………………………………（232）
  7.3.4 环境容载力理论 ………………………………………………（233）
  7.3.5 景观格局与过程理论 …………………………………………（234）
  7.3.6 地域分异规律及空间异质性原理 ……………………………（234）
  7.3.7 生态系统服务功能理论 ………………………………………（235）
 7.4 土地生态规划的内容与方法 ……………………………………（235）
  7.4.1 土地生态规划的主要内容 ……………………………………（235）
  7.4.2 土地生态规划的主要方法 ……………………………………（239）

# 8 土地利用规划实施评价 …………………………………………（243）

 8.1 土地利用规划实施评价的概念和类型 …………………………（243）
  8.1.1 土地利用规划实施评价的概念 ………………………………（243）
  8.1.2 土地利用规划实施评价的主要类型 …………………………（243）
 8.2 国外土地利用规划实施评价研究 ………………………………（245）
  8.2.1 国外规划实施评价的标准 ……………………………………（245）
  8.2.2 国外研究方法及案例 …………………………………………（245）
  8.2.3 国外研究的发展趋势 …………………………………………（249）
 8.3 国内土地利用规划实施评价研究 ………………………………（249）
  8.3.1 国内规划实施评价方法的研究 ………………………………（249）
  8.3.2 国内规划实施评价指标研究 …………………………………（250）
  8.3.3 国内现有研究存在的问题 ……………………………………（254）
  8.3.4 改进措施与方法 ………………………………………………（254）

# 9 土地利用总体规划环境影响评价 (256)

## 9.1 土地利用总体规划环境影响评价概述 (256)
### 9.1.1 基本内涵、评价目的与意义 (256)
### 9.1.2 评价背景与进展 (256)
### 9.1.3 评价的主要任务 (258)
### 9.1.4 评价基本要求 (258)

## 9.2 土地利用方式的生态环境影响与环境影响识别 (259)
### 9.2.1 不同土地利用方式的生态环境影响 (259)
### 9.2.2 土地利用总体规划的环境影响识别 (260)

## 9.3 土地利用总体规划环境影响评价的基本内容 (261)
### 9.3.1 环境与土地利用现状分析 (261)
### 9.3.2 规划协调性分析 (262)
### 9.3.3 评价目标与评价指标体系 (262)
### 9.3.4 规划方案的环境影响分析 (265)
### 9.3.5 困难与不确定性分析 (267)
### 9.3.6 评价结论与对策措施 (267)

## 9.4 土地利用总体规划环境影响评价技术方法 (268)
### 9.4.1 通用技术方法概述 (268)
### 9.4.2 生态服务价值评价法 (269)
### 9.4.3 生态绿当量评价法 (269)
### 9.4.4 土地生态适宜度评价法 (270)

# 10 土地利用规划数据库与信息系统建设 (271)

## 10.1 土地利用规划信息系统概述 (271)
### 10.1.1 土地利用规划信息系统的概念 (271)
### 10.1.2 土地利用规划信息系统目标 (272)
### 10.1.3 土地利用规划信息系统建设流程 (273)

## 10.2 土地利用规划信息系统的数据准备 (274)
### 10.2.1 数据库建设的主要内容 (274)
### 10.2.2 建库的技术路线 (276)
### 10.2.3 数据库建设的流程 (277)

## 10.3 土地利用规划信息系统的设计与实现 (278)
### 10.3.1 系统定义 (278)
### 10.3.2 系统总体设计 (281)
### 10.3.3 系统数据库设计 (286)
### 10.3.4 系统详细设计 (288)
### 10.3.5 系统实现 (292)

**参考文献** (293)

**后记** (298)

# 1 绪 论

## 1.1 土地利用规划的概念

### 1.1.1 土地利用的含义

土地利用是人类为了生产和生活的目的而进行的长期性或周期性的经营或经济活动。土地利用既受自然条件,又受社会、经济和技术条件的影响,因此土地利用是由上述因素共同作用所决定的土地功能。正如联合国粮农组织土地利用规划部工作组指出:土地利用是自然条件和人为干预所决定的土地功能。王万茂教授在《土地利用规划学》中明确指出:土地利用是土地质量和人为干预所决定的土地功能。显然,土地利用过程中人类通过对土地资源进行管理,在充分发挥土地功能作用的同时,寻求较好的环境质量是土地利用的核心问题。

一个国家或地区国民经济各部门的生产建设都要落实到土地上,因此,土地利用的广度、深度和合理程度,即为它的生产规模、水平和特点的集中反映。土地利用的目的是为了效益,其效益可分为经济效益、社会效益和生态效益,其中经济效益和社会效益是密不可分的。经济效益是指生产过程中劳动占用、劳动消费和劳动成果的比较;生态效益是指生产过程中劳动占用、劳动消费和生态效果的比较。实际上,在土地利用的实际过程中,经济效益与生态效益具有共生性,是同一项土地利用活动在经济和生态两方面的效果。因为土地是一个由土地自然生态系统与土地经济系统耦合而成的土地生态经济系统,在土地利用的活动或社会生产和再生产的过程中,占用和消耗一定量的劳动不仅要生产出一定量符合社会需要的产品,即生产一定的经济效果,同时人类为了生存和发展,必须从土地生态系统中取走和注入一些物质和能量,以及一些污染物质,在这种"取"和"还"的过程中,土地生态经济系统受其影响总会发生变化,从而产生一定的生态效益。由于这两种效益具有共生性,是土地利用中的两种效果,这就要求我们在生产过程中,必须在注意经济效益的同时兼顾生态效益,即注重生态经济效益,力求达到两种效益的综合和统一,不断提高土地利用的整体效益和土地的可持续利用水平。

### 1.1.2 规划的概念

规划是在区域范围内对整个社会经济的发展进行总体的战略部署,更确切地说是综合区域内的自然、社会、经济等因素为一体,以社会、经济、生态效益的统一和可持续发展为目标,以区域内的自然、资源、经济、社会、技术、区位等因子为条件,在区域范围内,合理地组织产出,开发资源,布局生产,发展城镇,促进区域社会、经济和生态环境的协调发展。可以发现,规划的最重要的特点就是"未来导向性",对事物未来发展方向起到引导作用。日常生活

中,除了土地利用规划以外,常见的规划主要有以下几种:

以区域为主的综合性战略规划,它涉及的范围是某一区域内的整个地域空间,具有明显的地域性;在规划内容上,包括社会、经济和生态环境等各个方面的全面综合规划,具有明显的整体性;规划所把握的是当前和长远的关系,它是解决战略发展的有力工具,具有明显的长远性。

国土规划涉及自然、社会、经济等方面,其规划内容包括:有关国土资源的合理开发和可持续利用;区域生产建设的总体布局,区域的水源、能源、交通、通信等基础设施的全面安排;环境的综合治理、经济发展和环境的协调等等,具有高度的综合性。

区域社会经济发展战略是对区域内各种社会经济活动的发展进行战略性规划,也涉及各部门、各行业间的综合平衡与协调关系,但它不对各种社会经济活动的空间布局进行深入的研究,而以数量的大小和结构的确定为主,很少涉及空间结构。

区域城镇体系规划是对区域内人口、生产力布局、城镇化水平、城镇居民点体系的发展与空间市局、基础设施的配套建设、公共服务设施的建设标准与空间布局进行规划。它侧重于空间总体布局,把社会经济发展战略作为编制区域城镇体系的背景和依据,以空间结构、网络组织为主,以数量的大小与结构为辅。

各级政府国民经济和社会发展计划包括短期、中期(5~10年)、长期(10年以上)计划。该计划又称为国民经济发展规划,其内容包括从生产、流通到消费积累,从发展指标到基建投资,从部门比例到地区分配,从资源开发利用、生产布局到生态环境建设,从人口的教育、就业到住宅、福利等,都要进行全面的规划。

由于客观条件的不断发展与变化,规划方案的各项影响因素处于动态变化之中,因此,要求根据新的情况,重新制订规划,适应新的要求,变静态规划为动态规划,变刚性规划为弹性规划,使整个规划成为一个持续成长的发展过程。

### 1.1.3 土地利用规划的概念

土地利用规划又称为土地规划,在台湾等地也称为土地使用计划("台湾地区综合开发计划""县市综合发展计划""都市计划"等)。在一些过去的文献中,还可以看到与土地利用规划相类似的名词,如土地整理、土地组织、土地综合规划,等等。

何谓土地利用规划?一直是国内外学术界争议的焦点,不同的学者对规划和土地利用规划有着不同的表述。美国土地利用规划学者 F. S. Chapin 认为,传统的土地利用规划根植于设计与工程学,重点强调的是土地利用的设计,给出一个未来土地利用的设计蓝图。这一层次意义上的土地利用规划只告诉人们未来的土地利用应是一种什么状态,却没有告诉人们这一状态如何实现。而后,人们认识到土地利用规划还应该有另外一种含义,即"给出行动路线",也就是向人们指出为实现未来的土地利用目标所要采取的行动过程和途径。这要求土地利用规划不仅要对土地利用未来状态的安排与设计,同时还要建立一个控制调节系统,以指导和控制未来的土地利用过程,即土地利用规划不仅包含一个土地利用方式选择的决策过程,而且包括达到选择目标的控制调节过程。在当代美国,土地利用规划一词通常理解为地方政府为了保护私人财产的价值和公众利益,而运用监察权对私人土地的开发利用进行控制的活动。近年来,加拿大学者梁鹤年指出,土地利用规划定义为通过土地的合理利用与开发,在城市中保护和改进生活、生产、娱乐环境的过程。一般说来,土地利用决策就是决定土地利用的方式、数量和位置。那就是"什么"、"多少"、"在哪里"这些有关"选址"和"规模"的问题。

20世纪60年代初期,我国土地规划工作者曾对土地规划的概念,做过几次探讨,归纳为以下几点:

(1)土地规划应当解决土地利用和与土地利用相关的全部规划问题。因为土地利用是整个生产组织的重要组成部分,它与其他生产要素密不可分,所以,在进行土地规划时,不仅要制定土地本身如何利用的规划,而且要制定与土地利用有关的其他生产资料和劳动力利用的规划。持这种意见的人认为,土地规划实质上是一个地区的全面经济规划。

(2)土地规划应当解决土地利用过程中涉及的所有问题。土地利用是生产上存在着的一个完整的问题,土地规划既要解决土地利用空间上组织的问题,也应解决集约经营土地、提高土地生产率的问题。持这种意见的人认为,土地规划应叫作土地利用规划。

(3)土地规划主要解决在空间上合理组织土地的利用的问题,它是解决整个土地利用问题的诸多措施中的一个方面。它既与解决土地利用问题的其他措施和组织整个生产的许多措施有着密切的联系,又与它们有所区别,不能混为一谈。持这种意见的人认为,土地规划是针对在空间上合理组织土地的利用而实行的一整套措施。

联合国粮农组织(FAO)于1993年出版的《土地利用规划》指南,对土地利用规划的本质和目的、规划的尺度和对象等理论问题进行了明确的界定。该书认为,土地利用规划是一个对土地资源潜力以及对土地利用和社会经济条件改变的系统评价过程。其目的是为了选择、采用并实施最佳的土地利用方案,以满足人们对未来土地资源安全的需要,规划驱动力变化的需要,改善管理的需要或者是由于条件改变导致选择不同土地利用模式的需要。1994年,H. N. Vanlier的《可持续土地利用规划》专著中认为,所谓可持续土地利用规划,是为了正确选择各种土地利用区位,改善农村土地利用的空间条件及长久保护自然资源而制定的土地利用政策及实施这些政策的操作指南。

近年来,随着社会经济形势的变迁以及我国土地利用规划实践的发展,人们对土地利用规划概念的认识也逐步深化。

郭焕成认为"土地利用规划是对一定地域范围内全部土地资源的开发、利用、保护、整治在时间上和空间上的总体安排和战略部署,是一个宏观控制性和指导性的长期规划。土地利用规划的主要任务是,根据社会经济发展的需要和土地资源的潜力,在市场需求的导向下,从追求经济、社会、生态效益出发,提出土地开发利用的目标、结构和布局方案,以满足'一要吃饭,二要建设,三要保护生态环境'的需要"。

郝晋珉认为"土地利用规划是人们根据社会发展要求和当地自然、经济、社会条件,以及历史基础和现状特点,对一定区域范围内的土地利用进行空间布局上的优化组合,并且对实现该优化组合在时间上、措施上和政策上作出安排,以求最大限度的发挥土地的综合功能。它是土地利用控制的手段和措施"。

刘克庸认为"土地利用规划是以合理利用土地为目的所进行的规划。它是根据地方经济和各部门发展对土地的需要,合理组织、分配和调整农业和非农业、农业内部各个方面的用地结构,合理组织每寸土地,以求达到地尽其用,获得社会效益、经济效益和环境效益的最佳效果"。

马良平认为"土地利用规划就是根据社会生产的发展,国民经济建设的需要,以及土地本身的自然、经济特性,在时空上进行的总体的、战略的,在一定区域内对土地资源进行配置和组织开发利用的最优化安排。土地利用规划的任务概括地说,是对土地利用进行控制、协调、组织和监督,为国民经济建设和满足人们的物质生活需要服务,也是为创造良好的土地环境服务"。

王万茂认为"土地利用规划是对一定区域未来土地利用超前性的计划和安排,是依据区域社会经济发展和土地的自然历史特性在时空上进行土地资源分配和合理组织土地利用的综合技术经济措施"。

综上所述,土地利用规划是按照国民经济发展的需要,遵循有关的自然规律和社会经济规律,在时空上对土地资源进行合理的组织利用和经营管理,合理分配国民经济各部门的用地,正确的和各项建设工程以及保护生态环境的措施相结合,从而制定最优的土地利用方案,提高土地利用率和土地生产率,以取得最大的经济效益、社会效益和生态环境效益,同时又为将来而保护好土地资源,以达到土地资源可持续利用的目的。由此,我们可以简要地表述为:土地利用规划学是一门研究合理组织土地利用的规律、有效地进行土地利用规划的理论和方法的学科。

## 1.2 土地利用规划学研究的对象、任务与内容

### 1.2.1 土地利用规划学研究的对象

虽然人类自远古时代就开始了对土地利用的研究,发展了关于人类与土地相互关系的认识,然而,土地利用规划科学的兴起,却是从20世纪才有了一些进展。土地利用规划研究的是土地利用的问题,土地利用本身涉及两个问题:一个是人与人的关系(土地分配),另一个是人与地的关系(土地利用)。这两个问题涉及自然科学和社会科学的众多学科领域,许多学科都试图从不同的角度来解决土地的合理开发利用问题,如地理学研究的是地理因素对土地利用的影响,经济学研究的是经济活动的地域分布及其与土地利用的关系。

土地利用规划研究的对象不是土地利用的全部问题,而是怎样合理组织土地利用,怎样使土地利用达到效益最大的问题,包括土地利用的时空组织和土地分配的时空组织。土地利用的时空组织是指为实现土地的合理开发、利用、保护和整治,从时间和空间上对土地利用进行合理布局。土地分配的时空组织是指合理配置土地资源各种利用方向,协调国民经济各用地部门及农业各部门对土地资源分配和土地关系的矛盾,寻求最佳的土地利用结构。

一门科学的诞生,取决于它是否有特定的研究对象及社会的需求。同时,一门科学之所以成为一门区别于其他科学而独立的学科,必须具有研究和解决的特殊矛盾,正如毛泽东在《矛盾论》中指出:"科学的区分,就是根据科学对象所共有的特殊矛盾性。因此,对于某一现象的领域所特有的某一种矛盾的研究,就构成某一科学的对象。"而土地利用规划所要解决的特殊矛盾是:社会经济发展对土地利用的要求与限制土地利用的自然、社会经济诸要素之间的矛盾。简而言之,土地利用中需要与可能供给的,即土地资源的合理分配和土地利用合理组织的矛盾是土地利用规划所需要解决的特殊矛盾,这一特殊矛盾就构成了土地利用规划学的研究对象。通过土地利用规划使土地在一定历史时期内得以充分、科学、合理、有效地利用,保持土地生态系统的良性循环,获得系统最佳的结构和功能。

### 1.2.2 土地利用规划学研究的任务

根据我国当前存在的主要土地利用问题,在一定时期内,我国土地利用规划的主要任务是对土地利用控制、协调、组织和监督,为满足人们的物质生活需要和国民经济建设需要服务,为创造良好的生态环境服务。

1) 控制土地利用

即从数量上控制其他用地,如城乡建设、工矿建设、水利工程建设等占用农业用地,保护耕地资源;从质量上控制土地的退化,防止水土流失、土地沙漠化、土地因经济发展造成的污染等,提高土地生产力。

2) 协调土地利用

土地资源的短缺造成各部门、各用地单位之间的争地,所以土地利用规划可以根据国民经济发展战略从总体上宏观协调各部门土地利用需求的矛盾,杜绝土地利用存在的不合理和浪费现象,提高土地利用率;微观上可以进行各用地单位间的用地调整,消除飞地、插花、用地界限不清等土地利用上的缺点。

3) 组织土地利用

(1) 土地利用宏观组织。国家通过土地利用规划从宏观上为国民经济各部门和农业各业分配土地资源,选择用地位置,即确立各类用地的结构和布局,包括农业用地、牧业用地、水产用地、城镇建设用地、工矿用地、交通用地、水利工程用地等其他非农建设用地和自然保护区、风景旅游区等专项用地的规划与布局。同时还要为土地资源的合理开发、利用、整治和保护制定相应的战略措施和政策,以提高土地资源的利用率和产出率。

(2) 土地利用微观组织。国家通过各种形式的土地利用专项规划和土地利用详细规划,为土地资源的开发、利用、保护、整治制定具体措施和进行用地规划设计。如基本农田保护区规划、低产田改造规划、土地复垦规划、后备资源开发规划、农村道路、渠系建设规划、农村居民点规划、耕地规划、林地规划、牧草地规划、建设项目用地选择、田间地块调整,等等。

4) 为土地利用监督服务

根据土地管理法,国家对违反土地管理法规的行为进行监督。土地利用监督是通过对土地利用单位进行定期、定点的检查,及时掌握土地类型的数量、质量的动态变化趋势和规律,使土地资源得到保护,一旦土地使用违反规定,就要及时制止甚至惩罚。由于通过土地利用规划,一来可以清查土地资源利用状况,二来指导未来土地利用结构、布局和方向,所以土地利用规划可以为土地利用监督提供科学依据,对各部门的土地利用状况进行监督和检查,使之能够合理、充分地利用土地。

### 1.2.3 土地利用规划学研究的主要内容

某一地区土地利用规划的具体内容,往往因为各种客观环境条件的差异,侧重点会有所不同。例如,在农区,土地利用规划要以农业用地规划、农田水利规划、居民点规划和交通干线规划为主要内容;在牧区则要以放牧用地及生产经营中心的规划为主要内容;在新垦区,确定或调整土地使用范围为规划的控制性项目;在土地破坏严重的地区,搞土地复垦规划;在占用农地严重的地区,搞基本农田保护规划;等等。总体来说,从宏观到微观,从整体到局部,土地利用规划有下列规划项目:

(1) 国民经济各部门的用地结构调整、用地配置和调理。
(2) 农业各业的用地结构确定、用地配置和调整。
(3) 城镇和农村居民点的用地布局规划。
(4) 交通用地布局规划。
(5) 水利工程用地布局规划。
(6) 工矿用地、福利设施用地等其他大型骨干工程用地布局规划。
(7) 土地开发、整治、保护等专项规划，如：① 土地开发规划；② 土地整治规划；③ 土地复垦规划；④ 基本农田保护区规划；⑤ 名特优农产品基地规划；⑥ 菜地保护区规划；⑦ 风景区规划等。
(8) 土地利用详细设计，包括：① 确立和调整各级土地利用范围，消除土地利用缺点；② 进行农田水利和农村主干道规划设计；③ 耕地内部规划设计；④ 园地内部规划设计；⑤ 林地内部规划设计；⑥ 水面养殖规划设计；⑦ 牧草地内部规划设计；⑧ 居民点内部规划设计。

由于各地自然经济条件不同，土地利用规划的范围、类型、性质和任务的不同，上述土地利用规划内容必须因地制宜地加以选择。

## 1.3 土地利用规划的体系和程序

### 1.3.1 土地利用规划的体系

土地利用规划的体系是由不同类型、不同级别、不同时序的土地利用规划所构成的相互联系的网状系统。体系划分可以有不同标准，有不同的立脚点。

历史上，曾根据土地规划的性质、任务的不同将土地规划划分为企业间土地规划和企业内土地规划。企业间土地规划主要是解决国民经济各部门的具有不同性质的多个企业间土地资源分配问题，调整土地关系，确定和调整土地使用范围。应当说，土地的调整多数还局限在企业之间，所以称为企业间土地规划。企业内土地规划只是在农业企业内（乡、国营农场、农村合作经济组织等）对所使用的土地进行合理利用的空间组织。工业、交通和其他非农企业内的土地组织不包括在企业内土地规划的范畴。

随着企业经济的发展，对土地资源开发、利用、治理和保护在宏观管理上的加强，以及我国农业经济改革的新形式，对土地利用规划的种类应重新研究和划分。

1) 按土地利用规划的性质划分
从我国当前土地事业的新形势需要和土地利用规划面临的历史任务出发，可将土地利用规划分为：

(1) 土地利用总体规划。土地利用总体规划在我国当前的土地管理事业中具有重要作用。它有以下特点：
① 土地利用总体规划是按国家行政管理体系编制，分全国、省、市、县、乡五级。上一级规划是下一级规划的控制和依据，下一级规划是上一级规划的具体实现，从而形成全国范围的严密且协调的土地利用宏观控制网络。
② 土地利用总体规划以规划地区国民经济发展战略为依据，是国家对农业用地及建设

用地实行的宏观控制、协调、组织和监督。

③ 各级土地利用总体规划必须以行政区划为单位编制,覆盖区域内全部土地。这是区别于其他类型土地利用规划的重要特征。

④ 土地利用总体规划一经上级主管部门审核批准将具有一定的法律效力,代表国家利益控制国民经济各部门的土地利用。从这个意义上讲,其他部门或专业的规划、跨地区的总体规划,都受土地利用总体规划的约束。

(2) 土地利用专项规划。土地利用专项规划是为特定目的而制定的部门或跨行政区界限的区域性专项规划或单项规划。如黄淮海平原盐碱地综合治理、三江平原沼泽地治理、东北防护工程规划、交通规划、菜地保护区规划等。土地利用专项规划以土地资源的开发、利用、整治和保护为主要内容,是土地利用总体规划的深化、继续和补充。它必须在土地利用总体规划的控制与指导下组织和安排。在没有条件编制或尚未编制土地利用总体规划的情形下,为了保护或整治土地资源,解决迫切需要解决的土地问题,可以先行编制土地利用专项规划,这些规划实质上是土地利用总体规划的组成部分,兼有微观和宏观规划的性质。

(3) 土地利用规划设计。土地利用规划设计是微观土地利用,是土地利用总体规划和专项规划的继续和深入,是各项用地的具体安排,是规划实施的最终依据。如耕地内部规划设计、林地内部设计、牧草地内部设计、水面利用规划设计、居民点内部详细设计等,它是土地利用规划的最末一段,通过它完成土地利用规划的任务,达到土地利用规划的目的。

2) 按规划时间期限划分

土地利用规划按规划时间期限可分为土地利用长期、中期和短期规划。土地利用长期规划一般属于战略性规划,年限一般为10年或20年,土地利用总体规划即是土地利用长期规划。中、短期规划多属过渡性规划,是长期规划的深入和补充,是由宏观向微观过渡的规划,是长期规划的实施规划。

3) 按空间范围划分

(1) 区域性土地利用规划。区域性土地利用规划一般是在一个行政区、自然区和经济区范围内进行。按行政区所进行的土地利用规划即为土地利用总体规划,分五个层次。按自然区所进行的土地利用规划也有不同的级别,有的是跨省的,如"三北"防护林地区的土地规划、京津唐地区的土地规划、黄土高原地区的土地整治规划等。也有的是在一个省区内跨市地的区域性土地利用,如吉林省松花江地区的土地利用规划。

这类性质的土地利用规划都属于宏观控制性的战略安排,主要是解决区域土地利用战略和国民经济各部门间及农业的农、林、牧、副、渔间对土地资源的分配和布局,为领导决策与编制下一级土地利用规划和编制其他有关发展规划提供依据和基础。

(2) 城乡土地利用规划。城乡土地利用规划是在城镇市区或乡村的范围内进行土地组织的综合性措施,它应用的比例尺度要大,要落实到地块,规划内容要更具体,甚至要达到设计水平。这种规划不仅要涉及国民经济各部门间、农业各业间,还要涉及各企业间、各土地使用者间的用地组织、土地关系的调整,有的还要按生产、生活、生态的要求,具体组织土地的利用。

城镇市区土地规划由城市规划部门完成。乡村土地利用规划多在乡或村两级进行,完成村庄范围界限的确定,包含村庄居民点的规划,村庄道路、渠系、林网的规划,村庄田块的规划等。

### 1.3.2 土地利用规划的程序

土地利用规划是一个复杂的系统工程，涉及自然科学、社会科学和技术科学的众多领域，编制土地利用规划方法，除常规的技术手段外，尚有模型以及遥感和地理信息系统等新技术的运用，在实际工作中往往是多种方法同时运用，使其发挥系统的整体效益，其规划的一般程序如图所示。

## 1.4 土地利用规划在土地科学中的地位及社会经济发展中的作用

### 1.4.1 土地利用规划在土地科学中的地位

图　土地利用规划程序框图

土地科学是研究土地利用与土地管理、协调人地关系、解决人地矛盾的科学，它视人与地为社会、经济、生态复合系统，将人与地作为一个整体并侧重研究土地利用。土地科学是以人地系统作为特定的研究对象，研究土地利用过程中人地系统的演变与其制约的社会经济和技术因素之间的特殊矛盾，具体操作土地和土地利用的形成和演变的动态过程，揭示人地相互作用的规律和机理，以及研究建立人工土地复合系统及其调控途径和方法等。

土地在社会利用过程中存在着多种矛盾。这些矛盾可以归结为：各社会利益集团（包括国家、集体和个人以及国民经济各部门）之间的土地关系（分配）及其对土地利用等方面产生的矛盾，即土地归谁所有、归谁使用的权属和部门结构问题，以及土地利用是否得当问题。土地科学的任务就是要揭示这些矛盾，解决这些矛盾。这些特定矛盾的揭示和解决过程包括以下几个环节：土地自然特性和社会经济特征的综合调查、分析与评价，土地权属的确认、出让、转让、征用；土地利用的规划（其中包括部门土地的分配、土地利用计划）；土地权属和利用的法律保护和制约；土地占用和利用的监理；解决土地特定矛盾历史经验的借鉴等。

土地科学由一系列学科组成，从而构成该学科的学科体系，在其学科体系中土地利用已成为土地科学的主导学科，这主要是由于：人们研究土地首先是为了利用土地，也正是因为利用土地，在利用中才产生了一些问题，因而也才研究土地，土地利用学所研究的主要对象和内容代表土地科学的主要研究对象和内容；土地利用学的学科领域相对客观，在理论、生产实践上能辐射到土地科学的各主干学科；同时它是土地科学中最活跃的学科"生长点"，通过土地利用的研究，将激励其他主干学科及其分支学科的发展。其他学科都从各自不同的角度研究合理组织土地利用和妥善协调人与地及人与人的关系。

人类的各种活动都离不开土地，人们根据土地资源的特性和功能，为达到特定的目的，对土地进行开发、利用、保护和整治，从而形成了人类对土地的利用，并决定了土地利用的形式，进而形成了土地利用结构和土地利用布局。土地利用规划则是一个为了某种目标，预先进行安排不断实施的动态过程。更确切地说，土地利用规划的目的是协调组织人与土地的关系，通过合理组织和科学管理土地利用，实现土地总量供需综合平衡，寻求最佳的土地利用结构、土地利用布局和土地利用方式，加强土地利用的宏观、微观控制的计划管理，协调各用地部门的用地需求，提高土地的利用率和生产率，合理、充分地利用有限的土地资源，达到土地利用综合效益的最优化。因此，土地利用规划在土地科学，特别是土地利用与管理学科中起着"龙头"的作用,在土地科学中具有重要的地位。

### 1.4.2 土地利用规划在社会经济发展中的作用

1) 土地利用规划的宏观控制作用

土地利用规划是政府对土地进行宏观控制的最基本手段之一。土地利用规划控制是人们在一定条件下,为达到一定的土地利用的目的,对土地利用活动与过程施加各种影响和限制,以促进土地利用向着人们所预期的目标与状态发展,它是政府对土地利用管理的基本职能之一。土地利用既是一种经济活动,也具有一定的社会行为,政府通过土地利用规划对土地利用进行宏观控制,不仅要看土地利用的经济效益,更要考虑到土地利用对人们的需求的满足保证程度、土地利用对生态环境的影响等,通过规划这种手段,对整个土地利用系统运行加以控制,以使其按照政府所预期的目标发展。

政府通过土地利用规划对土地利用进行宏观控制,主要是由于:① 土地本身具有面积的有限性和位置的固定性。土地的数量及其生产能力将直接影响人们的承载能力以及人类社会和经济的发展。土地资源在各地区分布不平衡,为了保持人口与土地的关系,必须使土地利用在政府指导下得到有效控制,使土地总需求与总供给之间达到平衡,实现区域内耕地总量的动态平衡。② 土地利用的公共性(社会性)。土地是人类的生存之本,任何人都离不开土地,因此,为了保证社会公共利益对土地的使用需要,必须对土地的占有和使用加以管理和限制。③ 土地利用的外部性。任何土地利用都离不开周围其他土地,并对其产生影响,如果不加以限制,必然会导致土地利用的相互干扰,从而使土地利用效率降低,社会经济混乱。

2) 对人地关系的协调作用

政府通过土地利用规划,合理配置土地资源和组织土地利用,不断地调整土地利用结构并提高土地的社会、经济和生态的综合效益,能动地协调人地关系;同时,可以协调国民经济各部门在土地利用需求上的矛盾,保证国民经济各部门协调发展。更为主要的是人类的土地利用活动涉及社会、政治、经济、文化、环境、生态等多方面的意义,实质上是人类以土地为载体所进行的物资、能量、价值、信息的不断交流与转换过程,土地利用规划就是对这些活动过程的一种安排,从而使人地系统处于一种动态平衡之中,保持人口、资源、环境与经济的协调发展。

3) 对土地利用的决策与组织作用

无论是国民经济各部门,还是各个土地使用者,都需要用土地利用规划的框架来作为他们土地利用具体决策的依据,需要以此来调整自身的土地利用的方向和行为,并将不同类型、不同性质、不同层次的决策相互协同,并统一到区域发展一致的方向上来,以避免产生相互的干扰和由此带来的利益的损失。同时由于土地利用规划的约束,限制了极少数投机者从土地利用中获益,保护了大多数使用者、开发商和居民的利益,免受土地价格波动、环境质量恶化和农产品供应短缺所造成的损害。

对土地利用的组织作用,除国家通过土地利用总体规划对各业用地进行合理分配与布局,并从法律上给予保证外,还可以通过土地专项规划及有关政策,组织和引导对土地后备资源的开发利用,以及对土地的整治和特殊地的保护,以达到对土地利用的宏观组织,同时通过土地利用的详细规划,以提高土地利用效率和生产率,改善土地生态环境,对土地利用进行微观组织。

## 1.5 土地利用规划的发展与展望

土地利用规划是在人类土地利用过程中产生的。在人类出现土地利用的初期,原始农业文明兴起之初,土地利用是一种自发的、局部的行为,人类仍然受制于自然,农业生产处在"游耕"状态,不可能产生任何形式的土地利用规划。当土地利用发展到一定程度,生产力水平得到提高,人类开始按照自己的意愿主动地安排土地,或者说改造土地时,才逐步产生了土地利用规划,这就是土地利用规划的雏形。当农业文明发展到一定程度时,人类改造土地的能力有较大的提高,才出现了真正意义上的土地利用规划。工业革命之后,土地利用的广度和深度大大增强,土地规划活动有了一整套广泛的理论体系,土地利用规划成为一门新学科。

### 1.5.1 国外土地利用规划的发展历史

#### 1)规划理念发展

国外较早的土地规划理论为1826年德国学者杜能提出的农业区位理论,随后出现了韦伯的工业区位理论、克里斯塔勒的中心地理论和廖什的市场区位理论。在上述理论的指导下,城市规划于19世纪先于土地利用规划发展起来,有关城市土地利用的土地功能分区法得到发展。20世纪30年代兴起以控制论为基础的现代土地利用规划,着重研究土地利用规划所要完成的目标,为实现规划可能采取的途径和政策措施;分析各种政策、措施可能造成的各种土地利用后果,并从中找出最满意的规划方案。

土地评价将土地性质与土地利用规划相衔接,20世纪50年代逐渐形成新体系。1953年美国垦殖局提出的灌溉地适宜性分类体系,1961年美国农业部提出的土地潜力评价系统,1976年前苏联农业部提出的全苏土地评价方法等,对世界均有较大影响。其中1961年美国农业部颁发的土地潜力分类系统是世界上第一个较为全面的土地评价系统。继美国之后,加拿大、英国等国也相继推出了土地潜力系统。

20世纪60年代后期,土地利用理论研究吸收了生态学理论。1976年联合国环境规划署(UNEP)首次提出生态开发的概念,并用作规划思想,强调开发利用应与生态环境相协调、适应。

进入20世纪80年代,随着可持续发展战略的逐步实施,人们对土地利用规划提出了"持续"管理的要求。FAO于1993年发表了《持续土地利用管理评价大纲》,提出持续土地利用必须同时考虑:① 保持和提高生产力;② 降低生产风险;③ 保护土地(自然)资源的潜力和防止土壤与水质的退化;④ 经济上可行;⑤ 社会可以接受。这五个方面已成为衡量土地利用规划实施效果的重要标准。FAO于1993年出版了第一本《土地利用规划指南》,对土地利用规划的本质和目的、规划的尺度和对象等理论问题进行了明确的界定。该书认为,土地利用规划是一个对土地资源潜力,以及对土地利用和社会经济条件改变的系统评价过程。其目的是为了选择、采用并实施最佳的土地利用方案,以满足人们对未来土地资源安全的需要。1994年,H. N. Vanlier等正式出版了《可持续土地利用规划》,对可持续土地利用规划的概念、动机、内容体系等进行了较深入的理论探讨。研究者们认为,所谓可持续土地利用规划,是为了正确选择各种土地利用区位,改善农村土地利用的空间条件以及长久保护自然资源而制定的土地利用政策及实施这些政策的操作指南。

2）规划实践发展

20世纪70年代以前,英、美等发达国家土地规划实践工作的发展相对较为缓慢,而且规模也不大,土地利用规划的主要内容是土地利用分区,即将一定范围内的土地划分成不同使用区,并以使用分区图来界定分区的范围及区位,在每一分区中,制定不同的使用规划或规范。在此期间,城市土地利用规划的内容相对比较丰富,它包括对未来10～20年间公共建筑物、私有土地、居住用地、商业用地分布的设计等。而土地利用规划体制和机制方面,规划大多是由职能机构所编制。土地利用规划编制委员会是规划的主导者,且政体分开,不属于立法机构,编制规划不是地方政府的法定义务,也缺乏中央政府机构来统筹不同土地利用方式的协调发展。第二次世界大战以后,大规模的城市建设对城市土地利用规划提出了许多由规划委员会难以处理的问题,如土地及建筑物的征地补偿、土地增值费征收等,人们便开始达成共识:规划应是政府机构的职能;规划师是同一个指定的规划委员会一起为地方政府执行机构工作的;规划是立法的一部分,必须在议会中协调产生。自此,规划由原来的单独地由独立委员会执行转换为受地方政府所管辖,市政立法机构和管理人员开始全面重视规划的编制和实施。

20世纪70年代以后,土地利用规划的内容得到了进一步拓展,产生了两个新的分支学科:一是土地利用设计,它详尽地把土地利用分布展现在图上,同时还包括行动、图形以及多方面的政策;二是土地分类规划,它不仅是详细的土地利用规划,更是发展政策的总体图,尤其是适合于乡村、大城市和处于城市化中的开发区以及抑制城市化的保护区。与此同时,城市土地利用规划进一步拓展其内容体系,发展了两个新的规划类型:一是政策规划,其重点在于目标与政策的书面说明,规划的内容主要包括目标、现状、方案以及与目标配套的政策,确定需要解决的问题,并指出执行规划的原则;二是开发管理规划,它通过一系列的分析与目标确定,为地方政府的职能部门指明在未来10～30年内所采取的操作程序,包括详细说明规划的内容、地理范围、时间安排、任务布置,以及区域间规划的协调和正式文件。

20世纪80年代以来,城市土地利用规划已发展成为集设计、政策与管理为一体的现代综合规划,其主题内容已扩展到自然环境和人工环境的建设,以及能知道变化且又具有金融基本的行为来推动未来发展的社区意识形态。规划的成果也从原来简单的政策说明,发展成为文本、数据、图纸和实践相结合的综合体,涉及环境、社会、经济、住宅、基础设施等方面的政策,阐明全面开发策略的土地分类图、标明特殊用途的设计图、注明开发的标准及开发管理计划。

之后,随着遥感、地理信息系统和数学的方法,极大地提高了规划的学科性、工作效率和精确度。Stark(1993)探讨了德国应用GIS分析农场管理、土地利用规划中争地矛盾和保护土地,以及公共事业等工程对土地需求的计算;Sharifi(1994)等探讨了把土地利用动态规划系统作为农场土地配置的决策支持系统;Chevieco(1993)应用线性规划作为GIS分析工具,对空间属性进行优化和变量组合,并在西班牙进行土地规划实验;Verfura(1998)等认为,美国威斯康星州Dane县的土地信息系统在自然资源受到威胁的地方采用农村土地规划,为决策者提供信息。此外,英国Strathdyde大学和苏格兰资源利用研究所斯莱瑟教授提出了"提高人口承载力备择方案的ECCO模型",它通过系统动力学模型,模拟不同备择方案下人口变化与承载力之间的动态变化关系,用于辅助作出合理规划土地的决策。

尽管国外的土地利用规划发展历史较长,但理论、方法都还没有自成体系,正如FAO的Purnell所指出的"土地利用规划方法论并没有像土地评价方法那样发展成熟,甚至有关土地利用规划所包含的内容还存在争议,一些实践者把他们的任务限制在土地利用方式的实体设计和布局上;另一些实践者定位土地利用规划为通过立法来控制土地利用,FAO至今还没有一个知道土地利用规划的纲要"。

### 1.5.2 我国土地利用规划的发展

我国古代早有土地利用规划的萌芽,周初的《禹贡》对全国因地制宜整治土地进行了论述。传说大禹治水,从全国的土地,随山之势,斩木通道,进行治水,又随山之高低,川之大小,把全国土地分为九州。解决了水的自然灾害,创立了农业生产的有利条件。这可能是中国历史上第一次"土地利用规划"。西周后期对田块的规划已注意到日照和水源等条件,且出现"井田制",井田规划是我国早期土地利用规划的雏形,它反映了当时田赋管理对组织土地利用的需要。之后,《周礼》中规定,大司徒掌握土地之图(九州土壤),创立了"土会"、"土宜"、"土均"、"土圭"的工作方法,进行土地规划、土壤研究和管理等方面的工作。然而,在长期的封建统治下,土地利用规划的发展相当缓慢。

新中国建立以后,现代土地利用规划由前苏联传入我国,当时称为"土地整理",20世纪50年代后期改称为"土地规划",首先是随着国营农场的建立,对农场土地进行全面规划,1954年底,黑龙江省国营友谊农场的兴建,标志着我国第一次开始有组织、有目的地进行社会主义土地规划工作。农业合作化以后,特别是人民公社期间,全国开展内容比较广泛的人民公社土地利用规划工作,1960年3月17日《人民日报》还发表了"人民公社要制定土地利用规划"的社论。这期间的土地利用规划主要侧重于农业土地利用,开展的范围主要是农村人民公社,其任务主要是为了巩固和发展农村集体经济创造土地条件和保障。

我国的土地规划理论从20世纪50年代中期直到70年代末,基本沿袭前苏联的计划模式。20世纪80年代开始,我国在土地资源调查、农业区划、土地利用总体规划、社队土地利用规划等各项具体项目方面做了大量工作,使我国土地利用规划理论方法的研究取得了初步进展。1986年国家土地管理局的成立,标志着我国的土地管理开始走上依法、统一、全面和科学管理的轨道,进入了土地利用总体规划的新时期,使我国土地利用规划工作从部门规划过渡到国家和各级政府统一管理城乡土地的全方位规划。此后,在全国范围内全面部署和开展了各级土地利用总体规划,并于1989年制定了省县级土地利用总体规划的编制要点,1993年2月国务院正式批准实施了《全国土地利用总体规划纲要(草案)》,全国先后相继完成了各级土地利用总体规划的编制及修编工作。各级土地利用规划的编制和实施,在协调各业用地矛盾、优化土地资源配置、保护耕地、合理开发利用后备土地资源等方面发挥了重要的作用,同时,进行了基本农田保护区规划、土地开发规划、土地整治规划等专项规划及其设计,丰富和发展了土地利用规划学科的内容。

第二轮土地利用规划(1997—2010年)是在认真贯彻执行1997年4月15日中共中央、国务院发出《关于进一步加强土地管理切实保护耕地的通知》(中央11号文件)文件精神的情况下开展的。

随着经济社会的快速发展,第二轮土地利用总体规划面临一系列挑战,不能完全解决现阶段快速发展中用地需求与耕地保护的矛盾。2002年6月17日,国土资源部下发了《国土资源部关于开展县级土地利用总体规划修编试点工作的通知》，选择黑龙江呼兰县等12个县(市、区)为县级规划修编试点单位，揭开了第三轮土地利用总体规划修编的序幕。2003年，国土资源部下发了《国土资源部关于开展市(地)级土地利用总体规划修编试点工作的通知》，选择四川省成都市等14个市(地)为试点城市，标志着第三轮土地利用规划工作全面启动。2008年10月，国务院批准并颁布《全国土地利用总体规划纲要(2006—2020年)》。三轮规划的具体情况在"土地利用总体规划"中将有详细介绍。

在方法上，随着最优化技术的出现与应用，各种线性和非线性规划及多目标规划的方法开始应用于土地利用规划过程中。与此同时，国内已较为广泛地运用TM资料和SPOT卫星图像进行土地利用现状调查及土地评价，并将遥感与地理信息系统结合，探索解决土地多目标规划问题。总之，我国的土地利用规划方法已由定性向定量和定性相结合，由静态规划向动态规划，并逐步向规划的模型化和信息化方向发展。规划内容由主要对农业用地的合理、科学安排，向综合安排农业用地、非农建设用地等综合性规划过渡。

### 1.5.3 典型国家和地区土地利用规划介绍

世界上很少有类似于中国大陆地区相对独立的土地利用规划体系，土地利用规划大部分都包含在国土规划、区域规划、城市规划或者乡村规划中。

1) 美国的土地利用规划

美国的政治、经济制度(包括土地所有制)决定了规划和税收是美国政府调控土地利用的重要手段，所以土地利用规划对美国实现土地资源合理配置、发挥土地在社会经济发展中的基础作用具有举足轻重的意义。但是美国自1943年议会终止国土资源规划委员会的工作后，就没有市、镇或县总体规划一类的全国性国土规划，这是由于大量的权力分散在州议会代表团手中，权力极度分散使得制定统一的国土规划成为一件几乎不可能的事情。尽管美国没有针对全国性统一模式的总体规划，但联邦政府却制定很多相应的法令，依靠各方面的法令对美国的土地开发模式产生重大影响，这些法令在一定程度上构成了美国国土规划的法律依据。

虽然美国没有制定统一的国家级土地利用规划，也不强求各级政府制定土地利用规划。各州一般没有具体详细的土地利用规划，但基本上都有交通规划特别是高速公路和公路规划、水资源保护规划等。少数州还有全州的土地利用方针或规划政策，如俄勒冈州颁布19条土地利用政策，并将此作为全州各县应当遵守的土地利用规划政策，以此来审批各县土地利用规划。美国的地方土地利用规划也采取总体规划、区划和土地细分三级规划体系，但是各州县独立决定是否进行土地利用规划，缺少统一的标准或强制性法律，没有高层或上级政府的用地、增地指标任务，即使规划分区也没有全国统一的定义和分类体系。

对资源与环境的保护是美国地方土地利用规划的主要内容之一。美国土地利用规划的主题是：强调人与环境"和平共处"、不可再生资源永续利用的可持续发展。为此，美国的土地利用规划设计了保护生态环境、维持生态平衡，提高土地利用效率的一系列政策。譬如，著名的"理性增长"理念，用来控制城市蔓延等。再如"黄石国家公园"就是将自然资源、生态环境保护与土地利用规划相结合的典型范例。公众参与是美国土地利用规划的另一个显著特征。公众参与对土地利用规划的决策民主化，提高规划的权威性、严肃性和保护权利人合法权益有很大的帮助。

为了引导和控制土地用途变更,美国实施规划时,在立法的基础上普遍采取了规划许可制度。美国实行建设、开发行为的批准制度,批准依据是地方政府制定的区划条例。此外,还通过税收优惠等措施来保障规划的贯彻落实。

2) 英国的土地利用规划

英国于 1909 年建立了土地规划制度,1947 年做了进一步修改,形成了比较完善的土地利用规划制度。"所有国土都归王室所有"是英国土地所有权的特殊性,因此英国的土地利用规划工作容易开展及落实。20 世纪 30 年代后期,由于国土规划问题受到伦敦地区扩大的限制,英国只好将经济增长的地区转移到伦敦城区以外。第二次世界大战期间,英国规划的三项目标是:限制伦敦及主要城市的增长;尽可能的保护农田;增强经济实力,防止落后的边远地区人口下降。为实现上述目标,国土规划实施了三项主要措施:围绕伦敦及主要城市建立绿化带系统;建设新城;通过补贴和法令把经济增长地区由伦敦转向落后地区。绿化带和新城是第二次世界大战后英国规划工作最突出的特点。到 70 年代,英国基本的规划工作已经完成,政府不再制定宏大的国土规划,规划工作的指导思想由综合性向渐进性转化。

英国规划体系包括国家级规划、区域规划、郡级规划和区级规划四个层次的规划。① 国家级规划提出全国性的土地利用方针政策,并以白皮书的形式下发。② 区域规划通过召开区域协调会议制定,内容包括本地区粗略建房数、主要交通干线分布等。③ 郡级规划由郡级规划机构在土地测量基础上,与相关委员会协商后,提出本郡土地利用的方针政策及发展的框架结构。包括建房数、绿带和自然保护区设置、城乡经济发展和交通发展战略、矿产资源的保护和开发、废弃地的处理、土地的再开发利用、旅游观光景点和能源的开发利用。④ 区级规划是一种详细的发展和实施规划,需要详细地列出待规划地域土地使用的构想,包括规划图及规划说明书,且原则上必须与郡级规划协调一致。

英国的规划机构分为三级。中央级的土地规划由环境部来负责;地区级的土地规划由地区议会代表地方当局负责;地方级的土地规划由郡县政府负责,并提出未来发展的总体结构或框架。规划工作的行政管理由中央和地方政府共同负责,其他(苏格兰、威尔士和北爱尔兰三个区域规划分别由英国政府在这三处的办事处负责。各级规划均具有法律效力,地方政府是规划的最终裁定者,中央政府只是从战略角度参与地方规划的制定,通过间接方式影响地方政府的规划修改。全国实行自上而下编制规划的方法,上级规划控制下级规划,下级规划要与上级规划协调一致。大区、郡、市的规划期分别为 20 年、10 年和 5 年,均须 5 年修编一次。

英国执行的是法规导向性的规划体系,土地利用规划由完善的法规体系和执法系统构成。在英国,每一种类型的开发规划编制过程中,几乎都有法定的公众参与程序。其形式有公众评议、公众审查、公众讨论、公众审核、公众意见等。英国有关土地利用规划方面起诉分为规划起诉和强制执法起诉。政府部门依法参与土地分配,并在再分配过程中对近期和远期的要求进行平衡,对不同利益集团之间进行平衡。

3) 德国的土地利用规划

德国在 19 世纪后期就制定了第一部规划法,设立了规划局并开展城市规划工作,1879 年出版了第一部规划教科书。20 世纪 20 年代初,德国为了保护自然景观开展了区域规划,成立了世界上第一个区域规划机构。德国的规划方案和规划成果具有相当的权威性和法律效力,以确保规划对促进国家建设、社会发展和人民生活的不断提高发挥积极作用。

德国分为三级政府,即联邦政府、州政府、市级政府。其规划体系的特点是"强大的法律规范加上分散化的决策机制"。中央级只有普遍适用的立法指导原则,立法规范包括联邦政府地区规划法典和联邦建筑法典。德国相关规划法律条款规定:低层次规划必须服从高层次规划、下级规划必须服从上级规划、同级和同层次的专业规划必须服从整体的区域规划和发展规划,所有规划一经批准即具法律效力,这些规划规定了州级区域规划工作和地方级城市规划等的立法原则。德国各级政府都设有专职的规划机构,从议院到乡政府、从大城市到乡村均形成了完整的规划体系。一般来讲,德国规划体系分为四个层次:联邦政府管理的国家级规划、州市的发展规划、地区和市的区级规划、县和乡镇规划。

德国土地利用规划内容因规划范围和等级的不同划分为项目规划和实施计划两种。联邦政府制定项目规划,地方政府完成项目的实施计划。上一级规划是下一级规划的依据和指导,下一级规划是上一级规划的完善和落实。联邦规划是地方规划的框架,城镇规划是州、地区规划的落实。联邦政府对规划的组织实施进行宏观管理,对州与州之间规划组织实施过程中出现的问题进行协调。州和市政府对规划的组织实施进行领导和监督,州市级政府的规划主管机关组织好本州市规划的组织实施工作。地区、县、乡政府和规划联合会直接组织规划的实施。

4) 日本的土地利用规划

日本土地利用规划体系分为国土综合开发计划、国土利用计划、土地利用基本计划和部门土地利用计划。

国土综合开发计划是在国家经济计划、公共投资计划等计划的指导下,综合开发、利用、保护国土资源,合理调整产业布局,提高社会福利的综合性规划。国土综合开发计划又分为全国国土综合开发计划、大都市圈整治建设计划、地方开发促进计划和特定地域发展计划。国土利用计划是从土地资源开发、利用、保护的角度,确定国土利用的基本方针、用地数量、布局方向和实施措施的纲要性规划。国土利用计划自上而下分为全国国土利用计划、都道府县国土利用计划和市町村国土利用计划。土地利用基本计划是以国土利用计划为依据,进一步划分城市、农业、森林、自然公园、自然保护等地域,并规定各地域土地利用调整事项等具体的土地利用计划。各地域内再进一步制定土地利用的详细计划,如城市地域内进一步制定城市规划,农业地域内进一步制定农业规划等。

日本采用的是综合管理导向型的土地利用规划体系。日本的土地资源利用管理服务除通过国土利用计划和土地利用基本计划进行宏观管理外,还采取法律和行政的手段,使宏观管理与微观管理结合起来,形成一个系统完善的体系。《城市规划法》、《农地法》、《森林法》、《自然公园法》、《自然环境保护法》分别对城市的市区、农地、森林、自然公园和自然环境保护区内的土地利用活动实施强硬和严格的限制,使土地利用活动的微观管理有切实的保障。

注重农地保护,强调土地可持续利用,是日本土地利用规划的主要特点之一。日本可耕地资源稀少,政府不断制定各种法律以保护农地。日本的农地保护立法有《国土利用计划法》等7个专门法规,使国土资源与环境保护完全纳入法制的轨道,严格控制和规范了土地开发行为,有效地保护了自然生态环境。

此外,强力抑制土地投机是日本土地利用规划的另一个显著特点。日本国土面积狭小,土地问题直接影响政治稳定和经济发展。因此,国家对土地投机问题非常重视,通过实行严格的规划许可证制度和土地交易申报制度,抑制土地投机和非法土地交易。

# 2 土地利用规划的理论和原则

## 2.1 土地利用规划的理论

随着与土地利用规划学密切相关的其他学科的发展,新的理论不断提出,原有的理论不断得到补充、修正和完善,使得土地利用规划学的理论体系将不断更新和完善,到目前为止,土地利用规划学主要理论基础为:可持续发展理论、人地关系理论、地租地价理论、土地区位理论和生态经济理论。

### 2.1.1 可持续发展理论

20世纪以来,经济的迅猛发展,科学技术的快速进步,人类干预大自然的能力不断提高,并且干预的规模也明显增长。与此同时,人类也陷入了自己都始料不及的严重困扰:由于对自然资源的不合理利用、过度开发和消耗以及大量污染物质的排放,资源短缺、环境污染和生态破坏等问题日益严重,而且这些问题在全球各个地方都在发生。迫于这一事实,人们开始关注自然环境和生态问题,可持续发展思想应运而生。美国海洋生物学家R.卡尔逊(Raehel Carson)所著的《寂静的春天》一书在1962年问世,标志着人类关心生态环境问题的开始。接着就是1972年《只有一个地球》的出版,这十年间关于生态环境问题和人类发展前景的讨论和争论成为热点。1972年联合国在瑞典斯德哥尔摩召开首次人类环境会议,首次提出一个对人类发展起着重要作用的概念——可持续发展。真正意义上的可持续发展概念确立时间是1987年。联合国环境与发展委员会高级专家委员会发表了《我们共同的未来》,明确提出了人类社会"持续发展"的概念,并将其定义为"既满足当代人的需要,又不损害后代人满足其需要能力的发展"。此后于1992年,联合国在巴西里约热内卢召开的世界环境与发展大会通过《21世纪议程》,对可持续发展思想作出充分肯定并将其作为一种跨世纪的全球战略加以规定。

从《21世纪议程》来看,可持续发展对一个地区来说,应该包括社会、经济和环境等三个相互关联的重要方面。一是社会可持续发展:通过居民消费、教育和社会服务,提高人口的健康水平和整体素质,从而实现人口的再生产。实施以可持续发展为目标的政策,改善居住环境,力图消除贫困,提高人口的生活质量。社会可持续发展可以为经济环境的可持续发展奠定良好的社会基础。二是经济可持续发展:应该包括第一产业、第二产业和第三产业三个方面,通过调整产业结构、优化经济发展机制,才能以相对少的资金物质投入,实现较高的经济产出,最终达到经济长期、稳定的可持续增长。三是环境资源的可持续利用:依靠环境资源法规体系的建立,实现生态平衡和控制环境恶化局势,提高自然资源环境的综合利用效率。上述分析表明,可持续发展的基本观点可以概括为以下两点:首先应该保持人类与自然相和谐的方式,从而让人类可以享受到健康而富有生产成果的生活,这可以认为是人类的基本权利;其次要努力保障自己和后人的机会相平等,也就是当代人在创造和追求现在的发展与消费时,考虑到后人的需要。

土地数量的有限性和土地需求的增长性,构成了土地资源可持续利用的特殊矛盾。关于土地的可持续利用,最早在1976年联合国粮农组织(FAO)发布的《土地评价大纲》中明确提出,土地适宜性的前提之一就是该土地的用途必须是正确的。当时"持续"的概念还比较朴素,主要是指土地适宜性评价中某种单一的土地利用方式在当前环境下的可维持性与稳定性。由于只是作为土地适宜性评价中的一个附属条件用语,"持续"概念在当时并没有受到足够的关注。1993年,FAO在《An international Framework for Evaluating Sustainable Land Management》中,把土地持续利用定义为:土地持续利用是指以经济、社会和环境相协调为宗旨,综合运用技术、政策或其他相关手段,努力实现土地利用的生产性、稳定性、保护性、可行性和可接受性。具体来说,就是保持或提高土地的生产服务功能;保护自然资源潜力,防止土壤和水质退化;降低生产的风险水平;经济上可行;社会可以接受。这是关于土地可持续利用比较权威的定义。

根据可持续发展理论的要求,在进行土地利用规划时,必须做到以下几点:① 要有系统和整体观念。把土地资源的可持续利用与区域人口—资源—环境—经济(PRED)发展构成的区域系统的可持续发展相结合。② 将眼前利益与长远利益、局部利益与整体利益相结合。③ 强调土地的社会效益和生态效益。在当前就是要保证我国的粮食安全和保护生态环境,切忌为了追求经济发展而乱占耕地、围滩造田、毁林造田、开垦坡地和牧草地等。④ 强调土地的稀缺性,促进土地的高效率、高效益的使用。在规划实践中就是要严格控制城镇、村庄、独立工矿等各项建设用地的规模和范围,促进建设用地的高效集约利用。

### 2.1.2 人地关系理论

人地关系即人类与赖以生存和发展的地球环境之间的关系,是在人类出现以后地球上就已客观存在的主体与客体之间的关系。地理学以人类居住的地球表层为传统研究对象,其研究目的是为了更好地开发和保护地球表面的自然资源,协调自然与人类的关系,从而使人地关系向着有利于人类社会生活和生产的方向发展。综合性、区域性和人地关系研究,始终是地理学深厚的学科传统,从"地球表层系统"到"人地地域系统"再到"区域可持续发展"是地理学理论研究与应用研究的一条主线。其中,人地系统的调控是地理学最重要的研究内容。

人地系统是由地理环境和人类活动两个子系统交错构成的复杂的开放的巨系统,内部具有一定的结构和功能机制。地理环境是人类赖以生存的空间场所和物质基础,它制约着人类活动的广度、速度和深度;随着生产力的发展,地理环境对于社会和人的影响也相应地发生变化,人类认识、利用和改造地理环境的能力将发生改变,形成新的人地关系。人地关系是一个既涉及自然过程又涉及社会过程的综合概念,是指人类社会和人类活动与地理环境之间的相互关系。作为一个内涵丰富的概念,人地关系在不同的概念层次上具有不同的含义。

在人地关系中"人"成为控制主体,"地"成为受控客体,"人"对"地"调控的目的在于获取更多的产品和服务,并且能够实现"人"与"地"的协调发展。根据时代背景和学科的不同,人地关系的具体内容也有着千差万别。人地关系的发展也经历了一个由简单到复杂的发展历程。早期人地关系理论一般着眼于向土地索取食物作为人地关系的平衡点,其立足点建立在人对自然的依赖和适应。由于技术的进步,食物不能满足人类对土地的需求。人类在依赖土地的自然供给的同时,为了满足日益增长的多种需要,人类逐步具备了进一步利用和改造自然的能力。从此以后,人地关系的研究开始拓展到了人与自然及其衍生的人口经济问题,"人口—资源(土地)粮食—能源—环境"这一框架成为人地关系的内涵,它们彼此之间存在着多种的结构和联系。人地关系平衡就是寻求人类社会经济发展与资源环境的协调和平衡。如果从人类文明发展的角度来考虑,那么混沌、原始共生、人类对环境的顺应、人类对自然的大规模改造、协调共生五个阶段就是人地相互作用的历史进程(见图2.1)。

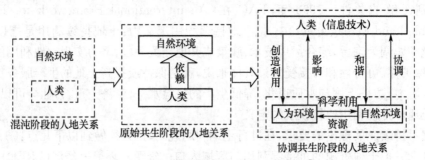

图 2.1 各历史时期的人地关系示意图①

近代中国人地关系的理论研究,主要是吴传钧院士提出的人地关系地域系统理论(见图2.2),指出人地系统是由地理环境和人类活动两个子系统交错构成的复杂的开放的巨系统,内部具有一定的结构和功能机制。由于人类的某些不合理活动,使得人类社会和地理环境之间、地理环境各构成要素之间、人类活动各组成部分之间,出现了不平衡发展和不调和趋势。协调人地关系,其目的就是要达到可持续发展;人地关系地域系统研究可作为区域可持续发展的理论基础。王铮、丁金宏提出了PRED(人口、资源、环境和社会经济发展)新的概念,使人地关系理论的研究向具体化和可操作的方向发展,定量分析了PRED四个因素之间的相关关系。

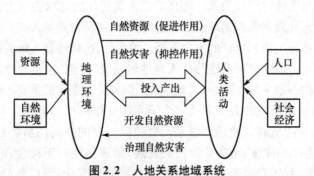

图 2.2 人地关系地域系统

(注:根据"吴传钧. 论地理学的研究核心:人地关系地域系统. 经济地理,1991,11(3):1-6."绘制本图)

在市场经济高度发展的背景下,"货币"—价高者得是人类的土地利用规划准则。土地使用者总是希望获得更高的经济效益,因此最高经济效益的用途是土地利用的终极目标。由于建设用地利用效益远远高于农用地,因此追求最高经济效益的取向在建设用地扩张和农用地减少这一方面尤其明显。可以预计,人口压力的增加,人们对更高生活标准的追求直

---

① 刘毅,金凤君. 沿海地区人地关系协调发展战略[M]. 北京:商务印书馆,2005.

接导致各种土地用途之间的竞争越来越激烈。科学技术的发展使人类对土地的索取和需求不断加剧,土地开发强度与日俱增。土地自身的收容力应该作为土地资源配置的重要依据。土地利用规划,就是试图在人地关系理论的指导下,以科学合理土地开发为目标,确定各类用地的适当规模和布局,从而引导资源的合理有效利用、生产力和城镇系统的合理布局,谋求经济效益、社会效益和环境效益三方面的结合等等,尝试从空间结构、时间过程、组织序变、整体效应、协同互补等方面去寻求全国的或区域的人地关系的整体优化,综合平衡及有效调控的机理,从而实现人地系统的协调发展(见图2.3)。

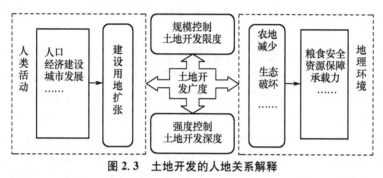

图2.3 土地开发的人地关系解释

### 2.1.3 地租地价理论

土地不仅是一种资源,更是一种重要的资产,而地租与地价就是土地资产价值的表征。一般而言,随着有组织的土地利用和土地所有权与土地使用权的分离就产生了地租。任何社会只要存在着土地所有者和不占有土地的直接生产者,生产者在土地利用中的剩余产物为土地所有者所占有,就存在产生地租的经济基础。当代西方经济学者和土地经济学者将地租分为契约地租(contract rent)和经济地租(economic rent)。契约地租是指主佃双方通过契约的形式,规定佃户按期交给地主的租金款额。经济地租又称纯地租(pure rent),是指利用土地或其他生产资料或因素所得报酬扣除所费成本的余额即超过成本的纯收入。

威廉·配第(Willian Petty,1623—1687)的名著《赋税论》中提出,地租是土地上生产的农作物所得的剩余收入。由于土地肥沃程度和耕作技术水平的差异,以及土地距市场远近的不同,地租也有差异。配第还首次确定了土地价格,它是购买一定年限的地租总额。亚当·斯密(Adam Smith,1723—1790)在1766年出版的著作《国民财富的性质和原因的研究》(简称《国富论》)中指出,地租是"作为使用土地的代价","是使用土地而支付的价格"。大卫·李嘉图(David Ricardo,1772—1823)在其1817年出版的名著《政治经济学与赋税原理》中指出:"地租不仅只是为了使用土地而付给地主的金额"。李嘉图认为,地租产生必须具有土地数量有限、土地肥沃程度与位置的差别即土地有限性和差别性两项条件,从而产生了丰度地租、位置地租和资本地租。地租不是价格的构成部分,不是价格的原因,而是价格的结果。杜能(Thunen Johann,1783—1850)认为,地租不是劳动和投资的产物,而是田庄所处的位置和土地性质的偶然优势带来的。

亚当·斯密指出,土地价格是地租资本化的比率,是用年地租除以利息率之商来确定。李嘉图认为,不是土地的地租决定产品的价格,而是土地产品的价格决定地租。马歇尔提出均衡价格论,即商品的价格应由需求和供给双方同时决定,就像不能说一把剪刀的哪一股剪短布匹一样。马克思在批判地继承古典政治经济学的地价理论的基础上,提出了以劳动价值论为基础的地价理论,指出土地价格是虚幻形式的价格,称土地价格为"虚幻的价格",没有价值的物品可以有价格,土地价格是没有价值的价格。马克思把土地区分为土地物质和土地资本。土地价格无非是出租土地的资本化收入。"土地价格是地租的资本化,即,土地价格＝地租/利息率"。

马克思主义地租理论认为:地租是直接生产者在生产中所创造的剩余生产物被土地所有者占有的部分,是土地所有权在经济上的表现形式,是社会生产关系的反映。地租取决于市场价格超过劣等地生产成本(包括平均利润)的余额。地租有绝对地租和级差地租两种。

1) 绝对地租

最劣等地所产生的地租便是所谓的绝对地租。绝对地租产生于土地所有权的垄断。由于土地资源的数量有限性及经济供给上的稀缺性和用途的多样性(可选择性),必然产生土地资源的垄断性,从而产生绝对地租。社会主义市场经济条件下,虽然实行土地公有制,但这只是改变了土地所有权的权属,并未改变土地所有权的垄断性质,因而,当前我国社会主义市场经济条件下仍然存在绝对地租。它是土地公有制借以实现的经济形式,来源于劳动者为社会创造的纯收入,归国家和集体所有,最终仍直接或间接用于劳动者。社会主义绝对地租不仅可以从经济上维护土地公有制,而且可以调节人们在土地使用上的物质利益关系,促进对土地的经营管理和使用。

2) 级差地租

级差地租指经营较优土地所获得归于土地所有者占有的超额利润,有Ⅰ、Ⅱ两种形态。级差地租Ⅰ是由于土地的肥沃程度和位置优劣所产生的。对于农业用地而言,肥沃的土地有着更高的生产力,可以在同样多的投入下比劣等地生产更多的农产品,得到更多的超额利润;而离产品销售地越近的农地,其生产的农产品运输到销售地所需费用越低,从而成本越低,在同样的市场售价下,得到的超额利润也越多。这部分比劣等地或位置更差的土地多出的超额利润便是级差地租Ⅰ。肥沃程度不同的土地,其产出率不同,当追加相同的投资时,就产生不同的超额利润,这种由连续投资所引起的超额利润的差异便是级差地租Ⅱ。很明显,级差地租Ⅱ是在级差地租Ⅰ的基础上形成的。没有级差地租Ⅰ便不会产生级差地租Ⅱ。

级差地租虽然最早是从农业用地的情况分析得出的,但工业用地、商业用地、住宅用地等城市用地一样存在着级差地租,而且有Ⅰ、Ⅱ两种形态。只是城市土地的级差地租Ⅰ的形成原因不再是土壤肥力和单纯的土地位置,而是土地区位。而影响工业用地、商业用地和住宅用地的区位因素各不相同。而城市土地级差地租Ⅱ形成的原因不仅是追加投资所引起,还可能是不同的经营管理水平所导致。

地租的资本化便是租金,租金的实现有多种形式,可以是土地所有权价格,也可以是土地使用权、经营权价格。在我国社会主义市场经济条件下,通过在出让或转让土地所有权、出租土地经营权时收取的土地出让费、土地转让费和土地出租费,便可以看成是一种收取地租的行为。根据土地所产生的地租不同而设定相应的土地使用权或经营权价格,是社会主义市场经济条件下实行公平竞争,调动土地使用者和经营者积极性,促进土地资源的合理、集约高效使用的必然要求。

为了获得土地利用的最大经济效益,合理地配置土地资源,必须应用经济杠杆对其加以调节和控制。因此,在进行土地利用规划时,一方面应充分考虑到不同地块因地租差别而引起的生产成本的不同,规划相应的用途,以期发挥地块的最大效益,真正实现"地尽其力";另一方面要充分运用土地价格调节机制,以经济手段促进土地利用朝规划目标迈进。

### 2.1.4 土地区位理论

"区位"一词德语为 standort,英语为 location,日语为立地,意为站立之地。不同地理位置的土地具有不同的物理、化学和生物学特性,与中心城市、交通枢纽或干道距离不同的土地或同一城市内部到商贸中心的距离不同的土地具有不同的经济价值或用途,这便是土地的区域性或者说土地的区位。进行土地规划时,必须充分研究土地区位,以便发挥土地的最大效益。土地区位理论主要包括古典区位理论(杜能的农业区位理论、韦伯的工业区位理论)和现代区位理论(克里斯塔勒的中心地区位理论、廖什的市场区位理论)。

1) 杜能的农业区位理论

18世纪末至19世纪初,英法等国已成功走上了发展资本主义的道路,而德国仍是一个封建割据的农奴制国家,农业占主要地位,农业开始向大型化、商业化过渡。这种突然的转变使许多农场主感到茫然,他们迫切需要理论界回答两个问题:① 德国农业最好应采用什么样的经营方式,集约化程度达到什么水平最好? ② 在由自给性农业转向专业化农业的过程中,农业应怎样布局才能获取最大利润?

为了探索上述问题,杜能潜心经营特洛农庄十载,记载了极为详细和精确的资料。在此基础上他于1826年撰写了名著《孤立国同农业和国民经济的关系》(简称《孤立国》)。在该书中,杜能认为,在这些方面起决定作用的是级差地租,首先是特定农场(或地块)距离城市(农产品消费市场)的远近。在证明这些论点的过程中,杜能提出了著名的孤立国农业圈层理论,即农业区位论。

杜能农业区位论首先是在下述假设的基础上产生的:① 假定世界上存在着一个孤立于世界之外、四周为荒地的孤立国,其中心有一个大城市,这个城市是唯一的,必须供应全境一切工业产品,而城市的食品供应则完全依赖四周的土地;② 假设孤立国内各地发展农业的自然条件完全相同;③ 假设孤立国内各地交通条件完全一致,唯一的交通工具是马车,运费同运输距离成正比;④ 农业生产以取得最大现金收益为目的,农产品价格、劳动者工资和利息固定不变。

在杜能著名的"孤立国"模式的理论假定条件下,他认为,在什么地方种植何种作物最为有利完全取决于利润。而利润 $P$ 则是由农业生产成本 $E$、农产品的价格 $V$ 与把农产品运到市场上的运费 $T$ 等三个因素决定的。用公式表示为:$P=V-(E+T)$。

利用上述公式,杜能计算出各种作物合理的种植界限,设计了孤立国6层农业圈:第一圈层为自由农业圈,主要生产鲜菜、牛奶;第二圈层为林业圈,主要生产木材;第三圈层为轮作农业圈,主要生产谷物;第四圈层为谷草农作圈,主要生产谷物、畜产品,以谷物为重点;第五圈层为三圃式农业圈,主要生产谷物、畜产品,以畜牧为重点;第六圈层为畜牧圈,以畜牧为主。第六圈层以外是荒野。

杜能的区位理论的中心是:农业用地类型和农业用地经营集约化程度,不仅取决于土地的天然特性,而且更重要的是依赖于其经济状况,其中特别取决于它到农产品消费地(市场)的距离。随着社会的进步和经济技术的发展,杜能的理论模型与现实存在的农业区位间出现了差异。例如现代交通运输的发展,使生产地与消费地之间的经济距离和时间距离较之它们的地理距离大为缩短;通过经济政策,制定特殊运价率,使得远离消费地的地点也可能产生单位重量价值较低的产品。因此,到了运输业高度发达、运费在农产品市场价格中所占比率愈来愈小的今天,过分突出运输费用显然是无法与现实模型相一致的。

尽管杜能理论还存在缺陷,如忽视了农业生产的自然条件、没有研究其他产业的布局,但其贡献是不可磨灭的。他因第一个研究区位问题而被尊为区位论也就是产业布局学的鼻祖。

2) 韦伯的工业区位理论

19世纪末,德国工业的大发展,要求人们将工厂布局在生产成本最低点。一些学者开始探讨工业布局问题。韦伯在研究这些问题的基础上,首次引入了"区位因子",建立了工业区位论,韦伯理论的基本框架是:研究运费对工业布局的影响,再研究劳动费与聚集因素对工业布局的影响。

首先,韦伯阐述了区位三角形,然后将区位三角形一般化为区位多边形,因为一个工厂往往不止有一个原料地与一个燃料地,他假定有 $n$ 个原料、燃料地,则工厂的最优区位必须满足的条件是:

$$\min F = f * \min(\sum m_i r_i + r_k)$$

式中:$F$——单位产品总运费;

$f$——运费率;

$m_i$——单位产品消耗的 $i$ 原料、燃料重量,$i=1,\cdots,n$;

$r_i$——原料、燃料的运距;

$r_k$——产品运距。

上式含有若干假设条件,主要有:① 所研究的是一个匀质国家,各地生产成本一致;② 只研究一种产品的生产布局,不考虑生产的相互作用;③ 原料地与市场已知;④ 运费与重量和距离成正比。

其次,韦伯对区位多边形作了深入研究,并提出了一系列概念。韦伯将原料划分为广布原料(广泛分布于各地的原料)与地方原料(只分布在某些地点的原料)两类。地方原料又分为地方纯原料(在生产过程中其重量几乎完全转移到成品中的原料)与地方失重原料(在生产过程中只有一部分重量转移到成品中,另一部分作为废料排出的原料)。以这些概念为基础,韦伯提出了衡量工业布局指向的指标——原料指数($MI$):

原料指数($MI$)=生产中耗用的地方原料的重量/制成品重量

若 $MI>1$,则工业为原料地指向,因其耗用了一部分地方失重原料;若 $MI<1$,则工业为消费地(市场)指向,因其耗用了较多广布原料;若 $MI=1$,则工业可灵活布局。

韦伯认为,劳动费和运费一样,也是影响工业布局的重要因素。对劳动费在生产成本中占很大比重或与运费相比较劳动费在生产成本中所占比重大一些的工业而言,运费最低点不一定是生产成本最低点,当存在一个劳动费最低点时,它同样会对工业区位施加影响。为了研究这种影响,韦伯提出了劳动费指数概念:

劳动费指数=劳动费/制成品重量

劳动费指数越大,则通过节约劳动费来降低生产成本的可能性也就越大。劳动费对工业最优区位的影响可以这样判断:与运费最低区位相比,如果迁至劳动费较低点单位产品所增加的运费大于所节约的劳动费,则不应该变区位;反之,若单位产品所增加的运费小于所节约的劳动费,则最优区位为劳动费较低点,而非运费最低点。

韦伯进一步认为,由聚集所产生的规模经济效益也会对工业最优区位产生影响。规模经济效益的产生,首先是由于工厂规模的扩大带来的利益增长,其次是由于企业外部经济效益的增长。

工厂规模既受一般技术经济因素影响,又受特定区位的条件影响。衡量最优规模有两个标准:一是单位产品的生产成本最低;二是企业总利润最大。用这两个标准确定的最优规模是不一致的,单位产品生产成本最低点为平均成本最低的那一点,而利润最大点为边际利润为零的那一点。企业规模越大,布局越集中;反之,则布局越分散。

外部经济效益亦称聚集经济效益,它是由那些在生产或分配中有着密切关系或在布局上指向性相同的产业按一定比例与规模集中布局在拥有特定优势的区位所产生的增加效益。这种效益是无论按何种方式,上述产业分散布局都不可能得到的。规模经济效益,一方面取决于聚集的产业或企业的种类与结构;另一方面还取决于聚集的规模。

韦伯是工业区位论的奠基人,古典区位论的系统阐发者,是第一个集前人研究之大成,并把工业布局理论系统化的人。随着工业布局实践渐趋复杂,韦伯的工业区位论也存在一定的局限性:① 韦伯过分强调运费、劳动费等因子的作用,而忽略了许多重要的社会、经济、自然、国防、技术等因子对工业区位的影响;② 在区位因子的处理上,没有考虑的是"纯技术性"的因子,实际上运价率、国家区域政策、利息、新技术的应用以及地租等因子,都会使韦伯所阐述的因子关系大大复杂化;③ 韦伯过分突出了部门布局的研究,而忽视了地区布局的研究;④ 韦伯的区位理论是一种局部均衡理论,主要是从个别工厂的角度出发,考察一个生产单位,从运费工资方面确定区位点,而对整个区位问题,即一般均衡理论涉及很少。同时,他的理论基本上是一种静态的纯区位研究,这种研究假设其他许多条件不变,但现实中一切因子均在不断变化,所以在实践中,必须代之以动态的对策讨论,即多因子的动态区位研究。

3) 克里斯塔勒的中心地区位理论

克里斯塔勒通过对德国南部的城市和乡村集镇及其与周围农村服务区之间的空间结构特征,于1933年出版了《德国南部的中心地》一书,提出了中心地理论。中心地理论概念的建立分三个步骤:① 根据已有的区位理论,确定个别经济活动的市场半径;② 引进空间组合概念,形成一个多中心商业网络;③ 将各种经济活动的聚集纳入一套多中心网络的等级序列中去。为了研究方便,他首先确定了假设条件,主要假设研究的地区为匀质平原,资源、人口、购买力均匀分布,各地的交通条件完全一致等。

中心地理论的基本要点为:① 一个区域的发展必须有自己的核心,且拥有若干个大小不同的城镇。城镇为其服务范围内的居民和单位提供货物和服务,也就是说,城镇在空间上形成一种经济力量,促使区域发展。每个城镇大都位于其服务区域的中央,故称为"中心地"。在一个区域内,中心地的大小和排列具有一定的规律,高级中心地只有一个,次一级的中心地较多,等级越低的中心地数目越多,规模越小。② 各级中心地及其市场区在一个完整网络系统中形成大小不同的层层六边形,各级中心地位于六边形的中心或边的中心与顶点上。③ 不同规模的中心地提供不同种类的服务,较小中心地提供需要较低门槛人口水平(门槛人口水平为商品销售能获取利润所需的最小范围内的人口)的服务,较大中心地能维持需较多门槛人口水平的服务设施。中心地的相对重要性取决于它所提供的商品和服务的数量与等级。中心地等级越高,提供的商品与劳务的种类越全,中心地体系的系统形式规定为：处于系统特定级别的中心地不仅能提供与其级别相应的特殊商品和劳务,同时还提供所有其他的低级别中心地所提供的商品与劳务。④ 同一等级的两个相邻中心地之间的距离相等,级别越低,相邻两个中心地间的距离越短。⑤ 不同等级中心地的市场区采取三种模式分布:设 $k$ 为某级中心市场区面积与低一级中心市场区面积的比值。这三种模式分别为 $k=3$,$k=4$ 与 $k=7$。中心地按严格的比例关系分布。$k=3$ 又称市场最优原则,它能保持市场组织最优,但不利于交通布局;$k=4$ 模式又称为交通最优原则,它有利于安排交通线路,但由于相邻两级市场区面积比值较大,不利于市场组织;$k=3$,$k=4$ 模式的边缘低级市场区往往跨几个高一级市场区,均不利于行政组织;$k=7$ 又称为行政最优原则,它有利于行政组织,但不利于组织市场和交通。

近年来,克里斯塔勒的区位理论在规划实践中得到了较为广泛的应用,理论本身也获得了进一步的发展,但同样存在着一定的局限性,主要表现在以下方面:① 其理论模型的假定条件发生了变化,而且许多具体因子如资源、地形等会引起城市区位的差异。因此,有些学者提出了中心地极化偏振的学说来修正和补充,并建立了一系列比克里斯塔勒更为现实的一些模型。② 一个国家和区域内城市体系往往是在一个或几个枢纽中心的刺激下经过许多历史时期形成的,在这个过程中,消费者的行为原则是会发生变化的。例如现代消费者行为常常受到广告左右,所以城市的商业职能不再取决于它的位置特征,而是在很大程度上取决于商家的活动本领。

### 4) 廖什的市场区位理论

区位论的研究涉及工业、农业、交通运输和市场等诸多方面,缺乏一个统一的、能够囊括全部内容的区位理论,而经济的发展使产业布局的综合性大大提高,单一理论很难解决区域的所有问题。廖什在这方面进行了尝试,他对农业区位论、工业区位论与中心地理论的研究均颇有建树,1940年出版了《区位经济学》。在该书中,他研究了区位平衡理论,发展了工业区位理论、经济区位理论与市场区位理论。

廖什不认为工业的最低运输成本在工业区位趋势中起决定作用,他既从一般均衡的角度来考察整个工业的区位问题,又从局部均衡的角度考察一个工厂的区位问题。廖什的理论被认为是现代区位理论的新发展。廖什做了以下假定:① 一个工业中心的周围是农业区域,农业区域的居民是工业品的购买者;这些居民的偏好是相同的,他们有相同的个人需求曲线。② 工厂规定它所生产出来的产品的价格,至于把这些产品运送到消费地点的运费,则由消费者反弹。由此假定,将会发生两种情况:a. 只要这些居民的需求是有价格弹性的,那么距离中心点越远的居民的需求就越少。b. 以工业所在地为中心的半径越大,到中心点来购买工业品的消费者就越多。这两种情况是并存的。假定没有新的企业加入到这个地区,那么工业区位主要由对它的产品的需求量来确定。工业如果设在它能够吸引足够数量的消费者的地点,它就能获得利润,否则,它就不能获利;而不能获利的地点,就不适宜作为工业所在地。廖什认为,对产品的需求取决于价格的高低、需求的强度、市场的半径、单位距离产品的运输成本四个因素的作用。他还认为,工业布局的原则是寻求最大利润,也就是总收益和总成本之差最大,这是廖什理论的根本出发点。在平均价格不变的条件下,要增加总利润量,必须使销售量增加或总成本减少。任何一个经济活动单位要想求生存就必须追求最大利润。但如果把单个经济活动单位置于实际空间中去研究,其布局往往受多种因素影响。首先会遇到竞争者的影响;其次会遇到消费者与供应者的影响。在分析这些因素后,他提出了区位系统平衡的理论与方法。他认为在产业布局过程中，如果要考虑各种因素的影响，找出各经济单位布局的相互依存关系，就要寻求整个区位系统的平衡，在此基础上他提出了经济区位理论。他还认为，近代西欧的工业区位正是按产品需求量的大小而逐步形成的，每一个新出现的工业点都离不开它周围的消费者。廖什不把最低成本作为工业区位的决定因素，而把与工业产品销售范围联系在一起的利润原则看成决定因素，这对区域经济学产生了深远影响。

廖什的区位理论与克里斯塔勒的区位理论一样，使区位理论由生产领域发展到市场领域，由局部扩展到一般，由单纯扩展到综合，成为一种宏观的、静态分析的、以市场为中心的商业服务行业和加工工业行业的区位论，从而使古典区位论改观，为具体解决规划问题的动态地域平衡模式奠定了基础。它是区位理论发展的一个重要阶段。其局限性与克里斯塔勒的区位理论相类似。

进行土地利用规划，必须充分遵循有关的区位理论，组织好土地的空间利用结构，既使区域整体土地发挥出最大的经济效益、社会效益和环境效益，又使不同区位的土地发挥出最大的潜力。具体来说进行土地区位选择时应考虑以下因素：① 最低运输费用和最低生产成本。② 最低的购买价格，这一区位目标对现代区位论中居民点、居民区的选择相当重要。③ 最大市场区位和最大利润。最低运费和最低生产成本的区位不一定能保证取得最大利润。为了保证最大利润，必须寻求具有最大市场的区位，相应的要求最大的吸引范围和腹地，如港口的区位。④ 最优地利用社会经济基础，以求获得最佳的生产、生活条件和适宜环境。这不仅需要考虑经济因子，而且应强调过去不太重视的社会因子，如人对洁净生活环境和对休假、旅游的需要，对第三产业的需求等。因此，确定最佳区位及其标准都比以往更为复杂。因为这些社会因子一般不受经济规律的支配，难以数量化，却对国家的经济发展、社会发展产生重要的间接影响。为了实现这一区位目标，就业场所、居住地、资源产地、第三产业等应尽可能进行成组的空间布局。这也是当前实现我国经济可持续发展的内在要求。

## 2.1.5 生态经济理论

生态经济学的主要研究对象是生态系统和经济系统所构成的复合系统，主要研究内容为该复合系统的结构、功能及其运动规律。所以生态经济学是由生态学和经济学相结合形成的一门边缘学科。20世纪60年代，美国经济学家鲍尔丁在《一门科学——生态经济学》的文章中，第一次提出了"生态经济学"这一名称。而对这一学科进行充分肯定则要追溯到1980年联合国环境规划署召开的"人口、资源、环境和发展"为主题的会议。会议认为上述四者之间的关系是互相制约、互相促进和密切相关的，并进一步要求各国在制定新的发展战略时对此要切实重视和正确对待。此外，联合国环境规划署通过对人类生存环境的各种变化进行的观察分析，决定将"环境经济"（即生态经济）作为1981年《环境状况报告》的第一项主题。这些都表明，生态经济学虽然是一门新兴学科，但是由于其既有理论性又有应用性，已经开始受到广泛关注。

生态经济学认为，人类社会、经济过程与自然界是一个整体。生态经济系统是生态经济学的主要研究对象，通过技术中介生态系统和经济系统在人类的劳动过程中耦合而成。因此生态经济系统可以认为是一个复杂整体和综合立体网络，具有多层次、多要素和多侧面。而人类则在其中起着调控主体的作用，尤其是协调其中有关对立的复杂关系，并且人类还决定着系统发展的核心。

生态经济学的主要观点,首先是认为应该从生态与经济结合的角度,去分析和研究资源价值观、社会经济价值观和区域发展战略观。现代经济社会可以看成是一个生态经济有机整体,其实质是生态经济持续发展过程。于是社会再生产也应该把物质资料再生产在内的生态再生产包含进来。并且其基础是生态系统自然再生产,而发挥主导作用的是物质资料再生产。人类除了对物质和文化有需求以外,对优美舒适的生态环境的要求同样也是不断增长的。因此,这就要求经济社会发展过程中应该实施经济—社会—生态同步协调发展战略,尤其是在目标的选择上更要重视生态环境的改善和环境质量的提高。需要指出的是,目标也存在着多样性。因此,生态与经济协调发展是生态经济学的最主要核心研究内容。生态系统和经济系统的不协调主要是两者的内在负反馈稳定机制和正反馈机制之间的矛盾造成的,随着经济的发展,矛盾在不断加剧。可以这么认为,现在世界各国普遍存在的人口剧增、环境容量变小、能源不足以及生态平衡被破坏等问题就是生态系统和经济系统不协调的表现。其本质其实就是生态系统物质能量的更新、储量等跟不上,甚至限制了经济增长的加速进行。根据上述分析,经济社会的可持续发展的前提就是生态经济的协调发展。这就要求协调好三种基本关系:首先要协调好经济发展—资源环境—人口之间的关系,努力实现相互促进,这不仅包括经济发展(速度和效率增长同步)与资源关系、资源开发同生态环境的关系,还包括人口增长与环境容量之间的关系;其次要协调好经济增长—技术进步—生态平衡的关系,技术进步是经济增长的动力,但是技术进步要以不破坏生态平衡为前提,也就是在一定的技术和经济发展水平下,建立相应的生态平衡关系;再次要协调好资源开发规模和强度的控制,计划—市场—价格—资源更新能力之间的关系。

土地资源是一切经济社会发展的载体,是一种无法替代的最重要的自然环境资源。土地资源是环境的重要组成部分,但其对其他自然环境资源和社会经济资源提供着承载的作用。因此,仅仅就土地本身而言,已经是一个由自然、社会、经济、技术等多种要素组成的生态经济系统,并且在要素的不同组合类型下形成了多种结构。因此科学的土地利用不仅要把土地利用看成是自然技术问题,也是社会经济问题,更是关系到自然资源合理利用和生态环境保护的生态经济问题,客观上不可避免地承受着自然、经济和生态规律的制约。一个相对稳定的土地生态经济系统,对于外界的干扰、破坏,在一定范围内有一定的自我调节的能力,但是一旦外界的干扰超出了土地生态系统本身的自我调节能力,就可能破坏这个系统的平衡和稳定,不仅是土地资源本身,甚至整个区域的生态环境都要遭到破坏和毁灭。因此,土地生态经济系统平衡具有与其他生态经济系统的平衡相同的特点,即一种相对的、动态的平衡。维护和保持土地资源开发利用的生态平衡,并不是要求消极地维持现状,而是要按照生态平衡及其调控理论,建立起与一定的经济社会发展水平和一定的科学技术条件相适应的土地生态平衡。以实现土地可持续利用为目标,通过合理开发利用和保护土地资源,创建和发展比原土地生态系统更佳的生态平衡,使土地生态经济系统的物质循环和能量流动,朝着有利于人类可持续发展的方向发展,维持其新的生态平衡。

王万茂等认为,土地生态经济系统运行目标包含四个基本要素:一是合理配置土地资源;二是持续增值土地资源;三是创建且发展有序的人地关系格局;四是构筑并保持土地生态经济良性循环。其中,土地生态经济系统的良好运行本质上是土地资源合理配置的根本目标。土地开发利用规划的目的,在于通过建设用地开发合理规模的确定,寻求土地资源优化配置的途

径,从而在一定的自然、技术条件下,维持土地生态经济系统的良性循环(见图2.4);

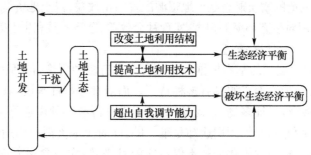

图 2.4 土地利用的生态经济解释

根据以上生态经济原理,在进行土地利用规划时,应该使土地利用与人口承载力和生态经济系统阈值相协调。根据人口规模、社会经济发展水平及生态环境状况合理分配农业用地和非农业用地的数量,调整各类用地内部结构,以达到社会经济和生态环境的平衡协调发展。

### 2.1.6 土地资源优化配置理论

1) 土地资源的可拓性

土地资源的可拓性包括土地资源的发散性、可扩性、相关性和共轭性。研究土地资源的可拓性,有利于揭示土地资源的特征及分析土地资源合理利用的影响因素,为土地资源优化配置和合理利用提供依据。

(1) 土地资源的发散性。一个土地单元具有多种特征,具有某一特征的土地单元有多个。对土地资源及特征进行发散,能提供多种土地利用的可选方案,极大开拓土地资源优化配置的深度和广度。

(2) 土地资源的可扩性。土地资源的可扩性是土地资源增值和优化配置的手段,表现为土地资源可以与其他事物相结合而改变其性质、用途,并产生价值的增值。如将未利用地进行改造,并种植树苗,即未利用土地与改造资金和树苗的结合,使得未利用土地转化为林地,并产生价值的增值。因此,利用土地资源的可扩性,是提高土地资源利用效益的有效手段。

(3) 土地资源的相关性。土地资源的相关性是土地资源优化配置必须考虑的约束条件,表现为某一土地单元的特征发生变化,将对其他相关单元的某些特征产生影响,并改变其性质、用途,产生价值的增值。如在某一耕地上建设一新的火车站,它不仅改变该土地单元用途,使之由耕地转化为交通用地,同时使得其相邻土地单元的多个特征发生变化,如交通条件、通信条件、人口密度、环保条件、区位价值等均发生变化,使之适宜于商业用地,从而改变用途,产生受迫变化。因此,土地利用项目的评价,不仅要分析所使用土地资源的状况,同时必须分析其所产生的相关影响。

(4) 土地资源的共轭性。土地资源的共轭性是土地资源优化配置必须考虑的关键要素,它表现为:① 土地资源的自然特征,如土质、地貌、有机质含量等,构成土地资源的实部,主要决定土地资源作为农业用地的用途;而其社会经济条件,如距城镇距离、人口密度、环保条件等,构成土地资源的虚部,主要决定土地资源作为建设用地的用途。② 区域内土地资源的总量是硬部,而土地资源的利用结构是软部,土地资源的配置则是对其利用结构的调整和优化。③ 对于目前土地资源的利用现状是显部,而土地资源的配置则关键在于弄清其潜部,即土资源的适宜性及社会经济发展对土地资源配置的要求,明确土地资源潜在的最佳利用用途。④ 土地资源利用所创造的物质财富是土地资源配置的正效益,但土地资源配置还必须考虑其负面影响,即土地利用对生态环境的损害,实现社会效益、经济效益和生态效益的协调和统一。

2) 土地资源优化配置原理

(1) 土地资源优化配置的基本依据。土地资源具有多种用途,包括生态用途、空间用途和风景用途,具体表现为土地资源具有多种特征。而对某一特征来说,具有该特征的土地单元有多个,即"一物多征,一征多物"。此外,尽管土地资源有多种用途可供选择,但具体到每一次土地资源的实际利用,其使用用途却是唯一的,同时土地资源利用用途的更改十分困难且成本高。因此,土地资源的优化配置不仅可能而且必要,它包含两方面的含义:一是对于某一土地单元的适宜用途的选择,可对该土地资源的主要特征进行全面分析和综合评价,从而确定该土地单元的适宜用途或主导用途;二是对于适宜某一用途的土地单元的选择,可根据该用途必须具备的特征,对具有该特征或与该特征相近的其他土地单元进行综合分析和科学识别,以确定最佳的土地单元。

(2) 土地资源优化配置的实现手段。土地资源优化配置,从宏观上表现为土地资源内部结构的调整,即土地资源不同类别之间的转换。这是由于土地资源的总量是一定的,随着社会经济的发展,土地资源的内部结构随之变化,以适应社会经济发展的需要。如交通建设的需要,使得部分耕地、林地等转化为交通用地。从微观上还表现为局部的、有限的土地资源总量的增加和未利用土地资源的改造。土地资源优化配置的实现手段即土地资源的特征变化和用途的变换,它包括三方面的含义:① 土地资源总量的增加,即围海造地。地球表面由陆地和海洋两部分构成,其中陆地面积1.49亿$km^2$,占地球表面积的29.2%;海洋面积3.61亿$km^2$,占地球表面积的70.8%。因此,局部的、少量的围海造地,无疑是增加土地资源总量,拓展人类生存空间的一条途径。特别是随着世界人口的增长,加上土地资源承载力的限制,人类必须借助现代科技的发展,去探索、开拓和改善人类的生存空间和生存条件。② 未利用土地资源的改造,即通过投入一定的改造资金,将未利用土地资源改造为已利用土地资源。土地资源数量有限,在这有限的土地资源中,有相当部分存在各种制约土地利用的障碍因素,如干旱、水资源不足、气候、高山、陡峭山地、交通不便的偏僻地等。在我国,这样的土地约占土地总面积的四分之一。因此,改造未利用土地资源,特别是建设用地尽量利用荒山、荒地等未利用土地,是增加可利用土地资源数量,缓解土地供需矛盾的重要途径,也是土地资源优化配置的根本任务。③ 已利用土地资源的结构调整,即根据社会经济发展及结构调整来配置土地资源。从内容上它包括农业用地内部结构、建设用地内部结构的调整以及农业用地向建设用地的转化。从形式上包括:a. 土地资源的数量比例结构,即各类土地资源所占的数量比重;b. 土地资源的空间分布结构,即各类土地资源在地域空间上的分布状况;c. 土地资源的时间动态结构,称为土地资源数量比例结构和空间分布结构在时间上的演变过程。已利用土地资源结构的调整,是土地资源优化配置的核心和主体。土地资源优化配置的实现,其核心是变换。从海洋变为陆地,从未利用土地资源转变为已利用土地资源,从已利用土地资源的一种类型转变为另一种类型。但这种变换不是任意的或无条件的,而是在一定的范围内和一定的条件下进行的,如某些土地根本不具备人类的生存条件,不可利用或在现有条件下的利用无经济价值。上述的一定范围和一定条件称为土地资源的可拓域和变换条件。因此,准确地分析、评价和界定土地资源的可拓域,明确土地资源的变换条件,对优化配置至关重要。从宏观考虑,海滩及生态环境影响小的浅海区域是可拓域,其生态环境状况及围垦成本是其变换条件;对未利用土地向可利用土地转变而言,随着科技进步和社会发展,应尽可能不断扩大未利用土地的可拓域,加速未利用土地资源的变换,大幅度降低未利用土地的比重,其变换条件是其变换成本和利用效益;对农业用地向建设用地的变换而言,可拓域只能是一般农业用地,不允许将基本农田保护区用于建设用地,其宏观变换条件是区域内耕地占补动态平衡。农业用地内部结构的调整,其可拓域的确定必须明确"保护耕地就是保护生命线"的战略观念,其变换条件是"三高"生态农业的客观要求和市场导向。建设用地内部结构的调整,其可拓域的确定必须树立内涵挖潜、集约利用的意识,在城市规划要求和生态环境改善的前提下,"退二进三",确保黄金地段必须产生黄金效益,变换条件是土地利用的综合效益。资源稀缺的客观存在及由此带来的合理配置的必要是经济研究的核心问题,经济的宏观效益和微观效益的高低,经济发展速度的快慢,社会效益和环境效益的好坏等,都无不取决于资源配置的优劣。经济运行的关键在于各种生产要素,尤其是土地、劳动、资金三大要素的合理配置。土地作为一种最基本的生产要素和最主要的环境要素,其配置状况无疑对社会经济和生态环境产生十分重大的影响。目前,土地资源的利用方式必将从外延型、粗放型向内涵型、集约型转变,土地资源的优化配置将是实现这一转变的根本保证。

## 2.2 土地利用规划原则

### 2.2.1 维护和巩固社会主义公有制原则

社会主义制度的根本保证和基石是生产资料的公有制,而土地作为最主要和最重要的生产资料,其所有制形式直接关系到社会的根本制度和性质。既然我们是社会主义国家,必然要求实行土地公有制。我国法律明确规定,一切土地属于国家。虽然在形式上仍然存在国家所有和集体所有制两种形式,但当国家利益需要时,政府可以强制征收集体所有的土地,将其变成国家土地。因此,土地的集体所有权并不是土地的最终所有权,土地的最后产权仍然属于国家。国家通过政府行使土地所有权。根据产权的一般理论,土地所有者享有土地收益增值的权利,而土地利用规划是政府为了提高土地的综合利用效益而对未来的土地利用进行的安排,所以在进行土地利用规划时,必须把国家利益放在首位,保证土地的增值和国家享有土地的增值效益。

目前,国家所有权受到条块的多元分割,国家作为土地所有者的地位模糊、产权虚置或弱化,各种产权关系缺乏明确的界定,各个利益主体之间的关系缺乏协调,造成利益纠纷迭起。由此导致土地增值收益大量流入私人腰包或私有企业、公司,造成国有资产的大量流失,直接损害了国家利益,危害了社会主义公有制的基础。因此,进行土地利用规划时,必须优先考虑国家利益,保证土地增值的主要部分归国家享有,切实保障国家对土地的所有权,维护和巩固社会主义公有制的基础。具体来说,就是在进行土地利用规划时要做到以下几点:

(1) 地方利益服从国家利益,局部利益服从整体利益,眼前利益服从长远利益,下级区域规划遵循和服从上级区域规划的要求,保证上级区域规划任务的落实和完成。

(2) 理顺土地所有者、经营者和管理者的权责关系,调整它们之间的利益分配,既保证国家作为土地所有者享有土地增值的主要收益,又维护经营者和管理者的正当利益,调动它们的生产经营积极性。

(3) 提高土地的投入产出率和综合效益,加强对土地资源的管理和保护,维护土地资源的持续生产能力,切实避免对土地资源的过度利用和不正当、不合理的利用。

### 2.2.2 因地制宜原则

我国地域辽阔,各地的自然条件和社会条件差异很大,需要解决的土地利用问题也不尽相同,这就决定了土地开发利用的方向、方式、深度和广度的不同。因此,土地利用规划必须遵循因地制宜、实事求是的原则,同时要考虑市场经济对土地利用的需求及其变化对土地利用的影响。要做到因地制宜,必须在土地利用规划时考虑到以下几点:

(1) 充分分析各地的土地利用现状特点。现状土地利用的结构和布局是经过长期经济活动而形成的,具有一定的合理性。土地利用规划必须以现状土地利用系统为基础,继承其合理的成分,调整其不合理的部分,达到特定时段土地利用结构合理和功能优化的目标。

(2) 对土地利用规划区的土地利用按照某一标准进行土地利用分区。所谓某一标准指造成规划区内土地利用差异的主要因素,它可能是自然地理因素,如地形、水源、土壤成分、生态环境等,也可能是经济条件或风俗习惯等人文社会因素。在土地利用分区的基础上针对不同土地利用区的特点制订出相应的规划方案和政策措施。

(3) 善于处理特例或个案。所谓特例或个案指与规划区内其余的地区没有任何共同之处或差异太大、难以归入到任何现存的分类系统的特别地区或土地利用方式。对于这种特例需要单独进行规划,制订出与众不同的规划方案及落实措施。

### 2.2.3 动态平衡原则

土地资源既是一个自然综合体,又是一个经济综合体。它作为农业生产的基本生产资料利用时,与劳动力、资金、技术之间有机结合构成一个农用地生态经济系统;它作为非农业生产用地时,非农业部门各企业之间又是一个在地域上相对集聚的社会经济系统。事实上,社会经济发展中,土地这一自然综合体一旦与人类经济活动发生联系,不论其联系形式如何,人地相互作用系统或土地利用系统便建立起来。由于土地自然要素和社会经济要素是动态变化的,随着这些影响因素的改变,原土地利用规划方案可能随之发生变化甚至不再合理。因此,土地利用规划方案的合理性是相对的,它需要在动态发展中不断进行适时调整,以保持相对合理状态。这一原则要求我们在进行土地利用规划时必须充分考虑到规划期内的各种不可预测因素可能造成的土地供需变化,对规划指标留有余地,使规划方案具有一定的弹性和灵活性,保证土地供需能够长期平衡。需要强调的是为了维护社会稳定,保障全国粮食能够在出现各种灾难和不可预测的突发性事件下,仍能满足全国人口的最低需求,必须保证一定数量的耕地,并且要能够维持和提高现有耕地质量,即在全国范围内实现耕地占补平衡。

### 2.2.4 综合效益原则

综合效益原则要求进行土地利用规划时必须使土地利用达到综合效益最优,即三大效益协调统一,总体效益最佳。过去进行土地利用规划时,仅仅考虑经济效益的最大化,忽视社会效益,根本不考虑生态环境效益。随着世界范围内日益严重的人口、粮食、资源和环境问题,人们意识到单纯地追求经济增长并不能增加社会福利,与人类追求全面发展、享受美好生活的共同愿望相悖。只有在不断增加社会物质财富的同时,创造更适合人类居住的环境,提供更多人们需要的精神产品,提高每个人的综合素质,让所有人能够发挥其聪明才智和最大潜能,才能真正地促进社会发展和人类文明的进步,才是能够持续永恒发展的社会。因此土地利用规划必须贯彻可持续发展思想,追求综合效益的最优化,为此,需要做到以下几点:

(1) 提高土地利用率。在不影响生态环境和公众能够接受的情况下,提高土地垦殖率,开发未利用土地,增加土地利用面积;在有利于环境改善和提高土地产出率的前提下,对已利用土地进行内涵挖潜,促进土地集约利用和节约用地。

(2) 提高土地产出率和经济效益。尽量根据土地适宜性和市场需求,调整土地利用结构和布局,提高规划区内土地的整体产出率和经济效益。

(3) 保护和改善生态环境,保障土地可持续利用。留出必要的生态环境用地,增加林地和草地等绿化用地面积,加强水土保持,禁止坡耕,实行耕地轮作、轮休制度以保持土地生产力。

### 2.2.5　指标控制原则

土地利用规划既是对土地利用在时间上的安排,也是对土地利用在空间上的安排。而在目前的土地管理体制下,同一区域需要接受不同层次的政府管辖,而每一级政府都有各自的土地利用规划,为了保证各级政府土地利用规划的统一性,必然要求同一区域内的各类用地数量和布局在不同等级政府的土地利用规划内是完全一致的,指标控制就是解决此问题的有效方法。因此,在进行土地利用规划时,指标控制是基本原则之一。

《土地管理法》中明确提出土地利用规划必须确保耕地总量动态平衡目标,规划耕地数量不能比现状减少,必须实现耕地占补平衡。为此,耕地占补平衡指标被各级政府层层分解,地方各级政府必须不折不扣地完成上级下达的规划期内耕地减少量、耕地增加量和耕地净增量三项规划控制指标。其中耕地减少量不得突破下达指标,耕地增加量和耕地净增量不得低于下达指标。除了必须完成耕地的三项控制指标和基本农田数量指标外,常常还需落实上级政府下达的另外的一些控制指标,这些指标常常根据不同的地方或者不同时期而有所不同。如多数地方必须完成上级土地利用规划所确定的重点建设工程用地指标;而在新疆等西北部地区则需要完成上级土地利用规划所确定的荒地开发建设指标等。又如在1996—2010年的土地利用总体规划中,主要控制指标是"建设用地、耕地补充和净增耕地"等3个指标;而在2006—2020年土地利用总体规划中采用了"耕地保有量、基本农田保护面积、城乡建设用地规模、新增建设占用耕地规模、整理复垦开发补充耕地义务量和人均城镇工矿用地规模"等6项指标为约束性指标。并且在今后相当长的时期内,土地利用规划尤其是土地利用总体规划必然依然是"指标控制型规划"。在我国人多地少、人地矛盾突出的国情下,利用指标控制达到保证耕地数量,控制建设用地规模,促进土地集约利用是加强对土地的集中统一管理,确保合理用地的有效措施。对此,我们需要有清醒的认识和深刻的理解,在进行土地利用规划时"带着镣铐跳舞",从全局和整体利益考虑,充分保证上级土地利用规划所分配给本规划区的各种控制指标的落实,同时在完成上级指标的基础上,结合本地实际,科学灵活地安排好各类用地供需计划,并将规划指标合理地分配给规划区内的下一级各个地区。

# 3 土地利用规划方法介绍

## 3.1 统计与计量分析

### 3.1.1 相关分析法

相关分析是研究现象之间是否存在某种依存关系,并对具体有依存关系的现象探讨其相关方向及相关程度,是研究随机变量之间的相关关系的一种统计方法。现象与现象之间直接依存的关系,从数量联系上看,可以分为函数关系和相关关系。函数关系是从数量上反映现象间的严格的依存关系,即当一个或几个变量取一定的值时,另一个变量有确定值与之相对应;相关关系是现象间不严格的依存关系,即各变量之间不存在确定性的关系。在相关关系中,当一个或几个相互联系的变量取一定数值时,与之相对应的另一变量值也相应发生变化,但其关系值不是固定的,往往按某种规律在一定范围内变化。回归方程的确定系数在一定程度上也反映了两个变量之间关系的密切程度,并且确定系数的平方根就是相关系数。但是,确定系数一般是在拟合回归方程之后计算的,如果两个变量间的相关程度不高,拟合方程便没有意义,因此,相关分析往往在回归分析之前进行。

相关关系按照不同的标准有不同的分类:按相关程度划分,可分为完全相关、不相关和不完全相关;按相关的方向划分,可分为正相关和负相关;按相关形式划分,可分为线性相关和非线性相关;按影响因素多少划分,可分为单相关、复相关和偏相关。

在统计中,一种方法是制定相关图或相关表,可以直接判断现象之间大致呈何种形式的关系;另一种方法就是精确描述变量间的相关关系,即计算变量之间的相关系数。由于图、表只能感性的反映变量间的相关关系,因此,若要精确描述变量之间的相关程度,需要通过对变量的数学计算,而对于不同类型的变量,其相关系数的计算方法也不同。在相关分析中,常用的相关系数主要有 Pearson 简单相关系数、Spearman 等级相关系数和 Kendall 秩相关系数和偏相关系数。

### 3.1.2 回归分析法

相关分析揭示了要素之间相互关系的密切程度,然而诸要素之间相关关系的进一步具体化,譬如某一要素与其他要素之间的相互关系若能用一定的函数形式予以近似表达,那么其实用意义会更大。在复杂系统中,某些要素的变化很难预测和控制,相反,另一些要素却相对容易预测和控制。若能在某些难测难控的要素与其他易测易控的要素之间建立一种近似的函数表达式,就可以比较容易地通过那些易测易控要素的变化情况,来了解那些难测难控要素的变化情况。回归分析方法,就是一种研究要素之间具体数量关系的一种强有力工具,运用这种方法能够建立反映要素之间具体数量关系的数学模型,即回归模型。

回归分析是研究一个因变量和一个或多个自变量之间的线性或非线性关系的一种统计

分析方法。回归分析通过规定因变量和自变量来确定变量之间的因果关系,建立回归模型,并根据实测数据来估计模型的各个参数,然后评价回归模型是否能够很好地拟合实测数据,并可以根据自变量作进一步预测。回归分析方法理论成熟,它可以确定变量之间的定量关系并进行相应的预测,反映统计变量之间的数量变化规律,为研究者准确把握自变量对因变量的影响程度和方向提供有效的方法。在经济、金融、社会科学方面,回归分析有着广泛的运用。回归分析方法体系主要分为线性回归、非线性回归和其他回归方法,线性回归包括一元线性回归、多元线性回归,非线性回归包括一元非线性回归、多元非线性回归,其他回归方法有曲线回归、Logistic 回归、有序回归、概率单位回归、加权回归等。线性回归是最常用的回归分析方法,很多非线性模型可以通过变量替换将其转化为线性模型来处理;此外,对于回归模型来说,最重要的参数是斜率,而最小二乘法在斜率估计方面的效果很好。

### 3.1.3 主成分分析法

在现实问题中,经常会遇到多变量问题,所谓多元统计分析,就是关于多变量的统计分析方法,其中多元回归也是回归分析法中的重要组成部分,以下主要介绍主成分分析法、因子分析法和聚类分析法。主成分分析法与因子分析法殊途同归,现在主成分分析法已成为因子模型的一种求解渠道,但是为了突出主成分分析,还是将二者分开介绍,有了主成分分析的基础,就不难理解因子分析的主要思想和应用方法。此外,考虑到因子分析的结果可以应用到聚类分析,但反之不然,所以最后介绍聚类分析。

主成分分析方法最早可追溯到 K. Pearson 于 1901 年开创的非随机变量的多元转换分析;1933 年,N. A. Hotelling 将其推广到随机变量。地理学研究对象大多是复杂的空间系统,分析变量动辄数十、成百乃至上千,面对大规模的指标体系,必须解决两个问题,一是揭示变量之间的关系,二是简化地理分析过程。对于第一个问题,前面的相关分析、回归分析已经遇到;对于第二个问题,主成分分析和因子分析有助于从统计学角度解决此问题。主成分主要是研究如何通过少数几个由原始变量构成的主要分量来描述或解释多变量的方差-协方差结构特征。主成分的工作对象为"样本×定量变量"之类的数据表,工作目标是将多变量的平面数据进行最佳综合、简化:① 降维处理,使高维变量转化为低维变量且信息损失最少;② 统计简化,简化变量系统的统计数字特征;③ 数据解释,利用主成分与原始变量的相关系数矩阵建立变量与样品的关系,根据变量代表的主成分结构解释样品特征。其中,①和②两个过程又称为数据压缩,因此,有人将主成分的用途归结为数据压缩和数据解释。

### 3.1.4 因子分析法

如果调查了 $n$ 个样品的 $m$ 个变量,则可以构成一个 $n \times m$ 的矩阵。这时既可以在 $n$ 维样品坐标系中表示 $m$ 个变量,也可以在 $m$ 维变量坐标系中表示 $n$ 个样品。无论在哪种情况下,在几何上都涉及如下问题:数据群点的重心位置(与均值有关),数据变异的最大方向(与方差有关),群点的散布范围和结构(与协方差有关)。而主成分分析并不能完全解决上述问题,因此有些问题需要借助因子分析法予以解决。

因子分析始于 20 世纪初的心理测量学研究。在 20 世纪早期,K. Pearson 和 C. Spearman 等为了定义和测得智力,发展了因子分析模型。尽管对这种方法时有争论,但还是很快被应用于社会学、经济学、人类学、地质学、医学等诸多领域,并在地理学"计量运动"时期被引入地理学研究中,且计算机技术的发展为实现因子分析的复杂计算提供了技术支持。

因子分析可以视为主成分分析的一种扩展,它们在方法上都是要对协方差阵进行逼近,因子分析的实质在于采用少数几个潜在的随机变量刻画较多变量之间的协方差关系。这少数的随机变量是不可观测的,称之为"因子"。因子分析的基本思路如下:根据相关性大小将变量分组,使得组内变量之间具有较高的相关性,不同组内的变量相关性较低。每一组变量组成一个"因子",代表一种结构,实则原始变量的线性组合,反映已经观测到的相关性。因子分析的经典案例由 C. Spearman 给出,他搜集了一组学生测试数据,从古文、法语、英语、数学和音乐的相关性确认存在一种潜在的智育因子,同时用另外一组变量代表身体健康得分,对应于另外一个因子——可以视为体育因子。如果在我国开展类似研究,可以借助某种变量代表德育因子。

### 3.1.5 聚类分析法

在多元统计分析中,聚类分析又叫做群点分析,是研究样品或指标分类问题的一种多指标统计方法。所谓类,通俗地讲就是相似元素的集合。聚类分析的基本原理是,根据样本自身的属性,用数学方法按照某种相似性或差异性指标,定量的确定样本之间的亲疏关系,并按这种亲疏关系程度对样本进行聚类,使得组内的数据对象有最高的相似度,而组间具有较大的差异性。聚类分析可以在没有先验分类的情况下通过观察对数据进行分类,在科学研究和实际的生产实践中都具有广泛的应用。

聚类分析是根据对象的特征,按照一定的标准对研究对象进行分类,由于研究对象和分析方法的不同,聚类分析也分为不同的种类。按研究对象的不同,聚类分析可分为样本聚类和变量聚类。其中,样本聚类又称 Q 型聚类,它是针对观测量进行分类,将特征相近的观测量分为一类,将特征差异较大的观测量分在不同的类;变量聚类又称 R 型聚类,它是针对变量进行分类,将性质相近的变量分为一类,将性质差异较大的变量分在不同的类。根据聚类过程及聚类分析方法的不同,聚类分析可分为快速聚类、系统聚类和判别分析。其中,快速聚类又称 K-均值聚类,用于大样本,它将数据看作 K 维空间上的点,以距离为标准进行聚类分析,将样本分为指定的 K 类;系统聚类又称分层聚类或层次聚类,它将相近程度最高的两类进行合并组成一个新类并不断重复此过程,直到所有的个体都归为一类,它是应用最为广泛的一种聚类方法;判别分析在很多书中独立成章,但这种方法属于广义的聚类分析,它是在分类数目已知的情况下,根据已经确定分类的对象的某些观测指标和所属类别来判断未知对象所属类别的一种统计方法。

聚类分析中最重要的概念之一是距离,包括个体距离和类簇距离。如系统聚类分析通常总是从个体距离矩阵开始,个体归并为类簇之后,就涉及个体与类簇以及类簇与类簇之间的距离,由此演绎出 8 种不同的系统聚类方法。

### 3.1.6 时间序列分析方法

在现实中,很多统计资料都是按照时间进行观测记录的,因此时间序列在实际分析中具有广泛的应用。时间序列分析是一种动态数据处理的统计方法,该方法基于随机过程和数理统计学方法,研究随机数据序列所遵从的统计规律,藉此解决实际问题。它包括一般统计分析(如自相关分析、谱分析等),统计模型的建立与推断,以及关于时间序列的最优预测、控制与滤波等内容。经典的统计分析都是假定数据序列具有独立性,而时间序列分析则侧重研究数据序列的互相依赖关系,实际上是对离散指标的随机过程的统计分析,所以又可看做是随机过程统计的一个组成部分。时间序列是按随机过程的一次实现,因此,具有随时间变化、动态性和随机性数字序列等特点。时间序列模型不同于一般的经济计量模型,它不以经济理论为基础,而是依据变量自身的变化规律,利用外推机制描述时间序列的变化,其在处理过程中必须明确考虑时间序列的非平稳性。

我们可以建立许多模型进行时间序列分析。移动平均模型,是根据时间序列资料、逐项推移,依次计算包含一定项数的时序平均值,以反映长期趋势,因此,当时间序列的数值由于受周期变动和随机波动的影响,起伏较大,不易显示出事件的发展趋势时,使用移动平均法可以消除这些因素的影响,显示出事件的发展方向与趋势(即趋势线),然后依趋势线分析预测序列的长期趋势。指数平滑模型,可以对不规则的时间序列数据加以平滑,从而获得其变化规律和趋势,并以此进行推断和预测,其思想是对过去值和当前值进行加权平均以及对当前的权数进行调整之前抵消统计数值的摇摆影响,得到平滑的时间序列。ARIMA 模型,又称自回归移动平均模型,是一种将非平稳时间序列转化为平稳时间序列,然后将因变量对它的滞后值以及随机误差项的现值和滞后值进行回归所建立的模型,其思想是将预测指标随时间推移而形成的数据序列看作是一个随机序列,这组随机变量所具有的依存关系体现了原始数据在时间上的延续性,既受外部因素影响又有自身变动规律,是时间序列分析中最常用的模型之一。季节分解模型,季节变动趋势是时间序列的四种主要变动趋势之一,所谓季节性变动是指由于季节因素导致的时间序列的有规则变动,季节分解的主要方法包括按月(季)平均法和移动平均趋势剔除法。

## 3.2 空间分析方法

### 3.2.1 空间自相关

空间自相关,是指一些变量在同一个分布区内的观测数据之间潜在的相互依赖性,它来源于相关领域——时间序列分析的研究,然后是单变量统计学中的相关性的概念。空间自相关统计量是用于度量地理数据的一个基本性质,即某位置上的数据与其他位置上的数据间的相互依赖程度,通常把这种依赖叫做空间依赖。地理数据由于受空间相互作用和空间扩散的影响,彼此之间可能不再相互独立,而是相关的。空间自相关分析在地理统计学科中应用较多,现已有多种指数可以计算空间自相关,主要有:Moran's I、Geary's C、Getis、Join count 等等。这些方法各有其功用,同时亦有其适用范畴与限制,当然也各有其优缺点。如 Moran's I 是 GIS 软件包中经常使用的一个统计量,包括 ArcGIS 的 Spatial Statistics 工具,Idrisi 中的 AUTOCORR 函数,以及 GIS 相关的分析工具,如 Crimestat、Rookcase、Clusterseer、GS+ 和 GeoDa。

一般来说,方法在功用上可大致分为两大类:一为全域型(Global Spatial Autocorrelation),另一则为区域型(Local Spatial Autocorrelation)两种。全域型的功能在于描述某现象的整体分布状况,判断此现象在空间是否有聚集特性存在,但其并不能确切地指出聚集在哪些地区,且若将全域型不同的空间间隔的空间自相关统计量依序排列,还可进一步作空间自相关系数图,分析该现象在空间上是否有阶层性分布。而依据 Anselin(1995)提出 LISA (Local Indicators of Spatial Association)方法论说法,区域型之所以能够推算出聚集地的范围,主要有两种:一是藉由统计显著性检定的方法,检定聚集空间单元相对于整体研究范围而言,其空间自相关是否够显著,若显著性大,即是该现象空间聚集的地区,如 Getis 统计方法;二是度量空间单元对整个研究范围空间自相关的影响程度,影响程度大的往往是区域内的特例,也就表示这些特例点往往是空间现象的聚集点,例如 Anselin's Moran Scatterplot。

### 3.2.2 元胞自动机

元胞自动机(Cellular Automata,简称 CA)是一种利用简单编码与仿细胞繁殖机制的非数值算法空间分析模式,是一个时间和空间都离散的动力系统。散布在规则格网中的每一元胞(Cell)取有限的离散状态,遵循同样的作用规则,依据确定的局部规则作同步更新,大量元胞通过简单的相互作用而构成动态系统的演化。不同于一般的动力学模型,元胞自动机不是由严格定义的物理方程或函数确定,而是用一系列模型构造的规则构成,凡是满足这些规则的模型,都可以算作是元胞自动机模型。因此,元胞自动机是一类模型的总称,或者说是一个方法框架,其特点是时间、空间、状态都离散,每个变量只取有限多个状态,且其状态改变的规则在时间和空间上都是局部的。

元胞自动机的构建没有固定的数学公式,构成方式繁杂,变种很多,行为复杂。故其分类难度也较大,自元胞自动机产生以来,对于元胞自动机分类的研究就是元胞自动机的一个重要的研究课题和核心理论。S. Wolfram 在详细分析研究了一维元胞自动机的演化行为,并在大量的计算机实验的基础上,将所有元胞自动机的动力学行为归纳为四大类:① 平稳型:自任何初始状态开始,经过一定时间运行后,元胞空间趋于一个空间平稳的构形,这里"空间平稳"即指每一个元胞处于固定状态,不随时间变化而变化;② 周期型:经过一定时间运行后,元胞空间趋于一系列简单的固定结构或周期结构,由于这些结构可看作是一种滤波器,故可应用到图像处理的研究中;③ 混沌型:自任何初始状态开始,经过一定时间运行后,元胞自动机表现出混沌的非周期行为,所生成的结构的统计特征不再变化,通常表现为分形分维特征;④ 复杂型:出现复杂的局部结构,或者说是局部的混沌,其中有些会不断地传播。

元胞自动机自产生以来,被广泛地应用到社会、经济、军事和科学研究的各个领域,在元胞自动机应用于地理空间分析时,主要体现以下重要属性:① 状态变量:每一个自动机都包含一个属性集,其状态描述了某一特定时刻的自动机;② 空间框架:元胞自动机模型在一个格网空间上操作,空间可以指定为任意维的,在地理空间中,最典型的是二维;③ 邻居结构:是每个自动机周围的局部区域,输入从该区域获得;④ 转换规则:决定自动机状态如何随时间变化;⑤ 时间:由许多离散阶段组成。

关于地理过程建模,Tobler(1979)是最初提出使用 CA 的学者之一,随后,CA 被广泛应用于大量地理问题研究。CA 为模拟提供了一种很好的方法,因为它提供了许多建模的基本组件:作为存储单元的元胞,用离散单元的形式描述模型系统的特定元素;格网空间作为这些单元更大的构造,利用邻居指定单元如何联系并相互关联;状态变量表示了一个无限的属性范围,以特征化系统条件;最后转换规则表示了随时间动态改变系统的过程和事件。遗憾的是元胞无法移动是 CA 框架的最大弱点。

### 3.2.3 人工神经网络

人工神经网络是一种应用类似于大脑神经突触连接的结构进行信息处理的数学模型，它试图模仿生物神经网络的特点，用以解决一系列信息处理、分析和建模。神经网络是一种运算模型，由大量的节点（或称神经元）相互连接构成，每个节点代表一种特定的输出函数，称为激励函数（activation function），每两个节点间的连接都代表一个对于通过该连接信号的加权值，称之为权重，这相当于人工神经网络的记忆。网络的输出则依网络的连接方式、权重值和激励函数的不同而不同，而网络自身通常都是对自然界某种算法或者函数的逼近，也可能是对一种逻辑策略的表达。在地理空间分析应用中，包括土地利用分类、土地覆盖变化建模、空间相互作用建模等。

这里介绍人工神经网络的一种主要类型，即所谓的前馈神经网络。一个典型的前馈神经网络由3个及以上互相连接的层的节点构成，包括一个输入层、一个或多个隐藏的中间层和一个输出层，网络的每一层都可能有任意数目的节点，并非所有节点都要与下一节点连接。输入层和隐藏层之间的连接可以用权矩阵 $W$ 来描述，行/列项值 $w_{ij}$ 是正或负的实数权重，如果不存在任何联系时为0；同样的，隐藏层和输出层的联系可以被视为一个权矩阵 $Z$，同样由一组权值 $z_{ij}$ 构成。每种情况下，正权值意味着对源节点或输入节点有增强作用，负权值则对应于抑制作用。在前馈神经网络中，使用最广泛的是多层感知器模型，此外还有径向基函数神经网络和自组织网络模型等。

### 3.2.4 遗传算法

遗传算法（Genetic Algorithm）是模拟达尔文生物进化论的自然选择和遗传学机理的生物进化过程的计算模型，是一种通过模拟自然进化过程搜索最优解的方法。它是由美国的J. Holland教授于1975年首先提出，其主要特点是直接对结构对象进行操作，不存在求导和函数连续性的限定；具有内在的隐并行性和更好的全局寻优能力；采用概率化的寻优方法，能自动获取和指导优化的搜索空间，自适应地调整搜索方向，不需要确定的规则。遗传算法已经越来越多地应用到地理空间分析中，尤其是解决一些棘手的问题，包括聚类、区域设计/重新区划、建模、地图注记、地图特征简化、约束优化定位等。

遗传算法的基本运算过程如下：① 初始化：设置进化代数计数器 $t=0$，设置最大进化代数 $T$，随机生成 $M$ 个个体作为初始群体 $P(0)$；② 个体评价：计算群体 $P(t)$ 中各个个体的适应度；③ 选择运算：将选择算子作用于群体，选择的目的是把优化的个体直接遗传到下一代或通过配对交叉产生新的个体再遗传到下一代，选择操作是建立在群体中个体的适应度评估基础上的；④ 交叉运算：将交叉算子作用于群体，所谓交叉是指把两个父代个体的部分结构加以替换重组而生成新个体的操作，遗传算法中起核心作用的就是交叉算子；⑤ 变异运算：将变异算子作用于群体，即是对群体中的个体串的某些基因座上的基因值作变动，群体 $P(t)$ 经过选择、交叉、变异运算之后得到下一代群体 $P(t_1)$；⑥ 终止条件判断：若 $t=T$，则以进化过程中所得到的具有最大适应度个体作为最优解输出，终止计算。

## 3.3 概念模型

### 3.3.1 PSR 模型

PSR(Pressure-State-Response)模型,即压力-状态-响应模型,是环境质量评价学科生态系统健康评价子学科中常用的一种评价模型,最初是由加拿大统计学家 David J. Rapport 和 Tony Friend(1979)提出,后由经济合作与发展组织(OECD)和联合国环境规划署(UNEP)于 20 世纪八九十年代共同发展起来的用于研究环境问题的框架体系。PSR 模型使用"原因-效应-响应"这一思维逻辑,体现了人类与环境之间的相互作用关系。人类通过各种活动从自然环境中获取其生存与发展所必需的资源,同时又向环境排放废弃物,从而改变了自然资源储量与环境质量,而自然和环境状态的变化又反过来影响人类的社会经济活动和福利,进而社会制定环境政策、经济政策和部门政策,通过意识和行为的改变对这些变化做出反应。如此循环往复,构成了人类与环境之间的压力-状态-响应关系。

PSR 模型区分了 3 类指标,即压力指标、状态指标和响应指标。其中,压力指标表征人类的经济和社会活动对环境的作用,如资源索取、物质消费以及各种产业运作过程所产生的物质排放等对环境造成的破坏和扰动;状态指标表征特定时间阶段的环境状态和环境变化情况,包括生态系统与自然环境现状,人类的生活质量和健康状况等;响应指标指社会和个人通过如何行动来减轻、阻止、恢复和预防人类活动对环境的负面影响,以及对已经发生的不利于人类生存发展的生态环境变化进行补救的措施。PSR 模型回答了"发生了什么、为什么发生、我们将如何做"3 个可持续发展的基本问题,特别是它提出的所评价对象的压力-状态-响应指标与参照标准相对比的模式受到了很多国内外学者的推崇,广泛地应用于区域环境可持续发展指标体系研究、水资源与土地资源指标体系研究、农业可持续发展评价指标体系研究,以及环境保护投资分析等领域。

### 3.3.2 系统动力学模型

系统动力学是一门分析研究复杂反馈系统动态行为的系统科学方法,它是由麻省理工学院福瑞斯特(Jay W. Forrester)教授首创的一种运用结构、功能、历史相结合的系统仿真方法,通过建立 DYNAMO 模型并借助于计算机仿真,定量研究高阶次、非线性、多重反馈、复杂时变系统的系统分析技术。目前,该技术已广泛运用于自然科学和社会科学的各个领域。

系统动力学模型是指以系统动力学的理论与方法为指导,建立用以研究复杂地理系统动态行为的计算机仿真模型体系,其主要含义如下:① 系统动力学模型的理论基础是系统动力学的理论和方法;② 系统动力学模型的研究对象是复杂反馈大系统;③ 系统动力学模型的研究内容是社会经济系统发展的战略与决策问题,故称之为计算机仿真法的"战略与策略实验室";④ 系统动力学模型的研究方法是计算机仿真实验法,但要有计算机仿真语言 DYNAMIC 的支持,如 PD PLUS、VENSIM 等的支持;⑤ 系统动力学模型的关键任务是建立系统动力学模型体系;⑥ 系统动力学模型的最终目的是社会经济系统中的战略与策略决策问题。

系统动力学解决问题的过程与步骤主要分为三大步:首先,系统分析,包括分析系统的基本问题与主要问题,初步划定系统边界,确定内生变量、外生变量和输入变量,确定系统行为的参考模式,以及调查收集有关资料等;第二,模型构建,包括分析系统结构,绘制因果关系图,建立 DYNAMO 方程,以及确定参数与赋值等;第三,模型模拟与评估,包括模型结构适合性检验,模型行为适合性检验,模型结构与真实系统一致性检验,模型行为与真实性一致性检验,以及战略评估与决策等。

### 3.3.3 建设用地扩张的时空均衡模型

均衡是一个在地理学、经济学等多学科中广泛使用的概念,比如地理学中涉及的区域发展均衡,经济学中的供求均衡、一般均衡、纳什均衡等。尽管不同学科对均衡的理解有一定差异,但有学者指出,均衡可以从两个方面去理解:一是数量概念,指相互独立的两个变量在数量上大体相等;二是状态概念,指相互独立的双方均没有改变现状的意愿和能力,彼此处于均势和平衡状态。因此,在数量和状态两个视角的均衡内涵基础上,结合不同的研究领域,可以建立不同的均衡模型。

建设用地扩张的时空均衡模型,是根据对建设用地扩张以及均衡概念的理解,集成经济学意义上的均衡理念与区域发展的空间均衡模型,从时间和空间尺度对建设用地扩张构建的一种概念模型。建设用地扩张的时间均衡是指区域建设用地扩张数量和质量在一定时间尺度上的变异程度。由于建设用地扩张现象是与区域经济社会发展紧密联系的,因此,对建设用地扩张时间均衡的测度不仅仅是指建设用地数量在不同时间阶段内扩张的差异,而同时也体现为扩张质量的内涵,即建设用地扩张在时间尺度上的分布与区域经济社会发展阶段性之间的协调性,建设用地扩张在时间尺度上能够不断满足城镇化、工业化进程的土地要素需求以及结构多元化和高级化的需要。建设用地扩张的空间均衡是指建设用地扩张的空间过程与区域地域功能演进历程之间达到的一种良性耦合的"空间帕累托效率"状态。在这种状态下,区域建设用地扩张的空间拓展过程与资源环境禀赋、经济社会发展阶段等是良性耦合的,会促使形成合力的区域城乡空间组织格局与生产力布局,并有利于最终实现区域间人均综合发展状态的空间均等化。

需要说明的是,建设用地扩张是一种在基本资源环境约束下发生的人为现象,它是自然环境演化的自我过程与人类活动的干预过程二者共同作用的结果,只有扩张过程中涉及的个体均为"理性人",这种建设用地扩张过程中的时空均衡状态才有可能出现,并且在"理性人"的假设下任何对这种状态的偏离,都会导致经济活动规模和区位的调整,直至重新趋近和恢复时空均衡的状态。所以,这种理论上抽象的时空均衡模型,在现实中很难观察到,但是可以在理解建设用地扩张的时空均衡原理的基础上,找到可能促使趋向时空均衡状态的力量,从而对建设用地扩张过程进行科学的管控。

### 3.3.4 基于碳氧平衡的 NSGA-II 与 CLUE-S 集成模型

碳氧平衡的概念可定义为:以大气中碳氧收支为核心,一定时间内因人类活动带来的排碳耗氧效应与绿色植物固碳释氧能力达到一个高度适应、协调和统一的状态,能长久保持系统结构和功能的相对稳定性。其中,排碳耗氧主要考虑 $CO_2$ 和 $O_2$ 的收支,不涉及其他温室气体 $CH_4$、$N_2O$ 等。土地利用系统是一个自然生态系统和社会经济系统共同作用而形成的动态复合系统，土地利用变化如建设用地扩展、植被变化、农业生产、统筹城乡用地等，对碳氧平衡的影响体现在直接和间接两个方面，直接影响是对城市自然生态系统碳氧收支过程的影响，间接影响是通过土地利用方式的改变影响人类经济活动和能源消费方式。

构建基于碳氧平衡的 NSGA-Ⅱ 与 CLUE-S 集成模型，对土地利用多情景进行模拟，能够考量土地利用变化的数量、综合效益、时空特性，预测未来土地利用变化过程，为土地利用规划等提供参考依据。其中，CLUE-S 模型较好地考虑了土地利用系统中社会经济和生物物理驱动因子，并在空间上反映了土地利用的过程与结果，可表现不同情景下土地利用的细节，但对确定各社会经济条件下土地利用需求的非空间模块功能较为有限。对于非空间模块，考虑应用 NSGA-Ⅱ 算法，它是一种多目标的带经营策略的非支配排序遗传算法，通过协调各目标函数之间的关系，求出 pareto 非劣解，从而找出满足多目标函数效益最佳的最优解集。因此，该集成模型的框架，包括 NSGA-Ⅱ 非空间土地需求模块和 CLUE-S 空间配置模块。前者针对特定的土地利用目标，通过对自然、社会、经济因素的分析，得到不同情景土地利用类型需求方案；后者即在非空间模块的基础上，依据各土地利用类型空间分布概率以及转换规则，将土地利用需求结果分配到最合适的空间上，以实现空间模拟和优化配置的目标。

### 3.3.5　基于柔性决策的弹性土地利用总体规划决策支持系统模型

以往的土地利用规划实践证明，由于土地利用规划缺乏弹性，在规划的实施过程中出现了一系列的问题，如规划期内用地发展的有关指标被突破，用地位置的变动等，削弱了规划对土地利用的控制作用，致使土地利用严重脱离了规划，各地频繁出现修编土地利用规划的情况。土地利用总体规划中的刚性与弹性是矛盾的统一体，刚性可增强规划的权威性，弹性能够有效应对实际经济社会生活中的不可预见性，从而增强规划的可操作性。从规划导向与市场需求的矛盾来说，弹性土地利用总体规划的目标就是修复脱节的政策供应（即规划提供）与市场需求，将原有规划中高度的计划性与刚性进行分解，在实现原定最终目标的前提下，根据市场需求的变化，分步灵活地安排阶段计划；从长期规划与短期规划的矛盾来说，弹性土地利用总体规划，短期内具备对市场经济的变化做出迅速、灵敏反应的能力，并通过市场的土地需求与供给等要素之间的相互作用，调节土地供求，引导市场健康有序地发展，从而在长期内保持规划自我维持、自我调节及抵抗各种市场压力与扰动的能力。弹性土地利用规划贯穿于整个土地利用规划过程中，其主要内容体现在规划理念、规划期限、土地利用发展目标预测、规划用地指标、用地布局和土地规划实施与土地利用发展政策等方面，其手段方法主要包括弹性预测、弹性评价、弹性决策中的技术手段与数学方法。

基于柔性决策的弹性土地利用总体规划决策支持系统模型的建立和应用就是在评价区域土地资源的数量、质量和分布及其组合特征和整体效应、利用现状及存在问题的基础上，明确发挥优势和改造不利因素的方向，考虑生态效益和经济效益，兼顾社会经济技术条件，拟定开发利用的目标及其指标体系并使之定量化，根据系统的结构特点和目标要求采用柔性决策系统方法和 Maximin 数学模型，在计算机系统的支持下求解出若干方案，并对方案的可行性、有效性进行评价，选出最优的或最满意的方案，从而为土地利用决策提供科学依据。首先，对区域经济社会资料进行分析及预测；第二，引入满意度函数来表达弹性土地利用总体规划柔性决策中的愿望和偏好；第三，通过 Maximin 方法求解决策问题，以使每一满意度函数都尽可能最大。

该方法主要涉及三个层面的三种子模型,一是时间层面上的 Maximin 无反馈型决策模型,它是以确定各阶段的生态环境容量、土地资源承载力等为目标来进行合理的用地指标阶段性分配,从而为本级政府决策者对土地利用的近期、中期和远期目标选择和指标分配提供依据;二是空间层面上的 Maximin 反馈型决策模型,它是将用地指标根据土地利用规划动态分配到各个乡镇的决策过程的量化,以保证区域及县市级经济发展和生态环境保护为目标,体现的是本级政府决策者和乡镇级政府决策者之间的方案互动与调整,即两级政府决策者的"集体行动";三是地块层面上的满意度逐步优化的 Maximin 决策模型,它在建模时选取数字化的土地利用现状图,按照精度要求进行分格化,再根据各分格内的地类结构进行模糊动态聚类分析,将各个分格聚类划分为多个类型,并将指标在各个类型中进行分配,即构建针对"聚类分格"的指标分配方案,其目标是保证乡镇经济发展和生态环境优化。

## 3.4 代表性方法应用

### 3.4.1 低碳导向的中国土地利用规划优化控制模型

1) 模型构建和约束条件

低碳导向的土地利用结构优化是通过土地利用类型、土地管理方式等人为因素改变地表植被类型,间接改变土壤理化性质,从而减少土地利用方式上的人为源碳排放,以达到提高土地生态系统有机碳储量或降低土地载体上人为源碳排放之目的。

本研究采用线性规划方法,建立土地利用结构优化控制模型,实质上这属于线性回归分析方法,其一般模型如下:

已知 $X_j$ 满足式①的约束条件:

$$\begin{cases} \sum_{j=1}^{n} a_{ij}X_j = b_j & (i=1,2,3,\cdots,n) \\ X_j \geqslant 0 & (j=1,2,3,\cdots,n) \end{cases} \quad \text{①}$$

使目标函数: $F(x) = \sum_{j=1}^{n} C_j X_j = \max(\text{或 min})$ 的一组解 $\{X_j\}$ 被称为最优解。其中, $X_j$ 为决策变量,即土地利用类型面积; $C_j$ 为土地生态系统有机碳密度(或不同土地利用类型的碳排放强度); $F(x)$ 为土地生态系统碳储量(或总碳排放水平)。

土地生态系统有机碳储量可以反映土地生态环境的状况及土壤有机碳库对全球碳循环的影响,土地利用结构优化的目的是使土地利用结构趋于合理。因此,本研究选取土地有机碳储量或土地载体上的人为源碳排放为目标效益函数,选择不同土地利用类型的面积作为决策变量,根据当地的自然和社会经济状况,建立约束条件,进行土地利用结构优化设计。

研究区土地面积为 $95\,068.9 \times 10^4$ ha,且各类用地面积不可为负,据此建立约束条件如式②所示:

$$\sum_{j=1}^{7} X_j = 95\,068.9(X_j \geqslant 0) \quad \text{②}$$

依据研究区主要的土地利用类型,选取 7 个决策变量,包括耕地 $X_1$、园地 $X_2$、林地 $X_3$、

牧草地 $X_4$、建设用地 $X_5$、沼泽和滩地 $X_6$、其他未利用地 $X_7$。同样的,对各决策变量均建立相应的约束条件。

2) 碳蓄积最大化目标优化模型

土地生态系统有机碳储量最大化目标函数构建如下:

$$\max[F(x)] = 114.1X_1 + 122X_2 + 178.7X_3 + 103.3X_4 + 95.7X_5 + 291.6X_6 + 34.4X_7$$

结合前述各约束条件,应用LINGO软件对土地生态系统碳蓄积最大化目标的优化求解,如表3.1所示:

表3.1 规划目标和碳蓄积最大化目标优化解的比较

| 地类 | 规划目标效果 | | | | 优化求解效果 | | | |
| --- | --- | --- | --- | --- | --- | --- | --- | --- |
| | 面积($\times 10^4$ ha) | 植被碳(PgC) | 土壤碳(PgC) | 全部碳(PgC) | 面积($\times 10^4$ ha) | 植被碳(PgC) | 土壤碳(PgC) | 全部碳(PgC) |
| 耕地 | 12 033.33 | 0.69 | 13.04 | 13.73 | 12 208.3 | 0.70 | 13.23 | 13.93 |
| 园地 | 1 332.78 | 0.36 | 1.27 | 1.63 | 1 362.0 | 0.37 | 1.29 | 1.66 |
| 林地 | 24 992.03 | 9.17 | 35.49 | 44.66 | 25 648.6 | 9.41 | 36.42 | 45.83 |
| 牧草地 | 26 025.41 | 0.88 | 26.00 | 26.88 | 26 030.7 | 0.89 | 26.00 | 26.89 |
| 建设用地 | 3 692.00 | 0.15 | 3.39 | 3.53 | 3 551.0 | 0.14 | 3.26 | 3.40 |
| 水域(含沼泽、滩地) | 1 566.80 | 0.09 | 4.48 | 4.57 | 1 566.8 | 0.09 | 4.48 | 4.57 |
| 其他未利用地 | 25 426.43 | 0.51 | 8.24 | 8.75 | 24 701.4 | 0.50 | 8.01 | 8.50 |
| 综合 | 95 068.78 | 11.85 | 91.91 | 103.76 | 95 068.8 | 12.09 | 92.69 | 104.78 |

可以看出,中国土地利用结构优化的碳蓄积潜力巨大,如果在现行规划目标的基础上进一步优化,大幅度提高林地面积规模,保障耕地、牧草地、沼泽和滩地面积不快速下滑,尽量减少建设用地的扩展速度,千方百计促进其他未利用地面积向林地、牧草地和耕地转换,可对中国生态系统碳蓄积产生显著的效果。

3) 碳排放最小化目标优化模型

土地利用的碳排放最小化目标函数构建如下:

$$\min[F(x)] = 0.372X_1 - 0.243X_2 - 0.487X_3 - 0.191X_4 + 55.603X_5 - 0.045X_6 - 0.005X_7$$

结合前述各约束条件,应用LINGO软件对土地生态系统碳蓄积最小化目标的优化求解,如表3.2所示:

表3.2 规划目标和碳排放量最小化目标优化解的比较

| 地类 | 规划目标效果 | | 优化求解效果 | |
| --- | --- | --- | --- | --- |
| | 面积($\times 10^4$ ha) | 碳排放(TgC·yr$^{-1}$) | 面积($\times 10^4$ ha) | 碳排放(TgC·yr$^{-1}$) |
| 耕地 | 12 033.33 | 44.8 | 12 208.3 | 44.8 |
| 园地 | 1 332.78 | −3.2 | 1 362.0 | −3.3 |
| 林地 | 24 992.03 | −121.7 | 25 648.6 | −124.2 |
| 牧草地 | 26 025.41 | 49.7 | 26 030.7 | 49.0 |
| 建设用地 | 3 692.00 | 2052.9 | 3 551.0 | 1 974.5 |
| 水域(含沼泽、滩地) | 1 566.80 | −0.7 | 1 566.8 | −0.7 |
| 其他未利用地 | 25 426.43 | −1.3 | 24 701.4 | −1.3 |
| 综合 | 95 068.78 | 2020.4 | 95 068.8 | 1 938.7 |

可以看出，中国土地利用结构优化调整的碳减排潜力比较可观，与增汇潜力相当。如果在现行规划目标的基础上进一步优化，可对中国人为源的碳减排产生积极效果。对比而言，碳蓄积最大化目标优化解与碳排放最小化优化解基本吻合，这可以充分证明土地利用结构的优化方案对于增汇减排的效果均很好，可作为规划方案修编的适当补充（见图所示）。

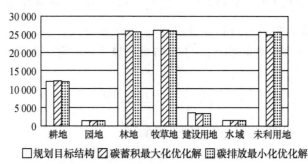

图　规划目标与目标优化解的比较

### 3.4.2　通州区建设用地扩张的时空均衡评价模型

1）通州区建设用地扩张的时间均衡评价

构建扩张速度指数（$ES\text{I}$）和扩张强度指数（$E\text{II}$）分别来定量描述通州区建设用地扩张的速度和强度，以反映通州区建设用地扩张的时序特征。计算公式如下：

$$ES\text{I} = \frac{A_t - A_0}{A_0 \times A_t} \times 100\% \qquad ①$$

$$E\text{II} = \frac{A_t - A_0}{S} \times 100\% \qquad ②$$

通过分析发现，通州区建设用地总体上呈现出快速扩张状态，且不同时间阶段表现出一定的差异。本研究根据建设用地扩张时间均衡的内涵，通过构建集成建设用地扩张在时间尺度上的变异程度及其与经济发展协调性的评价模型，来分析通州区建设用地扩张的时间均衡状态。

（1）基于脱钩分析的建设用地扩张与经济发展协调性评价模型

本研究借鉴 Vehmas J.等（2003）已有研究成果，将建设用地扩张与经济发展之间的关系划分为强脱钩、弱脱钩、强复钩、弱复钩和扩张性复钩五个状态，并参考钟太洋等（2010）研究成果，基于 IPAT 方程来进行脱钩分析。

仿照 IPAT 方程，构建含有建设用地和 GDP 的核算方程：

$$L = P \times \frac{\text{GDP}}{P} \times \frac{L}{\text{GDP}} \qquad ③$$

式中，$L$——建设用地数量；

$P$——人口数量；

GDP——国内生产总值。

令 $A = \dfrac{\text{GDP}}{P}$ 表示人均 GDP，$T = \dfrac{L}{\text{GDP}}$ 表示单位 GDP 占地量，$E = \dfrac{1}{T} = \dfrac{\text{GDP}}{L}$ 表示单位建设用地产生的 GDP，则公式③可表示为：

$$L = \text{GDP} \times T \qquad ④$$

定义 $l$、$g$、$t$ 和 $e$ 分别为 $L$、GDP、$T$ 和 $E$ 的年变化率，基期的建设用地为 $L_0$，第 $n$ 期的建设用地为 $L_n$，则 $L_0 = \text{GDP}_0 \times T_0$，$L_n = \text{GDP}_n \times T_n$，求 $L_n$ 和 $L_0$ 的比值，整理得到：

$$(1+l)^n = [(1+g)(1+t)]^n \qquad ⑤$$

根据式⑤，可以求得 $t$ 的临界值 $t_k = -\dfrac{g}{1+g}$。当 $t > t_k$ 时，建设用地 $L_n$ 逐年增加；$t = t_k$ 时，建设用地 $L_n$ 保持不变；$t < t_k$ 时，建设用地 $L_n$ 逐年减少。

此外，本研究用 $t$ 与 $t_k$ 之间的比值 $C$ 来衡量建设用地扩张与经济发展的协调性，计算公式如下：

$$C = \dfrac{t}{t_k} = -\dfrac{t(1+g)}{g} \qquad ⑥$$

(2) 建设用地扩张时序的变异程度评价模型

年均增长率可以直观反映一定时间尺度上建设用地扩张过程中的动态变化情况。因此，通过计算年均增长率的变异系数便可以十分简洁地度量建设用地扩张在一定时间尺度上的变异程度。变异系数的计算公式为：

$$CV = \dfrac{1}{\overline{v_{Li}}} \sqrt{\dfrac{\sum_{i=1}^{n}(v_{Li} - \overline{v_{Li}})}{n}} \qquad ⑦$$

式中，$CV$——变异系数；

$v_{Li}$——第 $i$ 个时间段内的建设用地扩张的年均增长率，$i = 1, 2, 3, \cdots, n$；

$\overline{v_{Li}}$——$i$ 时间段内建设用地年均增长率的平均数。

$CV$ 越大，表示建设用地扩张在 $i$ 时间段内的变异程度越大。

(3) 建设用地扩张的时间均衡评价模型

根据以上理论内涵与评价方法，通过几何平均法构建建设用地扩张的时间均衡评价模型：

$$E_i = \sqrt{C \dfrac{1}{CV}} \qquad ⑧$$

式中：$E_i$——$i$ 时间段内建设用地扩张的时间均衡指数。

当建设用地扩张在时间尺度上变异程度越小，且与经济发展的协调度越高时，$E_i$ 越大，表示建设用地扩张在时间尺度上越均衡。

2) 通州区建设用地扩张的空间均衡评价

构建建设用地扩张程度指数来反映通州区建设用地扩张的空间分异特征，计算公式如下：

$$b_{i,t-t+n} = \dfrac{A_{i,t+n} - A_{i,t}}{n \times S_i} \qquad ⑨$$

$$q_{i,t-t+n} = \dfrac{A_{i,t+n} - A_{i,t}}{n \times A_{i,t}} \qquad ⑩$$

$$DLE_{i,t-t+n} = \sqrt{\dfrac{B_{i,t-t+n}^2 + Q_{i,t-t+n}^2}{2}} \qquad ⑪$$

式中：$S_i$——$i$ 镇的土地总面积；

$A_{i,t+n}$——$i$ 镇在 $(t+n)$ 年的建设用地面积；

$A_{i,t}$——$i$ 镇在 $t$ 年的建设用地面积；

$b_{i,t-t+n}$——$i$ 镇在 $n$ 年间的年均建设用地相对变化率指数；

$q_{i,t-t+n}$——年均建设用地扩张强度指数；

$DLE_{i,t-t+n}$——建设用地扩张程度指数；

$B^2_{i,t-t+n}$——标准化后的相对变化率指数；

$Q^2_{i,t-t+n}$——扩张强度指数。

(1) 评价指标选取

区域资源环境禀赋：选择农地资源丰度(ALA)，即农用地面积，来反映城乡建设拓展的空间供给能力；选择区域生态系统服务价值(ESV)近似反映生态保育功能。

区域经济发展水平：通过地区国内生产总值(GDP)、固定资产投资(FAI)、产业就业非农化水平(NAI)等3个指标来近似表达，其中，产业就业非农化水平(NAI)由二、三产业GDP和二、三产业从业人数两个指标构成。

区域人均综合发展状态(RPD)：选择人均GDP(GPP)、农民人均纯收入(FPC)、人均生态系统服务价值(EPP)等3个指标来表征，将指标的标准化值加和作为RPD。

(2) 空间协调性评价模型

为了考查区域建设用地扩张与资源环境禀赋、经济发展水平的协调关系，运用区位熵的时空一致性来表达空间协调性程度，构建空间失调指数评价模型，计算公式如下：

$$sc_{jt} = \sqrt{\frac{\sum_{i=1}^{n}(Y_{it}-X_{it})^2}{n}} \quad ⑫$$

$$SC_t = \frac{\sum_{j=1}^{m} sc_{jt}}{m} \quad ⑬$$

式中：$SC_t$——第 $t$ 年建设用地扩张的空间失调指数；

$sc_{jt}$——第 $t$ 年建设用地扩张相对上述第 $j$ 个变量指标的单指标空间失调指数；

$Y_{it}$——第 $t$ 年 $i$ 镇建设用地数量占该时期全区建设用地总量的权重；

$X_{it}$——第 $t$ 年 $i$ 镇的资源环境禀赋、经济发展水平等变量指标值占该时期对应指标全区总体水平的权重；

$n$——研究单元个数；

$m$——变量指标个数。

(3) 人均综合发展状态(RPD)的空间均等化测度

建设用地扩张的空间均衡除了包括建设用地扩张与区域资源环境禀赋以及经济社会发展的协调性，还包括建设用地扩张过程是否能够有效地促进区域人均综合发展状态(RPD)的均等化。因此，使用常见的能反映区域经济绝对差异和相对差异的指标极差和极比、变异系数 $CV$，并引入偏度指标 $\alpha$ 测度样本数据频数分布的偏态方向和程度。$\alpha$ 计算公式如下：

$$\alpha = \frac{\sum(P_{it}-\overline{P_t})^3/N}{[\sqrt{(P_{it}-\overline{P_t})^2/N}]^3} \quad ⑭$$

式中：$P_{it}$——区域 $i$ 在时间 $t$ 的人均综合发展状态(RPD)；

$\overline{P_t}$——所有区域在时间 $t$ 的RPD平均值；

$N$——研究区域的个数。

当 $\alpha=0$ 时，表示区域的RPD值分布是正态的(对称的)；当 $\alpha>0$ 时，表示右偏(正偏)；

当 $\alpha<0$ 时,表示左偏(负偏)。$\alpha$ 越接近于 0,表示分布偏斜程度越小。

(4) 建设用地扩张与 RPD 的关系评判

建设用地扩张与 RPD 及其均等化是相互影响的,本研究选择 Spearman 秩相关系数来分析建设用地扩张相关指标与 PRD 的基本相关关系。同时,为了定量判断区域建设用地扩张与人均综合发展状态(RPD)空间均等化的内在联系,可构造建设用地扩张相关指标(CL)与人均综合发展状态(RPD)空间均等化相关指标(PRY)的关系模型如下:

$$PRY=f(CL) \tag{⑮}$$

### 3.4.3 基于碳氧平衡的苏州市土地利用多情景模拟

1) 非空间模块

(1) NSGA-Ⅱ模型原理

NSGA-Ⅱ模型是一种典型遗传算法,包含了遗传算法的基本要素,即编码、初始群设定、适应度评价、交叉、变异及终止准则。将问题的解集定义为种群中的染色体,每个染色体代表一种可能解,通过对染色体交叉合并或变异操作,保留适应度较高的染色体,经过数代进化,得到满足给定条件的最优染色体,即问题的最优或近优解。NSGA-Ⅱ模型是基于 NSGA 模型得到的,改进了非支配排序算法,增加了精英策略及拥挤距离,提高了算法的效率、收敛性及多样性,更易得到最优解。模型的流程为:首先对初始种群 $P_0$ 进行遗传操作,得到子种群 $Q$,然后将初始种群 $P$ 与子种群 $Q$ 合并,形成新的种群 $R$。通过精英策略多次执行遗传操作,直至选择出最佳的种群。

(2) 编码与初始群体产生

采取实数编码,一个实参数向量对应一个染色体,一个实数对应一个基因,一个实值对应一个等位基因。设定每一组染色体代表一组土地利用结构方案,其中,染色体基因序号代表不同土地利用类型,基因值代表相应的土地类型面积。

设定初始变量范围是处于[0,1]的一个随机值,初始个体中每个基因位的值按以下公式产生:

$$X_i = d \times [\max(x_i) - \min(x_i)] + \min(x_i)$$

其中,$d$ 为一个随机函数,界于[0,1]之间。

(3) 快速非支配排序

根据个体的非劣解水平对种群进行分层,计算种群 $P$ 中每一个体 $i$ 参数 $n_i$ 和 $S_i$,其中 $n_i$ 为种群支配个体总数,$S_i$ 为种群个体集合。找出种群中所有 $n_i=0$ 的个体,保存在集合 F1 中。对集合 $S_i$ 每一个体执行 $n_1=n_1-1$ 的操作,找出 $n_i=0$ 的个体,保留至集合 H。通过重复操作,直至实现集合 F1 与 H 分层。

(4) 虚拟适应度计算

虚拟适应度主要是为了体现个体的均匀分布和多样性,避免个体在局部堆积,由非支配等级和拥挤距离决定。非支配级的构造主要依据各目标函数值,采用非支配分类法确定个体的非支配等级,将种群进行分类排序。拥挤距离主要是在种群产生新的个体时,将优秀且聚集密度小的个体很好的保留参与下一代的进化,聚集密度通过拥挤距离来反映,两者呈反比。拥挤距离可表示为目标空间上某点与同等级相邻两点在每个子目标的距离之和,即第 $S$ 点的拥挤距离等于同一等级相邻点 $S-1$ 和 $S+1$ 组成的虚拟四边形的周长。本研究有

$N$ 个子目标,因此,个体 $S$ 的拥挤距离表示为:

$$P[S]_{distance} = \sum_{i=1}^{n}(P[S+1] \cdot f_i - P[S-1] \cdot f_i)$$

(5) 精英策略

精英策略是保持父代优良个体直接进入子代,将父代 $P_t$ 和子代 $Q_t$ 全部个体合成统一的种群,$R_t = P_t \cup Q_t$。然后对种群 $R_t$ 进行快速非支配排序,并计算每一个体局部拥挤距离。依据等级的高低逐一选取个体,形成新的父代种群 $P_{t+1}$。再开始新一轮的遗传操作,直到选中最优种群。

2) 空间模块

(1) Autologistic 回归方法

通常 CLUE-S 模型空间分析模块采用传统的 Logistic 逐步回归方法对每一个栅格可能出现的土地利用类型概率进行判定,本研究采用改进的 CLUE-S 模型,在传统的 Logistic 回归分析基础上引入空间自相关因子,解决空间分析时存在的空间自相关效应问题,更准确地反映土地利用动态变化过程。

$$P(y_i = 1 \mid \beta_0, \beta, \gamma) = \frac{\exp(\beta_0 + \beta'_0 X_i + \gamma \sum w_{ij})}{1 + \exp(\beta_0 + \beta'_0 X_i + \gamma \sum w_{ij})}$$

式中:$P_i$——每个栅格可能出现土地利用类型 $i$ 的概率;

$X$——各驱动因素;

$w_{ij}$——时间点 $i$ 与 $j$ 的空间权重函数。

本研究空间权重函数采取 Geoda 软件计算得到,权重系数选用空间地理位置权重矩阵,即相邻地区是 1,不相邻地区和同一地区为 0。回归结果的有效性采用 ROC 方法进行检验,通常 ROC 值介于 0.5~1.0 之间。ROC 值越大,回归方程的解释能力越强。

(2) 转换规则

土地利用转换规则决定了未来各种土地利用类型发生变化的几率大小,通过设定相应的弹性参数,来反映未来发生变化的转换程度,其弹性参数界于 0~1 之间。一般数值越大,稳定性越好。这一数值的确定可根据各用地类型相互转换的历史情况以及未来各情景规划的情况设定。

对于将来处于相对稳定状态的用地类型,ELAS 可设定为 1,如城镇用地,当耕地转化为城镇用地后,意味着未来相当长一段时间内保持相对稳定。对于易发生变化的用地类型,ELAS 可设定为 0,意味着不存在任何转换限制,可与任何用地类型发生转化。通常将 ELAS 设为界于 0~1 之间,数值越大,土地利用类型越稳定,转化为其他用地类型的概率越小。

(3) 区域限制

区域限制指需要特殊保护或不允许发生转换的地区,如自然保护区或基本农田等。对于这些区域,在模型设定时需设置区域限制模块,将保护区内的空间数据嵌入模型中,从而约束这一范围内的土地转化为其他用地类型。

(4) 土地利用类型转移矩阵

土地利用类型转移矩阵用于设定各土地利用类型是否可以发生转换,矩阵行与列相等,数量为土地利用类型的总量。行表示当前的土地利用类型,列表示将来可能发生的用地类型,通常用"1"表示将来可以发生转化,"0"表示不能发生转化。

(5) 空间配置与动态模拟

土地利用空间配置与动态模拟是在土地利用空间分布概率、转换规则、各用地类型土地需求的基础上,通过多次迭代分析完成土地利用的空间配置。

$$LU_{i,k}=P_{i,k}+C_k+S_k$$

式中:$LU_{i,k}$——土地利用类型 $k$ 在栅格 $i$ 中可配置的总概率;

　　$P_{i,k}$——栅格图中各土地利用类型可能出现的概率;

　　$C_k$——用地类型 $k$ 的补偿份额;

　　$S_k$——转移概率。

在进行空间配置时,首先确定保护栅格、转移概率为 1 的栅格以及用地类型需求为 0 的栅格,不参与下一步运算。其次,对各用地类型赋予相同的补偿份额,然后每一栅格根据土地利用类型总概率 $LU_{i,k}$ 的大小进行初始分配。基于不同土地利用类型的初始分配面积及需求面积,若分配面积大于需求面积,则减少补偿份额值,反之,增大补偿份额值。然后进入下一次分配,直至各土地利用类型的分配面积与需求面积相等为止。

3) 土地利用多情景模拟

NSGA-Ⅱ与 CLUE-S 集成模型构建,既能实现多目标的最优求解,又能实现不同情景下土地利用的细节,具有较好的可信度和解释能力,因此,本研究将之用于土地利用多情景模拟。

(1) 土地利用多情景设定

本研究基于碳氧平衡理念,根据不同社会经济发展模式,设定了三种情景的土地利用优化方案,即基准情景、优化情景和低碳情景,以提高土地利用弹性管理,促进土地资源可持续利用。其中,在每一种情景下,对碳氧平衡参数和土地利用变化参数进行不同的设定。

(2) 多目标土地利用优化函数构造

基于碳氧平衡理念的土地利用优化主要涉及三个目标,即社会效益、经济效益、净排碳(耗氧)效应。本研究认为区域碳氧平衡的最优目标为同时满足社会效益、经济效益最大,净排碳(耗氧)最小的一种均衡状态。建立的目标函数如下:

$$f_1(x) = \max\left(\sum_{j=1}^{n} b_j x_j\right), f_2(x) = \max\left(\sum_{j=1}^{n} c_j x_j\right), f_3(x) = \min\left(\sum_{j=1}^{n} g_j x_j\right)$$

$$\text{s.t.} \begin{cases} \sum_{j=1}^{n} a_{ij} x_j = (\leqslant, \geqslant) h_i (i=1,2,\cdots,m) \\ x_j \geqslant 0 (j=1,2,\cdots,m) \end{cases}$$

式中:$f_1(x)$——经济效益函数;

　　$f_2(x)$——社会效益函数;

　　$f_3(x)$——净排碳(耗氧)效应函数;

　　$x_j$——土地利用类型的变量;

　　$n$——变量总数;

　　$a_{ij}$——第 $i$ 个约束条件的第 $j$ 个变量对应的系数;

　　$h_i$——约束条件 $i$ 的常量值。

(3) 目标函数求解

通过参考 Kanpur 遗传算法实验室提供的 NSGA-Ⅱ源代码(C/C++),利用 C/C++进行二次开发。参照 Deb K(2002)及王世忠等(2010)的成果,选择操作采用锦标赛选择法,交叉采用算术交叉操作。设定初始种群规模为100,最大进化代数为100,交叉和变异概率选择分别为0.8和0.125,实码交叉和变异分布指数均为15、20,各土地利用情景的遗传操作条件均相同。

经程序运算,得到三种情景下土地利用方案的Pareto解集。由于本研究要求取的是社会效益、经济效益最大化和净排碳(耗氧)最小化的最优问题,其Pareto值是一系列的最优解集,因此,在每种情景下,需选取一个最具代表性的Pareto最优解。

### 3.4.4 通州市弹性土地利用总体规划柔性决策模型

1) 目标年人口预测

分别应用人口自然增长法、马尔萨斯人口增长模型、综合增长法、人口离散预测模型、宋健人口预测模型和罗基斯蒂(Logistic)曲线模型进行预测比较,同时征询专家意见,在此基础上,最终确定通州市目标年的总人口和城乡人口方案集(见表3.3)。

表3.3 通州市人口预测汇总表(单位:万人)

| 规划期 | | 总人口 | 城市化率 | 城市人口 | 乡村人口 |
| --- | --- | --- | --- | --- | --- |
| 方案A | 2010 | 129.44~129.46 | 33.75%~33.77% | 43.69~43.70 | 85.75~85.76 |
| | 2020 | 132.33~133.09 | 35.83%~35.90% | 47.41~47.80 | 84.92~85.29 |
| 方案B | 2010 | 129.45~129.74 | 34.81%~34.97% | 45.06~45.37 | 84.37~84.39 |
| | 2020 | 133.04~133.33 | 36.79%~36.83% | 48.94~49.10 | 84.10~84.23 |
| 方案C | 2010 | 129.82~130.24 | 35.30%~35.64% | 45.83~46.42 | 83.82~83.99 |
| | 2020 | 133.09~133.39 | 37.39%~37.92% | 49.76~50.58 | 82.81~83.33 |

注:人口数据来源《2004年通州市统计年鉴》。

2) 模型构建

决策变量的设置是柔性决策多目标规划模型构建的关键,本研究根据通州市土地资源利用的特点和社会经济发展和环境的要求,共设置了15个用地变量,并设置约束条件如下:

① $\sum_{i=1}^{n} x_j = \sum_{i=1}^{n} (x_1, x_x, \cdots, x_i)^j \leqslant T$

② $\sum_{k \in R_k} \alpha_{ik} h_i(x_k) - \sum_{j \in R_j} \alpha_{ij} f_i(x_j) \geqslant 0$

③ $\sum x_b < (> =) b(x_j)$

$x_k \geqslant 0; k = 1, \cdots, n; j = 1, \cdots, m$

县市级规划层面上:

(1) 规划期内各类用地之和至少等于基期土地总面积,最多等于基期土地总面积加上海晏镇围海造地的面积;

(2) 规划期内的人口总量应控制在规划人口之内;

(3) 规划期内的劳动力要比基期内更充分就业;

(4) 规划期内各类用地的经济价值、生态价值和社会价值各自(或者之和)都大于等于基期值;

(5) 建设用地面积不能高于预测的上限,增量尽量不高于上级的控制要求;

(6) 耕地保有量和基本农田保护率,按照上级规划和基本农田保护指标要求,结合通州市人口粮食承载力确定；

（7）以上条件按照基于控制、协商和意愿的三种方案，确定上下限，并将各方案的上下限值按照 85%、90% 和 95% 的达成率，计算成多方案，进行决策选择。

乡镇级规划层面上：

（1）在规划图上，按照 1 cm×1 cm 进行分格化，去除已定型成为基本农田或已建成的城镇区域以及农村居民点的"分格"；

（2）土地利用综合程度差异度；

（3）土地利用结构的信息熵差异度；

（4）土地利用区域差异度；

（5）规划期内各类用地的经济价值、生态价值和社会价值各自（或者之和）都大于等于基期值；

（6）分格进行聚类分析时采用的指标统一为：土地利用综合程度差异度、土地利用结构的信息熵差异度、土地利用区域差异度、经济价值差异度、生态价值差异度和社会价值差异度。

3）模型运行结果

根据土地利用规划的目标是保证地区社会、经济和环境可持续发展的要求，结合通州市未来社会经济发展、环境保护和土地开发利用的不同情况，确定基于控制、协商和意愿的模型运行的目标上限和下限，建立多套土地利用弹性规划方案组，根据决策模型和约束条件，在 MatLab5.0 中编程运算进行方案的优化选择，最终分别得到市县级和乡镇级的基于控制的弹性规划方案（指标不突破）、基于协商的弹性规划方案（指导性指标可突破）和基于意愿的弹性规划方案（指标不限制）各三种结果。

4）用地布局

根据空间层面和地块层面的决策模型结果，可进行空间层面和地块层面的分区。在综合原有的规划分区体系和土地利用规划要求的基础上对分区类别进行调整和归并，形成功能分区和用地分区相结合的分区体系。考虑到弹性规划的要求，在市级层面的规划中，划分出农用地弹性控制等级和建设用地弹性开发等级，并在地块层面的规划中，引入"活性用地"（Active land use）体现这两种弹性。

# 4 土地利用总体规划

土地利用总体规划是土地利用规划体系中的重要组成部分,是土地管理工作的"龙头",编制土地利用总体规划是现阶段土地管理的核心任务之一。编制土地利用总体规划,对于为了深入贯彻科学发展观,切实落实十分珍惜、合理利用土地和切实保护耕地的基本国策,更好地统筹土地资源的开发、利用和保护,促进国民经济又好又快发展具有重要意义。

## 4.1 土地利用总体规划的概念和特征

### 4.1.1 土地利用总体规划的概念

土地利用总体规划是在一定的区域范围内,按照国民经济发展需要,以及土地本身的适宜性,在时间和空间上,在国民经济各个部门之间分配土地,并对土地的开发、利用、整治和保护进行统筹安排、调整结构、合理布局的土地利用战略性和控制性规划。它属于土地利用规划的宏观层次,决定和制约着其他各个层次的土地利用规划,是土地利用规划的骨架。土地利用总体规划一般是由各级人民政府组织编制的,土地利用总体规划的核心是确定或调整土地利用结构和布局。

《中华人民共和国土地管理法》(以下简称《土地管理法》)第十七条明确规定:"各级人民政府应当依据国民经济和社会发展规划、国土整治和资源环境保护的要求、土地供给能力以及各项建设对土地的需求,组织编制土地利用总体规划"。第二十一条规定:"土地利用总体规划实行分级审批,一经批准,必须严格执行"。这从法律上明确了我国土地利用总体规划的宏观指导性和行政控制性的属性。

土地利用总体规划是国民经济和社会发展计划体系的组成部分,同时也是国土规划的重要专项规划之一,土地利用总体规划是各级人民政府贯彻执行国家土地利用政策的重要手段。

### 4.1.2 土地利用总体规划的特征

1) 综合性

土地利用总体规划是对规划范围内的全部土地和土地利用全过程的总体安排。首先,它涉及国民经济的各个部门,需要综合考虑规划范围内的全部土地,协调各部门用地矛盾,实行综合平衡,统筹安排;其次它包括土地利用的开发、利用、整治和保护等四个方面。土地利用规划不是针对某一方面的规划,而是对土地利用全部过程的综合规划。

2) 长期性

土地利用总体规划一般以十年甚至更长的时间为时段,因此土地利用总体规划方案一旦确定,对今后很长一段时间的土地利用都会有深远的影响。另外,土地利用总体规划的长期性还指规划工作本身是一项长期的工作,规划工作不可能一劳永逸。随着规划的逐步实施,社会经济条件的变化,原来的规划凸显出不足之处,这就需要不断地修正、补充、检查规划方案。各级土地管理部门都将土地利用总体规划作为一项长期工作,成立专门机构,常抓不懈。

3) 战略性

由于土地利用总体规划是一项长期的、大范围的、综合性的控制规划,决定了它的战略性地位。土地利用总体规划研究的问题一般都具有战略意义,如国民经济各部门的土地利用结构调整、土地利用区域的划分、骨干工程用地的布局、实现土地利用总体规划基本方针的确定,等等。

4) 指导性

土地利用总体规划是一个长期的、战略性的规划,它所确定的都是土地利用的一些基本问题,具有宏观控制性。土地利用总体规划,一般都必须通过进一步编制土地利用期或年度实施计划和详细规划来进一步实施。

5) 动态性

由于土地利用的人口、技术进步、经济社会发展等因素是不断变化的,不可能存在一个永恒的理想的土地利用模式。土地利用总体规划只是在一段时间内,把土地利用状态改变为更适合经济社会发展要求的利用状态的措施之一。此外,由于土地利用总体规划是长期规划,某些因素的变化难以预测。因此重点往往放在规划所要实现的目标和为此而制定的政策措施上。规划方案制定后,要定期检查执行情况,根据实践的变化情况定期修订规划,并在土地利用短期计划中相应调整。因此,土地利用总体规划是一个连续不断的"规划—实施—修订—再实施"的过程。

6) 控制性

根据《土地管理法》的规定,各级土地利用总体规划要认真贯彻国家有关政策和法规;下级土地利用总体规划要依据上一级土地利用总体规划编制。地方各级人民政府编制的土地利用总体规划中的建设用地总量不得超过上一级土地利用总体规划确定的控制指标,耕地保有量不得低于上一级土地利用总体规划确定的控制指标,等等。土地利用总体规划实行分级审批,一经批准,必须严格执行。此外,从横向来讲,一个区域的土地利用总体规划,对本区域内国民经济各部门的土地利用也起着宏观控制作用。

## 4.2 土地利用总体规划的目标与任务

### 4.2.1 土地利用总体规划的目标

开展土地利用总体规划的根本目的是加强对土地利用的宏观控制和统一管理,对十分宝贵和极其稀缺的土地资源进行优化配置,提高土地利用的综合效益,为区域可持续发展奠定基础。如《全国土地利用总体规划纲要(2006—2020年)》中提出的规划目标是"守住18亿亩耕地红线;保障科学发展的建设用地;土地利用结构得到优化;土地整理复垦开发全面推进;土地生态保护和建设取得积极成效;土地管理在宏观调控中的作用明显增强"等六个方面。一般而言,规划目标应该包括以下几点:

1) 统筹安排各业用地，促进国民经济持续、稳定、协调发展

土地是一切生产、建设和生活不可缺少的物质条件。我国人口众多，人均土地和人均耕地都远远低于世界人均水平，而且后备土地资源不足，在现有的技术水平和经济条件下难以开发利用。土地资源持续利用，尤其是土地开发空间的合理分配和调控，更是经济社会持续发展和资源与环境可持续性的有效途径和重要内容。如果不做出统筹兼顾的长远安排，不加控制，任其自由占用和随意扩展，则必将成为一种制约因素，限制国民经济的均衡发展和人民生活水平的不断提高。过去我国土地分散管理，各自为政，导致土地利用宏观失控，直接加剧了人地矛盾。为了遏制城镇建设用地的无节制的蔓延和切实保护我们的生命线——耕地，也为了合理安排其他行业和产业对土地的需求，必须对土地供需进行通盘考虑和统筹安排。只有通过科学的规划，才能保证国民经济的持续、健康、快速、稳定增长，以及社会的可持续发展。

2) 合理利用土地资源，提高土地的社会、经济、生态效益

长期以来，由于种种原因，我国土地利用存在较多的问题，如水土流失问题，耕地质量退化问题，城乡建设用地的滥用、浪费问题，土地利用结构和布局不尽合理有待调整的问题，农林牧区有些土地资源以及工矿废弃土地未能充分利用的问题等等。为了解决这些问题，防止土地利用的短期行为继续发生，使土地资源得到优化配置和充分利用，迫切需要搞好土地利用总体规划，对土地利用方向、结构、布局等做出符合全局利益和长远利益的宏观决策，据以指导各个局部的土地开发、利用、整治、改良、保护等规划设计的具体编制和实施，为提高土地利用率、集约度和综合效益创造条件。

3) 加强对土地的统一和计划管理

土地自然供给有限、人口日益增长、各业发展竞相争地的形势下，在土地管理中建立土地利用的宏观调控机制必不可少。土地利用总体规划正是建立这一调控机制的有效手段。许多地方的实践已经证明，通过规划可使土地供需保持平衡，各业用地矛盾得到有效协调，土地利用结构和布局趋于合理，土地资源的优势得到充分发挥。规划本身又是一项土地利用的长期计划，它为中期和年度用地计划的制订和管理提供了指导依据。规划可使项目用地的审批有所遵循，防止土地利用短期行为。总之，土地利用总体规划是土地管理不可缺少的组成部分，是各级政府依法管理土地，对土地利用实行干预的重要措施，是其他任何措施所代替不了的。

### 4.2.2 土地利用总体规划的任务

土地利用总体规划就是要解决土地的分配问题和土地的组织问题，通过解决这两个问题，满足国家对土地利用各方面的需求，如土地利用的宏观调控、土地利用的合理组织以及土地利用的规范管理等，这是土地利用总体规划的最基本的任务。具体来看，包括以下几点：

1) 国民经济各部门间合理分配土地，为国民经济各部门的发展创造良好的用地条件

随着我国国民经济的发展及经济结构的变化，国民经济各部门对土地的需求也将发生显著变化，土地需求矛盾将越来越突出。如何解决这一矛盾，只有通过土地利用总体规划，协调国民经济各部门的关系，做到既保重点又照顾一般的原则，在各部门合理地进行土地分

配,保证各部门都具有良好的用地条件。

2) 为建立良好的自然生态环境和社会环境提供土地条件

生态环境及社会环境的改善与土地利用关系密切。合理的土地利用总体规划就是要通过调整土地利用结构和布局,为创造良好的自然生态环境和社会环境提供土地条件。

3) 为实现农业现代化创造科学的土地组织条件

农业现代化是以农业的各种田间管理措施为标志的。现代农机具的应用,水利设施的建设,以及耕作、施肥、喷药等管理措施的应用都要求具备科学的土地组织条件。目前迫切需要解决农业规模经营与土地经营权分散的问题。

4) 调整我国社会主义土地关系

我国的土地关系虽是以公有制为基础,但仍存在着国有土地和集体土地的差别,还存在着所有权和使用权分离的问题。实际上,我国的土地关系是以各企业各自拥有长期的占用权和使用权为基础的,这种土地关系限制了我国的土地合理利用,通过土地利用规划,结合法定程序,可以逐步改变不合理的土地关系,从而促进土地生产效率的发挥。

## 4.3 土地利用总体规划的主要内容和基本程序

### 4.3.1 土地利用总体规划的主要内容

土地利用总体规划范围大、综合性强、内容多、关系复杂。其主要内容如下:

1) 土地利用现状分析

土地利用现状分析是对土地利用现状模式的总结。土地利用现状是人类利用土地活动与土地自然属性结合的历史产物。土地利用现状模式是指土地利用方式、土地利用程度、土地利用结构、土地利用布局及土地利用效果。土地利用现状分析就是要研究这些土地利用模式的合理与否,找出土地利用上的经验与问题,找出合理利用土地的途径。

2) 土地评价

土地评价具体内容包括对现状用地和后备资源的适宜性评价,说明需要调整现状用地数量、分布和调整利用方向,后备土地资源适宜开发利用方向、数量、质量分布以及进行土地用地结构调整的可能性。

3) 土地利用预测

土地利用预测是人们对土地利用远景模式趋势的推测。土地利用推测是土地利用总体规划的中心内容之一。根据土地利用总体规划的要求,土地利用预测主要包括以下几点内容:

(1) 土地利用方式预测。预测规划期内可能产生的新的土地利用方式和将会消失或萎缩的土地利用方式。随着地区经济发展的需要,土地利用方式也将随之发生变化,比如各种粮食种植面积和经济作物将发生变化,某些用地方式将发生萎缩,例如小砖窑、谷场等。

(2) 人口和消费水平预测。在土地利用总体规划中,人口预测是指对规划期末的总人口及其构成、人口分布的估算,主要包括人口增长率、人口规模、人口构成、人口分布、消费人口、劳动资源、人口城市化水平、人口迁移趋势等预测。消费水平预测是指对规划期末与土地利用直接或间接有关的各类消费指标的预测。包括预测人均占有各类农产品的数量和人均各类建设用地指标。

(3) 农产品单产预测。农产品的单产预测是农业用地预测的一个重要前提。单产预测应分别对不同种类农产品逐一加以预测。一般分为：粮食单产预测、果品单产预测、蔬菜单产预测、牧草单产预测、淡水产品单产预测，等等。

(4) 土地需求量预测。土地需求量预测可分为农业用地需求量预测和非农业用地需求量预测两大部分。农业用地需求量预测的主要依据是人口发展预测、消费水平（包括工业消费农产品）及土地生产潜力（包括农产品单产）预测。

(5) 土地利用结构预测。土地利用结构预测是对规划期末各类用地比例结构的预测，主要依据土地利用的自然条件、社会经济条件、土地利用状况、土地利用需求量预测、土地适宜性评价及各类资源的限制，预测规划期内土地利用结构的变化。

(6) 土地利用效果预测。包括对土地利用的经济效果、生态效果、社会效果的预测。

4) 土地利用战略研究

土地利用战略研究是对土地利用远景目标及任务的战略性安排。战略研究就是要确定土地利用总体规划所要解决的重大问题，提出解决土地利用问题，实现土地利用总体规划目标和任务的途径和步骤，以及所要采取的各种政策和措施。

5) 土地利用分区

土地利用分区是合理分配土地、合理组织土地利用的重要手段。土地利用分区的作用是指导土地利用的合理布局和限制不合理的土地利用。土地利用一般有三种形式：地域分区、用地分区和保护地分区。

6) 重点工程用地布局

各类重点工程用地是非农业用地的主要形式。重点工程用地布局是否合理对土地利用总体规划方案影响很大。重点工程用地布局主要解决工程用地的分布和界线。对于一些不易确定界线的用地，要求标出其在规划图上的示意性走向。

7) 保障规划实施的措施

土地利用总体规划是一项具有战略意义又十分艰巨复杂的规划，要实施这一规划，必须有相应的政策措施作保障，土地利用总体规划中要根据实现土地利用目标和优化土地利用结构的要求，提出相应的实施政策和措施，包括行政、法规、经济和技术措施等。土地利用总体规划在获得批准后，即具有法律效力，有关部门必须认真遵守，同时应该把年度土地利用计划纳入到地区国民经济计划中，这样才能保证规划的顺利实现。

需要注意的是，不同层级的土地利用总体规划需要解决的问题不同，其规划的内容也不一样。高一层级的土地利用总体规划是下一级土地利用总体规划的依据。其中，全国、省级、地市级土地利用总体规划属于宏观控制性规划，重点在于强化规划控制指标，主要任务是在确保耕地总量动态平衡和严格控制城市、集镇和村庄用地规模的前提下，将土地资源在各产业部门间和地域间进行调整和合理配置。县、乡级规划是实施性、管理性规划，重点是把上级规划下达的各项指标落实到土地空间上，即划定土地功能区、土地管制区，确定土地用途，落实土地用途管制的要求。

### 4.3.2 土地利用总体规划的基本程序

1）准备工作

（1）成立土地利用总体规划领导小组。土地利用总体规划是一项复杂、细致而又十分艰巨的工作，涉及的部门多、纵横关系多、条条块块的矛盾多，因此，必须组建一个有权威的强有力的指挥协调机构（见图4.1）。

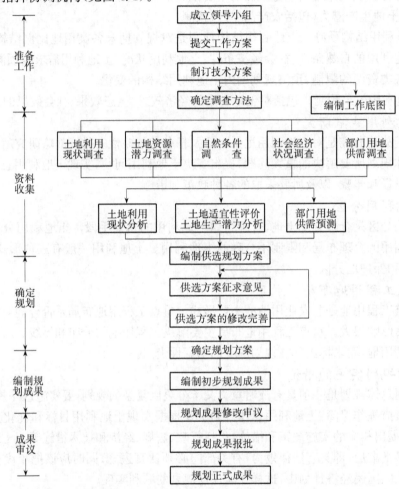

图4.1 土地利用总体规划编制程序

（2）组建领导小组办公室。土地利用总体规划领导小组下设办公室，负责土地利用总体规划领导小组的日常事务性工作，并为土地利用总体规划编制人员提供各种服务和方便。

（3）成立规划编制小组。土地利用总体规划是一项综合性极强的工作，需要土地科学、人口学、经济学、环境生态学、城市规划学等多学科协作才能完成。因此，必须成立专门的规划编制小组，这个小组应该包括上述各学科的专家和从事土地利用总体规划实际工作的技术人员，以保证土地利用总体规划的质量。

（4）制订工作计划和规划技术方案。为了有组织、有计划、有目标，高效快速地开展土地利用总体规划编制或修订工作，规划编制小组应该在认真分析、研究的基础上，拟定总体规划编制或修订的工作计划和技术方案。

(5) 选择调查研究专题。根据规划区域的土地资源特点和土地利用中存在的主要或重要问题，按照土地利用总体规划的任务和目标要求，选定需要进行深入调查研究的专门问题，如耕地总量动态平衡、土地整理复垦、基本农田保护、土地利用总体规划与城镇规划协调等专题。

2）外业调查、资料收集

根据土地利用总体规划的任务与内容，按照技术路线的要求，收集所需要的资料。这些资料包括地貌、气候、土壤、植被、水文、地矿、环境生态等反映土地利用自然条件的资料，以及行政区划、人口状况、城镇规模和农村居民点现状、国民生产总值、工农业生产及布局状况等反映土地利用的社会经济状况的资料，还有反映各部门各行业的用地数量、质量、分布及其变化的调查资料及历年统计资料等。

3）确定规划方案

土地利用总体规划方案是土地利用总体规划编制的核心内容。在收集大量资料并对资料进行充分分析研究的基础上，预测规划期内各类用地的供给和需求，进行供需平衡分析，制订出供选的土地利用规划方案，对每个供选方案的可行性进行研究，然后将供选方案向规划领导小组和社会各界征求意见，尤其是向各用地部门征询意见，根据反馈的意见对供选方案进行修改完善，然后再次征求意见，再次修改规划方案，如此进行多次的意见征询，直至对规划方案意见较小，各方面都能够接受为止，将其中最符合实际情况，又能为大多数人接受的供选方案作为最后的规划方案。如果在方案征询过程中，各部门对用地规划的意见出现较大分歧，则需要由规划领导小组召开专门的协调会，协调各部门的规划用地数量和布局。

4）编制规划成果

土地利用规划方案确定后，应根据土地利用总体规划的内容，提供相应的规划成果。成果包括报告和图件两部分。报告主要有：土地利用总体规划文本、土地利用总体规划说明、土地利用总体规划工作报告和技术报告、土地利用总体规划专题研究、附件（包括上级下达的规划用地控制指标、政府部门文件等）等。图件主要有：土地利用现状图、土地利用规划图、基本农田保护区图、骨干工程建设用地布局图、中心城区用地图以及其他专项规划图等。

5）土地利用总体规划的修改、审议、报批

土地利用总体规划初稿完成后，规划领导小组办公室向部门征求意见，根据反馈意见进行必要的修改，并报规划领导小组审议，最后形成土地利用总体规划送审稿，报法定的政府机构审批，审批通过后成为正式的土地利用总体规划文件，具有法定约束力。

## 4.4 土地利用总体规划的体系

不同级别的土地利用总体规划相互联系和彼此制约，形成了一个完整的土地利用总体规划体系，研究这个体系的特征及其内部的关系将有助于深入理解不同级别土地利用总体规划的任务、目标、内容、功能和作用，从而在编制土地利用总体规划时，使不同层次的总体规划相互补充，从整体上更好地发挥土地利用总体规划的功效。

### 4.4.1 土地利用总体规划的体系及其相互关系

土地利用总体规划是一个多层次的规划体系,层次间存在互为制约的内在联系。一般而言,土地利用总体规划总是针对某一区域而编制的,因而它的层次性也就取决于区域的层次性。不同国家或地区在进行土地利用总体规划时有不同的区域分级方式,因而也就有不同的土地利用总体规划层次。如,有些国家按照流域将全国划分为几大类地区,每类地区有一个土地利用总体规划,在同一流域地区,按照行政区或土地利用类型差异又分为若干个区域,每一区域编制一个土地利用总体规划,这样,这个国家的土地利用总体规划体系便由两个层次构成。我国开展的土地利用总体规划是按行政区划级别划分的,分为全国的、省级的、地(市)级的、县级的和乡级的五级规划体系。这样的总体规划层次与行政区划层次完全对应,有利于规划的编制和执行。但是,对于一些经济、社会、文化紧密融合在一起的跨行政区的区域共同体,例如苏南地区、长江三角洲地区、珠江三角洲地区、渤海湾地区等,其内部的土地利用存在着密切联系和功能分工,形成了一个整体,因此很有必要打破行政区的限制,进行区域土地利用总体规划。另外,乡级行政区作为我国最小的行政单位,一般土地面积较小,应该进行土地利用详细规划而不是总体规划,这样更有利于规划的执行和对土地实行严格的管理。

1) 上级规划是下级规划的依据和指导

上级所确定的任务、目标、战略等都将作为下级规划编制时制定规划目标的依据和指导思想。上级规划所确定的一些原则也应该为下级规划所考虑和遵循。

2) 下级规划是上级规划的基础和落实

下级规划应该结合本区域的实际情况,将上级规划分配给本区域的任务进行分解落实。上级规划在确定有关目标时应该充分考虑下级规划区的实际情况,考虑下级规划的落实能力,否则,所制定出来的规划将与实际背离,缺乏可操作性,对下级规划的指导意义和制约作用无从谈起。

3) 上下级应衔接一致

不同层次的总体规划都具有其特有的决策功能。全国和省级属于高层决策;地(市)级一般处于中层决策;县、乡级属于基层决策。上下级规划的衔接通过指标控制这一方式进行。通过将主要的用地控制指标层层分解落实,使各级土地利用总体规划在对用地安排上保持一致。如何将指标合理的分解将成为上下级规划能否衔接一致的主要影响因素。当前,我国土地利用总体规划存在的问题是:上级规划在下达用地控制指标时,往往因为缺乏科学合理的指标分解方法,使分解下达用地控制指标不一定切合下级规划区实际,造成下级规划难以真正落实用地控制指标;或勉强落实了,却给以后土地利用总体规划的执行带来巨大压力。因此,研究用地控制指标科学合理的分解落实是使不同层次土地利用总体规划相互衔接,保持一致,以及使总体规划真正得到贯彻执行的关键。

另外,要使我国不同层次的土地利用总体规划作为一个整体发挥作用,还必须完善乡级土地利用总体规划编制方法。在土地利用总体规划体系中,乡级规划是最基层的规划,虽仍带有宏观色彩,但要以落实、实施县级以上规划为主要内容,对耕地、园地、林地、牧草地等具体落实到地块。乡级规划属于实施性规划,因此现在采用的以指标调整和用地分区结合的编制方法较粗糙,必须加以完善。

### 4.4.2 土地利用总体规划和其他相关空间规划的关系

随着我国社会经济发展和市场经济体制的逐渐完善,规划工作的重要性日益凸显,从新中国成立初期初步探索开始,各类规划实践在工作中不断丰富和完善,形成了国民经济和社会发展规划、国土规划、区域规划、土地利用总体规划、城市规划等规划。其中国民经济和社会发展规划、区域规划由国家发改委主管,城市规划由住房和城乡建设部主管,国土规划和土地利用总体规划则由国土资源部主管。由于多方面原因,区域规划和国土规划及其管理一直没有形成体系。区域规划仅在长三角等典型区域开展并发挥一定的作用;而国土规划在天津、深圳等地开展了试点工作,全国规划纲要即将出台。因此,目前在我国经济社会中发挥主要作用的是国民经济和社会发展规划、土地利用总体规划和城市总体规划。

1) 国民经济和社会发展规划

国民经济和社会发展规划是全国或者某一地区经济、社会发展的总体纲要,是具有战略意义的指导性文件。其统筹安排和指导全国或某一地区的社会、经济、文化建设工作。国民经济和社会发展规划的期限一般是5年,各行业的职能部门在其总体目标框架下,制定各行业的五年规划,譬如农业、工业、金融业、服务业、旅游业或者教育事业等。"五年规划"是国民经济管理体系的重要组成部分,它的实施是通过国民经济和社会发展年度计划和固定资产投资计划对主要重点项目分时段进行落实的。我国自1949年以来,已经编制过12个"五年计划",其中从第11个开始将"计划"改为"规划",即"十一五"规划。

因此,"五年规划"是土地利用总体规划编制的主要依据,尤其是对于各部门发展目标以及相应的各部门用地的预测和协调安排,都是在"五年规划"的指导下进行的。譬如合理确定各项用地规模、发展速度以及重点项目或重大工程的用地保障等,应在国民经济和社会发展规划作出轮廓性安排的基础上,通过土地利用总体规划落实到具体的土地资源配置和空间布局上。

值得提出的是,"十一五"规划中提出了"主体功能区"的概念,并且明确规定"全国主体功能区规划是战略性、基础性、约束性的规划,也是国民经济和社会发展总体规划、区域规划、城市规划等的基本依据"。发改委2011年6月公布的"全国主体功能区规划"中要求,根据不同区域的资源环境承载能力、现有开发密度和发展潜力,统筹谋划未来人口分布、经济布局、国土利用和城镇化格局,将国土空间划分为优化开发、重点开发、限制开发和禁止开发四类,确定主体功能定位,明确开发方向,控制开发强度,规范开发秩序,完善开发政策,逐步形成人口、经济、资源环境相协调的空间开发格局。优化开发区域是指国土开发密度已经较高、资源环境承载能力开始减弱的区域;重点开发区域是指资源环境承载能力较强、经济和人口集聚条件较好的区域;限制开发区域是指资源承载能力较弱、大规模集聚经济和人口条件不够好并关系到全国或较大区域范围生态安全的区域;禁止开发区域是指依法设立的各类自然保护区域。同时,还根据开发内容,分为城市化地区、农产品主产区和重点生态功能区(见图4.2)。

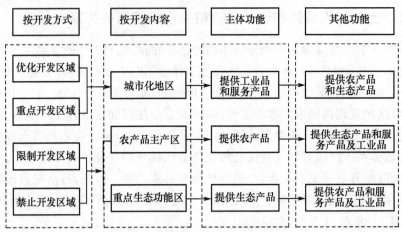

图 4.2 主体功能区分类及其功能①

2) 城市总体规划

城市总体规划是从城市整体的角度,研究城市的发展目标、性质、规模和总体布局形式,制定出战略性的、能指导与控制城市发展和建设的蓝图,在指导城市有序发展、提高建设和管理水平等方面发挥着重要的先导和统筹作用。它是编制城市近期建设规划、详细规划、专项规划和实施城市规划行政管理的法定依据。各类涉及城市发展和建设的行业发展规划,都应符合城市总体规划的要求。由于具有全局性和综合性的特点,我国的城市总体规划不仅是专业技术,同时更重要的是引导和调控城市建设,保护和管理城市空间资源的重要依据和手段,因此也是城市规划参与城市综合性战略部署的工作平台。

城市总体规划和土地利用总体规划有着共同的规划对象,都是针对一定时期、一定范围内的土地利用进行的规划,但是在规划内容和作用上存在着差异。土地利用总体规划是从土地的开发、利用和保护出发制定的土地用途的规划和部署;城市总体规划是从城市功能和结构完善的角度出发对城市土地使用所作的安排。二者在规划目标、规划内容以及土地利用类型的划分等方面都存在着差异。《土地管理法》第二十二条明确规定"城市建设用地规模应当符合国家规定的标准,充分利用现有建设用地,不占或者尽量少占农用地。城市总体规划、村庄和集镇规划,应当与土地利用总体规划相衔接,城市总体规划、村庄和集镇规划中建设用地规模不得超过土地利用总体规划确定的城市和村庄、集镇建设用地规模"。城市总体规划应与土地利用总体规划相协调。土地利用总体规划通过对土地用途的控制保证了城市的发展空间,城市总体规划中建设用地的规模不得超过土地利用总体规划中确定的建设用地规模。

3) 三大规划体系的关系

首先,从三大规划体系的共性来看,三大规划的规划层次、规划原则、规划方法等大致相同,在内容上属于综合性规划。国民经济和社会发展五年规划的核心是保障社会经济发展,主要发展目标涉及经济、社会、环境保护等多个领域,包括总产值、经济结构、主导产业、人口与城市化、进出口和外资利用、社会保障等方面。其内容由过去重点关注经济发展向城乡建设功能分区、环境保护与资源节约等方面扩展。城市总体规划从区域经济社会发展的角度

---

① 资料来源:《全国主体功能区规划——构建高效、协调、可持续的国土空间开发格局》.

研究城市定位和发展战略,统筹城乡发展与建设,引导人口、产业合理集聚,按照有效配置公共资源、改善人居环境的要求,合理确定城乡空间布局,促进区域经济社会全面、协调和可持续发展,充分发挥中心城市的区域辐射和带动作用。城市总体规划的期限一般为 20 年,近期建设规划期限为 5 年,与国民经济和社会发展规划一致。而土地利用总体规划是以城乡范围内的全部土地资源作为对象,统筹考虑人口、经济发展与土地资源的关系,合理安排农业、林业、牧业、工矿、城镇、交通等各类用地的布局,促进社会经济各部门协调发展。其主要任务是保证土地总供需的综合平衡,优化土地利用结构,确定土地利用的宏观布局。总体说来,随着经济社会的发展,三大规划体系关注的内容越来越广泛,综合性越来越强,都强调经济发展、城乡统筹和资源配置。

其次,从三大规划的规划期限来看,三大规划体系依时限长短可分为三个层面(见图 4.3):一是以 15~20 年为期限的远期规划或总体规划层面;二是以 5 年为期限的五年规划或近期规划层面;三是以 1 年为期限的年度计划层面。三个层面分别对应规划的宏观调控、中观调控和微观调控。上位规划指导约束下位规划,下位规划对上位规划进行细化和落实。在三个年度计划中,固定资产投资计划对项目提出安排,而土地供应计划则对项目用地起到控制和引导作用。其中,对增量建设用地的控制同样也限制着固定资产投资计划的项目规模,而当项目用地需求量大时,需要土地部门供应更多的建设用地,此时,存量建设用地的挖潜可以有效补充项目用地的不足,促进固定资产投资计划的实现。

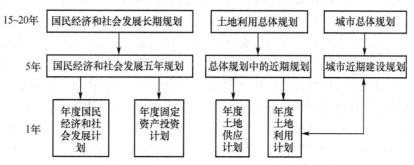

图 4.3 三大规划体系的时间耦合关系[①]

虽然三大规划体系在规划内容和规划期限上都存在着一定程度的共性和耦合,但是由于其对象和职能分工的不同,导致三大规划体系各有侧重。从各自关注的重点来看,国民经济和社会发展五年规划的核心是保障社会经济发展。城市总体规划关注的重点是城乡发展的空间格局。土地利用总体规划的重点是以城市行政管辖范围内的全部土地资源作为对象,统筹考虑人口、经济发展与土地资源的关系,合理安排农业、林业、牧业、工矿、城镇、交通等各类用地的布局,促进社会经济各部门协调发展(见表 4.1)。

---

① 董黎明,林坚.土地利用总体规划的思考与探索.北京:中国建筑工业出版社,2010.

表 4.1 三大规划体系对照表

| 规划名称 | 国民经济和社会发展规划 | 城市总体规划 | 土地利用总体规划 |
| --- | --- | --- | --- |
| 规划主管部门 | 发展与改革管理部门 | 城市规划管理部门 | 国土资源管理部门 |
| 法律依据 | 《宪法》 | 《城乡规划法》 | 《土地管理法》 |
| 规划范围 | 市域 | 市域或规划区 | 市域 |
| 核心任务 | 保障社会经济发展 | 城乡统筹发展 | 协调发展与保护的关系 |
| 关注内容 | 经济发展<br>社会发展<br>资源环境的保护利用 | 城乡建设格局<br>人口空间配置<br>基础设施配置<br>生态保育空间 | 土地利用结构与布局<br>耕地与基本农田保护<br>建设用地需求<br>土地综合整治 |

正是由于三大规划体系分属三个部门,并且彼此的规划内容存在着交叉和重合,从而导致规划的效果难以达到规划目标的要求。譬如国家层面的空间规划缺乏协调,综合性被割裂,导致国家层面综合性空间规划事实上缺失,未能起到空间统筹、优化开发和耕地保护的作用;在基层则表现为各种规划之间相互矛盾、彼此冲突,难以得到执行和实施。当然也带来了规划公共政策薄弱,基本处于缺位状态,不能有效解决因"市场失灵"而不断激化的社会矛盾等问题。土地的空间属性使得大部分空间规划最终都要落实到土地,而由于各类规划所对应的空间层次并未界定清楚,各规划部门的管辖范围没有明确的划分,导致各类规划相互脱节甚至相互冲突的现象屡见不鲜。著名的城市规划专家闫小培认为"近年来,我国空间规划工作出现两个明显特征:一是空间规划越来越成为国家宏观调控的重要手段,三个部门都在争取各自国家层面空间规划的龙头地位,而三规龙头之争的背后则是职能之争;二是三大空间规划体系不断从原有领域向外扩展,三规之间重叠、交叉、渗透的现象日益明显"。因此从空间层次、规划内容和行政管理三个方面,理顺国民经济和社会发展规划、城市总体规划和土地利用总体规划之间的关系,已成为关系到我国空间规划协调发展和空间合理开发利用的关键所在。2007年10月28日,全国人大常委会通过了我国第一部覆盖整个城乡范围的《中华人民共和国城乡规划法》,它标志着我国的城乡规划发展进入了一个城乡一体、统筹和谐发展的新阶段。

## 4.5 土地利用现状分析

进行土地利用总体规划,首先要对规划区域土地利用基本情况进行分析,发现其土地利用中存在的问题,尤其是判断其土地供需情况,为规划方案的编制奠定基础。土地利用现状分析是土地利用供需预测、土地利用结构和布局调整的基础和前提,是确定规划方案的主要依据之一,在土地利用总体规划中处于基础性地位。

### 4.5.1 土地利用现状调查

土地利用现状调查指依据一定的土地分类标准,运用测绘、遥感等技术查清各类现状用地的数量、质量、分布、组合以及它们之间的相互关系。它是土地利用现状分析的基础。

土地利用现状调查首先必须明确调查目的。调查目的不同,采用的土地利用现状分类标准也不同,调查的内容、范围、运用的技术手段也随之不同。作为土地利用总体规划的土地利用现状调查,就是要查清所有的现状土地利用方式及其空间分布情况。

根据这一要求,目前最新的一轮规划(2006—2020年)采用的是《土地利用现状分类》(GB/T21010—2007),是由中华人民共和国质量监督检验检疫总局和中国国家标准化管理委员会于2007年8月10日联合发布的,标志着我国土地资源分类第一次拥有了全国统一的国家标准。《土地利用现状分类》国家标准采用一级、二级两个层次的分类体系,共分12个一级类、57个二级类。其中一级类包括:耕地、园地、林地、草地、商服用地、工矿仓储用地、住宅用地、公共管理与公共服务用地、特殊用地、交通运输用地、水域及水利设施用地、其他土地。但是在进行规划时,必须进行"规划基数转换",也就是"土地规划分类"。根据《国土资源部办公厅关于印发市县乡级土地利用总体规划编制指导意见的通知》(国土资厅发〔2009〕51号)要求规划基数采用三级分类体系。其中,一级类3个,为农用地、建设用地、未利用地;二级类11个,为耕地、园地、林地、牧草地、其他农用地、城乡建设用地、交通水利用地、其他建设用地、水域、滩涂沼泽、自然保留地;三级类33个。

土地利用现状调查分为详细调查和变更调查两种。土地利用现状详细调查指对区域内的全部土地资源利用现状进行完整、全面和细致"卷地毯式"的彻底普查。详细调查可以获得全面、完整、真实、准确的土地利用现状资料,但需要周密细致的准备,耗费巨大的人力、物力。土地利用现状变更调查是在上次土地利用现状详细调查基础上,对上次详查以来土地利用的变化情况进行调查,并将变更调查结果与上次详查结果结合,得到现时的土地利用现状。变更调查花费小得多,而且只要能经常及时的对土地利用变化情况进行备案登记,积累完整的变更资料,也能得到较高精度的土地利用现状调查结果。大部分地区土地利用总体规划(2006—2020年)就是在第二次全国土地调查的基础上,进行"规划基数转换"从而获得土地利用现状数据的。

土地利用现状调查的技术手段不断变化。经历了从手工测绘到航空测绘,再到卫星遥感的过程。随着遥感技术的进步,摄影分辨率和图像清晰度不断提高,加上计算机技术的发展,遥感与地理信息系统和全球卫星定位技术结合在一起,使得土地利用现状调查的精度越来越高,结果的处理分析越来越快,所得到的信息越来越准确及时,这一切将大大促进对土地利用现状的分析工作,从而为土地利用总体规划奠定更稳固的基础。

### 4.5.2 土地利用现状分析的意义与内容

土地利用现状分析是指在一个区域的自然、经济、社会条件下,对区域各种土地的利用类型、不同的利用方式及其质量、结构与布局、土地生产力和土地利用率等方面所作的分析。从而可以揭示各种土地资源在地域组合上、结构上和空间布局上的合理性,明确土地资源开发利用的方向和重点。

土地利用现状分析的意义在于:① 土地利用现状分析是土地生产潜力分析的前提;② 土地利用现状分析是土地利用总体规划的基础性工作和重要组成部分;③ 土地利用现状分析是调整结构、合理布局和土地利用战略研究的依据。

进行土地利用现状分析,是一项比较复杂的工作,涉及较多的内容,要充分利用土地利用现状详查资料和变更调查数据,并结合历史和统计资料进行分析,尤其是要跟当地经济社会发展相结合。重点是总结土地利用的经验和教训,找出土地利用变化规律及目前土地利用中存在的问题。

土地利用现状分析的内容一般应包括以下内容：

**1）土地利用基本情况描述**

根据土地利用现状详查资料、土地利用变更调查资料及区域的自然、经济、社会的状况资料，简单描述区域的基本情况，主要包括行政辖区、人口、自然条件、经济条件、生态条件等。即围绕有关土地利用各个方面，对本区域做大致说明。

自然条件是指区域所处的地理位置、地貌（地貌类型、地势走向、海拔等）、水系（河流、湖泊及有关水文、水资源数据）、气候（10℃以上积温、无霜期、降雨量等）、土壤（土层厚度、障碍层深度、有机质含量等）、植被（森林、草原等天然植被和人工植被状况）、水文地质等。

经济条件是指当地国民经济发展战略和计划、经济发展水平、产业结构变化、交通位置和运输、城镇分布状况、主要支柱产业、农村居民点分布情况等。生态条件是指森林覆盖率、水土流失情况（水土流失面积、程度和分布）、土壤污染情况、草原退化情况、土地沙化情况、土地盐碱化情况、土地受灾情况等。

**2）土地利用分析**

土地利用分析可以从以下几个方面并结合相应指标进行分析：

（1）土地利用结构和布局分析

主要内容包括：① 分析耕地、园林、林地、牧草地、居民点及独立工矿用地、交通用地、水域、未利用地等占土地面积的比例，上述各类用地结构的现状比例。② 人均耕地、园地、林地、牧草地面积、森林覆盖率，人均城镇用地面积，人均及户均农村居民点用地面积。③ 各类用地的缺余状况。④ 各类用地开发利用状况和地域分布状况，区位差异及产生这些差异的原因。⑤ 各类用地发展的制约因素和存在问题。⑥ 各类未利用地的布局。

（2）土地质量和土地利用生态效益分析

耕地质量从耕地的水土流失情况、坡度大小、洪涝等灾害、低产田数量和分布、耕地生产力水平和集约化程度等方面分析。

林地质量从林地结构、林种、蓄积量、生产率等方面分析。

牧草地质量从植被类型、产草量、草原退化程度、草原沙化程度等方面分析。

土地利用生态效益分析主要是研究土地利用是否充分利用了自然环境条件，是否改善了环境条件。如比较自然生态系统的生产潜力与土地人工生态系统的生产能力，判断利用自然条件的程度，对比自然生态系统结构与土地人工生态系统结构，判断是否改善了环境条件等。从某种意义上说，土地的质量状况也是土地利用生态情况的反映。

可通过一系列指标进行分析，如：水土流失面积指数、水土沙化面积指数、土地盐碱化面积指数、氮及有机质含量、土壤环境质量指数、水质质量指数、受灾面积比率、暂难利用面积比率、中低产田比率、耕地灌溉率、热量利用率、林木覆盖率等。

（3）土地利用率分析

土地利用率是指土地利用的开发程度。它反映土地利用是否充分、科学、合理。可以通过一系列指标来分析土地利用结构和布局的合理程度。这些指标包括：土地利用率、各业用地占用率、用于直接生产的农用地占全部农用地的比率、农用地利用率、非农建设用地利用率、垦殖系数、复种指数、水面利用率、渔业资源利用率、草原载畜量指数等。

（4）土地产出率分析

土地产出率是指在现状土地利用水平下，土地的生产能力，反映土地利用状况的经济效益。可通过下列指标进行分析计算：土地产出率、单位播种面积产量（产值）、单位耕地面积产量（产值）、单位草场面积产量（产值）、单位水面产量（产值）、单位园地面积产量（产值）、单位农业用地面积产值、单位建设用地面积产值、单位工业用地产值等。

（5）土地利用的社会效益分析

土地利用的社会效益分析包括：人均土地面积、人均耕地面积、人均建设用地面积、人均绿地面积、人均水资源数量、人均农产品产量、人均总收入、纯收入、产量、产值、商品总产量、产值、人均上缴税额、利润额，社会环境状况，如：文化教育水平、居民消费水平、城镇化水平等。

需要指出的是，上述是反映区域土地利用的基本内容，在实际进行规划时，应该根据区域自身的特点确定从哪些方面反映土地利用的现状。一般通过上述分析，就形成对区域土地利用的特征、优势、存在问题以及利用对策等的初步判断，为进一步编制土地利用总体规划奠定基础。尤其是区域土地利用中存在的问题分析是进行土地利用现状分析的主要目的，因为规划是针对问题而言的，没有问题就不需要通过规划来协调和统筹。因此，通过土地利用现状分析找准问题成为土地利用总体规划最重要的环节。

## 4.6 土地质量评价

### 4.6.1 土地质量评价概述

土地质量是土地的综合属性，具体是指土地对某种用途的适宜与否及适宜程度。土地数量和土地质量是土地管理和规划中的重要因素，一定数量和质量的土地是人类生存与发展不可替代的物质条件。土地质量评价是对土地利用进行供需预测和分析的关键，只有了解了不同土地的适宜性及其生产潜力，才能科学合理地加以利用，发挥出土地的最大生产力，促进对土地的持续、高效、稳定使用。因此合理组织一定数量和质量的土地利用是土地利用规划的重要任务。在制订土地利用规划方案时，既要考虑规划区域的土地数量水平，又要重视规划区域的土地质量状况。

土地质量是指土地的状况或条件，包括与人类需求有关的土壤、水及生物特性。它关系到以生产、保护及环境管理为目的的土地的条件与能力。对土地质量的评价需要针对某一种土地利用功能与类型进行。由于使用目的的不同，对土地质量评价所选取的指标、方法等也各不相同。目前国际上对土地质量变化非常关注，对于土地质量指标体系（Land Quality Indictors, LQIs）的研究方兴未艾，而且以土地利用、土地覆被变化及其驱动力研究作为土地质量评价研究的切入点。土地质量变化既是土地利用方式变化的结果，也是土地覆被变化的一种重要表现形式。同时，土地质量的优劣还会引起土地利用方式的不同，进而表现为不同的土地覆被状况。因此，可以通过土地质量评价，研究土地质量变化规律，揭示土地利用、土地覆被变化的规律。

若将土地质量评价仅仅看成是对土地本身的各种特征进行比较与量度，反映土地的自然属性，那么可以将土地质量评价分为土地潜力评价和土地适宜性评价两种。土地潜力评价（Land Capability Evaluation）主要依据土地的自然属性及其对于土地的某种持久利用的限制程度，就土地在该种利用方面的潜在能力对其作出等级划分。土地利用潜力评价是针对大农业生产的土地利用要求进行的,在西方国家普遍实行,在我国也有较大影响。该评价系统虽在各国使用时各不相同,但本质上都来源于美国农业部土壤保持局1961年提出的土地利用可能性分级系统。土地适宜性评价将在下面作详细介绍。

不管开展哪一种土地质量评价,都必须遵循一定的原则。关于土地质量评价的原则,各家说法尚未统一。参照FAO的《土地质量评价纲要》,D. 登特与A. 汤曾提出以下几条原则:

(1) 土地质量评价要将土地利用对土地的要求与土地的质量进行比较。不同的土地利用类型或利用方式对土地质量有不同的要求。在进行土地质量评价之前,必须尽可能明确评价的具体目的。如果评价目的含糊不清,评价的针对性不强,那么其评价成果的可靠性和作用就会受到影响。

(2) 土地质量评价要将土地利用的效益和所需的投入进行比较。土地质量评价不能停留于纯自然分析,而必须将自然分析与经济分析结合起来。在土地质量评价中必须考察对土地的投入及投入水平的高低,将因投入水平不同而造成的差异剔除出去。另外,土地利用效益,既包括物质方面的效益,也包括非物质方面的效益,例如土地用于旅游、娱乐休闲、自然保护和环境保护时的效益。对土地的投入,也包括物质投入,如种子、肥料、农药、燃料和机械等,以及非物质投入,如劳动力、畜力等。

(3) 土地质量评价要因地制宜,即根据研究区的具体情况进行。不同国家,甚至同一国家的不同地区,自然条件不同,技术和社会经济条件也有一定差异,如财力、劳动力的数量与价格和收入水平,等等。这些差异,对土地质量评价必然会有一定的影响。因此土地质量评价方案及其评价依据和指标不能到处套用,而要在详细分析研究地区的自然和社会经济状况的基础上予以确定。

(4) 土地质量评价要考虑到不同土地利用方式,并对它们作出比较。通常,在进行一个地区的土地质量评价时只是考虑到一种土地利用方式,针对这种方式确定评价方案及评价依据,得出评价结果。然而实践证明,如果有可能,在一个地区最后同时针对两种或多种土地利用方式分别进行评价。

(5) 土地质量评价要以土地的持续利用为前提。也就是说,在针对某种利用方式对某块土地作出评价时,必须确保不因这种利用而导致生态环境退化或恶化。例如,有的土地处于某种利用方式下在短期内会有相当高的经济效益,但长期使用会导致土壤侵蚀、草场退化等,而且其危害性超过经济效益,就这种利用方式而言,这块土地应评为不适宜。当然,不能说这样的土地绝对不可利用,但在评价时要尽可能确切地指明这种使用方式可能造成的后果,以便在土地利用决策过程中考虑到这个问题。

### 4.6.2 土地质量评价的方法

土地质量评价的方法可分为直接评价法和间接评价法两大类。

直接评价法,是指通过试验去了解土地对于某种用途的适宜性及适宜程度。例如,在几种不同的土地上种植同一种作物,采用相同的农业技术措施,观察和测量作物生长状况的差异,根据作物产量的高低评定这几种土地的生产能力高低。这类方法在农业部门使用较多,其优点是评价结果比较准确和可靠。但严格来说,这种准确和可靠性只局限于试验地点或试验区。如要将这类试验结果外推使之代表整个土地质量评价单位,可能会出现较大的误差。此外,直接土地质量评价也常受到资料和时间的限制,尤其在大范围地区进行土地质量评价,这种方法的局限性是显而易见的。因此,迄今的土地质量评价,大多采用间接评价法。

间接评价法,就是通过分析土地的各组成要素的属性对土地利用的影响,然后加以综合,去评定土地的等级,其依据是,土壤、地形、气候等土地组成要素对任何一种土地利用方式的成败均有深刻的影响,而且这些影响是可加以量度或估计的。因此,土地的质量也可通过对这些土地组成要素的分析而演绎出来。

间接土地质量评价法又可分为两类,一类是归类法(Categorical System),它以针对一定土地利用方式的潜力大小或适宜性及适宜程度,以定性方式将评价结果表示成不同类别等级,例如美国农业部的土地潜力分类和联合国粮农组织的土地适宜性分类均属于此。另一类是数值法(Numerical System),或称参数法(Parametric System)。其原理是,选出决定土地生产能力的诸要素,根据这些要素的特点定出评价标准,并对某种土地利用方式的潜力或适宜性求得不同的指数,然后对各项指数进行数学运算得出总指数,借此对土地作出等级评定。根据运算法,数值法可分为加(减)法、乘(除)法和代数法三种。在我国,过去很少采用数值法进行土地质量评价,近年来应用日趋广泛,而且许多学者已开始将模糊数学、灰色系统、神经网络等方法应用到土地质量评价中并取得了令人满意的结果。

归类法和数值法各有优缺点。在具体评价时究竟采用什么方法,要视评价的目的、所具备的资料及人力物力和时间等而定。其发展趋势是归类法和数值法的结合。

### 4.6.3 土地质量评价程序

土地质量评价程序因采用的评价方法不同,具体操作过程也就不一样。采用直接法进行土地质量评价时,只需要在待评价土地上先选好样点,然后进行土地适宜性实验,根据实验结果分析得出土地适宜性的大小,从而判定土地质量状况。采用间接法进行土地质量评价时,一般按以下步骤进行:

1) 准备阶段

这一阶段主要为整个土地质量评价作必要的基础性工作。包括明确评价的目的,确定评价方法和收集资料。评价目的直接决定了评价的范围、评价重点、精度要求、成果形式等,它是确定评价方法的主要依据之一。根据评价的目的和当地土地质量特点、资料获取的可行性、各种评价方法的适用条件、优缺点、结果的精度等因素选定评价方法。根据评价方法的要求,收集各种所需的资料,包括反映土壤各种自然属性的文字资料和图件,以及反映投入—产出收益、利用方式、经营管理水平等社会经济条件的资料和水土流失状况、土壤中污染物的种类、含量等生态环境方面的资料。

2) 处理阶段

这一阶段为土地质量评价的关键阶段,包括对所采集资料的整理、分析、处理,建立评价指标体系或设计评价模型,评价单元的划分,得出评价单元的初步评价结果等。对于准备阶段所收集的资料进行弃伪存真、弃粗取精、相互比较鉴别,以保证所获取资料的可信、准确和符合实际,为评价单元划分和评价指标体系设计提供可靠依据。在对资料处理完毕后,结合评价目的、评价方法和土地特点,确定评价单元的划分标准和方法,并划定评价单元。同时,根据对资料的分析,找出对当地土地质量影响显著的因子,建立评价指标体系,或根据一定的数学方法,设计出有关评价模型。根据评价指标体系或评价模型,按评价方法对评价单元进行数据处理,综合得出评价单元的初步评价等级。

3) 结果阶段

这一阶段主要是对评价结果进行分析和矫正。首先,需要对评价地区总体质量等级进行分析,确定该地区土地质量总体上的优劣和存在的主要问题,以及影响土地质量的主要因素。其次,对该地区土地质量的空间分布组合特征进行分析,找出其中的规律,并挑出评价结果有疑问的评价单元,对其进行校正。通过对评价结果的验证校核,还可以检验评价方法及设计的指标体系或模型是否合理。如果初评结果与实际结果的差异在误差允许范围内,便认为该评价方法是科学可行的,结果经个别修订就可以作为最后的土地质量评价结果。在实际操作中,只要条件允许,常常选用几种不同的方法对同一地区的土地质量进行评价,并比较各种方法的评价结果,从中确定最适合本地区的评价方法,并以其评价结果为主,参考其他评价方法的结果,对照实际情况,确定出各单元最后的土地质量等级(见图 4.4)。

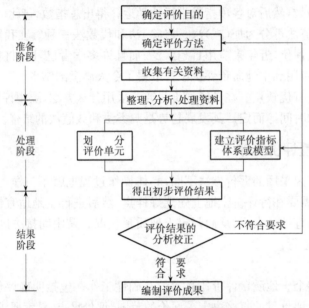

图 4.4　土地质量评价程序

在确定了土地质量评价结果后,还要根据评价目的和评价结果的用途,编制最后的评价成果。评价成果包括文字报告和有关的图件。文字报告包括评价结果报告、评价技术方案报告、评价工作报告和有关附件(原始数据等)。图件主要是评价单元土地质量等级图,也可编制有关的适宜性分区图、潜力分区图等。

土地质量评价主要是为规划区域土地利用类型调整决策提供依据,而调整又主要通过存量和增量两种途径进行,即已利用土地间用地类型调整和开发未利用荒地。其中已利用土地的现状用地类型是长期生产实践的结果,大多具有良好的经济、社会和生态效益,其持续性强,一般只对局部且主要是适宜性低的部分进行调整;而具多宜性的未利用荒地,则是满足各类用地需求增长的主要来源。因此评价应达到如下两个目标:(1)揭示已利用土地及其现状利用方式的适宜性大小,初步确定需进行利用方式调整的土地分布、类型和数量;(2)揭示各未利用荒地对耕、园、林、牧等利用方式的适宜性程度,阐明后备土地资源开发利用潜力、方向、分布和数量。

### 4.6.4 土地适宜性评价

土地适宜性评价就是把具体的土地利用方式对土地的要求与土地单元的每一个组合进行相互匹配，通过匹配最后把上述的组合划归到每一个土地适宜性等级中。土地适宜性评价可分为定性评价和定量评价两种不同方法，根据时间尺度又可分为当前适宜性评价与潜在适宜性评价。

土地资源适宜性评价分类体系（或称评价等级系统）是由联合国粮农组织提出的《土地质量评价纲要》规定的。它指出土地适宜性分类就是按照对指定用途的适宜性评价进行评价和归类。这个归类过程可以是自下而上的逐级归并过程或自上而下的逐级划分过程。《土地质量评价纲要》采用的逐级递降分类法，将土地适宜性划为土地适宜纲、土地适宜级、土地适宜亚级、土地适宜性单元四级。

我国土地适宜性评价则将土地适宜性划分为土地潜力区、土地适宜类、土地质量等、土地限制型和土地资源单位五个等级。

需要指出的是，由于农业用地对土地质量要求比较高，在实际的土地利用总体规划工作中尤其重视农用地质量评价。为此，我国国土管理部门组织开展了"农用地分等定级估价"工作，将土地生产潜力评价、适宜性评价、经济评价的理论与方法综合集成，建立了农用地分等—定级—估价体系，并且在全国范围内全面展开。新一轮土地利用总体规划的编制，在坚持节约集约用地原则、控制建设用地规模和土地供应总量的同时，如何把数量和质量相结合，有效保护优质耕地和基本农田，是必须解决的重大问题。农用地分等定级成果不仅可以反映耕地质量的优劣，而且不同层次的成果可以反映耕地不同层次的粮食生产潜力，可以为土地利用总体规划编制过程中的耕地保有量测算、基本农田保护区、建设用地扩展区、土地整理区、后备耕地开发区的划定提供依据。

### 4.6.5 土地的人口承载力

土地的人口承载力是指在未来不同时间尺度上，以预期的技术、经济和社会发展水平及与此相适应的物质生活水准为依据，一个国家或地区利用其自身的土地资源所能持续供养人口的数量。由于认识到土地生态系统能够持续承载人口的数量是有限的，任何超越土地生态系统功能所决定的限度而为人类生产食物的企图，从长远看都将以失败而告终。超越这些限度的土地"生产"方式从长远看只会使土地生态系统功能退化，生产能力日益下降。因此，规划区域的土地承载能力是土地利用的结构和布局调整、土地利用方式改变的重要依据，也是衡量现有的土地利用是否合理、能否持续的标准之一。

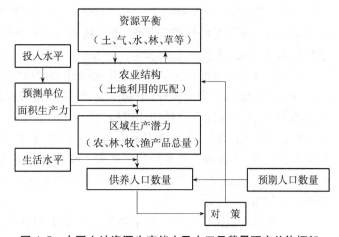

图 4.5 中国土地资源生产能力及人口承载量研究总体框架

我国人口与土地资源关系比大多数国家还要尖锐,因为我国人口众多,人口基数大,增长的绝对值大。而我国的国土中,平地比例小,可供开垦的耕地后备资源极其有限,即使今后耕地质量不再减少或略有上升,因为人口的不断增加,人均耕地仍将不断减少。因此,土地资源的人口承载能力问题在我国受到格外的关注。在研究方法上,总体构思是在资源—资源生态—资源经济学原理指导下,依托系统工程的信息技术,开展综合动态研究。可以看出,在研究方法上突出了资源可能性,同时充分考虑尽可能满足人们生活的需求,并注意生产惯性的影响,力图体现综合、协调的特点。研究的具体内容包括:

(1) 作物单位面积产量预测。对于未来每种作物单位面积的产量预测可以直接根据历史统计数据,采用时间系列外推法,如灰色预测法中的 GM(1,1) 模型计算得到。也可先计算作物土地生产潜力,然后预测土地生产潜力利用率,将两者相乘即可得出预测的作物单位面积产量。作物土地生产潜力的计算一般用联合国粮农组织推荐的"农业生态区域法(AEZ)"或迈阿密模型。

(2) 资源平衡及资源结构与农业结构(农业土地利用结构)的匹配。这一部分在研究中具有特殊重要的地位,因为不同的资源分配与组合方式所产生的生态经济效益差别很大,如能根据资源结构特点对不尽合理的农业结构进行调整,充分发挥资源配置效益(包括适当提高复种指数),就能大大提高土地资源承载力。

(3) 有效耕地面积预测和水土平衡。有效耕地面积指真正用于粮食作物生产并能够保持稳定持续产出的耕地面积。要预测有效耕地面积不仅要了解现状耕地面积,未来土地利用结构的变化对耕地面积变化的影响,还必须根据耕地的自然性状,考虑耕地轮休、弃耕、灾毁和改种非粮食作物造成的有效面积的减少,才能够计算出规划年实际用于粮食作物生产的耕地面积。另外,在缺水地区需要注重水土资源平衡分析,根据保证率为 75% 的可供水资源量进行水土平衡计算,确定可灌溉面积及用水量,为土地生产潜力预测中水分订正提供数量依据。

(4) 作物总产量预测。在预测规划年各种作物的单产和有效耕地面积的基础上,还需要预测规划年各种粮食作物的播种面积比例及复种指数,预测规划年各种粮食作物的播种面积比时,应该考虑现有的种植模式的惯性,土地的适宜性评价结果和社会对各种粮食作物的需求情况。对于复种指数的预测,不仅需要考虑各种作物对气候的要求,还要考虑到技术进步带来的变化和当地人们的农业生产模式。

(5) 养分平衡与投入水平。土壤中能被作物吸收的养分投入来源主要有土壤本身释放的养分,降雨、灌溉带来的养分,生物固氮、作物残留根茬、秸秆遗留养分,种子、绿肥本身所固有的养分,人工施用有机肥和化肥所含的养分;输出部分包括收获作物(经济产量及秸秆等副产品)带走的养分,土壤淋溶流失所损失的养分,以及被土壤固定的养分。当投入与输出大致相当时,即认为土壤养分达到平衡。投入水平指未来对粮食作物生产所输入的人工的物质、能量及修建的各种设施。投入水平直接影响到土壤养分平衡,从而影响到土地质量及粮食作物单产和总产。

(6) 未来食物消费水平。为了提高营养水平和身体健康,人们除了直接将粮食作为主食消费外,还需要消费由粮食作物转化而成的肉类、蛋类、牛奶等,所以,预测规划年人均粮食消费水平,先要预测规划年人们平均的食物结构,然后根据各种食物的耗粮系数可以计算出每人每年总的粮食需求量。

在预测了规划年的粮食作物总产量和人均粮食需求量后,将二者相除,便可以得出规划区的土地人口承载量,即土地承载力。将规划年的土地承载力与规划年的预测人口相比较,便可知道未来该地区人口与土地资源的矛盾程度,为土地利用结构调整和制定合理的土地利用政策措施提供科学依据。

简而言之,土地的人口承载力评价就是研究规划区域的各种类型的土地资源在不同时期能够生产出多少粮食、棉花、油料等农林牧渔产品,这些产品能养活多少人,人均占有上述产品的数量是多少,生活水平可以达到什么程度,合理的人口承载量是多少。分为五个层次:各类资源之间的平衡关系;资源结构与农业生产结构之间的平衡关系;不同土地资源类型内部光能、热量、水分、养分等诸因素的平衡关系;人口的需求和土地资源生产能力之间的平衡关系;通过上述研究,探讨人口适度增长、资源合理利用、环境有所改善、经济持续稳定发展的战略和决策。

## 4.7 土地供需平衡分析

土地供给制约和引导用地需求是中共中央关于加强土地管理治本之策的重大举措,是从我国特殊的土地国情出发得出的科学结论,必将从根本上改变我国的土地管理秩序和用地秩序。因此,根据国民经济和社会发展的长远目标,充分研究土地资源的可供给量,进而引导和控制各类用地的规模和布局,合理调整土地利用结构,是土地利用总体规划的最重要功能之一。

### 4.7.1 土地需求量预测

如前所述,土地需求量是土地供需平衡的依据,是土地资源合理配置的关键,所以,科学、准确的土地需求量预测是做好土地利用总体规划的关键之一。以下将分别介绍人口、农业用地、建设用地的预测。

1) 土地需求量预测概述

土地需求量预测是根据区域可持续发展需要,在分析影响土地利用的各个因素的基础上,预测规划期间各业用地的需求量和用地规模。

土地需求量预测以国民经济各部门的生产发展规划及人口发展规模为依据,在充分考虑各业协调发展与人们生活需要、土地利用率和生产力不断提高的情况,对一定区域和一定时期内各业用地的需求量进行测算,弄清各业发展所需的用地数量以及各业用地之间的发展状况,为合理安排农业用地和非农建设用地以及编制土地资源规划方案提供科学依据。

土地需求量预测可分为农业用地需求量预测和建设用地需求量预测两大部分。农业用地需求量预测的主要依据是人口发展预测、消费水平(包括工农业消费农产品)及土地生产潜力(包括农产品单产)预测。农业用地预测的主要内容是:耕地预测、菜地预测、果树用地预测、牧业用地预测、水面预测以及林业用地预测。建设用地预测的主要依据是国民经济发展及其预测指标、人均各类建设用地需求量、建设用地自身发展要求等。建设用地预测包括城镇用地预测、农村居民点用地预测、交通用地预测、水利用地预测、工矿用地预测、旅游用地预测,等等。建设用地还可按用地性质分类预测,主要包括:国家建设土地、城乡集体建设用地、农民个人建房用地预测。

2) 人口预测

在土地利用总体规划中，人口预测是指对规划期末的总人口及其构成、人口分布的估算。人口的发展决定着土地利用的基本需求。人口规模及结构直接影响着社会对农产品的需求，同时对城镇规模、环境建设和交通、旅游等用地也产生重大影响。因此，人口预测也是土地需求量预测的基础。土地利用总体规划中人口预测主要包括：人口增长率、人口规模、人口构成、人口分布、消费人口、劳动资源、人口城市化水平、人口迁移趋势等的预测。以下介绍土地利用总体规划中常用的人口预测方法。

(1) 总人口预测

预测总人口方法多种多样，常用的有系统动力学模型、自然增长法和灰色预测法等。

① 系统动力学模型

该模型用于描述系统总人口的动态变化，其中总人口由机械增长人口和自然增长人口两部分组成，机械增长人口根据历史变化和政策情况进行预测，自然增长人口预测可用公式表示为：

$$P_T = \sum_{i=1}^{n} P_i$$

$$P_{i(k+1)} = P_{ik} + R_{(i-1)k} - (R_{ik} + D_{ik})$$

$$R_{0(k+1)} = \alpha\beta(P_{3k} + P_{4k})F$$

式中：$i$——1，2，3，4，5，6，7，分别表示 0—14，15—19，20—29，30—49，50—64，65—100，100以上七个年龄组；

$k$——由基础年开始的预测年份；

$P_{ik}$——第 $k$ 年 $i$ 组的人口数量；

$R_{(i-1)k}$——第 $k$ 年 $(i-1)$ 组的人口进入 $i$ 组的数量；

$R_{ik}$——第 $k$ 年 $i$ 组的人口进入 $(i+1)$ 组的数量；

$D_{ik}$——第 $k$ 年 $i$ 组的人口死亡数量；

$R_{0(k+1)}$——第 $(k+1)$ 年新出生的婴儿数；

$\alpha$——性别结构；

$\beta$——每对夫妇平均生育的婴儿数；

$F$——生育模式；

$P_T$——总人口数量。

② 自然增长法

自然增长法的计算公式为

$$P = P_0(1+K)^n + \Delta P$$

式中：$P$——预测年人口数；

$P_0$——基期年人口数；

$n$——预测年距基期年年数；

$K$——人口机械增长率；

$\Delta P$——预测年机械人口数。

自然增长法对于预测人口增长稳定地区的短时间内的人口数（≤15年）比较适用，其准确性的关键在于人口自然增长率的确定。由于当前我国计划生育工作做得比较好，因而大部分地区的人口增长比较稳定,而且根据国家计划生育委员会所统计的生育情况也可以准确地分析计算出人口的增长率,所以自然增长法是当前土地规划、城市规划中进行人口预测的主要方法。

③ 灰色预测法

采用 GM(1,1)模型,利用过去的人口统计数据进行规划期人口预测。采用灰色预测法的关键在于所选取的历史数据长度,由于我国的人口发展经历过几次高峰和低谷,发展极不平稳,因而不同长度的历史数据所包含的信息差别极大,所预测出来的结果差别也很大。从实践来看,至少应取我国计划生育政策实施后(1980 年以后)历年的人口数据进行灰色预测,才相对比较科学。

(2) 城镇人口预测

城镇人口预测可采用自然增长模型法、地域转移法与 Logistic 模型等。

① 自然增长模型法

计算公式为:

$$P=P_0(1+K+M)^n$$

式中:$P$——预测年城镇人口数;

$P_0$——基期年城镇人口数;

$K$——城镇人口自然增长率;

$M$——城镇人口机械增长率;

$n$——预测年距基期年年数。

② 地域转移法

预测模型公式为:

$$N=t\left\{A_1(1+K)^n+ZB\left[FA_2(1+K)^n-\frac{S}{G}\right]\right\}$$

式中:$N$——规划年城镇人口;

$t$——乡村人口转入城镇非农业人口的系数;

$A_1$——现状城镇人口;

$K$——自然增长率;

$Z$——农业剩余劳动力进入城镇比例;

$B$——转化的农业劳动力的带眷系数;

$F$——农村劳动力占农业人口比例;

$A_2$——现状农业人口;

$S$——规划年耕地面积;

$G$——每个劳动力负担耕地面积;

$n$——规划年距基期年年数。

③ Logistic 模型

该模型根据城市化速度与城市化水平的关系,得到以下方程式:

$$U(t)=\frac{K}{1+A\cdot e^{-Bt}}$$

式中:$U(t)$——规划年城市化水平;

$K$——城市化饱和水平；

$A$ 和 $B$ 为参数。根据观测值，采用适当方法对参数 $K$、$A$ 和 $B$ 进行估计，就可以预测规划年城市化水平，从而计算出城镇人口。

(3) 农村人口预测

农村人口预测比较简单，可根据总人口和城镇人口预测结果，采用如下公式进行预测：

$$预测农村人口 = 预测总人口 - 预测城镇人口$$

(4) 其他人口参数预测

其他人口参数的预测包括人口年龄构成、性别构成、劳动人口比例、人口的迁移和分布等的预测。一般要求有完整的人口普查资料和准确的人口结构历史统计资料，然后分析各年龄段的分性别的人口的存活率和每年的新增人口，采用递推算法可以求得预测年的各年龄段的分性别的预测人口，据此可以求得预测年的老龄人口、性别比例、劳动人口、负担系数等，这些是对土地结构产生影响的重要人口参数。

人口的迁移和分布预测需要具备专门的人口学知识，在研究本地区的人口迁出和迁入规律的基础上，按一定的模型预测出未来的人口净迁入量。对于大部分地区而言，人口的净迁入量（正值表示迁入该地区的人口大于从该地区迁出的人口，负值表示从该地区迁出的人口大于迁入该地区的人口）相对于总人口而言很小，对总人口的增长几乎不构成影响，可以在土地利用总体规划时不作细致的研究。但对于一些移民地区（如新疆的一些县市）、受大型建设工程影响的地区（如三峡工程建设区）和生态环境恶化区（如西北一些受沙漠化威胁的县市）则需要充分考虑到未来人口迁移的影响，因为这些地区的人口迁移将从根本上改变未来的总人口、人口结构和人口分布。至于人口的分布预测，则需要在研究本地区人口的社会行为规律、社会心理特征的基础上，充分考虑到地区内部的资源差异、环境差异、社会经济条件差异、国家政策影响等因素对人口在本地区内部迁移的影响，构造有关的内部人口迁移模型，据此预测出未来人口的分布。

3) 农业用地需求量预测

农业在我国国民经济中居于基础地位，农业用地的安排，尤其耕地安排事关区域持续发展的命脉，因此对于农业用地需求预测务必力求谨慎、准确、科学。农业用地需求预测主要包括耕地、园地、林地、牧草地、水产养殖地等的需求预测。

(1) 耕地需求量预测

首先确定规划目标年各类农作物产品需求量和预测各类农作物耕地单产，然后结合当地的耕作制度求各类农作物的耕地需求量之和。

各类农作物产品的需求量包括当地消费需要量和调出农产品量，可根据粮食或农业部门的规划确定。各类农作物的耕地单产，根据实际情况采用平均增长法、回归预测法或增产因素法确定。

耕地需求量的计算公式为：

$$Q = \frac{1}{F} \sum \frac{D_i}{A_i}$$

式中：$Q$——规划年耕地需求量；

$D_i$——规划年第 $i$ 种农作物需求量；

$A_i$——规划年第 $i$ 种农作物平均单位面积产量；

$F$——规划年耕地总复种指数。

由于实践中要预测规划年所有农作物需求量和单位面积产量比较困难,所以考虑使用一种简便易行但又不失准确性的方法:先预测粮食作物需求面积,再按比例确定经济作物和其他作物需求面积,最后用作物总需求面积除以总复种指数得到耕地需求量,其预测步骤如图4.6所示。

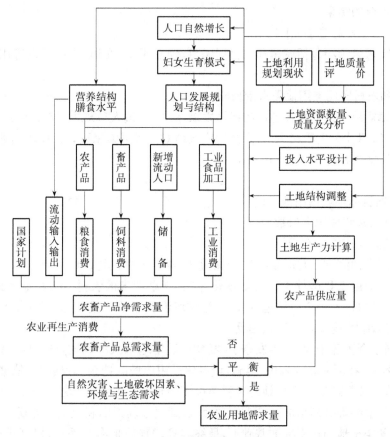

**图 4.6　耕地需求量预测步骤**

(2) 园地和水产养殖地需求量预测

园地需求量一般是根据人们生活水平的提高和商品经济的发展,确定本地区内外市场对园地产品的需求量,在预测规划目标年各类园地单产水平的基础上,求出这些园地产品的用地需求量之和。园地产品的需求量包括本地区内需求量和向其他地区销售的商品量。园地产品的单产根据树种的生物学特性、树龄、经营管理水平等因素确定。

水产养殖地需求量的预测方法与园地基本相同。

园地和水产养殖地预测,也可根据资源情况,在土地适宜性评价的基础上,预测在当前技术经济条件下的适宜发展面积,作为规划期间用地发展规模。园地和水产养殖地的发展一般不得占用耕地,经批准可以占用耕地的在预测时应搞好部门用地协调。

(3) 林地和牧草地需求量预测

林地和牧草地需求量预测方法基本相同,既要考虑对木材或牧草的需求和改善生态环境的要求,又要考虑土地的供给。选用以下方法预测:

在有关部门制定的发展规划的基础上,根据生产发展和改善生态环境的要求提出林地或牧草地的需求量,同时考虑现有土地的可能供给面积,经与有关部门协商,确定林地或牧草地用地规模,并在土地利用现状图上标出用地位置和范围。

或者可以依据土地适宜性评价结果,分析可供开发为林地或牧草地的后备资源面积,根据现有的经济、技术条件确定规划期间新开发的面积和用地范围。并与有关部门协调,作为林地或牧草地预测的结果。

4) 建设用地需求量预测

建设用地需求量预测包括城镇和农村居民点、独立工矿、交通、水利建设等用地需求量的预测。

(1) 城镇和农村居民点用地需求量预测

合理的城镇规模应根据所在地区的经济发展水平、城镇人口规模、城镇区位条件、城镇生态环境质量、城镇社会生活水平、一定区域内城镇对比等因素来确定。城镇用地需求量一般按人口用地定额指标法预测,计算公式为:

$$Z=CJ$$

式中:$Z$——规划目标年城镇用地规模;

$C$——规划目标年城镇人口数量;

$J$——城镇人均用地定额指标。

农村用地规模预测方法与城镇类似,即根据规划年农村人均建设用地指标和农村人口规模预测确定。但由于我国处于快速城镇化时期,规划期末的农村人口将显著地减少,同时,各地的现状是农村人均建设用地过大,农村建房浪费土地严重,因此规划年的农村居民点用地规模必然减少,这一点与城镇相反。

鉴于此,国土资源部于2008年发布了《城乡建设用地增减挂钩试点管理办法》(国土资发〔2008〕138号)。在新一轮规划中,实施"城乡建设用地增减挂钩",也就是"依据土地利用总体规划,将若干拟整理复垦为耕地的农村建设用地地块(即拆旧地块)和拟用于城镇建设的地块(即建新地块)等共同组成建新拆旧项目区,通过建新拆旧和土地整理复垦等措施,在保证项目区内各类土地面积平衡的基础上,最终实现增加耕地有效面积,提高耕地质量,节约集约利用建设用地,城乡用地布局更合理的目标"。

(2) 独立工矿用地需求预测

独立工矿用地指远离城镇,不在城镇范围内的工业、企业和矿业占地。独立工矿用地规模预测可采用两种方法进行:

第一种方法是根据规划年工业企业产值与规划年工业企业用地效益来确定,计算公式为:

$$Q=\frac{P}{a}-Q'$$

式中:$Q$——规划年独立工矿用地规模($hm^2$);

$P$——规划年工业企业产值(万元);

$a$——规划年工业企业平均用地效益(万元/$hm^2$);

$Q'$——规划年城镇内工业企业用地规模($hm^2$)。

第二种方法是根据部门发展规划,将规划期内所有新增的独立工矿项目用地进行累加,同时分析由于迁移、关闭等原因导致的规划期内独立工矿用地减少量,从而计算出独立工矿用地净增量和规划期末的独立工矿用地需求量。

(3) 交通用地需求预测

交通建设用地包括铁路用地、公路用地、港口码头用地、民用机场用地以及农村道路用地,各类用地特点不同,因而有不同的预测方法。

① 铁路用地需求预测

可按规划期内所需要的铁路货物和旅客运输能力,确定新建或改造铁路的规模和等级,可按有关的技术标准计算需要新占用地的数量,计算公式为:

$$Q = \sum_{i=1}^{n} D_i L_i$$

式中:$Q$——新增铁路用地总量($hm^2$);

$D_i$——规划期内计划修建或改建的第 $i$ 条铁路宽度(m);

$L_i$——规划期内计划修建或改建的第 $i$ 条铁路长度(km);

$n$——新建或改建铁路条数。

② 公路用地需求预测

除了可按与铁路用地需求预测类似的方法外,还可以通过分析区域内社会总产值与路网密度的关系,通过预测规划年社会总产值来确定各等级路网的密度,从而预测出规划年公路用地规模,计算公式为:

$$Q = \sum_{i=1}^{n} \omega_i S D_i$$

式中:$Q$——规划年公路用地总量($hm^2$);

$\omega_i$——规划年第 $i$ 等级公路的密度($km/km^2$);

$S$——区域土地总面积($hm^2$);

$D_i$——第 $i$ 等级公路宽度(m);

$n$——公路等级数。

③ 港口码头用地需求预测

可根据规划年河运或海运量确定港口个数、规模和位置,并根据港口建设的有关技术要求计算规划年港口码头用地规模。

④ 民用机场用地需求预测

根据规划年航空发展要求,预测机场容量和规模,并按有关技术指标计算出规划年民用机场占地规模。

⑤ 农村道路用地需求预测

根据农村道路用地规模与农村居民点用地规模的比例关系,在预测了规划年的农村居民点用地规模后,将其乘以比例系数即可得出规划年的农村道路用地规模。

(4) 水利设施用地需求预测

水利设施用地需求预测有两种常用方法。第一种方法是将规划期内新修或改建、扩建水利设施项目用地相加。同时分析规划期内将被废弃的水利设施,从而计算出规划期内水利设施净增量,并预测出规划期末的水利设施占地面积。水利设施项目包括水库、堤坝、水闸、电站、渠道等。其中的电站、水闸属于点状工程,可按设计占地规模计算;堤坝、渠道属线状工程,可根据设计标准,按长度乘以宽度计算占地面积;水库属面状工程,可根据设计容量及水库淹没区的地形情况,求取水库淹没面积。第二种方法是根据水利设施用地规模与农业用地规模的关系,尤其与其中的需水作物面积的关系,通过预测规划年需水作物的种植面积来确定水利设施用地面积。这种方法对地貌条件较均一,且主要依赖水利工程排灌的均质区域很适用。各建设项目的选址、定线,除要考虑建设项目本身对区位、地形、地质、水文、能源、交通、环境等建设条件的要求外,还要注意同其他有关部门协商。

3) 其他用地预测

其他用地预测包括旅游用地、名胜古迹和历史文物保护区用地、自然保护区用地、生态保护用地、军事用地等,视各地的具体情况而定。这些特殊用地的预测需要根据有关的专项规划确定,对用地安排进行充分考虑并给予必要的满足。因为这些用地虽然不产生直接经济效益(旅游用地除外),却有着难以估量的社会效益和生态环境效益,对于保障国家安全、保护历史遗产、进行科学或艺术研究、改善生态环境、促进土地可持续利用、实现社会持续健康发展、促进人类的文明进步有着不可替代的作用。

事实上,在实际的规划工作中,由于各国民经济部门都有各自的专项规划或者重点项目和重大工程的安排,因此在用地预测时,往往以此为主要依据。

4) 土地需求量定量预测方法

为了科学准确地预测未来的土地需求量,需要在土地需求量预测中引进定量研究的数学方法,这些方法中既有传统的比较成熟的回归预测、概率预测等方法,也有已被广泛应用并被证明更有效、更实用的灰色数学方法,还有近几年兴起的非线性方法。

(1) 回归预测法

回归预测法是在分析土地资源特点、土地利用现状、土地利用变化规律、行业用地发展速度、土地供需矛盾、人们生活需求及其他影响土地利用变化的因素的基础上,根据预测对象之间的相互关系,建立回归模型进行预测的一种方法。即建立某种类型用地数量和影响因素之间的函数,通过回归分析确定函数的参数,从而求出预测年的该类用地需求量。回归方法是使用最多、最广泛的一种方法,有一元回归和多元回归,线性回归和非线性回归,还有一次回归和逐步回归等等。

(2) 灰色预测模型

对原始数据序列 $x^{(0)}(1), x^{(0)}(2), \cdots, x^{(0)}(t)$ 作累加,生成新数据序列 $x^{(1)}(1), x^{(1)}(2), \cdots, x^{(1)}(t)$,然后利用以下模型进行预测:

$$x^{(1)}(t+1) = \left[ x^{(0)}(1) - \frac{u}{a} \right] e^{-at} + \frac{u}{a}$$

参数 $a$、$u$ 的值可以通过有关矩阵或用数值算法近似的求出。

(3) 马尔可夫预测方法

利用事物发生、发展的状态之间的转移概率矩阵,预测事物发生的状态及其发展趋势。这种方法要求有足够多的数据,才能保证预测的精度。这种方法把各类用地看成一个整体,然后求出各类用地之间相互转化的概率矩阵,将其相乘即可得出预测年的各类用地数量。用公式表示如下:

$$L_p = L_0 T_1 T_2 \Lambda T_i$$

式中:$L_p$——预测年各类用地数量矩阵;

$L_0$——基础年各类用地数量矩阵；

$T_i$——第 i 阶段各类用地转移概率矩阵。

(4) 系统动力学预测法

根据系统论的原理，分析土地资源系统的结构和系统内各组成成分之间的反馈关系，建立反映系统基本结构的模型，然后通过调控影响土地利用变化的因素，从而达到预测未来土地需求量的目的。具体运用时，通过构造系统动力学方程，运用计算机可以求解现状年至规划年间每年的各类用地数量。

(5) 人工神经网络方法

人工神经网络（ANN）是由大量简单元件（神经元、模拟电子元件、光学元件等）广泛相互连接而成的非线性的、动态的复杂网络系统，具有并行分布的信息处理结构，可通过"自学习"或"训练"掌握大量的知识，完成特定的工作。人工神经网络模型最大的优势是可以从积累的工作案例中学习知识，尽可能地把各种定性或定量的影响因素作为变量加以输入，建立各影响因素与用地需求量之间的高度非线性映射，采用自适应模式识别方法完成用地需求预测工作。

(6) 分形方法

从 1967 年曼德布罗（B. B. Mandelbrot）创立分形理论以来，至今不过 40 余年时间，但分形理论却得到了极其广泛的应用。在城镇体系中，大型城市与周围的中等城市形成一个系统，中等城市同时又各自与数个小城市组成次级系统，而小城市也无例外地与四周的乡镇构成更次级的组织关系，如此环环相扣，等级分明的城市空间分布序列与分形学中的自相似结构方式相同，在城市用地结构中也存在类似的分形现象，因此可以通过研究城市规模等级体系的分形特征，求出刻画分形标度的维数，然后预测出未来整个区域的城市用地规模。随着分形理论在土地利用研究中的运用，相信可以找出其他用地的分形特征，并求出其维数，从而利用分形理论预测出未来用地数量。

### 4.7.2 土地供给量分析

土地供给可分为土地自然供给和土地经济供给。土地自然供给指的是大自然提供给人类可资利用的土地资源总量，这些数量不论是就某一区域或全世界而言，都是固定不变的。也就是说由于土地具有数量有限性的特点，土地的自然供给是固定不变的、无弹性的。而土地经济供给是土地自然供给中人类实际利用的部分，而这部分是动态的、有弹性的。譬如，用作建筑基地的土地，因所需之数量不多，而受自然条件（土壤、气候、地形等）的限制不甚严格，其经济供给弹性就大；而矿产地和某些特种农作物的栽培地，因受自然条件限制较严格，其供给弹性就小。

土地供给量的影响因素主要包括以下方面：① 各种土地自然供给量，是土地经济供给的基础；② 随着人类利用土地知识和技能的逐步提高，原来不能利用的土地变为可以利用，或使利用不够经济的土地变为经济的利用，从而增加了土地的经济供给；③ 交通事业的发展，使原来不便于利用的土地成为可以利用的土地，降低了成本，亦可增大土地经济供给；④ 土地利用集约度的提高，使该项利用的土地经济供给随之增加；⑤ 社会经济发展需求的变化促进土地利用方面的改变，从而影响各种土地经济供给的改变；⑥ 现代工业和科学技术的发展，如化纤工业发展，替代了部分棉布，直接影响棉田的经济供给。

而增加土地经济供给的主要途径有：① 开垦土地。开垦新的土地资源，扩大土地利用面积，提高已利用土地面积在土地总面积中的比重。② 土地集约利用。在农业开发历史悠久、垦殖系数高、后备资源少的国家，增加土地经济供给在已利用的土地增加劳力和资金，提高土地集约利用水平，不断增加土地生产率。土地集约利用可以分为劳动集约、资金集约和技术集约三种类型。③ 土地经济集约。影响土地合理利用的障碍因素很多，必须清除这些障碍因素，才能保证土地得以充分合理和经济的利用，如制度、政策方面的障碍。④ 调节消费需求。土地因其自然条件和经济条件的不同，具有一种或几种最适宜用途，如果调节人们的消费需求使其与土地适宜性用途相一致，使土地能够生产一种或几种最适宜产品，必然获得更多的产品和收入，这就等于原有土地资源利用的经济供给的增加。⑤ 发展新型工业。生产多种农产品的代用品，使土地专用于更加迫切需要的领域，如新型食品工业的发展，使粮食得到更加合理利用，充分发挥其营养作用就等于生产粮食耕地经济供给的增加，新型建材工业的发展，使过去居住平房向居住高楼发展，既减少了占地面积，又扩大了居住面积，居住消费的调整，也相当于增加了土地经济供给。

土地经济供给量的分析，一方面取决于规划区域本身的土地资源总量，以及由气候条件影响所形成的土地利用结构；另一方面，还取决于土地资源集约利用水平，也就是对已利用土地的内涵挖掘来决定的。改革开放以来，中国经济的快速增长带来了建设用地的大肆扩张，使人地矛盾愈加尖锐。因此通过对老城区改造、废旧工矿用地的复垦、农村居民点的整治，以及农用地整治来提高土地利用效率，是提高土地集约利用水平、缓解人地矛盾的有效途径。

但是，目前就中国的土地利用总体规划而言，耕地和基本农田保护，以及建设用地规模控制等规划目标，使得土地利用指标控制是其最重要的特点，因此各类土地的供给量，尤其是耕地和建设用地规模基本依赖于从国家到各级人民政府的指标分配。例如在最新一轮的土地利用总体规划中，国土资源部采用了约束性指标和预期性指标来控制和指导各地区土地利用结构调整（见表4.2）。因此，土地供给量是在对区域土地利用现状分析的基础上，在国土管理部门土地利用各类指标的控制下综合分析的结果。

**表4.2 土地利用总体规划主要调控指标**

| 项　目 | 指标名称 | 指标属性 |
| --- | --- | --- |
| 总量指标 | 耕地保有量 | 约束性 |
| | 基本农田面积 | 约束性 |
| | 园地面积 | 预期性 |
| | 林地面积 | 预期性 |
| | 牧草地面积 | 预期性 |
| | 建设用地总规模 | 预期性 |
| | 城乡建设用地规模 | 约束性 |
| | 城镇工矿用地规模 | 预期性 |
| | 交通水利及其他用地规模 | 预期性 |

续表 4.2

| 项　目 | 指标名称 | 指标属性 |
| --- | --- | --- |
| 增量指标 | 新增建设用地规模 | 预期性 |
| | 新增建设占用农用地规模 | 预期性 |
| | 新增建设占用耕地规模 | 约束性 |
| | 整理复垦补充耕地义务量 | 约束性 |
| | 整理复垦开发重大工程计划补充耕地规模 | 预期性 |
| 效率指标 | 人均城镇工矿用地 | 约束性 |
| | 工矿废弃地复垦率 | 预期性 |
| | 农村建设用地整治挖潜(挂钩)规模 | 预期性 |

### 4.7.3 土地供需平衡分析

土地供需平衡分析，是在认真研究当地国民经济和社会发展长期规划以及上级土地利用总体规划确定的目标任务的前提下，结合当地土地资源条件，充分分析规划期内的土地资源的可能供给量，并据此对各类用地的需求量结果进行综合平衡与协调，确保各类用地在规划期内的需求不超过土地资源可供给量的要求。其主要任务是在充分研究土地资源可能供给量的前提下，统筹协调各类用地需求及布局，为调整土地利用结构和布局，挖掘土地利用潜力，划定土地用途区提供科学依据。

因此土地供需平衡分析主要包括三个环节：一是土地资源可供给量的分析；二是土地利用需求量的分析；三是土地资源的供需平衡分析。其中前两者在前面两节内容中已经作了介绍。

1) 土地供需平衡分析的原则

土地供需平衡分析需遵循以下原则：

(1) 确保实现耕地总量占补平衡，原则上不得占用基本农田；

(2) 优先安排农业用地，在确保耕地面积不减少的前提下，因地制宜地发展林、牧、渔业；

(3) 坚持供给引导和制约需求，统筹兼顾，合理安排，确保重点建设项目的用地需求；

(4) 必须与上级土地利用总体规划衔接，并且注意和其他专项规划相协调；

(5) 兼顾社会效益、经济效益和生态效益，坚持眼前利益服从长远利益、局部利益服从整体利益。

2) 土地供需平衡分析的主要内容

根据土地供给量和土地需求量之间的数量比较，就可以判断区域土地利用是供不应求、供过于求或者是供需平衡的其他状态。可以采用经验方法增减供需，以达到供需平衡；也可以采用其他数学方法，借助优化土地利用结构及各类用地数量比例关系，协调土地数量供需平衡的同时，也可以使土地利用效率最大化。

## 4.8 土地利用结构调整和布局优化

土地利用结构调整与优化是土地利用总体规划的中心任务，也是实现提高土地利用总体效益、持续合理利用土地的途径。土地利用结构调整是否合理,能否实现土地利用结构的优化直接关系到土地利用总体规划的成败,因此需要特别认真对待和细致研究。

### 4.8.1 土地利用供选方案的拟订

土地利用供选方案的拟订是确定规划用地方案,从而制定土地利用结构调整方案的前提和基础。科学合理地拟定有关的供选方案,需要遵循有关原则和运用适当的方法。

**1) 土地利用供选方案的拟订原则**

(1) 土地利用供求平衡原则。将各类用地的需求预测与供给分析进行比较,分析其差距及其原因,寻找弥补差距的可能性和现实性。对于确实难以满足需求的土地利用,应该对造成的后果进行预测和充分评估,预留弥补措施。在分析了各类用地的需求和供给之后,进行总量平衡,使所有的土地利用面积之和等于现状的土地利用总面积。

(2) 重点照顾原则。既然土地供给难以满足全部的土地需求,那么在土地利用供求平衡时必须有选择地重点照顾和优选满足某些土地利用的需求。这些需要重点照顾,优先保证的土地利用需求应该根据区域的社会经济可持续发展目标而确定。

(3) 方案可行性原则。所制定的供选方案不能只是数据上的总量平衡,而必须具备现实的可行性。主要是考虑各类用地的规划数量和布局能否在规划期内实现,实现的难易程度和代价如何,民众能否接受,等等。

(4) 贯彻落实上级规划意图原则。上级土地利用总体规划为了更大范围的社会经济可持续发展,对于本地区的土地利用必然有一个总体安排和指导方针,对于一些重要的土地利用甚至以指标的形式进行总量控制。因此,对于上级土地利用总体规划分配给本地区的任务,规定的有关指标,应该在土地利用供选方案中得以体现和落实。

(5) 耕地占补平衡原则。这一原则是今后相当长一段时期内我国的土地规划必须遵守的一个原则,为了确保粮食安全,维护国家长治久安和社会稳定,在现有的生产条件和技术水平下,必须保证一定的耕地数量。由于我国人口的持续增长、城镇建设对耕地的侵占和耕地后备资源的不足,今后我国的耕地数量仍然面临减少的压力;而水土流失、盐碱化、养分失调、投入减少等导致耕地质量仍在下降。因此,维护耕地数量稳定,确保耕地总体质量上升是当前土地利用的一项战略任务,必须得到切实的贯彻执行。所以,在制定土地利用供选方案时应该确保耕地数量和质量的总体动态平衡。

(6) 遵守土地利用政策和法规原则。国家和地方政府为了长远利益和加强土地利用管理,通过制定有关的法律、法规和政策,限制和约束某些土地利用行为,这些在制定土地利用供选方案时必须充分考虑和严格遵守。

**2) 土地利用供选方案的拟订方法**

目前常用的土地利用供选方案的拟订方法有线性规划(LP)模型、系统动力学模型(SD)和多目标规划中的目的规划模型等方法。

线性规划模型在研究最佳配置,最大限度的发挥有限资源的作用,创造出较高的综合效益等方面具有其他模型无可比拟的优越性。但线性规划模型的决策函数和约束函数均是一次函数(即线性),而且它是单一的静态优化模型,在很大程度上限制了其应用。为了克服这种局限性,有人尝试使用灰色线性规划(GLP)模型。该模型具有如下优点:当约束方程中约束值随时间变化时,可用 GM(1.1) 等模型预测变化了的约束值,每经一时间段便得到一组约束值及相应的一组规划解,从而通过规划解的变化反映规划的动态性,目标函数值最大或最小是相对的;若规划模型系数是区间数时,可利用区间数的边界值,在漂移范围内进行模拟,直到满意为止等。据此,首先要依照规划地区土地利用现状、土地适宜性及各业对土地利用的需求特点等,选择出规划决策变量,然后在上述变量选择基础上,按需求性约束、适宜性约束及土地总面积约束等列出约束方程及目标函数方程。最后求出不同约束条件下方程的解作为备用地数量的规划值,从而得到不同的土地利用供选方案。

系统动力学模型对线性、非线性方程都可纳入,不拘泥于土地利用问题的最优解,注重求取满意解,通过分析各类用地数量之间的关系,建立它们之间联系的方程,通过对方程的动态模拟求解,可以在所有满足条件的解集中,选择最满意的一个或几个解或作为最后的各类用地规划数量,从而制定出相关的土地利用供选方案。系统动力学模型弥补了线性模型的静态性的缺陷,但它灵活性较大,在应用中常导致结果的不确定性。

多目标决策中的目的规划模型描述如下:求一组决策变量 $X_j(j=1,2,\cdots,J)$ 使得下列函数极小

$$\min Z = \sum_{i=1}^{I} P_i(W_i^+ d_i^+ + W_i^- d_i^-)$$

满足约束条件

$$f_i(x) + d_i^- - d_i^+ = b_i (i=1,2,\cdots,I) P_i, X_j, d_i^-, d_i^+, W_i^-, W_i^+ \geqslant 0$$

式中:$X_j$——第 $j$ 个决策变量;

$d_i^-, d_i^+$——松弛变量,$d_i^- \cdot d_i^+ = 0$;

$f_i(x)$——决策变量函数;

$Z$——总目标函数。

目的规划中的总目标函数是偏差变量 $d_i^-$ 及 $d_i^+$ 的函数,根据目的规划中对目标要求的轻重缓急,给予不同的优先等级 $P_k$,$W_i$ 表示同一优先级中不同目标的主次。目的规划模型通过调整各目标的权重,得出相应的最优解,具有较大的灵活性,可以提供不同发展目标下的最优土地利用规划,为制定多个可行的土地利用供选方案提供了科学的方法,在实践中得到广泛应用。

### 4.8.2 供选方案的评价与效益分析

供选方案的评价主要是根据规划所确立的目标,对各供选方案满足目标的程度进行衡量和比较。要对供选方案进行评价,首先需要确定评价的标准,然后进行效益分析,最后采用合适的方法进行评价。

1)评价标准

(1)土地利用方案能否满足人口发展对土地利用的要求。这不仅指未来的土地利用能否为未来的人口提供必要的粮食、蔬菜、水果等基本生活需要的物质,还包括未来的土地利用的布局是否与未来的人口分布相适应,未来的土地利用结构是否与未来的人口年龄结构、劳动力资源相平衡。另外,城镇化人口比例、外来流动人口等人口发展因素是否在土地利用供选方案中得到充分的考虑也是衡量方案是否合理的重要方面。

(2)土地利用方案能否满足社会经济发展对土地利用的要求。主要是方案中规划的土地利用能否满足当地的社会经济规划所确立的要求,能否充分保证一些重点发展的产业和

行业的用地需要,能否满足随着经济发展和社会生活水平提高而对于住房、教育、科研、体育娱乐、旅游度假等用地的需求,能否满足未来交通用地发展的需要。

(3) 土地利用方案能否满足生态环境改善对土地利用的要求。这些要求包括改善整个区域的土地覆盖状况,如增加园地、林地和草地面积;防止或减轻大气、水、土壤等各种污染,如设立工业园区将排污企业集中,将受污水灌溉的耕地规划为园地或林地等;防止和减轻沙漠化、荒漠化等生态环境灾害,如规划防风沙林,将有沙漠化、荒漠化危险的土地进行保护,规划为草场并限制放牧牲畜数。

(4) 土地利用方案能否满足土地资源持续利用的要求。即评价方案能否在防止土地退化、提高土地现有生产力、促进土地的持续健康利用方面发挥积极作用。如是否将大于 25°的坡耕地退耕还草还林或转为其他适宜用途,是否将易发生水土流失的地区进行保护性利用;是否将受到盐碱化威胁、质量下降的耕地安排为休闲地或转为其他用途;是否规划了足够的水利设施用地以改良土地利用条件,维持或提高农业用地的土地产出率。

除了以上四条标准外,还有其他标准,如是否确保耕地总量动态平衡,是否符合国家法律、法规和政策,是否与上级土地利用总体规划一致等等,这在"土地利用供选方案的拟订原则"中已经阐明,此处不再赘述。

2) 效益分析

对土地利用方案的效益分析可以从资源利用效率、社会经济效益和环境改善程度几个方面进行。

资源利用效率包括土地利用率、土地垦殖率、土地产出率、城镇土地容积率、农业气候潜力利用率、中低产田改造率、土地综合整治面积、可利用地开发面积等方面进行分析,比较各方案在上述指标上的差异。一般而言,除土地垦殖率指标外,其他指标值越大,表明该方案对土地资源的利用越有效。

社会经济效益分析既包括农业用地(耕地、林地、牧草地、养殖水域)产出效益、城镇用地产出效益、独立工矿用地产出效益、旅游用地产出效益、交通用地产出效益等经济效益指标的比较,也包括城镇人均居住面积、城镇人均绿化面积、文化体育设施、休闲娱乐设施、旅游度假设施用地面积等反映社会进步指标的比较。规划用地的社会经济效益分析需要结合规划期内的各种用地的投入产出分析进行,需要较多的资料。

环境改善程度分析包括对以下指标进行分析:森林覆盖率、有林地面积、水土流失率。对于一些特殊的地区,如受流沙或沙尘暴威胁的地区,或潜在的沙漠化或荒漠化的地区,还需要专门对防风固沙林面积或地表植被覆盖率等作详细的分析。

土地利用方案的效益评价不仅指对方案的规划用地在资源利用效率、社会经济效益和环境改善程度方面进行比较,还要分析论证各方案的可行性,比较方案实施的总体效益,即比较各方案所需要的总投入和总产出。由于许多因素难以量化,尤其社会效益和环境效益目前还没有很完善的可以操作的计算方法,因此给方案的总体效益评价比较带来很大困难,目前大多只能依赖于专家的知识和经验进行主观性的评价。

3) 评价方法

确定有关的评价标准并进行了方案的效益分析后,可以根据制定的标准和效益分析结果,对各个供选方案进行评价。评价既可以采用定性的方法,也可以采用定量的方法。前者邀请有关的专家组成评审小组,对各方案进行总体评价,并写出有关评语,然后根据评语的好坏决定方案的取舍。后者则根据有关数学方法对各方案按拟定的标准进行评价打分,以得分高低评价方案的优劣。定量方法主要有层次分析法、专家打分法和模糊数学法等。

需要指出的是,从最新一轮(2006—2020年)土地利用总体规划开始,增加了对规划方案进行环境影响评价的工作,对规划实施的生态环境效应进行定量评价已经形成成熟的技术和方法,在本书后面的内容中将会作详细介绍。

### 4.8.3 各种用地的优化配置

由于耕地、园地、林地、牧草地、工矿和居民点用地、交通用地、水利设施用地、养殖水面等对土地的自然属性、社会经济条件及生态环境条件的要求各不相同,因而需要结合各类用地的特征进行针对性的优化配置。以下将介绍各类用地的优化配置。

1) 耕地的优化配置

耕地的优化配置应该考虑以下几点:(1)耕地应该尽量布局在土壤肥沃、灌溉有保证、坡度不大于25°的宜耕地上;(2)用作耕地的土地不会因为正常耕作引起水土流失、土壤质量下降、盐碱化、荒漠化等土地退化后果;(3)耕地应该尽量靠近城镇或农村居民点,应该有较方便的交通,保证农产品能够及时快捷地运送到消费地;(4)考虑耕地总量动态平衡要求,保证耕地的数量和维持耕地总体质量。

耕地优化配置中的一个重要问题是关于其中的基本农田的配置,或者说基本农田的划分。由于《土地管理法》规定占用基本农田进行非农用地建设需要国务院批准,因此,为了保证必要的城镇和交通等建设用地,位于正在扩张的城镇周围的耕地和规划为交通、独立工矿等建设用地的耕地不应该划为基本农田。另外,位于较偏远地区,土地贫瘠的耕地也不要列入基本农田,以保证基本农田的数量和质量。

对于耕地中不同作物的用地配置不仅需要考虑土地的适宜性,更要考虑经济效益,还要适应现代农业生产方式的需要,符合新的农业生产技术和组织形式的特点。

为了适应农业机械化和规模经营的要求,耕地应该成片布局,对于其中的"插花地"应该进行用途调整或采取土地整理形式,使耕地平整连片。另外,应该根据各地的具体情况,采用合适的土地流转政策,引导农民将耕地(也包括园地、林地和牧草地、养殖水面等农用地)经营权适当集中,为适度规模经营和农业现代化创造条件。

2) 园地的优化配置

园地的优化配置除了要考虑土壤的适宜性外,更要考虑区域内外市场的需求,确定合理的园地数量。在布局上,应该尽量靠近城镇和交通干线,保证产品能够顺利运出,也方便管理。由于园地具有净化空气和绿化功能的作用,因此,在城镇周围布置园地,有利于减轻城镇的大气污染和改善城镇环境。另外,许多地方的小气候和水土特性造成了当地有特色的瓜果品种,应该充分利用这种"垄断性"的资源,形成特色瓜果生产基地。如新疆吐鲁番就在许多乡镇布局了大量的葡萄园。园地布局也要符合规模经营要求,尽量成片布局。但为了防止病虫害的传染蔓延,不要在较大面积的园地内种植同一种果树,而应该实行不同品种果树间作。

3) 林地的优化配置

由于大多数树木对土地的物理、生化特性要求不高,适应性较广,而森林又是维持一个地区生态平衡和改善环境的主要因素,因此对于林地布局,更多地要考虑改善生态环境的要求，在社会经济条件允许下，布局足够的林地，尽量使森林覆盖率达到或超过30%。为了提高土地利用的整体效益，林地应该尽量布局在贫瘠偏远的地方。对于林地中的经济林和薪炭林的布局则要考虑交通运输的便利和接近消费地。特殊用途林的布局主要依据其作用而定，如防风固沙林布置在风沙来临方向和潜在沙漠化地区，风景林则布局在风景区。

为了减轻城镇大气污染，提供优美的人居环境，同时为了限制城镇的随意扩张，国外常常在城市周围布局一圈环城林地，这一做法值得我们借鉴。

4) 牧草地优化配置

牧草地的布局需要考虑土地的适宜性，因为一些优质高产牧草对气候和土壤的要求较高。另外，草地在固定沙丘、改良土壤方面有特殊作用，因而在受沙漠化或荒漠化威胁的干旱地区，应该布局草地；在滩涂地，为了改良土壤，对土壤进行脱盐，可以种植一些特殊草种。对于我国西部地区和北部地区，适宜发展优质牧草且能够提供优质奶产品、肉产品的地方，应该大力发展高产稳产的畜牧业，布局相应的牧场。

5) 农村居民点优化配置

当前，我国绝大部分的农村居民点用地规模过大，人均住宅用地面积和户均住宅用地面积均严重超标，造成土地的大量浪费，尤其农村建房还占用了大量良田，直接造成我国有限耕地的减少。因此，控制农村居民点用地规模，对农村居民点进行综合整治成为农村居民点优化配置的首要任务。目前，转移农村人口成为农村居民点优化配置的主要手段。中心村的选址应该尽量不占用耕地，而且要考虑农民的生产和生活的方便，同时还要结合村工厂的位置和交通情况，另外，水源、电力供应也应该考虑在内。

6) 城镇用地的优化配置

城镇用地的优化配置首先需要确定合理的城镇用地规模。由于我国目前仍处于城镇化加速发展的时期，城镇用地一度以外延扩展为主，因此，保证充分的城镇发展用地是促进我国城镇化、工业化，从而推动经济发展和实现现代化的必然要求。但在我国绝大部分城镇，存在大量土地闲置和利用效率低下的情况，因此，城镇用地的优化配置还需要促进城镇用地的内涵挖潜，因此新一轮土地利用总体规划中对城乡建设用地总规模等采用了约束性指标进行严格控制。此外还需要对城镇内部的土地利用结构和布局进行优化，包括应用差别地价调节不同行业用地在城镇内部的分布，进行土地功能置换和旧城改造等。除了确定合理的用地规模外，城镇用地的优化配置还需要规划好城镇用地的发展方向。城镇用地的发展方向应该根据城镇的功能定位、相邻城镇的发展预测、交通发展规划、腹地发展变化预测等因素来确定。而城镇四周的地形地质状况也将影响城镇建设用地的发展方向。在确定了城镇用地规划规模和发展方向后，还需要合理划定城镇用地范围，主要原则是尽量避开耕地，尤其优质耕地，避开地质条件不良、低洼和地形起伏大的地方。

7) 独立工矿用地优化配置

独立工矿用地的优化配置可以将工矿企业靠近原料地、消费地、交通干线或劳动力资源地布局。具体采取哪种方式，主要考虑工矿企业的性质和产品的生产、储藏、销售特点，根据总费用最低或总效益最大原则而确定。为了形成规模经济和便于集中管理、控制污染，应该将工业企业相对集中布局，形成工业园。

8) 交通用地优化配置

交通用地的优化配置，首先需要根据国民经济和社会发展的需要，确定合理的交通用地规模和等级体系。其次,需要根据各种交通方式的优缺点,采取合理的交通形式并使各种交通形式合理组合和连接。随着经济的发展和人们生活水平的提高,货物运输量和客流量不断增加,对于运输速度的要求也越来越高,因此,建立快速、便捷、畅通的内外交通网络便成为交通用地优化配置的主要任务。最后,为了保护耕地和节约土地资源,铁路、公路等选址应该尽量避开基本农田,尤其其中的优质高产农田;机场的建设应该尽量利用难以开发为农业用地的未利用地或废弃地;农村道路的布局应该根据农业生产要求和农民生活要求,结合中心村规划进行,也要尽量利用差地,避开优质高产农地。另外,交通用地的优化配置还要考虑铁路和公路对地形地貌和工程地质的要求,也要考虑各种交通与城镇的衔接问题。

9) 水利设施用地优化配置

水利设施是提高农业用地质量,保证农业用地高产、稳产和持续利用的基础,水利设施用地的优化配置也应该围绕这一目标进行。另外,水利设施还有防止水土流失、防洪抗旱、发电、提高航运能力、水上旅游等功能,应该根据各地实际需要,尽可能保证必要的水利设施用地。规划水利设施用地时,也要尽量利用荒废地,少占良田,特别是优质高产农田。

10) 养殖用地优化配置

养殖用地优化配置的原则主要是尽量利用天然河流水面,提高水面综合利用效益。除非特殊需要,一般不得把良田改作鱼塘。此外,养殖用地的选择需要考虑水质和水中营养物质状况,不可在水污染严重的水面布局养殖用地。另外,养殖用地配置可以和农业用地紧密结合,形成有效的生态农业系统,利用生态经济原理,提高对太阳能的利用效率和"废物"利用率,从而提高土地产出效益和改善生态环境,如珠江三角洲的"桑基鱼塘"形式。

## 4.9 土地利用分区与用途管制

《中华人民共和国土地管理法》把实行土地用途管制制度作为国家土地利用制度以法律形式加以固定,体现了我国土地管理制度和土地利用方式方面的重大变革,对我国保护农地特别是保护耕地,确保省区内耕地占补平衡和粮食生产的安全保障产生了深远的影响。而土地利用功能分区是实现土地用途管制的前提和基础,另外,土地利用分区合理与否直接关系到土地资源优化配置的成败,也关系到土地利用总体规划能否得到真正的贯彻实施,所以土地利用分区在土地利用总体规划中十分重要。

### 4.9.1 土地利用分区概念和主要类型

土地利用规划分区也称为土地利用分区。土地利用分区是以土地利用现状和土地资源的适宜性为基础,根据土地利用条件、利用方式、利用方向和管理措施的相似性和差异性,将规划区内土地划分不同的土地利用区域,为土地利用调控和管理提供依据。它不是独立于总体规划之外的专项规划,也不是总体规划的深化和补充,而是总体规划本身不可缺少的组成部分,主要任务是在空间上落实土地利用结构。

在前两轮土地利用规划中,土地利用分区有两种形式,分别是地域分区和功能分区。在最新土地利用总体规划中,对土地利用分区进行了进一步的规范,土地利用分区可以划分为土地利用综合分区(即早期的地域分区)、土地利用功能分区和土地用途分区(即早期的功能分区)3种类型。在不同级别的土地利用总体规划中,土地利用分区有不同的表现形式(见

表4.3)。其中,国家和省级土地利用总体规划由于规划区域广,规划内容和目标比较宏观,一般进行土地利用综合分区,主要为了明确土地综合利用方向;地(市)级土地利用总体规划主要开展土地利用功能分区;而县级和乡(镇)级土地利用总体规划,一般只进行土地用途分区。

表4.3 不同级别土地利用总体规划中的土地利用分区

| 规划级别 | 分区 |
| --- | --- |
| 国家级土地利用总体规划 | 土地利用综合分区 |
| 省级土地利用总体规划 | 土地利用综合分区 |
| 地(市)级土地利用总体规划 | 土地利用功能分区 |
| 县级土地利用总体规划 | 土地用途分区 |
| 乡(镇)级土地利用总体规划 | 土地用途分区 |

除了以上的土地利用分区,市、县两级土地利用总体规划中还需要划分建设用地管制区,以实现对建设用地布局的重点管制。这一点也是在2006—2020年最新一轮的土地利用总体规划中才提出来的。

1) 土地利用综合分区

土地利用综合分区是依据区内自然社会经济条件相似性、土地利用方式和整体功能基本一致性、综合分析与突出主要因素相结合的原则,在保持行政区域界线相对完整的基础上,划定的土地利用综合分区。

划分土地利用综合分区需要考虑规划区域自然条件的分异规律、资源的区域特征、土地利用现状和社会经济发展水平的差异,并结合社会经济发展规划和国土开发规划,揭示地域特征,指出地域内的土地利用方向。具体划区可以在综合自然区划、农业区划、土地适宜性和土地自然生产力分区以及土地经济等级分区的基础上综合分析,突出主导因素的相似性,把条件近似的区域单元划入统一地域内。

《全国土地利用总体规划纲要(2006—2020年)》中,根据各地资源条件、土地利用现状、经济社会发展阶段和区域发展战略定位的差异,把全国划分为九个土地利用区,明确各区域土地利用管理的重点,指导各区域土地利用调控。包括西部地区(西北区、西南区、青藏区)、东北地区、中部地区(晋豫区、湘鄂皖赣区)、东部地区(京津冀鲁区、苏浙沪区、闽粤琼区),其土地利用方向分别是:

——西部地区。稳定耕地面积,提高耕地质量,确保基本口粮田。统筹安排基础设施、生态环境建设、特色优势产业发展和承接产业转移用地,重点支持依托中心城市和交通干线的开发,逐步提高集约用地水平。

——东北地区。保障先进装备、精品钢材、石化、汽车和农副产品深加工、高新技术、能源等产业发展和加强基础设施建设等用地,促进现代农业发展和资源枯竭城市转型,提高土地资源综合效益。适度增加年均新增建设用地规模,加快城镇工矿建设用地整合,盘活利用存量建设用地。重点保障东部铁路通道和跨省区公路运输通道等建设用地。开展土地利用政策与机制创新,为阜新、大庆、伊春、辽源、白山、盘锦等资源型城市经济转型和发展接续替代产业提供用地保障。加强基本农田整理和建设,强化粮食基地建设的支持力度。加强天然林、牧草地和湿地的保护,积极支持黑土地水土流失治理、东北西部荒漠化综合治理。加大工矿废弃地再利用力度,加强采煤沉陷区治理,改善矿区土地生态环境。

——中部地区。加大耕地整理力度,促进粮食生产基地建设。合理安排装备制造业、高新技术产业、新型建筑材料、农产品深加工等产业和大型煤炭能源基地、综合交通运输体系建设的用地,适度增加年均新增建设用地规模,促进中部地区崛起。

——东部地区。严格保护现有耕地和基本农田,加强水田等优质耕地的保护和建设,促进现代农业发展。优化整合建设用地,降低年均新增建设用地规模,控制城镇和工业用地外延扩张,积极盘活存量土地,提高土地利用效率。

2)土地利用功能分区

土地利用功能分区是指为合理利用土地,控制和引导土地利用的主要功能,依据区域土地资源特点和经济社会发展需要划定的空间区域,主要包括基本农田集中区、一般农业发展区、城镇村发展区、独立工矿区、生态环境安全控制区、自然与文化遗产保护区等。其划分标准如下:

(1)基本农田集中区:基本农田分布集中度较高、基本农田所占比例较大,需要重点保护和整治的区域。

(2)一般农业发展区:除生态环境安全控制区、自然与文化遗产保护区、基本农田集中区、城镇村发展区和独立工矿区以外,以发展农业为主的区域。

(3)城镇村发展区:人口和二、三产业集聚,在土地利用上以城镇村建设发展为主的区域。

(4)独立工矿区:独立于城镇村的能源重化工基地、大中型矿山等以产业发展为主的区域。

(5)生态环境安全控制区:基于生态环境安全目的需要进行土地利用特殊控制的区域,主要包括河湖及其蓄滞洪区、滨海防患区、重要水源保护区、地质灾害危险区等。

(6)自然与文化遗产保护区:依法认定的各种自然保护区的核心区、森林公园、地质公园,以及其他具有重要自然与文化价值的区域。

3)土地用途分区

县级土地利用总体规划和乡(镇)土地利用总体规划一般划分土地用途区。土地用途区是以土地适宜性为基础,结合国民经济、社会发展和环境保护的需要,按照土地的主导用途的不同来划分。一般而言,结合实际管理需要,县级土地利用总体规划应结合实际划定基本农田保护区、一般农地区、城镇村建设用地区、独立工矿用地区、风景旅游用地区、生态环境安全控制区、自然与文化遗产保护区、林业用地区和牧业用地区。而乡(镇)土地利用总体规划则一般划分为基本农田保护区、一般农地区、林业用地区、牧业用地区、城镇建设用地区、村镇建设用地区、村镇建设控制区、工矿用地区、风景旅游用地区、自然和人文景观保护区、其他用途区等。

土地用途区是土地用途管制的主要依据,原则上各类土地用途区不相互重叠。土地用途分区方案与土地利用结构与布局调整方案相协调,满足规划目标的要求。具体各种类型分区的含义可以参考县、乡(镇)土地利用总体规划规程。

## 4.9.2 土地利用分区的原则

由于土地利用分区是土地利用总体规划参与土地资源管理尤其是土地用途管制的最重

要依据,在分区的过程中除了必须坚持保护耕地、保护生态环境以及节约集约利用土地的原则以外,还需要遵循以下原则:

1) 区内自然条件和社会经济条件的相似性

自然条件指土地的物理、生化属性,地表覆盖,地形,水源状况等。相同的自然条件保证了区内土地的适宜性基本相同。社会经济条件主要指区内社会经济发展对土地的利用要求及对土地的投入,包括劳动力、资金、物质能量投入。社会经济条件的相似性保证了对土地的开发利用条件、方向和强度基本相同。

2) 区内土地利用结构和土地利用主导方向的相对一致性

土地利用开发和整治、改善土地生态环境的措施基本相同,保证了土地利用功能的相同,有利于用途管制的实施。

3) 土地利用存在的主要问题及解决问题途径的相对一致性

有利于在区内寻求共同的土地利用问题解决方案,制定统一的土地利用政策和措施,而且便于方案、政策和措施的实施。

4) 综合分析与主导因素相结合、定性分析与定量分析相结合、土地利用现状与利用开发相结合的原则

考虑到土地利用的复杂性,只有综合考虑各方面的因素,同时善于抓住主要矛盾,才能真正理解土地利用的问题、特点和规律。

5) 保持行政界线完整和分区界线连续性的原则

这主要是为了使土地利用分区易于操作和分区结果具有实用性。由于许多土地利用的资料,包括反映土地利用的自然条件和社会条件的资料大多数是按行政单位统计的,所以以行政单位作为分区单元,有利于资料的收集和处理。而保持行政界线完整和分区界线连续性便于各级行政部门对土地利用的管理,尤其是土地用途管制的实行,从而使分区结果易于执行实施。

土地利用分区的方法主要是采用聚类分析法和主成分分析法。但不论采用哪种方法,都需要先建立反映土地利用功能差异的指标体系,然后根据指标体系,收集有关资料,得到各指标的数值或评语,再采用一定的数学方法将这些数值或评语转化为可以比较的指标值。然后应用聚类分析法或主成分分析法将各个用地单元划分成不同的土地利用功能。这样划分出的功能区还需要结合实际情况加以修正,才能得出最后的分区结果。随着数学的发展,目前聚类方法多种多样,模糊聚类法和灰色聚类法都已被证明是土地利用分区的有效方法。

### 4.9.3 主要土地用途区划分要求和管制规则

1) 基本农田保护区

(1) 分区要求。下列土地应当划入基本农田保护区:经国务院主管部门或者县级以上地方人民政府批准的粮、棉、油蔬菜生产基地内的耕地;有良好的水利与水土保持设施的耕地,正在改造或已列入改造规划中的中、低产田,农业科研、教学试验田,集中度、连片程度较高的耕地,相邻城镇间、城市组团间和交通干线间绿色隔离带中的耕地;为基本农田生产和建设服务的农村道路、农田水利、农田防护林和其他农业设施以及农田之间的零星土地。

已列入生态保护与建设实施项目的退耕还林、还草、还湖(河)耕地不得划入基本农田保护区。已列入城镇村建设用地区、独立工矿用地区等土地用途区的土地,原则上不再划入基

本农田保护区。

（2）土地用途管制规则。区内土地主要用作基本农田和直接为基本农田服务的农田道路、水利、农田防护林及其他农业设施；区内一般耕地应参照基本农田管制政策进行管护。区内现有非农建设用地和其他零星农用地应当整理、复垦调整为基本农田，规划期间确实不能整理、复垦或调整的，可保留现状用途，但不得扩大面积。禁止占用区内基本农田进行非农建设，禁止在基本农田上建房、建窑、建坟、挖砂、采矿、取土、堆放固体废弃物或者进行其他破坏基本农田的活动；禁止占用基本农田发展林果业和挖塘养鱼。

2）一般农地区

（1）分区要求。下列土地可划入一般农地区：除已划入基本农田保护区、建设用地区等土地用途区的耕地外，其余耕地原则上划入一般农地区；现有成片的果园、桑园、茶园、橡胶园等种植园用地；畜禽和水产养殖用地；城镇绿化隔离带用地；规划期间通过土地整治增加的耕地和园地；为农业生产和生态建设服务的农田防护林、农村道路、农田水利等其他农业设施，以及农田之间的零星土地。

（2）土地用途管制规则。区内土地主要为耕地、园地、畜禽水产养殖地和直接为农业生产服务的农村道路、农田水利、农田防护林及其他农业设施用地；区内现有非农业建设用地和其他零星农用地应当优先整理、复垦或调整为耕地，规划期间确实不能整理、复垦或调整的，可保留现状用途，但不得扩大面积；禁止占用区内土地进行非农业建设，不得破坏、污染和荒芜区内土地。

3）城镇村建设用地区

（1）分区要求。下列土地应当划入城镇村建设用地区：现有的城市、建制镇、集镇和中心村建设用地；规划预留城市、建制镇、集镇和中心村建设用地；开发区（工业园区）等现状及规划预留的建设用地。

规划确定的应整理、复垦的城镇、村庄和集镇用地，不得划入城镇村建设用地区。划入城镇村建设用地区的面积要与城镇、农村居民点建设用地总规模协调一致。

（2）土地用途管制规则。区内土地主要用于城镇、农村居民点建设，与经批准的城市、建制镇、村庄和集镇规划相衔接；区内城镇村建设应优先利用现有低效建设用地、闲置地和废弃地；区内农用地在批准改变用途之前，应当按现状用途使用，不得荒芜。

4）城镇建设用地区

（1）分区要求。下列土地应当列入城镇建设用地区：现有的城市和建制镇建设用地；规划期间新增的城市和建制镇建设发展用地。

规划期间，应复垦、整理为农用地的城市和建制镇建设用地不得划入城镇建设用地区；区内新增建设用地应符合本乡（镇）规划的城镇建设用地规模和范围要求。划入城镇建设用地区的面积要与城镇建设用地规模一致。

（2）土地用途管制规则。区内土地主要用于建制镇和中心城区建设。各项用地安排须符合经批准的城镇规划，严禁在建设用地控制边界外建设；区内新增城乡建设用地受规划指标和年度计划指标约束。城镇建设应优先利用现有低效建设用地、闲置地和废弃地，鼓励新增建筑向高层发展，提高城镇土地利用率和容积率；确需占用耕地，应尽量利用劣质耕地；严格按照国家规定的用地定额标准，安排各项建设用地。区内农用地在批准改变用途之前，应当按原用途使用，不得荒芜；废弃撂荒土地，能耕种的必须及时恢复耕种。保护和改善城镇环境,防止水土污染;禁止建设占用城镇中规划的永久性绿地。

### 5) 村镇建设用地区

(1) 分区要求。下列土地应当划入村镇建设用地区:规划期间,需重点发展的村庄、集镇的现状建设用地;规划期间,需重点发展的村庄、集镇的规划新增建设用地;规划期间,保留现状、不再扩大规模的村庄和集镇建设用地。

(2) 土地用途管制规则。本区主要用于村庄和集镇的居民住宅、乡村企业、乡村公共和公益设施建设。区内建设必须符合村镇建设规划,严禁在村镇建设用地控制边界外建设。鼓励通过土地整理、旧村改造将零散分布的村庄和乡村企业向村镇建设用地区集中。区内建设应优先利用现有建设用地和空闲地,提高土地利用率;严格按照国家和省规定的用地标准,安排各项建设用地。区内土地在批准改变用途前,应当按原用途使用,不得荒芜;保护和改善村镇环境,防止水土污染。

### 6) 独立工矿用地区

(1) 分区要求。下列土地应当划入独立工矿用地区:独立于城镇村建设用地区之外,规划期间不改变用途的采矿、能源、化工、环保等建设用地(已划入其他土地用途区的除外);独立于城镇村建设用地区之外,规划期间已列入规划的采矿、能源、化工、环保等建设用地(已划入其他土地用途区的除外)。

下列土地不应划入独立工矿区:已列入城镇范围内的开发区(工业园区)不得划入独立工矿区;规划确定应整理、复垦为非建设用地的,不得划入独立工矿区。区内建设用地应满足建筑、交通、防护、环保等建设条件,与居民点的安全距离应符合相关规定。

(2) 土地用途管制规则。区内土地主要用于采矿业以及其他不宜在居民点内安排的用地;区内土地使用应符合经批准的工矿建设规划及相关规划;区内因生产建设挖损、塌陷、压占的土地应及时复垦;区内建设应优先利用现有低效建设用地、闲置地和废弃地;区内农用地在批准改变用途之前,应当按现状用途使用,不得荒芜。

### 7) 风景旅游用地区

(1) 分区要求。下列土地应划入风景旅游用地区:风景游赏用地、游览设施用地;为游人服务而又独立设置的管理机构、科技教育、对外及内部交通、通信、水、电、热、气、环境、防灾设施用地等。

(2) 土地用途管制规则。区内土地主要用于旅游、休憩及相关文化活动;区内土地使用应当符合风景旅游区规划;区内影响景观保护和游览的土地,应在规划期间调整为适宜的用途;在不破坏景观资源的前提下,允许区内土地进行农业生产活动和适度的旅游设施建设;严禁占用区内土地进行破坏景观、污染环境的生产建设活动。

### 8) 生态环境安全控制区

(1) 分区要求。下列土地应划入生态环境安全控制区:主要河湖及蓄滞洪区;滨海防患区;重要水源保护区;地质灾害高危险地区;其他为维护生态环境安全需要进行特殊控制的区域。

生态环境安全控制区的划定应与相关专业规划相衔接。

(2) 土地用途管制规则。区内土地以生态环境保护为主导用途;区内土地使用应符合经批准的相关规划;区内影响生态环境安全的土地,应在规划期间调整为适宜的用途;区内土地严禁进行与生态环境保护无关的开发建设活动,原有的各种生产、开发活动应逐步退出。

9）自然与文化遗产保护区

(1) 分区要求。下列土地应当划入自然与文化遗产保护区：典型的自然地理区域，有代表性的自然生态系统区域以及已经遭受破坏但经保护能够恢复的自然生态系统区域；珍稀、濒危野生动植物物种的天然集中分布区域；具有特殊保护价值的海域、海岸、岛屿、湿地、内陆水域、森林、草原和荒漠；具有重大科学文化价值的地质构造、著名溶洞、化石分布区及冰川、火山温泉等自然遗迹；需要予以特殊保护的其他自然和人文景观、遗迹等保护区域。

(2) 土地用途管制规则。区内土地主要用于保护具有特殊价值的自然和文化遗产；区内土地使用应符合经批准的保护区规划；区内影响景观保护的土地，应在规划期间调整为适宜的用途；不得占用保护区核心区的土地进行新的生产建设活动，原有的各种生产、开发活动应逐步退出；严禁占用区内土地进行破坏景观、污染环境的开发建设活动。

10）林业用地区

(1) 分区要求。下列土地应当划入林业用地区：现有成片的有林地、灌木林、疏林地、未成林造林地、迹地和苗圃（已划入其他土地用途区的林地除外）；已列入生态保护和建设实施项目的造林地；规划期间通过土地整治增加的林地；为林业生产和生态建设服务的运输、营林看护、水源保护、水土保持等设施用地。

(2) 土地用途管制规则。区内土地主要用于林业生产，以及直接为林业生产和生态建设服务的营林设施；区内现有非农业建设用地，应当按其适宜性调整为林地或其他类型的营林设施用地，规划期间确实不能调整的，可保留现状用途，但不得扩大面积；区内零星耕地因生态建设和环境保护需要可转为林地；未经批准，禁止占用区内土地进行非农业建设，禁止占用区内土地进行毁林开垦、采石、挖砂、取土等活动。

11）牧业用地区

(1) 分区要求。下列土地应当划入牧业用地区：现有成片的人工、改良和天然草地（已划入其他土地用途区的牧草地除外）；已列入生态保护和建设实施项目的牧草地；规划期间通过土地整治增加的牧草地；为牧业生产和生态建设服务的牧道、栏圈、牲畜饮水点、防火道、护牧林等设施用地。

(2) 土地用途管制规则。区内土地主要用于牧业生产，以及直接为牧业生产和生态建设服务的牧业设施；区内现有非农业建设用地应按其适宜性调整为牧草地或其他类型的牧业设施用地，规划期间确实不能调整的，可保留现状用途，但不得扩大面积；未经批准，严禁占用区内土地进行非农业建设，严禁占用区内土地进行开垦、采矿、挖砂、取土等破坏草原植被的活动。

### 4.9.4 建设用地空间管制分区

随着经济的发展，城市化的推进，建设用地的空间扩展日益成为现在乃至将来我国土地利用变化的主要特征。尤其是，近十年来中国城市化空间失控现象越来越明显，形成了蔓延式、分散式的扩张，如不能对此态势进行有效的遏制，必然会严重阻碍我国的经济建设进程。为了进一步促进土地节约集约利用，加强建设用地规模控制，在土地利用总体规划中增加了建设用地管制分区的内容。

建设用地管制分区是为引导土地利用方向、管制城乡用地建设活动所划定的空间地域，在市、县两级土地利用总体规划中，通过划分建设用地管制边界，确定相应的建设用地管制区,即市、县土地利用总体规划中要明确建设用地的"三界四区"。"三界"即城乡建设用地规模边界、城乡建设用地扩展边界和禁止建设用地边界。"四区"即允许建设区、有条件建设区、限制建设区和禁止建设区。"三界四区"的划分是建设用地规模空间管制的主要依据。

1) 建设用地空间管制要素

(1) 边界

为加强对城乡建设用地的空间管制,市、县、乡级土地利用总体规划应当根据管理需要,因地制宜地划定以下建设用地边界:

① 城乡建设用地规模边界。按照土地利用总体规划确定的城乡建设用地面积指标,划定城、镇、村、工矿建设用地边界。

② 城乡建设用地扩展边界。为适应城乡建设发展的不确定性,在城乡建设用地规模边界之外划定城、镇、村、工矿建设规划期内可选择布局的范围边界。扩展边界与规模边界可以重合。

③ 禁止建设用地边界。为保护自然资源、生态、环境、景观等特殊需要,划定规划期内需要禁止各项建设的空间范围边界。

(2) 区域

建设用地边界划定后,规划范围内形成允许建设区、有条件建设区、限制建设区和禁止建设区4个区域(见图4.7)。

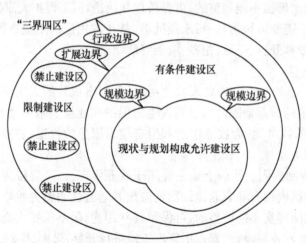

图4.7 建设用地管制边界和建设用地管制分区

① 允许建设区。城乡建设用地规模边界所包含的范围,是规划期内新增城镇、工矿、村庄建设用地规划选址的区域,也是规划确定的城乡建设用地指标落实到空间上的预期用地区。

② 有条件建设区。城乡建设用地规模边界之外、扩展边界以内的范围,在不突破规划建设用地规模控制指标的前提下,区内土地可以用于规划建设用地区的布局调整。

③ 限制建设区。辖区范围内除允许建设区、有条件建设区、禁止建设区外的其他区域。

④ 禁止建设区。禁止建设用地边界所包含的空间范围,是具有重要资源、生态、环境和历史文化价值,必须禁止各类建设开发的区域。

2) 建设用地空间边界与管制区划定要求

(1) 允许建设区与建设用地规模边界。建设用地规模边界按照有利发展、保护资源、保护环境的要求,在建设用地适宜性评价以及与其他相关规划充分协调的基础上,根据各类建设用地规模控制指标划定。允许建设区应涵盖规划期内将保留的现状建设用地和规划新增的建设用地,划分为城镇、村庄、工矿等不同类型。允许建设区布局应进行多方案比选,优先选择有利于保护耕地和环境、节约集约用地的方案,尽量利用存量建设用地和未利用地,少占农用地特别是耕地。

(2) 有条件建设区与建设用地扩展边界。有条件建设区在建设用地规模边界外,按照保护资源和环境、有利于节约集约用地的要求划定,避让优质耕地和重要的生态环境用地。城、镇等建设用地扩展边界应尽量采用主要河流、高速公路、铁路、绿化带、山体等具有明显隔离作用的地物。在无原则性冲突时,建设用地扩展边界可采用其他相关规划的同类边界。

(3) 限制/禁止建设区和禁止建设用地边界。自然保护区核心区、森林公园、地质公园、列入省级以上保护名录的野生动植物自然栖息地、水源保护区的核心区、主要河湖的蓄滞洪区、地质灾害高危险地区等,划入禁止建设区。县、乡级土地利用总体规划,可将规划期内要拆迁复垦的现状建设用地划入限制/禁止建设区。上述区域外的土地一律划入限制建设区。

3) 建设用地空间管制规则

(1) 允许建设区

① 区内土地主导用途为城、镇、村或工矿建设发展空间,具体土地利用安排应与依法批准的相关规划相协调。

② 区内新增城乡建设用地受规划指标和年度计划指标约束,应统筹增量与存量用地,促进土地节约集约利用。

③ 规划实施过程中,在允许建设区面积不改变的前提下,其空间布局形态可依程序进行调整,但不得突破建设用地扩展边界。

④ 允许建设区边界(规模边界)的调整,须报规划审批机关同级国土资源管理部门审查批准。

(2) 有条件建设区

① 区内土地符合规定的,可依程序办理建设用地审批手续,同时相应核减允许建设区用地规模。

② 规划期内建设用地扩展边界原则上不得调整。如需调整按规划修改处理,严格论证,报规划审批机关批准。

(3) 限制建设区

① 区内土地主导用途为农业生产空间,是开展土地整理复垦开发和基本农田建设的主要区域。

② 区内禁止城、镇、村建设,严格控制线型基础设施和独立建设项目用地。

(4) 禁止建设区

① 区内土地的主导用途为生态与环境保护空间,严格禁止与主导用途不相符的各项建设。

② 除法律法规另有规定外,规划期内禁止建设用地边界不得调整。

### 4.9.5 土地用途管制

1) 土地用途管制的内涵

我国人多地少,人地矛盾日益尖锐,严重影响着经济社会的可持续发展。针对土地资源供给的稀缺性、不可再生性等特点,国家需要对土地从宏观上进行管理和监督,以保证土地的合理分配和利用,使得实行土地用途管制制度成为必然。土地用途管制是指为了促进土地资源合理利用和经济、社会与环境协调发展,通过土地利用规划进行用途分区,确定用途限制内容,实行用途转用许可制,对土地用途采用行政、经济和法律的手段进行强制性管理的制度。

1998年修订的《土地管理法》第四条规定"国家实行土地用途管制制度",把实行土地用途管制制度作为国家土地利用制度以法律形式加以固定。确立了以土地用途管制为核心的新型土地管理制度,并将土地利用总体规划审批权、农地转用和土地征用审批权、耕地开垦监督权、土地供应量控制权集中在中央和省政府,同时将执行的权力下放到市、县政府。在法律上确定了土地利用总体规划的地位、作用和审批程序,以土地利用总体规划作为土地用途管制的依据,规定了农用地转为建设用地的审批权限,上收征地审批权和完善乡村建设用地管理,以法律形式确定了用途管制作为我国土地管理的根本制度。

1999年开始正式实行土地用途管制,以代替原来实行的分级限额审批制度,主要内容是强化了土地利用总体规划和土地利用年度计划的法定效力。立法依据是《宪法》第八十九条国务院行使的职权之一"主权性行政特权",主要内容是通过编制土地利用总体规划划定土地用途区域(农用地、建设用地、未利用地),确定土地使用限制条件,严格限制农用地变更为建设用地,特别是要保护耕地。核心是依据土地利用规划对土地用途转变实行严格控制。

因此,土地用途管制应该包含以下内涵:

(1) 土地用途管制是一种约束机制,规范土地的使用,防止土地资源的浪费和不合理使用,保证土地资源的可持续利用,促进社会经济的可持续发展。

(2) 必须经过一定的科学程序和法定程序,确定土地的具体用途。这种具体用途是一种法定用途,具有法律意义,它是符合各级土地利用总体规划及其相对应的详细规划要求的用途。

(3) 土地用途变更的申请许可证。一般来讲,在符合土地利用规划的前提下,土地用途由甲用途变成乙用途时,必须由土地使用者提出书面申请,经土地管理部门依法审查并获批准,领取《土地用途变更许可证》,办理土地用途变更登记等手续后才能完成土地用途从甲用途到乙用途的变更。

(4) 土地使用者未经批准,擅自改变用途以及国家机关工作人员和有关管理部门非法批准改变土地用途必将受到经济、行政和法律的处罚。

实行土地用途管制的主要目的是:① 依据土地利用规划规定土地用途,以行政、经济和法律手段来规范土地利用行为,引导合理利用土地,从而强化国家宏观调控土地的职能,避免土地利用管理中的政府失控;② 通过土地用途的严格管制,使土地利用结构与布局得以最优化方案配置,农业用地特别是耕地和林地得到有效保护,非农业建设用地得到有效控制,土地质量、土地利用率和产出率得到逐步提高,土地资源得以可持续利用;③ 通过对土地利用方式的优化控制,充分协调人与自然、经济社会与生态环境等关系,逐步创造良性、高效的生态环境,满足可持续发展的需要。

2) 土地用途管制和土地利用总体规划

2009年1月15日通过的《土地利用总体规划编制审查办法》规定:"土地利用总体规划是实行最严格土地管理制度的纲领性文件,是落实土地宏观调控和土地用途管制,规划城乡建设和统筹各项土地利用活动的重要依据"。2009年5月25日,《国土资源部办公厅关于印发市县乡级土地利用总体规划编制指导意见的通知》(国土资厅[2009]51号)中明确了土地利用总体规划中的建设用地布局与管制要求,使得新一轮土地利用总体规划成为我国土地用途管制的有效手段。事实上,土地用途管制制度是建立在土地利用总体规划基础上,并依靠土地利用总体规划的法律表达来实现的。

因此,土地利用总体规划是实施土地用途管制的依据,用途管制则是落实土地利用总体规划的手段和措施。建立有效的土地用途管制制度是以土地利用总体规划的编制和实施为前提的。土地利用总体规划就是在土地利用结构调整基础上,划分土地用途区,落实用地布局。土地利用分区的主导用途是管制的用途,也是规划确定的土地利用方向。同时鼓励次要用途向主要用途转变,也可暂时维持现状,但不能变为其他用途。土地用途管制可解决土地利用总体规划的法律地位并保证规划实施。依土地用途管制制度的规定,使用土地的单位和个人必须严格按照土地利用总体规划确定的用途使用土地。未经规划的地区或规划未经批准的地区,不得擅自改变土地利用现状。而且,实行土地用途管制制度,要求交通规划、水利用地规划、林地规划、城市用地规划等专业规划服从土地利用总体规划,通过各专业规划的实施来保证土地利用总体规划的全面实施。

3) 土地用途管制的内容

土地用途管制的客体是已确定用途、数量、质量和位置的土地。管制的直接内容是土地利用方向和土地用途专用。从长远看,土地用途管制还应包括对土地利用程度和效益的管制。

(1) 土地用途管制的规划管理

土地用途管制本质上是国家为了保证土地资源的合理利用,通过编制土地利用规划,依法划定土地用途分区,确定土地使用限制条件,实行用途变更许可的一项强制性管理制度,所以土地用途管制主要是通过编制和执行土地利用规划来实现的。

我国目前的土地利用规划体系主要由国家级、省级、地(市)级、县级和乡(镇)级的土地利用规划所构成,从各级规划的内容深度来看,作为土地用途管制最直接依据的主要是城市土地利用规划和乡(镇)级土地利用规划。

土地利用规划管理主要包括以下几个方面:

① 定性控制。即从土地利用的性质上对土地利用加以控制,主要是指通过规划对土地利用的目标、方向、功能和条件等加以控制,规定了土地的用途、使用的标准、要求和限制等。

② 定量控制。指规划中对土地利用活动所进行的一系列量化要求的控制。定量控制可分为总量控制和个量控制。总量控制是对区域土地利用活动的总体数量的控制,如耕地保有量指标、建设用地总规模、城乡建设用地规模、土地整治指标等。个量控制主要是对个别土地利用行为的定量约束,如人均耕地拥有量指标、城镇人均用地指标、户均宅基地指标、容积率、建筑密度、土地产出率、单位产值占地率等。

③ 定位控制。指规划对各种土地利用活动空间位置的规定,它限定了各种土地利用活

动必须在特定的空间范围内进行,从而保证了土地用途在空间中的确定性,如基本农田保护区界线的划定、城镇建设用地区界线的划定、村镇建设用地区界线的划定,生态环境安全控制区界限的划定,允许建设区、有条件建设区、限制建设区、禁止建设区的界线划定,土地整治区的划定等。

④ 定序控制。即对各种土地利用活动的时序安排。规划中要根据规划区域的土地资源状况和社会经济发展的需要对各种土地利用活动在时间序列上进行合理安排,尤其是按照土地利用供需平衡的要求,依据各时间段土地后备资源开发的可能性和可行性,在做到农用地增减平衡的基础上,合理确定各时间段的土地开发量和建设用地量。

(2) 土地用途管制的实施管理

所谓土地用途转变是指土地利用从一种状态用途转变为另一种用途。一般说来,由于受到多种因素的影响,土地用途转变不太可能自然服从土地用途分区规划的目标,必须加以管制。对符合用途分区规划目标的给予引导,对不符合的则加以限制。因此,土地用途分区规划成为土地用途管制的关键,实施土地用途分区规划的规划许可制度是土地用途管制的有效途径。

所谓规划许可制度就是采用颁发规划许可证的方法,控制土地用途的转变。在具体操作时应把握以下几个原则:① 对现用途符合用途分区规划的用地向符合用途的方向进一步开发利用,提高土地的利用率和生产率,应给予鼓励并颁发许可证给予许可;② 对现有用途符合用途分区规划的用地向其他用途转变时,不予颁发许可证,限制其转变;③ 对现用途不符合用途分区的用地向符合规定用途转变时,颁发许可证给予许可,并采取鼓励政策引导土地利用加快向规定的用途转变;④ 对现用途不符合用途分区规划的用地向其他不符合规定用途转变时,不予颁发许可证,限制其转变;⑤ 对一些特殊项目用地,如线型工程和国家大型基础设施工程等,若不符合用途分区规划,可体现一定的灵活性,为社会经济建设服务。

值得注意的是,农用地转用许可是实现土地用途管制的关键。任何建设项目占用土地,首先都要依据土地利用总体规划进行审查,占用农用地必须获得农用地转用许可后,建设项目才能批准立项;占用农用地不符合土地利用总体规划和土地用途分区规划的,不予颁发许可证,建设项目不能立项。

规划许可证是各项用途实现转变的法律凭证。也就是说,规划许可证是行政许可机关赋予许可证持有人一定权利和权能的证明,同时许可证也为许可证持有人或单位使用许可证的活动设定了范围,使用许可证必须严格按照许可证上标明的范围、方式、期限和其他事项,不得超越和违背。

实际上,我国土地用途管制的根本目的在于盘活存量建设用地,控制建设对耕地资源的浪费性占用,确保耕地占补平衡目标的实现。因此,土地用途管制的核心是耕地总量控制制度,这是中国特色的土地用途管制制度。耕地总量的控制指的是在预测未来社会经济发展对用地需求和人口增长对农副产品的需求后,根据区域内耕地可持续补充的能力,确定本地区需要保持的耕地量和分阶段控制总量,以及各阶段可转移(可供)耕地数量并通过编制详细规划,对耕地的保护、利用和转移实行分阶段的管制。要实现这样的目标,必须按照划定土地用途分区的土地利用规划,重点抓好农用地的管制和非农用地的管制。

## 4.10 我国土地利用总体规划模式变迁研究

土地利用总体规划已经成为我国空间规划体系的重要组成部分,随着第三轮(2006—2020年)土地利用总体规划完成修编并开始实施,先后编制的三轮土地利用规划已经并正在对保护我国耕地资源、保障经济发展和保护生态环境方面发挥着重要作用。土地利用总体规划与经济发展特点和特定的发展阶段密切相关,因此三轮规划由于各自的规划背景不同,规划目标、规划内容等都存在差异性。通过对三轮规划的回顾和总结,可以为未来土地利用总体规划修编以及逐步建立有中国特色的土地利用规划制度体系提供参考。

我国的土地利用规划制度始于建国初期,当时刚刚完成土地改革,国家亟需全面的土地数据对土地进行管理,但这仅仅只是我国土地利用规划的雏形。1987年,随着"十分珍惜和合理利用每寸土地,切实保护耕地"基本国策的提出,我国逐步开展全国、省、地(市)、县、乡(镇)五级土地利用总体规划(1986—2000年)的编制和实施工作,也就是通常所说的"第一轮土地利用总体规划"。1998年,《土地管理法》的修订提高了土地利用总体规划的法律地位,同时各地组织开展了各级土地利用总体规划(1996—2010年)的编制、修订和实施工作,这一般看做是第二轮规划。从2002年开始县级土地利用总体规划修编试点,2004年再次修订《土地管理法》,2008年国务院通过《全国土地利用总体规划纲要(2006—2020年)》,各地组织开展了各级土地利用总体规划(2006—2020年)的编制、修订工作,于2010年陆续或批复并开始付诸实施,这被看做是本轮土地利用规划或第三轮土地利用规划。

### 4.10.1 以保障建设用地为核心的第一轮土地利用总体规划(1986—2000年)

1)规划背景和概况

第一轮规划是在党的十一届三中全会之后全面推进经济体制改革、《土地管理法》首次颁布的条件下开展的,在实行有计划的商品经济背景下,依据中共中央、国务院发出《关于加强土地统一管理工作,制止乱占耕地的通知》,按照我国实现社会主义现代化建设第二步战略目标以及《国民经济和社会发展十年规划和第八个五年计划纲要》的要求编写的,具有社会主义计划商品经济下的服务型土地利用规划的特点。这轮规划初步确定了土地利用规划的基本程序,探索了我国土地利用规划的内容和方法,建立了五级土地利用规划体系。由于立法滞后的原因,未能得到有效实施。但是就科学的方法而言,奠定了我国土地利用规划的基础。

2)规划主要内容和特点

(1)规划的目标。根据"八五"计划,至2000年土地利用总体规划的目标确定为:耕地确保18亿亩以上;建设用地控制在3 000万亩左右(1991—2000年),森林覆盖率从目前的13%增加到17%,并适当增加草地面积;积极开发未利用土地,大力改造中、低产田,加强水土流失的治理;调整全国土地利用结构和布局,提高土地利用的综合效益,并展望到2020年和2050年。

(2)土地利用的方针。切实保护耕地;保障必要的建设用地;努力改善生态环境;提高土地利用率和生产力;实行土地"开源"与"节流"并举的方针;统筹兼顾,量力而行,调整土地利用结构。

(3)以专题研究为基础。在开展全国土地利用现状研究、全国土地粮食生产潜力及人口承载潜力研究、全国不同地区耕地开发智力的技术经济效益研究、全国城镇用地预测研究、全国村镇用地预测研究等5个专题研究的基础上,编制了《全国土地利用总体规划纲要》,基期为1986年,规划期为2000年,并展望到2020年和2050年。1993年2月15日,国务院批准实施。

3) 取得成果和存在的问题

(1) 首次建立了全国统一的土地利用规划体系,完成了全国及大部分省、市、县和乡的土地利用规划工作。截止到1995年底,全国30个省(区、市)(未包括港澳台地区)都已完成或正在编制省级土地利用总体规划,黑龙江、辽宁、四川、内蒙古、新疆、山东、吉林、河北、贵州等9个省(自治区)的土地利用总体规划先后经过国务院批准实施;河南、湖南、江苏、甘肃、湖北、云南、广东、山西、安徽等9个省的土地利用总体规划已上报国务院待批;其余各省(区、市)也正在抓紧编制。159个市(地区)完成市级土地利用总体规划,占应编制规划的68%,38个市(地区)正在编制,占16%;两者合计占84%。其中山东、湖南、辽宁、江苏、河北5省的市级规划已基本完成。1 152个先完成县级土地利用总体规划,占应编制规划的57%,286个县正在编制,占14%;两者合计占71%。其中山东省和天津市已全部完成县级规划,上海市完成90%,江苏、辽宁、河北已完成70%以上。乡镇级土地利用总体规划在全国省(区、市)也普遍开展,其中江苏、湖南各乡(镇)已基本完成。上海、吉林、山东完成了80%以上。

(2) 制定了一系列的编制办法和规程,为后续的土地利用规划工作进行了探索。以试点为基础,国家土地管理局陆续制定了《省级土地利用总体规划编制要点》、《县级土地利用总体规划编制要点》以及《土地利用总体规划编制审批暂行办法》和《县级土地利用总体规划编制规程》。建立了包括准备工作、确定土地利用问题和规划目标、编制规划方案、规划报告的审议和报批四个阶段的基本程序;提出了综合分析、公众参与、定性方法和数学模型、计算机技术相结合等土地规划的基本方法并用于规划编制的实践工作中。此外,建立了全国、省、市、县、乡(镇)五级规划体系。

(3) 由于规划缺乏必要的法律制度层面的支持,没有起到应有的作用。尽管有《土地管理法》,但是对土地利用规划、城市规划、林业规划等的关系没有明确的法律界定,因此在实践中其他规划往往突破土地利用规划。另外,对于违反规划行为的处理,也没有明确的法律规定,因而这轮土地利用规划并没有得到很好的实施,没有起到应有的作用。

### 4.10.2 以耕地总量动态平衡为核心的第二轮土地利用总体规划(1996—2010年)

1) 规划背景和概况

第二轮规划是在贯彻落实中央《关于进一步加强土地管理切实保护耕地的通知》精神和新《土地管理法》,以及建立社会主义市场经济体制的背景下,为适应实现社会主义现代化建设第二步战略目标的发展阶段的需求,按国民经济和社会发展"九五"计划和2010年远景目标的要求编制的,具有以耕地保护为主的特点,以实现耕地总量动态平衡为目标。这轮规划确定了指标加分区的土地利用模式,发布了土地利用规划编制的相关规程和土地利用规划审批办法等。但由于规划的基础工作和前期研究不足,以及规划实施期间,加强生态建设、加快城镇化步伐、实施区域发展战略等一系列重大举措,规划指标多被突破,对市场经济体制下的规划编制方法提出了挑战。

2) 主要规划内容和特点

(1) 规划的指导思想和原则：从我国人多地少的基本国情出发，进一步贯彻落实十分珍惜、合理利用土地和切实保护耕地的基本国情；严格保护基本农田，控制非农业建设占用农用地；走节约用地和内涵挖潜的道路，提高土地利用效率；统筹安排各类、各区域用地；保护和改善生态环境，保障土地的可持续利用；坚持占用耕地与开发复垦耕地相平衡。

(2) 规划的主要任务：根据"九五"规划、国土整治和资源环境保护的要求、土地供给能力以及各项建设对土地的需求，以保护耕地和各项非农业建设用地为重点，确定全国土地利用的目标、方针，协调各类用地矛盾，提出土地利用宏观调控和用途管制的政策意见，制定实施规划的举措。

(3) 规划的目标：在保护生态环境的前提下，保持耕地总量动态平衡，土地利用方式由粗放型向集约转变，土地利用结构和布局明显改善，土地产出率和综合效益有比较显著的提高，为国民经济持续、快速、健康发展提供土地保障。要求农用地特别是耕地得到有效保护和综合整治；在保障重点建设项目和基础设施建设用地的前提下，建设用地总量得到有效控制；土地整理全面展开，未利用地得以适度开发；土地生态环境有比较明显的改善。

(4) 土地利用的基本方针：把保护耕地放在土地利用与管理的首位；坚持供给制约和需求引导，统筹安排各业用地；开发与节约并举，以节约和挖潜为重点，提高土地利用效率；坚持"一要吃饭，二要建设"的方针，处理好长远与当前、全局与局部的关系，土地利用实现经济、社会和生态效益三统一。

(5) 专题研究。开展了我国土地资源可持续利用研究；我国城乡居民点用地现状、潜力及用地规模控制研究；我国耕地后备资源的利用研究等。

3) 规划成果及存在问题

本次规划完成了全部省、市和大部分县的规划工作。为了促进县级土地利用总体规划修编工作的开展，在上一轮规划形成的土地利用规划编制办法的基础上，国家土地局发布了《县级土地利用总体规划规程》。

(1) 各级土地利用总体规划修编采用自上而下、上下结合的方法进行，强化了土地利用的宏观调控。各级规划严格按照《土地管理法》"下级土地利用总体规划应当依据上一级土地利用总体规划编制"的规定，自上而下修编和审批，耕地保有量和建设用地占用总量等主要用地指标逐级控制，使各级规划成为一个完整的体系，有利于全国规划目标的落实。

(2) 按照供给制约和统筹兼顾的原则编制规划，有利于转变土地利用方式，控制建设用地规模。《土地管理法》实施以来，各地在规划修编中改变了过去编制规划"按需定供"的做法，兼顾了土地供给与土地需求；促使各类建设节约用地，注重内涵挖潜、盘活存量用地，有效控制了建设用地的增量。

(3) 加强与相关规划的协调。《土地管理法》规定："城市总体规划、村庄和集镇规划，应当与土地利用总体规划相衔接，城市总体规划、村庄和集镇规划中建设用地规模不得超过土地利用总体规划确定的城市和村庄、集体建设用地规模"。各地在土地利用规划编制中依据法律规定和用地标准对城市、村镇建设用地规模进行了严格审核，落实了建设用地范围；并按土地利用总体规划确定的建设用地规模和范围审查城市、村镇规划和审批用地，体现了土地利用总体规划对城乡土地利用的整体控制作用。

(4) 县级和乡级规划通过用途分区，确定每一块土地的用途，为实施土地用途管制奠定基础。各地在规划修编中,根据《土地管理法》关于实行土地用途管制的规定,着力提高规划的可操作性。主要是在县级和乡级规划中划定土地用途区,予以公告。使上级规划的数量控制、土地使用方向的控制能够落到实处,便于社会公众监督,有利于规划的实施。

(5) 这一轮规划存在的主要问题是:对经济发展趋势预测不足,土地利用规划的指标多被突破。在这一轮规划期,我国的经济形势有了比较大的变化,如西部大开发战略的提出和实施,积极的财政措施,大规模的生态退耕工程以及加快城镇化建设的步伐等,都是在规划修编时没有预见到的,这是导致规划指标提前被突破的主要原因,同时也给我们提出了一个在社会主义市场经济体制下如何完善规划修编方法的问题。

### 4.10.3 以节约和集约用地为核心的第三轮土地利用总体规划(2006—2020年)

1) 规划背景和概况

截止到2005年底,有22个省(区、市)的建设用地总量控制指标已经用完,31个省(区、市)的耕地保有量已经突破,12个省(区、市)的新增建设用地占耕地面积指标已经用完。为加强土地管理,更好地发挥土地利用总体规划的作用,促进土地合理利用,需要对土地利用总体规划进行修编。土地利用规划修编是在党的十六大提出全面建设小康社会奋斗目标,十六届三中全会做出《关于完善社会主义市场经济体制若干问题决定》,确立了全面、协调、可持续的发展观,并提出了"五个统筹"的要求,十六届六中全会提出构建和谐社会的重大举措以及国务院做出《国务院关于深化改革严格土地管理决定》要求的背景下开展的。这轮规划贯彻政府组织、专家领衔、部门合作、公众参与、科学决策的工作方针,主要体现以下特点:切实加强规划修编前期的专题研究工作,建立包括约束性指标和预测性指标两类的土地利用规划指标体系,提高规划的科学性;适应现阶段国家宏观调控的需要;强调土地利用生态环境的保护和建设,体现可持续发展的思想;研究统筹区域原则下的区域土地利用政策,走向空间管制;探索土地利用规划的标准,增强规划的规范性;将地理信息系统技术应用于规划编制和管理的实践,提高规划的技术能力。

2) 主要规划内容

(1) 规划基本原则:坚持严格保护耕地特别是基本农田,控制非农业建设占用农用地;要坚持内涵挖潜与外延扩大相结合,以内涵挖潜为主,提高土地集约利用水平;要妥善处理保障建设用地和保护土地资源的关系,统筹安排各类、各区域用地;要坚持保护和改善生态环境,保障土地资源的可持续利用;加强和改进规划实施保障措施,增强土地管理参与宏观调控的针对性和有效性。

(2) 规划主要目标:守住18亿亩耕地红线;保障科学发展的建设用地;土地利用结构得到优化;土地整理复垦开发全面推进;土地生态保护和建设取得积极成效;土地管理在宏观调控中的作用明显增强。

(3) 规划主要任务:以严格保护耕地为前提,统筹安排农用地;以推进节约集约用地为重点,提高建设用地保障能力;以加强国土综合整治为手段,协调土地利用与生态建设;以优化结构布局为途径,统筹区域土地利用;以落实共同责任为基础,完善规划实施保障措施。

(4) 专题研究:加强耕地和基本农田保护问题;促进节约和集约利用土地问题;优化城乡用地结构和布局问题;统筹区域土地利用问题;协调土地利用与生态环境问题;强化规划

管理保障措施问题。

3) 本轮规划的主要特点

(1) 从技术导向走向公共政策,转变土地规划理念。首先,在指标设置方面,首次区分约束性指标和预期性指标,建立了包括耕地保有量、基本农田保护面积、城乡建设用地规模、新增建设占用耕地规模、整理复垦开发补充耕地义务量和人均城镇工矿用地等6个约束性指标和9个预期性指标的调控指标体系。公共政策导向的规划是国际空间规划的主要趋势。新一轮土地利用规划首先弱化指标,强化空间,增加了土地利用理念和方式等方面的内容。其次,强调前期工作为主的土地利用的战略研究,其中对上一轮规划展开实施评价以及六大专题研究充分体现了土地利用的政策导向。最后重视土地利用规划实施保障措施,改善了"重编制,轻实施"的现状,体现了土地利用规划作为政策的可操作性。

(2) 从指标为主到指标与空间管制兼顾,增强了规划的弹性。在土地利用规划的前期工作中,《全国土地利用总体规划纲要(2006—2020年)》明确要加强建设用地空间管制,并提出实行城乡建设用地扩展边界控制,落实城乡建设用地空间管制制度。《市县乡级土地利用总体规划编制指导意见》(国土资厅发〔2009〕51号)中重点对各类用地空间布局、基本农田布局以及建设用地布局与管制提出明确要求。尤其是市级以下的土地利用规划将划分土地利用空间管制分区及制定分区管制措施作为重要内容之一。

(3) 从耕地保护到节约集约用地,体现了规划目标的综合性。以"耕地总量动态平衡"为核心的上一轮规划是在当时特殊的社会经济背景下形成的。新一轮规划面临的是保护耕地、保障发展和保护环境的多重矛盾。因此,新一轮土地利用总体规划以耕地保护为前提,土地节约集约利用为核心,控制建设用地为重点,并且兼顾土地利用与经济发展、生态环境保护之间的协调关系。尤其是加强了改善土地生态方面的研究,对土地利用总体规划进行环境影响评价。

(4) 形成了相关的规章和规范性文件,提高了规划的规范性。规划管理的文件包括三个方面:一是前期研究方面,提出了现行规划实施评价以及相关专题研究的要求,出台了《国务院办公厅转发国土资源部关于做好土地利用总体规划修编前期工作意见的通知》(国办发〔2005〕32号)。二是省级土地利用总体规划编制方面,提出了规划编制的技术要点、总体要求以及规划环境影响评价的要求等,比如《省级土地利用总体规划编制守则》(全国土地利用规划修编委员会,2009)。三是市级以下土地利用总体规划编制方面,明确了土地规划分类与基数转换、各类用地空间布局、基本农田调整和布局以及建设用地布局与管制等。比如《国土资源部办公厅关于转发市县乡级土地利用总体规划编制指导意见的通知》(国土资厅发〔2009〕51号)。规划审批的文件对报国务院审批的土地利用总体规划大纲评审办法以及其他各级规划的审批办法进行了相关的要求。比如《土地利用总体规划编制审查办法》(国土资源部令〔2009〕第43号)。上述一系列规章以及管理文件的出台,提高了新一轮土地利用规划的规范性。

### 4.10.4 土地利用总体规划的发展与展望

经过三轮土地利用总体规划,我国土地利用规划的理论和实践都取得了一定的成果,建立了国家、省、市、县、乡五级规划体系;建立并逐步完善了指标加分区的土地利用规划模式;并且制定了土地利用总体规划编制的办法和规程;此外,相应的土地利用规划实施管理相关的制度建设也日益完善。但是在土地利用规划的基本理论方面尚显薄弱；土地利用规划的方法等还需要进一步深入和提高；土地利用规划的实施管理尤其是与土地管理之间的协调等方面的研究仍然需要进一步加强。为了充分发挥土地利用规划在经济社会发展宏观调控中的作用，我国的土地利用总体规划还需在以下方面深入研究：

1) 从"蓝图规划"走向"过程规划"

"蓝图规划"意味着未来的土地利用是一张确定性的蓝图，可以用约束性指标和大比例尺地图来表达未来土地利用的情景，是社会经济发展较慢阶段或计划经济体制土地利用规划的特点。"过程规划"意味着未来的土地利用是有一系列不确定性轨迹决定的不确定情景，规划的任务在于寻找这些轨迹并选择满足人们需求的土地利用变化轨迹，通过调控措施使选择轨迹得以实现。我国正处在经济转轨时期，土地利用规划的过程化趋势成为必然。

2) 从"精英规划"走向"参与式规划"

国际上的空间规划表现为从物质规划走向综合规划。正如城市规划把"更多的注意力投放到规划管理层面上，从法律、规章条例、决策导引、公众监督等管理控制机制上寻求出路"（陈秉钊，1998）一样，国际上的空间规划也表现为从技术型的精英规划走向政策型的参与型规划。随着社会经济的发展，土地利用规划面临越来越多的不同部门、不同利益相关者矛盾的时候，规则以及政策的制定更为重要，人本主义思想对规划的影响越来越多，"精英规划"将走向"参与式规划"。

3) 从"结构导向"走向"空间导向"

以结构为主的土地利用规划表现为注重土地利用的规模和比例，忽视整体的空间布局和区域统筹，具有更多的计划色彩。市场经济对土地利用规划的宏观调控功能提出了新的要求，地域广阔土地利用差异大的国情对区域性土地利用政策提出要求。因此，从计划到规划、从结构到空间的趋势成为必然。

4) 从"重点保障经济发展用地需求"到"强调土地生态安全"

与社会经济发展以农业为主阶段、工业化和城市化为主阶段和可持续发展阶段相对应，土地利用规划的内容分别表现为加强开发、提高土地利用率为主；保障发展、合理利用为主和集约利用、保护资源为主的特点。我国正处于经济发展的战略机遇期和资源与环境约束加剧的矛盾凸显期，基于可持续发展的土地生态安全目标将日益得到重视。

5) 从"上下相对一致的五级体系"走向"功能明晰的空间体系"

体制转轨下政府职能的转变、中央和地方各级政府关系的转变，对自上而下层层控制的土地利用规划体系提出挑战。借鉴国际土地利用规划空间体系的经验，逐步构建以国家、区域和地方三个层次为主体，以宏观政策、区域协调和落实用途管制三个不同的方面为重点的新型土地利用规划体系已成为必然。

# 5 土地利用规划设计

## 5.1 居民点用地规划设计

### 5.1.1 居民点用地

居民点是人们为了生产和生活而聚集的定居场所,又称聚落,是人类社会空间结构的一种基本形式。居民点的用地规划是指在一定的区域范围内,对居民点进行总体宏观分析,确定各居民点的性质、规模、发展方向和布局等项目。

居民点是由建筑群、道路网、绿化系统、对外交通运输系统,以及其他公共设施所组成的复杂综合体。这些组成居民点的物质要素,相互有机结合成一个空间环境,包括物质环境和精神文明建设环境两部分,从生态学的角度看,又是一个特殊的生态系统。

社会经济发展是居民点形成的前提,随着生产的发展,人类从游牧到定居,居所从单体建筑到群体建筑,内容和形式均发生了巨大的变化;自从农业与渔牧业第一次分工后,出现了以农业为主的居民点,当商业、手工业与农业的第二次分工产生后,出现了以农业为主的村落和以商业、手工业为主的城镇;城镇进一步发展又形成了城市。由此可见,居民点的产生、性质及其分布和发展受社会生产力和生产关系的制约。

当前,居民点通常分为城市居民点和农村居民点两种类型。城市型居民点可以分为城市和镇两种,城市是指聚居人口在 10 万人以上,其中非农业人口占 70% 左右,政治、经济地位重要的城镇,或者聚居人口不足 10 万人的重要工矿基地、港口和规模较大的物资集散地,以及少数民族地区和边远地区的重要城镇。镇包括建制镇和集镇,国家有详细的建镇标准,如:凡是县级地方国家机关所在地,均应设置镇的建制;总人口在 2 万人以下的乡,乡政府驻地非农业人口超过 2 000 人的,可以建镇;总人口在 2 万人以上的乡,乡政府驻地非农业人口占全乡人口 10% 以上的,也可以建镇;少数民族地区、人口稀少的边远地区、山区和小型工矿区、小港口、风景旅游区、边境口岸等地,非农业人口虽不足 2 000 人,如确有必要也可设置镇的建制;凡具备建镇条件的乡,撤乡建镇后,实行镇管村的体制;暂时不具备设镇条件的集镇,应在乡人民政府中配备专人加以管理。农村居民点的基本形式是自然村,几个自然村组成一个行政村。

居民点用地是土地利用现状分类体系中重要的组成部分。由于投入到居民点用地上的人力、物力、财力大大高于自然土地,故居民点用地不同于一般的自然土地,具有很大的使用价值和级差收益。一般来说,工业用地的价值为农业用地的 100 倍,商业用地的价值又为工业用地的 100 倍。我国城市建成区面积为 12 900 km$^2$,占国土面积的 0.134%,据估计平均每平方公里城市土地提供产值 70 万元。而且随着投入的增加,城市土地产值还在不断地增长。所以,居民点用地的规划,对于提高其价值和价格都有着重要的意义。

随着社会主义市场经济的高速发展,综合国力、国民收入与人们生活水平的显著提高及各项制度创新的深入,中国城市化的步伐大大加快,第三产业得到了快速发展,全国各级城市都得到了快速增长。从 1989 年底到 1999 年,我国城市数从 450 个增加到 668 个,城镇人口达到 3.74 亿,占全国总人口的 28.77%。许多国际性、地区性的特大型城市开始出现,并带动了周边地区小城市和城镇的发展。1991 年我国城市人均用地为 87.1 $m^2$,到 1995 年已超过 100 $m^2$,年人均用地增长率为 3.93%。随着我国农村人口数量的增长和农村经济的发展,农村居民点用地增长迅速,与此同时大量耕地被占用,从 1991 年到 1995 年我国农村居民点建设平均占用耕地实际达 20 万 $hm^2$。因此,必须加强居民点用地的规划与管理,居民点一般绿色植物比重较少,生态经济系统较脆弱,由于大量的生产和生活资料的输入,居民点用地对于其他生态经济系统具有较大的依赖性。此外,由于人口增长和规划利用不尽合理,我国城市居住用地和基础设施用地较为紧张,城郊和农村大量耕地的占用,均构成了对人类居住区可持续发展的潜在威胁。因此,居民点用地应以可持续消费观为指导,合理规划确定居民点用地规模与布局,处理好居民点建设用地与耕地保护之间的关系。

### 5.1.2 居民点用地选择

1) 确立居民点用地规模

居民点的规模和居民点的性质、地位、类型和布局形式有关,并受所在地区的自然条件、社会经济条件、人口密度等因素影响。居民点规模包括人口规模和用地规模。人口规模往往影响到居民点用地的多少、建筑层数、公共建筑项目的组成与数量、交通运输、基础设施建设等一系列问题。确定居民点用地规模首先要进行人口规模的预测。耕作半径过大,就会造成上工时间长,对生产不利,一般机械化水平高的地方,耕作半径可大些;耗工多,田间管理要求高的作物,耕作半径宜小些,而林业生产,其种植、生产、管理、砍伐等周期长,出工半径可大些,但规模过小,又不利于学校、医疗、商业等文化福利事业的建设和发展。因此,居民点用地规模的确定要因地制宜,同时兼顾生产和生活两方面要求。

2) 居民点用地选择

居民点用地选择主要应考虑以下几个方面的要求:

(1) 有利于生产和生活。即位置要适中,便于组织生产,靠近工、副业原料地,靠近电源、能源,靠近加工作物用地,有均匀的服务半径,对外交通便利,但要避免过境公路穿越和环绕,有充足、可靠、水质良好的水源。

(2) 符合建筑要求。即满足建设的地形、地势、土质、水文地质等条件。如土壤承压力要能承受建筑物的压力,地势要高、干燥平坦,坡度小于 3°;要避开地下矿、沉陷、滑坡、流沙等地;要位于最高洪水位线以上等。

(3) 满足卫生保健要求。即尽量选在环境舒适、靠近河流、水面,清静安全的地方。尽可能靠山靠水,向阳避风,有利排水,有名胜古迹、自然林木等。居住生活区要在工业生产区和畜牧场的上风和上游,避免三废污染。

3) 居民点占地面积概算

(1) 居民点用地的组成

居民点用地包括:生活居住用地(居住用地、公共建筑用地、公共绿化用地、道路和广场用地等),工业、手工业用地(工厂、道路、动力设施、仓库等),对外交通用地(铁路、公路的车站用地、河运码头用地等),仓库用地(用于存放、转运的物资集散仓库等用地),公共事业用地(自来水厂、煤气厂、污水处理厂、防洪堤坝等用地),卫生防护用地(指居住区与工厂、污水处理厂、垃圾场等地段之间的隔离地带,水源防护用地以及防风、防沙林带等),其他用地包括各个集镇具体需要的用地,包括不属于乡镇的行政、经济、文教卫生等单位的用地等。

(2) 居民点用地面积概算

居民点占地面积概算目前采用的方法较多,现仅举以下几种:

① 根据建筑面积定额推算。即按居住人数和居民点内各项生产的规模、参照各地的建筑定额,分别概算出居民点内中心区(公建区)、住宅区和生产区的建筑面积,考虑建筑物之间的防火、卫生、绿化、道路等间隔,将住宅区的建筑面积扩大 5～10 倍,将中心区的建筑面积扩大 10 倍,将生产区的建筑面积扩大 10～15 倍,分别作为上述三个区的占地面积。其总和即整个居民点的概算占地面积 $S$,公式为:

$$S = S_1 K_1 + S_2 K_2 + S_3 K_3$$

式中:$S_1$——住宅区建筑面积;

$S_2$——中心区建筑面积;

$S_3$——生产区建筑面积;

$K_1 = 5 \sim 10$;

$K_2 = 10$;

$K_3 = 10 \sim 15$。

② 按平均占地面积计算。有以下几种算法:a. 按每户平均占地 0.4～0.5 亩(1 亩 = 666.666 667 $m^2$)计算总占地面积;b. 按每人平均占地(如 200～300 $m^2$)估算住宅区、公建区的面积,生产区面积按耕地面积的 2‰～3‰估算,以上两者之和,即为居民点用地面积;c. 按耕地的 3‰～5‰估算村的占地面积;d. 按每户宅基地平均占地面积估算居民点面积;e. 按城乡居民点人均占地面积估算居民点面积。需要说明的是,各地选用的平均系数不一样,要因地制宜选择。

③ 用地累加法。即逐项计算居民点内各种用地面积之和。如:$P_1$ 为生活居住区用地;$P_2$ 为生产用地;$P_3$ 为交通用地;$P_4$ 为仓库用地;$P_5$ 为公用事业用地;$P_6$ 为卫生防护用地。$P_1$ 的用地指标各地不一。$P_2$、$P_3$、$P_4$、$P_5$ 用地面积一般由县、乡镇有关单位提供用地规模,经集镇规划组织共同审核确定。$P_6$ 按工业企业的危害程度,以及不同的卫生防护距离分级的要求,确立用地规模。居民点用地(主要是集镇)面积概算为:

$$S = \sum_{i=1}^{6} P_i$$

式中:$S$——集镇用地面积。

### 5.1.3 居民点用地规划设计

居民点用地的规划设计是土地利用规划中最基本的一个层次,居民点用地规划的核心是居民点用地功能组织,根据居民点的性质和规模,在分析城镇用地和建设条件的基础上,将居民点各组成部分按其不同功能要求进行有机组合,以保证合理的用地布局;居民点用地规划设计的内容包括居民点用地功能分区和生活区用地与生产区用地规划。

1) 居民点用地的功能分区

居民点各类用地的功能各异,按其功能可以分成生活区和生产区。生活区内集中配置住宅和公共建筑物,生产区内集中配置各种生产性建筑,在一些城市和县城里可将生活区内再划出一个公共中心区,在生活区和生产区内再根据用地和建筑物的功能性质划分不同的功能地段。这些功能地段依据居民点用地的原有基础和地形条件可能集中于一处也可能分散于几处。新兴居民点较原有居民点在用地功能分区上较为容易,对于一些污染严重、噪声大、影响人们身心健康的工业用地要坚决将其迁出居住区。行车密度较高的公路穿过居民点,并以路作市,既影响交通,又不安全,应当加以搬迁改造。

从乡村城市化的角度来讲,用地功能分区是乡镇规划建设的基本手段,是评价其规划水平的重要标志,应本着从实际出发,以及乡村与城市化的未来,全面权衡,做好居民点用地的总体规划。功能分区应考虑下列各项要求:

(1) 经济要求。居民点要与其周围经济影响地区作为一个整体来考虑。必须联系居民点所在地区的自然和社会经济条件,把居民点作为一个点,所在地区作为一个面,做到点面结合。地区的工农业生产、交通运输、水利及矿产资源的综合利用对于居民点用地总体布局和功能分区均有影响。

居民点用地功能分区要保证生活区和生产区以及它们与所在地区之间具有方便的联系。各区内建筑物应力求紧凑布置,外形整齐,利于相邻地段的规划利用;要保证生产区内各部分之间联系方便,并为在生产上综合利用工程设施和动力设备创造良好条件,用地功能分区要注意留有发展余地。

(2) 环境保护要求。分区时不要让来自生产区的污水、烟灰、臭水污染了生活区,尽量减轻生产区噪声对生活区的影响,以保证生活区具有良好的生活条件。因此,从环境保护角度,应将生产区布置于生活区的地形下方、主导风向的下风向和河流流向的下游。各种建筑物之间应保持规定的卫生和防火间隔。

(3) 建筑技术要求。各种建筑用地的土地承压力、地形和地下水位都应满足建筑的要求,尽可能不采用人工基础,以减少基础投资费用。

2) 居民点用地的功能组织

居民点活动可概括为生产、居住、交通、休息四项,因此,必须安排相应的不同功能的用地。

居住用地是居民点用地的基本功能之一,1995年全国城市居住用地占城市建设总用地面积的32.64%。居住用地应选在居民点内良好地段,因地制宜地选择人口密度、建筑密度和容积率,使居住用地达到安宁舒适、便利生活、赏心悦目,有完善的现代基础设施、服务设施、文教设施。近年来我国新建的居住小区多层单元或住宅的人均居住用地约为17~26 $m^2$,合每公顷500~600人,国外一般每公顷70~150人,人均居住用地约150 $m^2$。根据建设部下达的规划定额标准,远期居住区用地定额指标为40~56 $m^2$。

居住用地中的主要部分是住宅小区。实践表明,我国五、六层高的住宅仍占绝大多数,在一些特大城市、沿海开放城市和特区,小区中可配建一定数量的高层住宅。集镇中住宅层数相对偏低,但每户建筑面积平均为80~114 $m^2$,住宅建筑密度较城市为低,从总体上看,住宅小区的容积率(全部建筑总面积/全部占地总面积)有较大差异。

为了节约土地,应鼓励修建多层住宅。在集镇多建城市型住宅,可把每户建筑面积

50～60 m² 作为规划居住用地时推算的用地指标,但不作为集镇各时期修建住宅建筑面积的每户标准。

工业用地在我国居民点用地中尤其在城市所占比重很大,仅次于居住用地,据1995年城市统计资料表明,工业用地占城市建设总用地的 23.41%,人均工业用地 23.61 m²,而发达国家城市中,工业用地比重仅为 10%～15%,居城市道路用地之后。

地价因素在工业用地选址中作用较大,应把地价作为工业用地布局重要的调控手段,将一些效益差、污染严重的工业企业逐渐从城区中迁出,这将是原有城市中旧城改造的重要途径,也是提高城市土地利用经济效益和生态效益的重要手段。

随着第三产业的兴起,公共建筑用地在居民点用地中比重逐渐提高,第三产业是除自然界的第一产业和对初级产品再加工的第二产业之外的其他所有产业,从这个意义上讲,公共建筑用地就是第三产业用地。据粗略统计,第三产业用地占城市总用地的 1/4 以内,但这些用地却是城市用地中的精华。

第三产业名目繁多,用地一般沿主要街道底层布置,或集中配置于商业和金融中心处。居民日常使用的公共建筑,如中小学、幼托、生活日用品商店、粮油菜场、医院等,需要按其服务特点均匀布置,可以根据城市不同的公共生活内容组织若干个公共生活中心,如文化活动中心、体育活动中心、商业购物中心等;居民点用地中的公共绿地应因地制宜地加以布局,可以结合公共绿地适当设置一些文化、体育设施,丰富居民生活,美化城市环境。

3) 居住区用地规划的内容

由于人们在住宅内及其附近每天停留的时间在10小时以上,因此,居住区用地规划是居民点用地规划的重要组成部分,良好的居住区用地规划可为居民提供环境优美、交通方便、教育发达、市场繁荣的生活居住条件,与千百万群众的切身利益息息相关;生活区用地规划包括公共中心用地规划、公共建筑用地规划和住宅建筑用地规划以及绿地和环境保护用地规划,其中住宅建筑用地规划是生活区用地规划的重点。

理想的居住环境要有良好的通风和日照条件,安静的环境,安全、卫生、空气清新、环境优美,完善的服务设施(商业服务、医疗保健、文娱体育等),便捷的交通条件,齐备的基础设施(上、下水道,电气、通信、供气、供热等)。因此需要合理地规划布局建筑物,提高土地利用的综合效益。

人们在居住区中居住生活相对集中,在居民点用地布局中可能集中于一处,也可能分散为数处。居住小区是居住区内由街道网围成的、规模适度的生活居住地块,是居住区的基本用地单元,居住小区是实现上述理想的生活居住环境的最佳空间,应有方便的交通和不被机动车辆穿越的地段。

根据人们使用各项基本的公共设施的内容、项目和服务半径等条件,居住小区规模宜为1万人居住,占地 16～22 hm²,具体来讲居住小区的规模一般以小学的合理规模作为计算小区人口规模的下限,以日常公共设施的最大服务半径为小区用地规模的上限,住宅至各项公共设施的步行距离 150～300 m,与附近的街道及公共汽车站距离 200～300 m,小区用地包括住宅建筑用地、公共建筑用地(小学、幼托、日用百货店、粮油副食、早点饮食、理发浴室、文体设施、小区运动场地、公园绿地、保健站、清洁站、居委会、邮电所、储蓄所、房管维修等)、道路、广场和绿地、工程设施用地(电力、电信、给水、排水、煤气、热力等)。

居住小区用地规划结构系有居住小区—居住生活单元—组团三种结构形式。居住生活单元是由小区级干道划分范围的块段,一般由 2~3 个居住组团,共用一套单元级公共设施组成;居住组团系由成组成团地布置居住建筑而形成一组较为完整的空间,配有小型绿地广场、自行车存车、零售服务点等公共设施。

4) 住宅建筑用地规划

住宅建筑通常是成片成组地规划和修建的,从而形成住宅组群。住宅组群用地是住宅建筑用地的主要组成部分,住宅建筑用地规划实质上是住宅组群用地规划。

(1) 住宅布置形式

住宅组群的布置受许多因素如气候、地形等的影响,一般平面布置有以下几种形式:

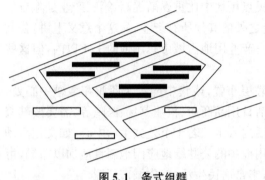

① 条式组群。这是住宅群体的基本组合形式,根据当地良好的朝向和合理的间距依次排列各幢住宅,其特点是各排住宅等距离排列,各排横列对齐。能满足各幢住宅的日照要求,对工程管网和道路布置较为有利,在平面上和空间上均有一定的韵律感、节奏感。为了克服一定的单调性,应当结合道路、朝向、风向等因素作适当变化,从而形成各种形式的条式组群(见图 5.1)。

图 5.1 条式组群

② 点式组群。点式住宅单元平面上的特点是长、宽比较接近且一般外形多变。在狭长地段或零星破碎用地上,点式组群可以采取较好的朝向,充分利用建筑用地。尤其沿水面、河流之滨布置点式住宅,由于长宽对比,加上水中倒影陪衬,则显得住宅群更加活泼有生气,空间更宽广(见图 5.2)。

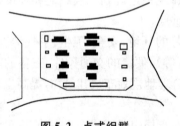

图 5.2 点式组群

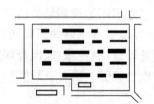

图 5.3 条点组合群

③ 条点结合群。这是一种行列式与点式结合的形式(见图 5.3)。

(2) 影响住宅建筑布置的因素

① 朝向。地理纬度、局部气候特征和建筑用地条件等因素均影响住宅的朝向。我国大部分地区处于亚热带和北温带,房屋"坐北朝南",可以保证冬暖夏凉。良好的朝向应能保证冬季有适量并有一定质量的阳光射入室内,炎热季节尽量减少太阳直射室内和屋外墙壁。实践证明,冬季以南向、东南和西南居室内接受紫外线较多,而东、西向较少,大约为南向的 1/2,东北、西北和北向居室内最小,为南向的 1/3。朝向还与通风有关,为了满足通风的要求,住宅成单幢布置时,应将居室朝着夏季的主导风向,采取迎风面的布置方式,尽量使风向投射角(指风向与有窗墙面法线的夹角)小一些,若不能迎风向布置,其风向投射角也不宜大于 45°。群体建筑的风向投射角 60°比 30°有利,30°又比 0°有利。在冬季寒冷地区,住宅建筑

布置的朝向,应保证居室避开冬季的主导风向,使之达到受风面最小的要求。

② 间距。住宅建筑之间的距离应保证良好的日照和通风条件。我国地处北半球亚热带、温带地区,一般来讲,中纬度地区房屋间距以 2 倍屋高为宜,南纬度地区(45°以南)房屋间距多为 1.5 倍屋高。良好的间距应能保证夏季自然通风以降低室内温度,从自然通风要求看,一般住宅的长轴与主风向呈 45°左右,防火间距与房屋结构的耐火性能有关,一般来讲,防火间距一般在 6~12 m 之间。

③ 地形。住宅建筑布置应考虑对地形的利用,以便尽量减少填挖方的土方量和避免过分地加深基础。当地面坡度小于 1%时,住宅建筑布置可不按等高线方向;当地面坡度为 1%~2.5%时,应平行等高线布置,对于建筑物长度小于 50 m,可不受此限制;当地面坡度为 2.5%~4%时,建筑物应平行等高线布置,仅对建筑物的长度小于 30 m 时,可垂直于等高线布置;当地面坡度为 4%~8%时,所有建筑物一律平行等高线布置或采用阶梯式底层可垂直于等高线布置;当地面坡度为 8%或更大时,全部建筑物采取阶梯式平面布置。

(3) 住宅建筑的合理密度

节约用地是住宅建筑用地规划设计的重要原则,住宅的层数、平面形状、尺寸大小、周长和层高等项因素对于占地和造价均有着重大影响。合理密度是衡量用地的标准,用以衡量层数和空地率之间的关系,寻求人们居住、生活的最佳空间环境。

① 住宅的层数。根据我国民用建筑设计规范的规定,1~3 层为低层,4~9 层为多层,10 层以上为高层。在近期,乡村住宅提倡建 2 层,小集镇建 2~3 层,小城市以 4~5 层为主,大中城市以 5~6 层为主,特大城市适当发展高层。住宅的层数直接影响人口密度和建筑面积密度。目前在建项目中人口毛密度达 800 人/$hm^2$,居住建筑面积毛密度为 13 000 $m^2/hm^2$。12~16 层住宅人口密度比 5~6 层住宅高出 60%~90%,而建筑密度可降低 10%,每公顷的建筑面积从 1 500 $m^2$ 提高到 2 500~2 800 $m^2$,大量实践证明,在有限的土地上,建筑只能向高空、向地下发展,高层才能达到高密度。

建筑高层住宅有利于节约市政设施投资,对于多层住宅小区,市政工程的一次性投资约为建筑造价的 25%~30%;对于高层建筑,同样面积可以节约一次性投资约 1/4。

以合理密度和土地价值概念作为标准,才能评定住宅层数的合理性,并分别依据不同地形地段,制定出不同的密度标准,地形复杂的地段,处于城镇较边沿地区,新建区的人口密度和建筑面积密度应稍低,而地形平缓、处于城镇中心地区,更新旧区等密度就要高些。

根据有关研究资料表明,增加层数,从 4 层增至 7 层,建筑面积密度有所增加,但其增长比率在缩小;从 7 层增至 13 层,密度仅增长 6.5%,效果甚微,但可明显地降低建筑密度,提高空地率。

② 建筑物的平面形状。建筑物的平面形状对其造价有显著的影响。建筑物形状越简单,它的单位造价就越低。最简单的正方形建筑物,在施工方面最为经济,但自然采光和通风条件均差。矩形建筑物其周长增长,造价也增加,但由于采光、通风和美学功能得到较好地满足,所以被广泛应用。

③ 建筑物的尺寸大小。建筑物尺寸增加,可以使单位平方米建筑面积造价降低,这是由于建筑物平面尺寸的增加,工程项目杂费(如运输、临时工程的修建及其拆除、材料和构件储存场地等)不变,例如,当建筑物尺寸由 8 m×15 m,增至 8 m×30 m,即建筑面积由 120 $m^2$ 增至 240 $m^2$ 时,外墙长度由 46 m 增长至 76 m,每平方米建筑面积的外墙长度从 383

mm 降低至 317 mm,即降低了 17.23%。

④ 住宅的层高。我国过去住宅室内净高 2.68～2.88 m。据有关资料表明,净高 2.2～2.4 m 较为适宜。因此,我国住宅室内净高以 2.5 m 为最佳,南方可稍高一些达 2.6 m 为宜。增加住宅的层高,有利于提高建筑密度,降低建筑物的总高度,缩短房屋之间的间距,节省用地和节约投资。

5) 公共建筑用地规划

公共建筑是人们社会生活的活动场所。公共建筑包括的类型比较多,常见的有:医疗建筑、文教建筑、办公建筑、商业建筑、体育建筑、交通建筑、邮电建筑、纪念建筑等。

(1) 公共建筑用地的要求

公共建筑对用地的要求一般来讲和住宅用地的要求基本相同,应根据城镇总体规划,从实际需要出发,结合可能的条件,进一步提出具体的项目与规模,为建筑单价设计和物业管理提供依据。

① 根据建筑物的性质和使用要求,结合道路规划统一安排,一般公共建筑物,通常都采取集中布置。

② 商业、服务、文化、集市贸易市场等公共建筑不宜沿过境公路的两侧布置,否则,就会降低公路的通行能力,造成交通阻塞和交通事故,同时还会给居住环境带来噪声、烟尘和空气的污染。

③ 注意公共建筑项目的配套,考虑其合理的服务半径,与居民日常生活关系密切的,可以均匀地分布在住宅地段中以贴近居民区处。

(2) 公共建筑用地指标

公共建筑用地指标应根据国家规定的建筑项目和面积定额指标加以确定。目前县城及重点建制镇可参考采用,至于一般建制镇和乡村集镇至今国家尚无制定统一指标,可采用经验数据,每居民为 5～10 m,其中集镇级 4～8 m,小区级 1～2 m。

公共建筑用地指标应因地而异,不能不加分析地套用外地指标。在制定定额指标时,应多做调查,积累资料,从实际出发,突出地方特点,逐步制定适合本地区公共建筑用地指标。

(3) 公共建筑用地配置

公共建筑用地配置时应考虑其功能和服务半径,以保护环境和节约用地的要求。

① 机关办公建筑用地一般应放在居民点的中心部位,以方便联系和往来。

② 商业服务业建筑用地可以采取既集中又分散的方式,统一布置。等级较高的商服建筑集中布置于居民点中心地段主干道路两侧;等级较低的商服建筑宜分散于居住小区配置,以便服务于群众。

③ 医疗卫生建筑用地应配置在距离中心区附近的地方,既要方便群众,又要远离水源,位于居住区的下风位。

④ 学校建筑用地宜配置环境安静,确保安全远离交通站点,阳光充足的地段。

⑤ 集市用地的配置应视其污染状况分布于居住区适当地点和边缘地段。

(4) 公共中心用地规划

公共中心是居民的社会活动中心,具有特殊重要的作用。公共中心的形状有长方形、正方形、圆形、半圆形、梯形和任意形几种,最常见的为长方形和圆形。

公共中心的建筑艺术结构主要取决于建筑空间的封闭性和形状,建筑物主要尺寸与广场长宽度之间要协调,长方形广场边长之比以 2∶3 或 1∶2 为好。广场占地面积与居民点人口规模有关。居民点人口规模为 1 000 人和 5 000 人,其广场占地面积分别为 0.25~0.3 hm² 和 0.5~0.7 hm²,广场周围的公共建筑物的高度与广场边长之比一般来讲为 1∶5~1∶10。对二层建筑其比例为 1∶6,对四层建筑为 1∶5。长方形广场依黄金分割法,其长宽比一般应以 3∶2 或 2∶1 为宜,长度不应大于宽度的 3 倍。

6) 生产区用地规划

生产区用地包括工业建筑用地、仓库用地、贸易集市用地、农业和畜牧建筑用地等。

(1) 工业建筑用地规划

工厂按生产性质可分为冶金企业、机械工业、石油化工、矿山开采、轻工业、国防工业和一般民用工业等;居民点是工业区的有机组成部分,工业区与居住区的布局应当统一安排、就近平衡,解决好二者之间的交通联系。工业区主要由生产厂房、各类仓库、运输设施、动力设施、管理设施、绿地和发展备用地等组成,生产厂房一般包括生产车间和辅助车间,在我国生产厂房用地面积约占总用地的 26%~50%。

工业区依其主体工业的性质和三废污染情况,货运量和用地规模以及其对居民点的影响程度,可分为在市内配置、城市边缘配置和远离城市配置三种形式。

工业区内各组成部分的联系和要求,可结合用地和环境特点进行功能分区:如可分为工业企业及有关设施的生产区、动力和仓库设施区、运输设施区、公共活动中心区、卫生防护区等。对卫生有害或易燃的企业应布置在其他企业的下风向并远离居住区;职工人数多的企业,最好尽量接近居住区,辅助性设施尽量布置于零星和不规则的地段;动力设施的仓库应布置在工业区各企业的负荷中心,并与外界接线联系方便;工业区内的主要运输线(铁路、道路等)应与居民点内外的干线相联系,并与港口码头、车站、仓库区等处有便捷的联系;公共中心的布局应便于为工业区内职工服务,最好设在工业区的中心地带。

(2) 仓库用地规划

生产区内仓库依其功能分为储备仓库、转运仓库和生活仓库,仓库用地与居民点职能、人口规模、发展方向和储存物资有关。目前中小城市每位居民为 2~3 m² 仓库用地,乡镇仓库用地则可按每位居民 0~2.5 m² 计算,工业仓库用地在以公路运输为主的居民点里可以不单独设置,将工业物资分散储存于工业企业自行设置的专用仓库,粮、油、棉产品,也宜与加工厂合并布置,在以铁路、水运为主的居民点,可在车站、码头附近适当布置转运仓库。

生活仓库用地应根据居民点性质、人口增长、经济发展趋势,在交通方便、接近商业中心的地方,适当设置独立的生活仓库。

储备仓库用地可根据国家和地方储备量的要求,在水陆交通方便的地点设置储备仓库。

特种仓库用地宜布置在居民点的主导风向的下风位、河流的下游并满足卫生、安全、防火要求的独立地段上。

(3) 贸易集市用地规划

贸易集市用地应布置于交通方便,且避开主要干道处,既要便于本身的使用,又要与商业服务性经营业有机结合,以便于经营管理。对于有碍环境卫生的牲畜市场,应将其布置在远离居住区的独立地段,原有集市用地应予以改造利用,适当考虑远景发展。贸易集市用地按每位居民 0.5 m² 计算,为节约用地可建造楼房式市场。

## 5.2 交通用地规划设计

### 5.2.1 交通运输用地的功能与结构

交通是运输和通信的合称。运输是一种实现客货空间位移的服务，通信则是实现信息空间位移的服务。交通运输是独立的物质生产部门，从外延意义上说，运输系指由公路、铁路、水路、航空和管道运输等五大运输方式所完成的客货输送工作；交通运输是社会生产领域和消费领域的纽带和桥梁，生产领域的运输是生产过程的直接组成部分，而流通领域的运输则是生产过程的继续。

交通现象是一种经济地理现象，造成影响经济地理现象的因素可以分为三大类：即地理的、社会经济的和科学技术的，其中科学技术对交通运输业的影响最大。交通运输本身不生产新的物质产品，只改变运输对象的空间位置，因而交通运输的布局与发展取决于运输对象的布局与发展。交通运输工程的布局必须与工农业生产及城乡居民点的布局相适应，包括交通线路、设备的数量、能力、规模和运量相适应；线路走向应与客货流向相适应；线路站港的布点与城乡、生产基地的位置相适应。随着经济的发展和人们生活水平的提高，对交通运输的依赖性就更大，而交通运输工程投资多，建设周期长，形成综合生产能力要经历一个过程。因此，交通建设具有超前性的特点。因而在进行土地利用规划时，必须编制交通运输用地规划。

土地位置上的差别是形成土地级差地租的重要条件，主要反映在不同地块与市场、车站和码头之间的距离各异，即由于交通条件所决定的相对距离（即经济距离）各异。随着交通条件的改善，可以改变土地位置上的差异，缩短土地与市场之间的相对距离，节省商品运输费用，降低生产成本，从而直接影响土地级差地租。由此可知，交通条件是形成级差地租的重要条件，同时对于农业土地利用集约化水平的提高有着巨大的影响。

交通运输业的发展意味着交通运输设施的兴建，土地作为其践体，由此而引起交通运输设施占用土地。交通运输用地是重要的土地利用类型，是区域土地利用结构中的重要构成部分。

土地作为影响交通的自然地理基础，在不同的地理位置上，它所包含的地形、地质、水文、气候等自然要素具有不同的特点，对各种运输方式有着不同的影响。具体来讲，土地及其构成要素直接影响运输方式的选择，影响交通线路的经由、走向和港口、机场的选址，影响交通线网标准的选择、建设投资和运营支出。

综上所述，土地是交通的自然地理基础，土地转化为直接生产力，转化为基本生产资料，往往以交通为先导，土地的使用价值及其重要性因交通设施的建设而改变，而交通设施建设需占用大量土地，因此，必须通过土地利用规划把两者有机结合起来。

改革开放二十多年来，我国的交通运输建设取得了相当大的进展。铁路营运里程由1978年的4.86万km上升到1998年的5.76万km，公路里程由1978年的89.02万km上升到1998年的127.85万km；民用航线里程由1978年的14.89万km上升到1998年的150.58万km，国际航线由1978年的5.53万km上升到1998年的50.44万km，全社会客运量和客运周转量分别由1980年的341 703万人和2 281万人km上升到1998年的

1 377 252万人和10 559万人km。我国运输通道的性能特征也发生了变化,中短途客运大都以公路为主,长途客运以铁路和航空运输为主;公路成为短途货运的主力,管道运输为油气运输的重要方式,内河运输发展迅速。

我国运输通道的空间演化在我国东部、中部和西部三大地带有明显的差异。1998年我国铁路和公路线路平均密度为 0.82 km/(100 km$^2$)和13.32 km/(100 km$^2$),其中东部为 3.36 km/(100 km$^2$)和2.23 km/(100 km$^2$),中部为 1.79 km/(100 km$^2$)和22.94 km/(100 km$^2$),西部为 0.61 km/(100 km$^2$)和11.77 km/(100 km$^2$);等级公路和高等级公路比重全国平均为84.0%和12.0%,东部地区为92.0%和18.0%,中部地区为82.0%和11.0%,西部地区为74.0%和7.0%。

交通运输结构系指各种运输方式的组成和比例,交通运输方式有铁路运输、公路运输、水路运输、航空运输和管道运输等几种方式,由于各种运输方式采用不同的交通工具,所以有各自的特点,对于其建设工程的布局也有不同的要求。

1) 铁路运输

具有载运量大,行驶速度快,连续性强等特点,运行一般不受气候条件的影响,火车的运行速度一般约100 km/h,高于汽车和轮船,而且除特别恶劣的气候外,一年四季和昼夜都可以正常运行,具有高度的可靠性。缺点是铁路的造价高,一般平原地区700~800万元/km,消耗金属材料多,占地面积大,短途运输成本高。只适合长途大宗货物运输。

2) 水路运输

最大的特点是载运量大,海上运输一艘轮船载重上万吨,甚至几十万吨;内河航运每条船也可载重几百吨至几千吨,且可长途运输重达几百吨、长达几十米的特大件,这是其他运输工具所不能比拟的。水路运输耗能少、成本低,据有关资料表明,每千吨公里的水运消耗仅为铁路的60%左右,运输成本也只有铁路的1/2~1/3。建设投资低,不占农田。水运的劳动生产率高,以长江航运为例,其劳动生产率相当于铁路的112%。水运的缺点是受自然条件的限制大,连续性差,速度慢,转运条件更差。因此,水路运输适合对速度要求不高的货物运输。

3) 公路运输

其优点是对不同的自然条件适应性强,机动灵活,空间活动范围大,可以直接深入广大的中小城镇和偏僻的山区农村,实行门对门的直接运输,减少转运环节,而且投资较铁路少,速度快,在短途及某些货物的中途运输中具有明显的优势,又能与其他运输方式配合,承担客货的集散;缺点是装运量小,能耗大,成本高,劳动生产率低,而且占用土地多,对环境有较强的污染性。但公路运输在我国的现在和将来,将是一种主要的运输方式。

4) 航空运输

航空运输速度快,航程长,能够达到地面运输方式难以达到的地区,由于速度快,其劳动生产率也高,航空线路不占耕地;缺点是载运量小,投资大,成本高。因此,只适宜于远距离、急需、贵重、时间性较强的运输。

5) 管道运输

这是由大型钢管、泵站和加压设备等组成的一种运输方式,通常用以输送石油、汽油等流体货物,其优点是连续性强,货物在运输过程中损耗少,没有运输设备的空间问题,运输成本低,安全可靠,管理和使用简便,而且不占用土地,也没有污染;缺点是一次性投资大,消耗钢材较多,而且运输对象限制较大,只适宜于液体(原油)、气体(煤气)等流体货物。

21世纪交通运输业发展的总趋势仍然是铁路、公路、水路、航空和管道等五种运输方式相互协调、共同构成统一有效的运输体系。这种综合运输体系的特点在于以提高综合运输能力和综合运输效率为目标,合理布局交通运输网络,以经济中心城市为依托,五种现代运输方式有机结合、协调发展的综合交通运输体系。

由于运输对象对运输条件有各种不同的要求,各种运输工具有不同的经济运距和服务范围,因而在进行交通用地预测时,还要根据各地的情况,分析确定运输结构,以便使交通运输规划适应运输需要。

综上所述,各种运输方式都有其优点和缺点,在一个区域内究竟采用哪一种或几种运输方式,要根据当地的条件而定,就大多数地区来说,公路运输是最主要的运输方式,河网多的地区,水运则是主要运输方式,随着经济的发展,运输量将急剧增加,运输方式及其载运能力也必须做出相应的布局与规划。

### 5.2.2 交通用地的预测

对交通用地的需求既有区域自身发展的需求也有交通本身的需求。区域经济的发展要求城市与城市、城市与乡村的联系更加密切,这样可以满足经济规模化、一体化的要求;同时,拓展区域经济腹地,扩大区域经济规模,方便人们的旅行与游览,以满足日益兴旺的旅游业发展需要。此外,为了降低交通运输成本和交通建设费用,需要不断地开辟出新的交通运输线,形成交通运输网络,以便尽可能做到快速直达。交通运输的基本职能是满足运输对象位移的需要,而运输对象的位移要求又反映在两个基本方面:一是运输数量的要求,二是运输流向的要求,其前提是安全、迅速、经济。在进行区域性交通建设时应在当地交通现状调查的基础上,根据社会经济发展的趋势,预测远景交通量并按其流向分布和当地的具体条件做出相应的用地规划。

交通现状调查的内容包括运输方式的种类、主要交通线的分布,区内外各主要交通点之间的距离及客货交通数量、运输量、交通工具种类、客运项目等,并将结果分别编制成各种调查表。在调查的基础上,根据区域内和各交通点的人口、经济指标分析出与交通量、运输量相关的系数,作为远景预测的基础资料。

远景交通量的预测方法最常用的是回归模型预测,应用函数来表示交通量与人口或各种经济指标之间的关系,并借助于统计方法将其定量化,求出变量之间的相关关系,从而预测远景交通量。

最简单的情况是两个变量,在确定交通量和某个经济指标之间的相关关系时,设经济指标为 $x$,交通量为 $y$,则一元线性回归模型为:

$$y=a+bx$$

式中:$y$——远景交通量预测值;

$x$——人口或某种经济指标值;

$a,b$——模型中的参数。

在预测时,必须先计算出常数 $a$ 和 $b$,方法是将统计数据代入 $x$ 和 $y$,用最小二乘法使 $\sum[y-(a+bx)]^2$ 最小,即求得 $a$ 和 $b$。这是简单回归分析的计算方法,当确定常数 $a$ 和 $b$

之后,就可以根据自变量 $x$ 推算出因变量 $y$(远景交通量)的预测值。

上述计算方法中只有一个自变量,所以这种方法只适用于社会结构简单的地区,事实上,一个地区的交通量除了与人口有关以外,还与其他多种因素有关,预测时,常常采用两个以上变量的多元回归分析法。

$$y = a_0 + a_1 x_1 + a_2 x_2 + \cdots + a_n x_n$$

式中,$a_0, a_1, a_2, a_3, \cdots, a_n$ 为模型中常数;$x_1, x_2, x_3, \cdots, x_n$ 为远景交通量的限制因子(自变量),计算方法同简单回归分析,把数值代入 $x_1, x_2, x_3, \cdots, x_n$ 及 $y$ 中,应用最小二乘法计算出常数 $a_0, a_1, a_2, \cdots, a_n$,然后根据 $x_1, x_2, x_3, \cdots, x_n$ 的预测值推算出远景交通量。

远景交通量包括基本交通量和增长交通量,基本交通量中除现有交通量外,还要加上因新增、改造运输线路而增变的交通量;而增长交通量则包括因地区经济发展和交通工具利用率提高而自然增长的交通量,因新增交通项目或从其他交通工具转移过来的新增交通量,以及因沿线地区经济发展而增加的新增交通量。

在假定发生交通量与人口、经济指标、土地利用的关系,在过去、现在和将来都不变的前提下,远景交通量预测程序如下:

(1) 根据起讫点调查,分析计算现时发生交通量与现时人口和各种经济指标以及土地利用之间的相互关系。

(2) 根据远景人口、各种经济指标和土地利用的数值来推算远景发生的交通量。

(3) 根据起讫点调查所得出的出行特点,分析交通量在各地分布的比率,并以此推算远景的分布交通。

(4) 推算远景分配交通量,即根据运输对象和交通特点,确定各种运输线路的交通量。

1) 客运量预测模型

影响客运量的因素繁多,一般来讲有工农业总产值、人口数量、人均收入和生活水平等,但是对于一个区域而言,最基本和最主要的影响因素是工农业总产值和人口数量。

设 $y$ 为远景客运量或远景客运周转量,以农业总产值 $x_1$、人口数量 $x_2$ 作为因变量,建立两者关系的回归模型 $y = a_0 + b_1 x_1 + b_2 x_2$,将规划区域年的有关因素数据代入模型,可以预测规划年的客运量和客运周转量。

2) 货运量预测模型

在影响货运量的因素中,将工业总产值视为主要影响因素,故采用一元回归模型来预测。具体来说,设远景货运量或远景货运周转量为 $y$,工业总产值为 $x$,将多年的有关因素数据代入模型 $y = a + bx$,可以预测规划年货运量和货运周转量。

3) 公路交通量的预测

上述预测中应用的工业总产值指标,常受产品价格调整、币值变动的影响。为克服此项不利影响,预测时常采用不变价格。采用实物指标如能源等进行预测,可以避免上述影响。交通部公路规划设计院关于利用能源对我国公路运输量的影响及其关系的研究,揭示了工业总产值和能源消费量与公路运输量之间的内在联系和关系。由工业总产值和能源渠道可推算公路周转量和货运量,公式为:

$$Q_{fk} = 6.944 PF^{1.4655} + 2.5P$$
$$Q_f = 0.5562 PF^{1.0228} + 0.06P$$

式中：$Q_{fk}$——由能源推算的公路换算周转量（亿 t·km）；
$Q_f$——由能源推算的公路换算货运量（亿 t）；
$P$——全国人口数（亿人）；
$F$——消耗标准燃料数量（亿 t）。

$$Q_k = 0.007\,384 P i^{1.55} + 2.5 P$$

$$Q = 0.004\,678 P i^{1.081\,8} + 0.06 P$$

式中：$Q_k$——由工业总产值推算公路换算周转量（亿 t·km）；
$Q$——由工业总产值推算公路换算货运量（亿 t）；
$P$——全国人口数（亿人）；
$i$——人均工业总产值（以 1980 年不变价计）（元/人）。

应用上述方法，由工业总产值与能源两种渠道预测的公路换算运输量仅存在 2.62%～3.72%之差。一些国家有关学者应用有关数据证实上述方法是可行的。

### 5.2.3 交通运输网的配置

交通运输网是一个国家或地区互相交叉、衔接的各类交通运输线路和站点的总称。作为第三产业部门，交通与社会生产力布局的关系实质上是三个产业布局之间的关系。交通运输布局又称交通运输配置，指的是交通运输网在全国各地区的空间分布与组合，交通运输布局是一定地域范围内一系列客观条件综合影响下的产物。影响和制约交通运输布局的因素主要有自然环境、技术条件和社会经济三项。自然条件的复杂多样，社会经济活动的丰富多彩，决定了交通运输网类型的多样性。衡量区域交通运输网的量度指标主要有连通度、可达性等指标。

交通运输网是交通运输运营生产的物质基础，它主要由线和点两大部分组成，所谓线是指铁路线、水运（河运、海运）线、公路线、航空线、管道线等；所谓点是指为完成运输任务所需的其他各项有关设施，车站、港口、航空港、运输枢纽等。各种交通运输线路布局决定着客、货空间位移的方向（流向），构成整个交通线网的骨架。点则是交通线网的支撑点，是运输业运营生产的起点和终点。

交通运输线网的布局包括交通线路走向的确定、交通线路类型的选择和交通线路技术等级标准的确定三项内容。

选线是交通运输线网布局的最终落实，主要解决线的起讫地点、行往地点和线路走向的具体选定问题，以达到所选建的交通运输线运营条件的最佳性和投资经济的合理性。选线涉及线路通过地区资源开发、工业与农业等产业的布局、港口布局、城镇居民点分布以及政治与国防的需要，因此，选线时必须对影响选线的政治、自然、技术、经济等各种因素进行全面的勘测调查，综合研究，通过多方案的对比论证，选取最优方案。应当指出，影响选线的诸多因素中自然条件因素占据重要地位，其中又以地形作为主导因素，在不同地形条件下，要求因地制宜地选定线路方案。区域交通运输网络扩展的最佳阶段是区域大大小小的中心地由纵横交错的交通线路系统联系在一起，最高等级的干线联系着更大、更重要的经济中心。

为了缩短运输距离，减少运输费用，在交通运输线网布局时，研究客流、货流分布及其发展变化的趋势和规律尤为重要。旅客和货物在空间的位移就是运输业的产品。客运和货运均由流量、流向、运输距离和旅客或货物构成,它们是一定地区的国民经济发展水平和交通运输网发达程度的重要标志。

客流是指人们为了一定目的,乘坐运输工具,通过一定的交通线路,从出发地到达目的地的位移活动。客流分布是指客流在各种交通线路上的流量、流向、旅行距离与旅客构成等状况。客流分布的最大特点就是时间分布上的不平衡,而在往返方向上则较均衡。一天内客流量形成早高峰和晚高峰,星期日的客流量较高,每周内客流高峰出现在星期一早上(早高峰)和星期五晚上(晚高峰),季节之间客流高峰大都出现在春运期间。

货流反映各地区之间、城乡之间的运输联系,货流及其布局受制于生产力布局、产销联系和运输网布局,以及物资调拨工作和运输组织状况等因素,货流的运距一般取决于生产地和消费地的区际结合状况。生产地少、消费地多的货物,其运距较长,如煤炭、石油、钢铁、木材等;生产地多、消费地也较广泛的货物,其运距一般较短,如矿产性建材。对于一些季节性产品,常导致货流的季节流。

### 5.2.4 交通用地的类型与规划设计

#### 1)公路用地规划设计

公路建设特别是高速公路建设必须与社会经济及产业的发展衔接。公路超前建设将造成资金、土地等资源的浪费,但如果滞后建设将制约经济的进一步发展。公路是交通运输系统的主要组成部分,公路建设受其他条件制约较少,尤其是三、四级公路,工程造价较低,建筑材料以泥土、砂石为主,所需钢材、木材、水泥不多,可因地制宜,就地取材,所以,公路较容易普及到全国各地,形成覆盖面最为广阔的网络,同时,公路运输机动灵活,中转装卸环节少,可直接将物资运送到工矿、商店、仓库和农村田头,在生产和消费之间起着联系的作用。公路和土地联系在一起,承载基础设施的土地是有价值的,这类土地会转移价值作为超额利润进而转化成为级差地租,因此,合理规划公路用地对于改善土地的经济状况,节约用地具有重要的作用。

(1) 公路和公路等级

公路是经过专门勘察、设计、建造,供人和各种机动车、非机动车通行的人工构筑物,它主要由路基、路面、桥梁、涵洞、排水系统、安全防护设施以及绿化、监理系统组成,公路是国民经济的重要基础设施,也是构成公路运输的重要物质基础之一。

路基是路面的基础,根据不同地形,又分路堤(高于天然地面的填方路基)、路堑(低于天然地面的挖方路基)和半填半挖路基。路面是直接承受汽车碾压的行车载体,通常是用各种坚硬材料(沥青、水泥混凝土、碎石等)做成的,路肩是指路面两侧路基边缘以内的地带,它是用来支持路面、临时停靠车辆和供行人步行之用的。

为了保证路基的稳定和路面的干燥,必须修建排水系统,边沟是用来排除路面水的。当公路跨越较大水流时,需要建造桥梁,而跨越较小的水流时,可修筑涵洞,对于低级公路可允许宽阔较浅的季节性水流从路面流过,也可建造过水路面,以减少工程投资。

在修建山区公路时,还需要修筑各种防护工程及特殊构造物,如挡土堤、石砌边坡、护脚、护栏等,甚至在地形复杂地区还要修筑隧道等。

公路路线的线形,由于地形、地质等自然条件的限制,在平面上是由直线段和曲线段组成的,在纵向上是由上坡段、下坡段及竖曲线组成的,因此,它是一条空间线。在测设工作中，选线、定坡就是选定这条空间线的具体位置。为了便于具体分析和进行设计，通常将公路分成三个投影面来研究。在平面上的投影称为公路平面图，在平行于路中线的立面上的投影称为公路纵断面图，在垂直于路中线的立面上的投影称为公路横断面图。

根据1998年我国交通部发布的公路工程技术标准，公路分级要按照使用任务、功能和适应的交通量分为高速公路、一级公路、二级公路、三级公路、四级公路五个等级：

① 高速公路。高速公路为专供汽车分向、分车道行驶并全部控制出入口的干线公路。四车道高速公路一般能适应按各种汽车折合成小客车的远景设计年限年平均昼夜交通量为25 000～55 000辆，六车道昼夜交通量为45 000～80 000辆，八车道昼夜交通量为60 000～100 000辆。

② 一级公路。一般为供汽车分向、分车道行驶的公路，一般能适应按各种汽车折合成小客车的远景设计年限年平均昼夜交通量为15 000～30 000辆。为连接重要政治和经济中心，通往重点工矿区、港口、机场并部分控制出入的公路。

③ 二级公路。一般能适应按各种车辆折合成中型载重汽车的远景设计年限年平均昼夜交通量为3 000～7 500辆。

④ 三级公路。一般能适应按各种车辆折合成中型载重汽车的远景设计年限年平均昼夜交通量为1 000～4 000辆。为沟通县以上城市的公路。

⑤ 四级公路。一般能适应按各种车辆折合成中型载重汽车的远景设计年限年平均昼夜交通量为双车道1 500辆以下，单车道200辆以下，为沟通县、乡(镇、村)等的公路。

公路路线设计应根据公路的等级和使用任务，合理地利用地形和技术标准，并考虑车辆行驶的安全舒适以及驾驶员的视觉和心理反应，保持线形的连续性及与当地景观相协调。按技术经济性质和使用特点，不同等级的公路需铺设不同的路面，路面分为高级、次高级、中级和低级四个等级。我国常用的公路有碎石路面、砾石路面和加固土路面，适用等级不高的公路；沥青、水泥混凝土路面适用等级较高的公路。

(2) 公路的选线及其方案择优

① 公路选线

所谓公路选线是根据路线走向和技术标准，结合地形、地质条件，考虑安全、环保、土地利用和施工条件以及经济效益等因素，通过全面比较，选择路线方案的全过程。

② 选线原则

一是要适应远景交通流向和运输量的需要；二是因地制宜，根据当地的地形条件，使路线布置在地势较高、地质良好，便于施工的走向上，并符合工程技术要求；三是要根据城镇和农村居民点的布局状况，做到路线顺直短捷、节约用地；四是要与其他交通线路布局协调统一，形成一个较为完善合理的交通网；五是要经济合理，一方面要在不增加工程造价的情况下，尽量提高技术标准，或在不降低技术标准的情况下，尽量提高技术标准或降低工程造价；另一方面要综合考虑提高工程经济效益和运营经济效益，既经济又合理的选线方案。同时，应尽量避免穿过地质不良地区和城镇，保护耕地、节约用地，少拆房屋、方便群众、依法保护环境、保护古迹。对不同的选线方案，应对工程造价、自然环境、社会环境等重大影响因素进行多方面的技术经济论证，在条件许可时，应尽量选用较高的技术指标。

③ 不同类型地区选线的特点

a. 平原、微丘陵地区。这类地区地面比较平坦，高差变化不大，但居民点密度大，水路、河汊湖泊较多。

ⓐ 平原地区,地形平坦,没有纵坡限制,应力求取直短捷,一般允许设置几公里以上的长直线,为确保汽车安全,在长直线尽头不应设置小半径的平曲线。在微丘陵地区,受坡度约束小,为节省土石方工程量,路线往往沿地形布设。

ⓑ 路线应尽量避免穿越城镇、工矿区及较密集的居民点,但为了方便使用也不能离开太远,必要时可修支线联系,当路线与铁路和其他公路相交时,尽可能正交或小于45°的角通过。

ⓒ 合理处理路桥关系,对于小桥涵的位置,原则应服从路线走向,但当斜交过大或河沟过于弯曲时,采取改河措施或适当改移路线,调整斜交角度以免于增加施工困难和加大工程费用。

b. 山岭、丘陵地区。这类地区地形复杂,山坡陡峻,溪流湍急,沟谷多而曲折,土层浅薄,地形复杂,公路选线较为困难。

ⓐ 在复杂的山岭、重丘陵区自然条件下,公路应有足够的稳固性。

ⓑ 充分利用地形展线,减小工程数量,降低造价,保证今后养护和运营费用最经济。

ⓒ 密切配合农田水利建设的需要,筑路材料供应方便,便于施工和养护。

山岭、重丘陵地区的公路路线受自然条件的限制,路线不是顺沿溪谷、山坡选线就是翻山越岭,其线形可归纳为沿溪线、山坡线、山脊线和越岭线几种。

沿溪线就是沿溪流铺设路线,选线时应综合考察定位、选岸和桥位选择三方面的问题。

路线定位首先考虑洪水位,根据规定,沿河或受水淹的路基高度,一般高出洪水位0.5 m以上,各级公路考虑设计洪水位频率为:高速公路和一级公路为1/100,二级公路为1/50,三级公路为1/25,四级公路则按具体情况而定,通常按常年洪水位为定位的依据。

选岸的问题必须对溪流两岸的地形、地质、水文、险段等,进行调查对比,尽量避开困难地段,适当跨河以充分利用有利的一岸,当路线所沿的河流越急,水面越宽且河水越深时,建桥工程就越大,此时对跨河要慎重考虑,没有特殊原因,尽可能不要改换河岸,如果路线需要改换河岸时必须从政治、经济和工程量大小等方面比较后确定。

桥位的选择应根据"大、中桥位服从路线总方向,路、桥综合考虑;小桥涵位服从路线走向。"在纵面上,桥面高程须满足设计水位要求,并尽可能照顾到与两岸引道的衔接,在平面上,要注意与引道之间的配合,尽量避免采用较小的弯道半径,以确保行车安全。

公路选线是一件复杂的工作,选线时应有大比例尺的地形图资料,并要进行现场选线和多方案的论证选优。

ⓓ 选线方案择优

公路选线时往往会出现几个方案,必须通过对整个路线或某段路线的不同方案进行经济评价,以选择适合当地条件的最优方案。评价时可采用下列三项指标:公路工程造价、年度运营费用、占地面积损失。公路工程造价,包括公路及其工程物(桥涵、堤等)的兴建费用($W$);年度运营费用包括货运费($S_1$)和养路管理费($S_2$);占地面积损失是指不同方案道路占地面积及其经济损失。货运费($S_1$)计算公式为:

$$S_1 = aNL$$

式中:$a$—— 吨千米运费[元/(t·km)];

$N$——年货运量(t);
$L$——路线长度(km)。

(3) 公路用地面积概算

在公路选线之后,即可进行公路占地面积概算。首先应确定公路的技术等级。如前所述,根据我国交通部发布的《公路工程技术标准》的规定,公路的技术等级主要依据其昼夜交通量加以确定。昼夜交通量一般采用下列经验公式计算:

$$A=\frac{2N}{dP}$$

式中:$A$——昼夜平均交通量(辆/昼夜);
$N$—— 年平均货运量(t);
$d$—— 汽车运输天数(d);
$P$—— 每辆汽车的平均载重量(t/辆)。

严格地讲,除货运量外,还应包括客运交通量,在上述交通量的基础上,确定公路技术等级,公路用地宽度是路面宽度、两侧边沟宽度及其他用地宽度之和,其中路面宽度即路基宽度,边沟宽度即边沟底宽与边坡、沟深积的两倍之和。根据公路技术等级,确定该级公路的路基宽度,再结合路沟和绿化带占地宽度加总即为公路占地宽度,公路宽度(m)乘以该路线长度(m)再除以 666.7($m^2$),即为该公路的占地面积(亩,1 亩=666.666 667 $m^2$)。再加上养护公路用地和沿线设施用地(注意设施用地,不要重复计算)。一般来讲,一级公路总用地宽度为 65 m,二级公路为 30~40 m,三级公路为 25~30 m,四级公路为 20~30 m。根据上述计算方法,可以计算出该区域每条不同等级的公路占地面积,加总后即为该区域公路占地总面积。

2) 水运用地规划

(1) 水运航道的布局与规划

水运网是由航道和港口组合在一起的交通系统。一般分为内河和海运两部分。内河航运网规划的内容有:考虑分析区域内的水域条件,进行水域可行性的研究;内河航运量的调查与预测、航道等级和通航里程的发展目标、航道港口的空间布局与区域划分、航线走向、标准与整治措施等。水运航道是江河、湖泊、水库、渠道及港湾等水域中供一定标准尺度的船舶航行的通道,可分为天然航道和人工航道两类。

在一般情况下,水运多利用天然航道,有的是直接利用,有的则需要经过疏通改造,在需要而又可能的情况下,可开挖人工水道,利用灌溉为主的大型渠系以发展水运。

由于各水系分布不一,在利用天然水道发展水运时,水运航道的布局就取决于天然水道的分布情况。在规划时,应进行水系的全面考察,根据流量、流速、水深、河床宽度和客货流向、运量等因素,确定水运工具、水运能力和相应的港口码头、船闸、导航设施等规划方案。就农村来说,水运规划主要考虑的是内河小吨位船舶的短距离运输,水运设施也较为简单。

航道规划的基本内容如下:

① 航行条件的分析。航行条件是指为适应船舶安全航行必须具备的航道的自然条件和通航设施状况,包括航道及跨道建筑物的尺度,航道建筑物的尺度和运用情况,水流流速、风浪以及航行标志情况和通航期等。根据上述情况的分析,便可进一步确定通航标准。

② 航道等级的确定。根据国家统一的航道定级标准,将已有的航道或计划开发的航

道,确定其级别。我国将通航载重 50~3 000 t 船舶的航道分为六级,每级的航道宽度,通航建筑物、跨河建筑物通航净空和船型,船的尺寸,最低、最高通航水位,通航流速及导航设施等,都有明确的规定。规划时应根据航道的航行条件及航道开发的可能以确定其等级。

③ 航道建设工程规划。根据航道的航行条件和通航标准的要求,制定具体的建设工程规划,包括修建水工建筑物、疏浚、炸礁等工程项目,以使航道经过整治后,在航道宽度、水深、曲率半径和水流条件等方面能达到航道等级的要求。

(2) 港口码头用地规划

港口规划是根据港口远景客货吞吐量的规模而确定的港口水域、陆域以及营运条件等规划。一般需在流域航运规划或海运规划的基础上进行。港口码头是水运交通的枢纽,是客货运输的集散地,因此,要做好港口码头的用地规划,其规划基本内容有:

① 港址的选择。根据区域规划与城市总体规划的要求,选择技术上可能、经济上合理的港口位置。港址选择应考虑以下条件:港区地质、地貌、水文、气象、水深等自然条件;港口总体布置,如防洪堤、码头、进港航道、锚地、回转池等工程设计的技术上可能性和施工上便利性。港址选择一般分为两个阶段,第一阶段为区域范围内的港址选择,从地理位置、港口体系、港口腹地经济发展水平、结构与联系程度、城市依托条件等分析比较进行初选;第二阶段进行城市范围内的港址选择比较,考虑港区自然条件、岸线状况及岸线使用现状、航行和停泊条件、筑港和陆域条件及与土地总体规划布局等因素,进行综合评定,最后确定港口位置所在。

② 港口沿海水域规划。港口水域包括进港航道,供船舶避风和调动的停泊区,水上装卸作业等,进港航道是为船舶自主航道安全驶向码头而设置的,当船舶顺流抵港时,由于船舶靠停码头必须顶流,因而必须调头,所以码头前的沿海地区应留有 3~4 倍设计船宽的水域,停泊区(港地、锚地)为避免形成波浪,其长度不宜超过 1 km,其宽度应满足停船数量和转头的要求。

③ 港口码头陆域规划。港口码头陆域包括作业区用地和港口后方用地两部分。前者区内布置各种港口设备(装卸机械、前方铁路或公路段、货棚或仓库等);后者区内设置各种辅助设备和管理建筑(修理厂、车库、消防站、办公室及文化福利设施等),从功能上分析,港口码头用地可分为装卸、储存和疏运三大系统,其相应建筑物及设备有码头、库场、装卸运输机械、道路和各种辅助设备,码头线长取决于停靠的船位数和船距(一般为 0.1~0.15 船位长度)。

(3) 水运用地面积概算

从港口码头用地规划中提出各项用地项目要求,以及货物吞吐量和其他因素,具体计算出各项用地面积,然后加总即为水运用地面积。河港客运站用地参考面积见表 5.1。

表 5.1 河港客运站用地参考面积

| 等 级 | 旅客聚集量<br>(人) | 建筑面积<br>(m²) | 用地参考面积<br>(m²) |
| --- | --- | --- | --- |
| 一等站 | 1 001~1 500(>1 500) | 3 200~4 500(>5 000) | 6 200~9 000(>10 000) |
| 二等站 | 501~1 000 | 1 500~3 000 | 3 000~6 000 |
| 三等站 | 201~500(>200) | 650~1 250(120~500) | 1 300~2 500(240~1 000) |

### 3) 铁路用地规划

铁路线路是行驶铁路机车车辆的路线,由路基、桥梁、涵洞、隧道和轨道等组成。按线路数量划分,铁路可分为单线、复线和多线铁路;按轨距划分,则可分为标准轨距、宽轨和窄轨铁路。铁路网是由线路、车站与枢纽所组成的网络,是满足区内外联系的主要交通方式。

铁路是一项大型建设工程,通常由国家统一规划和经营,也有一部分由地方修建和经营。

轨距是指一条线路两钢轨轨头内侧之间的距离;限界是指机车、车辆与邻近线路的设备或建筑之间距离;线间距是指两条铁路线之间的距离。

#### (1) 铁路的等级和选线

① 铁路的等级。根据铁路的不同级别和运输能力,以安全、高效、经济为原则,及其在整个铁路网中的作用和年运输能力。一般分为以下三级:

Ⅰ级铁路。保证全国运输联系,具有重要政治、经济、国防意义和在铁路网中起骨干作用的铁路,远期计划年运输能力大于 800 万 t,行车最高速度为 120 km/h。

Ⅱ级铁路。具有一定的政治、经济、国防意义,在铁路运输网中起联络、辅助的铁路,远景计划的年输送能力为大于等于 500 万 t,行车最高速度为 100 km/h。

Ⅲ级铁路。为某一地区服务,具有地方意义的铁路,远期计划的年输送能力小于 500 万 t,行车最高速度为 80 km/h。

除以上等级外,铁路还可以按服务范围和运输性质分为干线、地方线(支线)和专用线三类。

② 铁路线路的技术标准。铁路和公路一样也有很多技术标准,其主要的经济技术要求如表 5.2 所示。

表 5.2 中国铁路主要的经济技术要求

| 级别 | 年运输能力<br>(万 t/km) | 行车最高时速<br>(km/h) | 最小曲率半径(m) | | 最大限制坡度(‰) | |
|---|---|---|---|---|---|---|
| | | | 一般地段 | 困难地段 | 一般地段 | 困难地段 |
| Ⅰ | ≥800 | 120 | 800 | 400 | 0.6 | 1.2 |
| Ⅱ | ≥500 | 100 | 800 | 400 | 1.2 | 1.2 |
| Ⅲ | <500 | 80 | 600 | 350 | 1.5 | 1.5 |

铁路电气化是铁路现代化的重要组成部分。由于电气机车牵引力大于内燃机和蒸汽机车,其技术速度高出蒸汽机车 20%～30%,时速可以高达 170～210 km/h,可爬行 1.5 ‰的坡度,运量达 3 000 t,比蒸汽机车高出一倍。电气化铁路需要有独立的供电系统、电力线和电气机车,投资较大。

#### (2) 铁路线路的选线

铁路的选线主要依据交通量流向和自然环境、地质地貌条件进行线路走向的选择。受多种因素的制约,既要满足政治、经济、国防上的要求和运输性质、运量大小、运量增长的情况,又要考虑沿线的地形、地质、水文、气象等自然条件,上述因素往往是互相矛盾的,例如,在山区要缩短线路的长度,就可能增加隧道的数量,从而增加建设费用;又如,要减少线路的运费和养护费用,就要求坡度小,曲线大,这就会增加线路长度,加大工程量和建设费用等。因此,在选线时要全面考虑,精心研究,统筹安排,并尽可能进行多方案比较,选定一条最合理的线路(见图 5.4)。

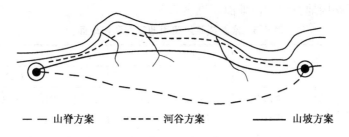

图 5.4 铁路选线方案

铁路首先是网性选线,即指区域经济选线,根据区域社会经济发展对客货运输的要求和铁路等交通运输网布局现状,提出铁路选线方案。线性选线是在线路基本方向和接轨区域已确定的情况下,着重解决线路走向方案、接轨点及建设规模等重大原则问题,并根据铁路选线的技术经济比较,确定选线方案。铁路选线与公路选线一样,在平原地区比较容易,而在丘陵、山区较为困难,而且常常采用河谷线、越岭线、山坡线、山脊线等各种形状的展线。

在桥位选择时应考虑水文、地形、地物、地质和通航方面的要求:

① 水文要求。桥位应选在河道顺直、槽深、主流稳定、河槽通过流量较集中的河段上;不宜选在不稳定的河汊、泥沙、冲淤严重、水流汇合口、急弯卡口、旧河道和具有滞洪作用的河段或洼地上,在水深流急的山区峡谷河段上,桥位宜选在可以一孔跨越处,否则,宜选在河谷比较开阔、水深较浅和流速较缓处,桥位选择应注意河道的自然演变和修桥后对天然河道的影响;平原河段上桥位,还应注意河湾的可能下移;在平原分汊河段上应了解沙洲消长范围,桥位宜选在深泓线分汊点以上或深泓线汇合点以下处,桥梁轴线宜与中、高水位时的流向正交,如不能正交则应在孔径及基础设计中考虑其影响,如城市和重要工业区有特殊防洪要求时桥位宜选在上游跨越;在结冰河上,桥位不宜选在容易发生冰塞、冰坝的河段上。

② 地形要求。应利用山嘴、高地等不易冲刷的稳定河岸作为桥头的依托;对公、铁路两用桥的桥位,宜选在两岸地形较高并便于和既有公路或规划公路网连接的地点;应避开上下游有石梁等干扰水流畅通的地形,在冲积扇上宜选在上游狭窄河段或下游收缩河段,不宜跨越中游扩散河段,如必须通过扩散河段时,需采取一河多桥,使各桥位大致位于同一等高线上;应避免地下既有设施的拆迁,较长桥梁的引桥可设在大半径的弯道上,但不宜设在反面曲线上;应考虑施工场地、材料运输和施工架等方面的要求;在城市范围内的桥位选择,应与城市规划相配合,因为线路的通过与否,将对城镇发展带来重大影响。

③ 地质要求。应选在基本岩层或坚实土层埋藏较浅处;不宜选在断层、滑坡、溶洞、盐渍土和泥沼地等不良地段,特大桥引桥很长时应探明引桥范围内的地质条件。

④ 通航要求。桥位应选在航道比较稳定的河段上,远离险滩、弯道和汇流口;桥位应选在船队编组或排筏编组场所的上游,应离开既有水工设施、港口作业区和锚地一定距离;应有足够的通航水深,通航期内水的流向与桥轴法线的夹角不宜超过5°。

(3) 铁路用地面积概算

铁路用地主要包括区间路基用地、站场用地和其他用地(如生活区、给排水设施、独立通信楼、水电段、供电段、牵引变电站及其岔线等),根据铁道部颁发《工业企业标准轨道铁路设计规范》对新建铁路的区间直线路基面宽度和曲线路基外侧加宽值的规定计算铁路用地面积。准轨铁路线路用地宽度和占地面积见表 5.3。

表 5.3 准轨铁路线路用地宽度和占地面积

| 线路类型 | | 线路用地宽度(m) | | 线路占地面积(亩/km) | |
|---|---|---|---|---|---|
| | | 单线 | 双线 | 单线 | 双线 |
| 城市区 | 非渗透土 | 14~25 | 18~30 | 21~37.5 | 27~45 |
| | 岩石 | 12~25 | 16~30 | 18~37.5 | 24~45 |
| 线路区间 | 黏土堤直线段 | 25~27 | 30~35 | 37.5~40.5 | 45~52.5 |
| | 黏土堤曲线段 | 25~55 | 30~66 | 37.5~82.5 | 45~96 |
| | 粗中砂直线段 | 25~80 | 30~85 | 37.5~120 | 45~127.5 |
| | 岩石路曲线段 | 25~100 | 30~1 105 | 375~150 | 45~147.5 |

4）空运用地规划

航空港是保证航空运输使用的机场及有关设施的总称。航空运输是一种现代化的交通方式，它除了承担客货运输外，还有多种专业性用途，如飞播造林、护林防火、航空摄影、航空探矿、测绘地图、地质调查、铁路选线、防治虫害、人工降雨、抢险救灾等。

(1) 航空交通线选线的特点和要求

由于飞机是在空中完成运输与作业任务的，因而除高山峻岭地区外，其交通线一般不受地面条件的限制，在起点和终点之间通常为直线或折线，而且在空中线路上没有交通设施。因此，航空运输的布局与规划主要是各地起止点的飞机场布局与规划问题。

(2) 机场布局

机场的等级及规模，根据机场的用途和适用的主要机型，我国民航机场共分为四级。机场一般由飞行区和服务区两部分组成。飞行区是机场的主要组成部分，其作用在于保证飞机起飞和降落以及在机场区飞行的安全，它包括跑道、滑行道、停机坪等建筑物所占用的全部场地和机场净空区。服务区与飞行区紧密相连，并设有保证航行业务与运输业务的建筑及设备，包括为客货服务的厂房、仓库和装卸设备等，为来往飞机进行技术服务和停放、修理的材料库、飞机库、修理厂等，起飞和着落指示方向和保证航行安全的标志、信号、通信设备等，为供客货往来和转运的公路、铁路支线以及行政管理用房等。机场布置的技术要求见表 5.4。

表 5.4 机场布置的技术要求

| 机场等级 | 用途 | 日起飞次数 | 跑道(m) | | 净空(km) | |
|---|---|---|---|---|---|---|
| | | | 长度 | 宽度 | 侧宽 | 端 |
| 特级 | 国际国内特大型飞机 | ≥101 | 3 200 | ≥60 | 2 | >20 |
| 一级 | 国际国内远程航线 | 50~100 | 2 700 | ≥52 | 2 | 20 |
| 二级 | 国际国内中程航线 | 21~50 | 2 000 | ≥45 | 2 | 20 |
| 三级 | 短途航线 | 11~20 | 1 400 | ≥40 | 2 | 14 |
| 四级 | 地方航线 | ≤10 | 400 | ≥30 | 2 | 4 |

(3) 机场用地选择和布局要求

机场位置选择应满足以下条件：有充分的机场用地，合理设置跑道位置；考虑自然条件，满足净空要求;机场最适宜坡度为 0.5%～2%,最大允许坡度为 2%～3%;地基条件良好,少暴雨、大雾和鸟类,净空区内人工和自然障碍物的高度均有一定限制,在 1 500 m 内小于 8 m,5 000 m 内小于 200 m。与城市有合理的间距,既不影响城市环境,又能在 30 分钟内到达城市,一般要求机场距城市 10 km 以外 40 km 以内,距离过近或过远均不合适;与机场导航通信影响的干扰源保持一定的距离。水文地质条件要好,并注意风向、风频、风速和雾时能见度。为保证飞机可以从空中自由降落,场地高度要和周围地区相同或高一些,不宜位于盆地或低地。

在机场布局上应注意下列要求:由于飞机要求逆风起飞或降落,跑道应顺着当地的主导风向,并位于城镇的两侧,以避免在上空起飞和降落;机场与城镇之间应保持一定距离,既要考虑干扰,保证净空要求,又要便利旅客来往和货物转运,因此,民用机场与城镇之间不能过近或过远,以 10～20 km 较为适宜,最好不要超出 40 km;由于飞机起飞与降落的噪音很大,因此,在机场附近不宜布置生活区和精密仪器工业区,而且机场也不宜邻近环境污染源和排烟量大的工业区,以保证飞行的能见度条件;机场通往城镇的道路要求便捷通畅;不要与铁路线平交、也不宜与繁忙的公路混杂,并注意沿线的绿化与市容。

(4) 空运地面设施用地面积概算

空运地面设施用地有飞行区用地和服务区用地两部分,这两部分用地之和就是机场的用地面积,机场的用地面积一般都比较大,大型机场通常超过 1 000 hm²,一般机场也达到 200～500 hm²,我国民用机场用地面积见表 5.5。

表 5.5 我国民用机场用地面积参考表(单跑道)

| 机场等级 | 用地长度<br>(m) | 用地宽度<br>(m) | 用地面积<br>(hm²) |
| --- | --- | --- | --- |
| 特级 | 3 200 | 800 | 256.0 |
| 一级 | 2 400 | 700(精密跑道) | 168.0 |
| 二级 | 2 400 | 500(一般跑道) | 120.0 |
| 三级 | 1 700 | 600 | 102.0 |
| 四级 | 550(土面)<br>500(有道面) | 550<br>500 | 30.2<br>25.0 |

## 5.3 耕地规划设计

### 5.3.1 耕地规划设计目的、意义与内容

1) 耕地规划的目的、意义

耕地是最宝贵的农用地,是土地利用的最基本形式。人们依赖耕地获得粮食、棉花、蔬菜、工业用的农产品原料和畜牧业用的饲料等;耕地的供给从对自然条件的要求来看是客观存在的量,具有一定的限度,但从社会经济和科学技术对耕地的作用以及生物工程的进展情况来看,耕地的客观存在量是可以变化的,正因为如此,在不同的历史阶段,耕地供给的数量是不同的,只要耕地的供给不能满足需求,即使在理论上不适宜种植农作物的土地,也会被开垦。而耕地的需求主要决定于社会经济发展的水平和人口的发展状况,耕地的需求往往

对耕地的开发利用具有极大的影响,在耕地供给与需求不能平衡时,往往需要通过调整供求以达到供需平衡,因而合理地组织耕地是土地规划的一个重要内容。

耕地作为一种生态经济系统,具有人工性、高产性、综合性和异质性的特点,改善其平面结构、垂直结构、时间结构和食物链结构,对提高耕地的生产率和利用效益意义较大。耕地规划就是在已确定的基本农田保护的前提下,合理组织耕地利用,以正确地解决供需矛盾,故耕地规划意义重大。

(1) 耕地规划是可持续利用耕地的保证,通过耕地规划可以实施农作物结构优化、合理布局农作物,做到用地与养地相结合,持续不断地提高农作物单产水平。

(2) 耕地规划为提高劳动生产率创造了良好的土地条件。通过规划将耕地上田、沟、渠、路、林合理地组织起来,为采用先进的农业技术和装备,有效利用农机具和畜力,正确组织劳动和生产过程,创造了良好的秩序,有利于提高劳动生产率,也可减少田间农业建设用地的数量,从而提高土地利用率。

(3) 耕地规划为提高土地生产率和土地利用率创造了良好的条件。通过耕地规划可以合理地进行农田基本建设,改善种植业的生产条件,提高土地生产率。

2) 耕地规划的内容

耕地规划包括:耕地组织形式的确定;作物种植区(轮作区)种类和数目的确定与规划;耕作田块(或轮作田区)的规划;田间渠道规划;田间道路规划;护网林带的规划;机井合理布局等。

### 5.3.2 耕地组织形式与规划设计

1) 耕地的组织形式

耕地组织形式就是落实作物种植结构和轮作制度的耕地利用方式。一般来说,至少是由土地的基本种植单位(种植区或轮作区)、基本耕作单位(耕作田块或轮作田区)和服务于种植和耕作的田间道路网有机结合而构成。也即各耕地组织要素在空间上有机的、有规律的组合所表现出的形式就是耕地组织形式。目前在我国耕地组织形式基本上有以下三种类型:

(1) 以定区轮作为中心的耕地组织形式

即根据一定的轮作制把耕地划分成轮作区,有大田轮作区、蔬菜轮作区、畜牧场附属轮作区等,在轮作区内再按作物的一定轮换顺序划分成轮作田区,以实行作物在空间上和时间上的轮作种植。为了落实作物布局和种植结构,将耕地依据轮作周期的年限划分成若干个面积基本相等、土壤肥沃度近似的轮作田区,所谓轮作田区系指作物轮换种植的基本单元,在该单元之间按照既定的顺序,在时空上轮换种植作物。

轮作田区组织形式保证轮作田区之间存在时间和空间上的联系,每个轮作田区种植的作物顺序是既定的。

实施以定区轮作为中心的耕地组织形式应当具备下列条件:具备本地区科学的轮作制度;种植计划比较稳定,年际间作物种植面积变幅不超过 5%~10%;土地使用范围稳定和产权明晰,土地集中连片,农用基本建设标准高。

轮作田区组织形式的不足之处是它对于作物种植计划变动的适应性和灵活性较差。为了完善这种形式,建议不把全部耕地划入轮作区,而是划出约占耕地面积 5%~10% 的耕地或在轮作区中预留 1~2 个田区为机动地段,以便安排临时性的种植计划和种植小品种作物。

(2) 以划块轮作为中心的耕地组织形式

要根据作物生长特性和用地要求,在耕地范围内划分作物种植区(如水稻种植区、蔬菜种植区、棉花种植区、饲料种植区等),再在区内划分若干耕作田块。以每个耕作田块为单元按既定的顺序轮换种植作物。这种形式与轮作田区组织形式的区别在于耕作田块内种植的作物可依据同一种轮作方式,也可以不同的轮作方式轮作,但必须符合前后茬作物轮作的要求;耕地田块之间种植的作物不存在有机联系,实施耕作田块组织形式要求根据需要和前后茬作物的特性,逐年安排每块田的作物种植。

在生产经营规模不大的条件下,以划块轮作为中心的耕作田块组织形式有灵活机动的特点,但其不足之处在于易造成年际间作物种植比例不稳定,作物配置较分散,不便于机械耕作和计划管理。

(3) 以定区轮作和划块轮作相结合的耕地组织形式

即在大部分土地上(70%~80%)实行定区轮作,一部分土地上(20%~30%)实行划分作物种植区和以划块轮作为中心的耕作地块组织形式,以适应市场变化的需要。因此,上述耕地组织形式要因地制宜加以确定。

2) 耕作田块和轮作田区的规划

耕作地块(即耕作田块)是人、畜力和农业机械为从事农作物生产,实现劳动过程的基本耕作单位。是以田间道路、护田林带、末级固定渠道所围成的地段,是进行田间耕作、生产管理、轮作倒茬和平整土地的基本单位。在耕作地块上同一生长季内通常是种植一种作物。轮作田区是基本轮作单位,它可以与耕作地块结合,也可以一个轮作田区包括几个耕作地块,在具备田间灌溉设施的条件下进行轮作。灌水地段是指末级固定渠道(农渠)所控制的地段,它通常与耕作地块相结合。

(1) 耕作田块规划

耕作地块是最基本的耕作和管理单位,耕作地块在土壤组成、地形条件等方面应适于所配置作物的生长和发育的要求,在外形、边长和方向方面应便于合理耕作、合理灌溉等农业技术措施的实施。它的规模、长度、宽度、方向、形状等要素规划的合理与否直接影响到田间灌排渠系、护田林带、田间道路等作用的发挥以及机耕的效率和田间管理的方便与否。所以正确规划耕作地块是耕地规划的一个十分重要的问题。

① 耕作田块的长度

为了充分发挥耕作工具的效能和实现合理的耕作,适宜的田块长度对提高机械作业效率、合理组织田间生产过程、组织灌水和平整土地意义较大。为了提高拖拉机组的工作效率,要求耕作田块具有一定的长度,田块愈长,则拖拉机在地头空行转变的次数相对地减少,工作效率也愈高,耗油量也随之减少,机件磨损也小,而且在地头损坏作物也少。而以人力耕作为主的地块规模就不能太大,因为这样会引起劳力在劳动过程中的疲倦,也不便于实现各种人力作业。

其次,要考虑灌溉的要求,在灌区,耕作田块即灌水地段,要根据末级固定渠道要求的适宜长度及控制的面积来确定田块的长度。如农渠愈长,流量必须相应加大,才能提高田间灌水利用的系数,而流量加大,就要扩大渠道断面,改变渠道级别。渠线过长,既增加渗漏损失,也不便于输水,所以农渠不能过长,据试验,一般在 400~600 m 左右。

田块的长度为 500~800 m 或更长一些。在平原地区田块长些,而在丘陵地区要短些;在旱作地区可长些,而在灌区则短些。

② 耕作田块的宽度

耕作地块的宽度在机耕作业条件下主要取决于地段的面积和在该条件下最适宜的长度,但也要考虑作物组成、耕作方法和机组类型。在平原地区机械化水平较高条件下,田块的宽度要便于机组顺利作业,在划分作业小区进行耕作时,田块宽度最好为作业小区整数,由于各种机组的工作幅宽不同,所以在具体确定田块宽度时,可以参照当地使用量最大的机组的工作幅宽的整数倍来定。

灌区田块的宽度即末级固定渠道的间距,据试验以 200 m 左右为宜,最大不超过 300 m,以便于水稻田的灌溉管理。田块过宽,往往使田块内小地形不一致,增加平整土地的工作量。

风害地区要考虑护田林带的间距,主林带沿田块长边配置,其间距即为田块的宽度,林带的间距取决于有效防护距离,一般为树高的 25~30 倍,若树高 10~12 m,护田林带间距则为 250~350 m。

综上所述,在平原地区田块宽度可在 200~400 m 左右,水稻田可窄些,旱地水浇地可宽些。

③ 耕作田块的规划

根据耕作地块的适宜长度和宽度,耕作田块的规模大致为 150~200 亩。反之,在一定的独立地段上,由于面积已定,也限制了地块的长和宽,所以地块的长宽和规模是相互制约的。

在不同地区采取不同经营方针,种植不同的作物种类的条件下,一般在平原机械化旱作地区,为发挥机械效率,要求地块具有较大的规模,而在丘陵水田地区,规模就不可能太大;在水稻田内还要进一步划分格田,以便精细平整土地,稻田规模一般在 5~6 亩,长度为 50~150 m,宽度为 20~40 m。

④ 耕作田块的外形

为了给机械作业和田间管理创造良好条件,田块的外形要力求规整,尽量做到:田块最好是长方形、方形,其次是直角梯形、平行四边形和多边形;田块的两个长边要呈平行和直线;不能把梯形和平行四边形田块的短边设计得过斜,不能把田块设计成形状不规整的三角形和多边形。在不规则外形的地段上划分耕作地块时,要力求外形规正(见图 5.5)。

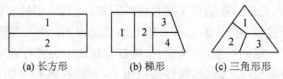

图 5.5 不同形状地段田块设计

⑤ 耕作田块的方向

耕作田块的方向要考虑以下要求:

a. 为作物生长发育创造良好的光照条件。田块方向应保证作物从早到晚能吸收尽可能多的光热。夏半年太阳照到东西行向的株间的时间比南北行向的株间要长,温度也较高,这对春播和喜温作物有利。夏半年作物东西行向种植有利。

b. 有利于机械作业和保持水土的要求。在坡地上,地块的方向影响到地表径流的大小和冲刷量,为提高机具的使用效率,在坡地上应横坡种植和横坡耕作,因此,田块方向应沿等高线方向配置,而在土壤粘重和过湿的情况下,地块的长边应沿着等高线呈一定角度布置(见图 5.6)。

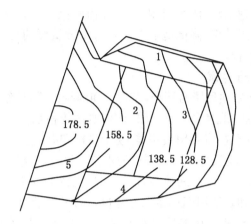

**图 5.6　田块沿等高线布置**

c. 有利于降低地下水的要求。在盐渍土地区,降低地下水位,排碱洗盐是生产中的关键问题。所以末级排水沟,应垂直于地下水的流向布置,其截排地下水的效果最好。所以应使耕作田块的长边垂直于地下水流向。

d. 有利于防风要求。一般主林带设在耕作田块的长边上,为了达到最好的防风效果,应使主林带与主害风方向垂直。所以在设有林带地段上,耕作田块的长边应与主害风方向垂直或接近垂直。

e. 有便利的交通运输条件。要使耕作田块的方向与居民点的位置间保持最短的距离和最便利的交通条件,避免由于田块方向设计不合理引起绕道而行。

f. 耕作田块的质量组成。要求耕作田块内土壤一致,坡向和坡位也一致,这样才能使同一田块内土壤耕性和土壤肥力一致,从而使作物生长整齐一致,便于同时进行作业,采用相同的耕作方法和获得较稳定的产量。

综上所述,设计耕作田块时受许多因素的影响,而它们之间互相影响,相互制约,应根据不同地区的特点,抓住主要矛盾,首先满足主要要求,综合考虑其他要求,使耕作田块得以合理配置。

(2) 轮作田区规划

在采用轮作区的组织形式时,要规划轮作田区,其规划要求与耕作地块的规划要求相似。不同之处是,轮作田区要求田区之间面积的均衡性,不论是在一个轮作田区即一个耕作地块,或一个田区地块,都要满足田区面积均衡的要求,以保持各种农作物的播种面积,从而获得均衡的产量和花费一定的劳动力、肥料、种子以及需要相对稳定的农机具、运输工具等。设计的田区面积要求尽可能相等,但在实际工作中,由于地形、地物等条件的影响,田区面积不可能等大,必须允许田区面积有一定的差异,否则在地形割裂的情况下,为了使田区面积相等,势必造成一些划入或划出单独的、不便于耕作的小地段。所以允许有差别。一般来说,经济作物轮作区面积允许误差为3%~5%,旱作轮作区可达5%~7%,而水稻轮作区可增至7%~10%。

### 5.3.3 田间灌排渠系设计

田间灌排渠系,又称田间工程,一般系指末级固定渠道、沟道及其所围成的耕作田块内的临时渠道(毛渠、毛沟、输水沟、灌水沟、畦等),即田间调节网。合理布置田间灌排渠系对于实现合理耕作,提高灌溉效率,降低地下水位有着十分重要的意义。各地条件不同,田间渠系的组成和布置也不一样。

1) 田间渠系规划的要求

(1) 要与其他有关规划项目紧密配合,布置田间灌排渠道,要结合田块、林带、道路的设计进行综合考虑,统一安排,既使各个项目设计合理,又使相互之间协调一致,一般应将田间沟、渠沿田块界线按直线配置,做到田块规整,便于耕作和灌排。

(2) 布置田间渠道,应注意与上一级渠道的水位衔接,以利灌溉和排水。

(3) 既要考虑地形条件布设田间渠系,也要满足机耕的要求。同时要尽量利用田间原有工程设施,以减少修渠和修建田间小型水工建筑物的工程量和财力消耗。

(4) 渠系布置要因地制宜。因各地自然条件不同,各种作物的要求不同,田间灌排渠系的组成和布置也有很大差别,必须根据具体情况进行合理布置。

2) 平原地区

田间灌排渠系的布局形式如下(见图5.7):

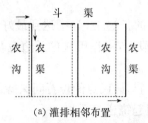 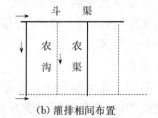

(a) 灌排相邻布置　　　　　　(b) 灌排相间布置

**图5.7　田间灌渠系布置形式**

(1) 末级固定渠道(农渠、农沟)的布置形式

灌排相邻布置即灌水农渠与排水农沟相邻布置。农渠从一面灌水,农沟也只承泄一面来水。这适用于一面坡地形的地区,这种形式的优点在于可以利用挖排水渠的土方来修建渠道,节约地区性土方量;其次,在排水沟间距一定的情况下,田面可宽些,有利于机耕。但缺点是灌排渠道靠近,其水位差易引起排水沟的坍塌,在盐碱地区,不利于脱盐。

灌排相间布置,即农渠向两侧灌水,农沟承泄两侧的排水,这适用于小地形起伏的地区,农沟布设在低处,这种形式的优点在于两面排水有利于促进土壤脱盐和淡化地下水;其次减少渠道的渗漏损失。但缺点是修渠的工程量较大,减小了田面宽度,不利于机耕。

(2) 田间临时渠系的布置形式

① 纵向布置。灌溉水从毛渠通过输水沟进入灌水沟、畦的方向一致,为田间灌溉创造良好条件。

② 横向布置。灌溉水直接从毛渠输送到灌水沟、畦。毛渠布设方向与灌水沟、畦的方向垂直,这样布设使灌水沟、畦沿地面最大坡度方向,以利于灌溉。

在水田地区,种植水稻多采用淹灌法,为了便于淹灌,将灌水地段由毛渠所控制的范围内用田埂分隔为若干格田,每个或每组(每组不多于 4~5 个)格田进行精细地平整土地,并且具有独立地的进、泄水口。

3) 山丘地区

南方山丘地区的耕地根据地形特点及所处部位,分为冲田、旁田、岗田三种类型,冲田为介于两个山岗之间的低平地,旁田是冲岗之间坡地上的耕地,岗田为位于岗顶上的耕地。

冲田地势低洼,地下水位高,易涝易渍,应以排为主,结合灌溉。在小冲田,一般不开冲心沟,在坡水大的一侧开排水沟,在坡水小的一侧开排灌两用渠。旁田地面倾斜,坡度较大,多等高修成梯田,旁田怕旱,应以灌为主结合排水,一般采用斗、农两级渠道。斗渠平行于等高线布置,农渠垂直于等高线布置,在地面坡度较平缓的旁田,每隔两块田开一条农渠,每一层田做一个小的控制建筑物,以便逐丘放水,渠尾通排水沟。

地面坡度比较陡的旁田,每隔 4~6 块田开一条农渠,两条农渠之间用临时毛渠连接进行灌溉,以节省建筑物并有利机耕。

岗田地势高,主要怕旱,一般沿岗脊布置斗渠,在斗渠两侧开农渠,排灌结合,在岗头部分视地形及地块的宽窄可分两种形式:① 宽岗头,农渠垂直于等高线布置,毛渠则沿等高线呈水平方向布置,格田(畦田)呈长方形。② 窄岗头,斗渠垂直于等高线布置,农渠也垂直于等高线,此时毛渠沿等高线随弯就势布置,格田(畦田)呈扇形。

4) 低洼排水地区

末级固定排水沟的间距与深度直接影响到排除地表水的速度,降低地下水位的深度,以及土壤脱盐程度,在确定排水沟的深度与间距时要满足作物对地下水埋深的要求。不同的作物对地下水埋深的要求不同,一般在生长期要求地下水位距地面 0.7~0.8 m 以下,再考虑地下水位的曲线影响和排水沟内的流水和淤积情况,再加 0.3~0.5 m,即要求地下水埋深为 1.0~1.5 m。其次要考虑当地土壤的理化性质和水文地质条件,使沟深与沟距相适应。一般沟愈深,沟距就可以愈宽,反之就窄。在不同土壤条件下,土壤渗透性好的,排水沟的间距就大些,反之则小。在非盐渍土地区,一般沟深 1.0~1.5 m,沟距可采用 200 m 左右。在盐渍土地区,为了排盐,间距要适当缩小。

5) 井灌区

在地面水比较缺乏而地下水资源很丰富的地区,应积极开发利用地下水,发展井灌事业,机井要合理布局,以免发生井多井密,引起各井互相争水,使打井投资大而灌溉面积和灌溉效益小,另外由于机井布局不当,也会影响机械作业和田间管理。合理布局机井,要解决井数、井距和井位等问题,为此应根据水文地质勘探所提供的资料,如地质构造、含水层组成、地下水流向等资料来确定。

6) 暗渠规划

在抽水灌溉时,当渠水含沙量较小,不致发生淤塞时,地下管道可代替田间渠道,暗渠是将压力水从渠道送到渠尾,通过埋设在地下一定深度的输水渠道进行送水,由渠首、输水渠道、放水建筑物和泄水建筑物等部分组成。一般多采用混凝土管道、灰土夯筑管道、瓦管,也有用块石或砖砌成的。暗管输水的优点是:① 节约耕地,便于机耕,据调查,铺设 100 m 暗管,可节省耕地 0.4 亩,同时又便于耕作;② 省水,地面渠道输水损失很大,而地下管道,只要将两管接缝做好,损失就很小,一般可节约用水 30%~40%;③ 省工,省去了年年维修临时渠道的用工量,而且一经建成后,也不需年年修整,灌水时也可节省大量人力。但其缺点是造价较高,要求有一定的工作水头,清淤不便。地下渠系规划时应考虑以下要求:

(1) 渠首取水建筑物应布置在灌区地势高的一侧的中部,以缩短渠线长度和降低各分水井的高度,降低造价。因为取水建筑物地势高,就使地面线与压力水头线呈一个趋势降落,各分水井的高度就低。

(2) 地下渠线要直,避免弯道和垂直起伏,弯道会增加渠线长度和连接难度,使水流阻力加大,而垂直起伏还会在管道弓形处形成气泡,缩小过水断面。为排除此种影响,就要加设排气阀或排气管,同时要增加成本。

(3) 地下渠道在布置上应注意以下几个方面的结合:渠路结合,渠道选线应结合道路,可以位于道路中心线以下或偏于一侧;将路、沟、渠同线布置,上灌下排;与喷灌相结合,为喷灌水源,采用定点设井或定点设置给水栓的方式,当将喷头直接装设于高压地下渠道的分支管道上进行喷灌时,地下渠道就构成了喷灌输水系统的一部分;明暗结合,在旧灌区改建为地下渠道时,为采用明暗渠道结合,由上一级暗渠接入下一级明渠放水到田,如水稻种植区可采用此法。

(4) 合理配置各种渠系建筑物,压水池是渠首的进水建筑,对于灌区地面具有一定的势能,要求池顶高程比渠首水位加高 0.5 m。分水建筑物,又称亮井,从一个管道向两个以上管道分水时,必须设置分水井,分水井与道路结合布置时,可以布置在道路的中间,也可以布置在道路的旁边,前者井内的闸门启闭丝杆不可伸出井外,且需加高路面,使之与井口齐平,并加上盖子,盖上面留通气孔。当压力水头超过地面高程 0.5 m 时,不宜采用。后者虽增加一点弯道水头损失,但有利交通,方便管理,同时可根据压力水头要求,加高井壁,所以现在多采用这种方式。分水井的间距可根据分水要求、清淤修理要求及管径大小、水压力等情况决定。

### 5.3.4 田间道路规划

1) 田间道路的特点

田间道路是一项与土地不可分割的农田基本建设项目,是居民点、生产中心与农田之间联系的主要纽带。为了顺利地进行田间作业,合理地组织生产,必须规划田间道路。妥善地布置道路,使之便于生产和交通,对提高劳动生产率有重要的作用。

2) 田间道路的种类

根据道路的用途和运输量,田间道路分为以下三种:

(1) 主要田间道路。是由乡(镇)通往各村或主要居民点的道路,供拖拉机和车辆行驶,服务于几个村,在旱作区路宽 6 m 左右,水田区要窄些。

(2) 田间道路(横向道路)。是由居民点通往田间作业的主要道路。供拖拉机组直接下地进行作业之用,田间道路主要沿田块短边布置。除用于运输外,还起田间作业供应线的作用,路面宽 5~6 m,服务于一组田块。

(3) 田间小路(纵向道路)。是联系主要田间的道路,主要起田间货物运输的作用,服务于 1~2 个田块,路宽 3~4 m 左右,一般多沿田边长边布置。田间道路网占地面积一般应控制在土地总面积的 1.5%~2% 之间。

3) 田间道路设计的要求

(1) 田间道路应保证居民点、生产中心到农田具有方便的交通联系、路线直、运输距离短,可以顺利到达每一个轮作田区或耕作田块;要注意道路与田块、林带、渠道等项目的正确结合。

(2) 考虑农业企业的特点,要在企业内形成一个有机联系的道路体系,以适应农业现代化的要求。

(3) 根据我国农业生产的特点,要尽可能节省土地,例如利用林带遮阴带做道路,渠堤兼做道路等。同时应节约基建投资,充分利用原有道路及其建筑物。

(4) 田间道路选线应和农村主干道路有机的结合在一起,组成统一的农村道路网。田间道路的平、纵、横三方面应满足道路路线设计的技术要求。

(5) 田间道路应在坚实土质上,减少道路跨越沟渠,避免低洼沼泽地段,尽量减少桥涵等工程建筑物。田间道路的纵坡度一般在8%以下。

### 5.3.5 农田防护林设计

农田防护林设计是农地整理设计的一项重要内容,应与田块、灌排渠道和道路等项设计同时进行,采取植树与兴修农田水利、平整土地、修筑田间道路相结合,做到沟成、渠成、路成、植树成。农田防护林可以降低风速,减少水分蒸发,改善农田气候,减轻风沙和干旱灾害,促进农业稳产高产。在规划中要合理地确定林带的方向、间距、宽度、结构、树种的选择与搭配、交通口的设置等问题。

1) 林带方向

大量实践证明,当林带的走向与风向垂直时,防护距离最远。因此,根据因害设防的原则,护田林带应垂直于主害风方向,一般沿田块长边配置,副林带垂直于主林带一般沿田块短边配置。纵横交织构成网状,这样既能防止主害风,又能防止其他方向次害风危害。害风一般指对于农业生产能造成危害的5级以上的大风,风速大于等于8 m/s,因此,要确定林带的方向,必须首先找出当地的主害风向。

2) 林带间距

林带间距大小,决定于林带的有效防护距离,这种距离与树的高度成正比,与林带的结构也有关。林带间距过大过小都不好,如果过大,带间的农田就不能受到全面的保护;过小,则占地太多。因此,林带距离最好等于它的有效防护距离。有效防护距离,应根据当地的最大风速和需要把它降低到什么程度才不致造成灾害,以及种植树种的成年高度为依据来确定。据大多数实地观察,背风面一般为树高的15~20倍,迎风面为树高的2~5倍,若树高为10~16 m,则防护距离为170~400 m,可根据不同地区的风沙大小、土壤情况,树木生长的稳定性和高度等情况来确定适宜的间距。除此之外,主林带的间距,一般沿田块的长边设置,副林带沿田块的短边设置,其间距即田块的长度,一般为500~1 000 m,主副林带一起形成林网,每网眼面积约为125~600亩。

3) 林带宽度

林带的宽度对于防护效果有重要的影响,同时宽度的增减对占地多少又有直接的关系。因此,林带的适宜宽度的确定,必须建立在防风效率与占地比率统一的基点上。实践证明,宽林带往往形成紧密结构,占地多,防护效果差。且多行林带的中间行树木,因营养面积不足,常发生枯死现象,故林带并不是愈宽愈好,当然太窄的林带也影响树木的生物学稳定性。

农田防护林的栽植密度,尤其是行距直接与林带宽度有关,它影响林带生长发育的好坏、稳定性的高低和防护林作用的大小,适宜的栽植密度与树木的营养面积有关,必须保证主要树木有其需要的足够的营养面积,因此近年来造林密度趋向于稀植,一般采用乔木林行距为 $2\sim4$ m,株距为 $1\sim2$ m。

在农田防护林带设计中应尽量做到少占耕地而又达到最大的防护效果,所以林带占地比率要适宜,据调查一般占地比率为被防护地区的 $1.5\%\sim3.5\%$。

4) 林带结构

林带结构是指造林类型、宽度、密度、层次和断面形状的综合体。一般采用林带透风系数,作为鉴定林带结构的指标。林带透风系数即林带背风面林缘 1 m 处的带高范围内平均风速与旷野的相应高度范围内平均风速之比。林带透风系数在 0.35 以下为紧密结构,$0.35\sim0.60$ 为稀疏结构,0.60 以上为通风结构。

紧密结构,由乔木、亚乔木、灌木组成,三层树冠,树叶茂密,几乎不透风,大部分气流从林带顶部越过,风速减弱 $59.6\%\sim68.1\%$,防风距离较短,带内和林缘易引起积沙,不便耕作。农田防护林不宜采用这种结构。

稀疏结构,由数行乔木和两侧各配一行灌木组成,风速减弱 $53\%\sim56\%$,其防风距离较紧密结构为大,而且不会在带内和林缘造成积雪和淤沙,所以在风沙严重地区,可采用此种结构。

通风结构,只由乔木组成,不搭配灌木,其防风距离最大,风速平均降低 $24.7\%$。所以风害地区多采用这种结构。但在带内和林缘处风速大,易引起折树和近林带处风蚀。

从林带的横断面来看,对于稀疏结构林带来说,最好的断面形状是矩形。

5) 树种选择和搭配

树种选择适宜与否影响树木正常的生长发育,树种的搭配则影响林带的结构,所以树种的选择和搭配都直接影响防护林带的效益。

选择树种主要考虑气候和土壤等因素,不同的树种适应不同的气候条件,例如加拿大杨、刺槐适宜比较暖和的气候,引种到寒冷处就不能生长,所以要根据不同树种以至品种的差异,根据适地适树的原则来进行选择。

在树种搭配上不宜采用多数乔木树种进行行间和株间混交的搭配方式。这种形式由于不同树种生长速度不同,生长慢的受到抑制。形成不整齐断面形状,有的甚至只残留一两行乔木,起不到应有的防护作用,所以,条林带只适宜采用单一的乔木树种。

6) 交通口的设置

林带的交接处要设置交通口,此外每隔 $400\sim500$ m 设一宽 $6\sim7$ m 的交通口,两条林带交通口的位置要错开排列,以免形成强的空气流。

7) 田、沟、渠、路、林结合配置形式

田、沟、渠、路、林等项目在规划中必须综合考虑,正确结合,首先在项目上要配套,即该灌溉的应有灌渠,该排水的应有排渠,该防风的应有林带;其次为了实现生产过程必须有道路等,各项目在空间配置上要正确结合,在不同的气候、地形条件下,种植不同的作物,要有不同的结合形式。

确定不同条件下田、沟、渠、路、林结合形式的基本原则是:便于田间耕作;充分发挥田、沟、渠、路、林的作用;尽可能节约用地;尽量减少田间交叉工程的设置,降低基本建设投资。

### 5.3.6 耕地规划设计方案及其评价

在实际耕地规划设计工作中,道路、护田林带、灌排渠道和田块等各项目间是互相联系、互相制约的。田、沟、渠、路、林的配置有各自的要求,而且有的要求可能相互间有矛盾,这就要根据不同地区的自然、经济条件,因地制宜地确定田、沟、渠、路、林的结合形式,进行综合规划设计。

1) 耕地规划设计方案

耕地内部规划设计方案,与规划地区的自然条件有密切关系,在不同的地形条件下,设计方案上也有差别。主要内容有:合理配置作物种植区和轮作区;确定公路或居民点相连接的主要田间道路网及干渠相连接的支、斗渠的配置;综合考虑林带的防风要求、向田间及时输水和排水的要求、作物种植方向的要求来确定田块的配置方向;配置护田林带和田间道路网。在地形复杂的条件下,主要是防止水土流失和减少地表径流,同时也考虑为机械作业和采用先进农业技术措施创造条件,其设计内容主要有:配置作物种植区和轮作区;考虑自然地形割裂地段上适宜划分几个田块;确定各种水土保护林带的设置;根据地形特点和等高线方向,确定合理的耕作方向;结合林带、田间渠系配置耕作田块;配置田间道路。

2) 耕地规划方案的评价

耕地规划方案的评价,要求尽可能改善农业生产条件,为采用先进农业技术措施创造良好条件,不断提高土壤肥力,保证作物稳产高产。为合理组织劳力,有效使用农业机械创造条件,保证不断提高劳动生产率,降低成本。其规划项目的评价指标有:地块规模、平均作业长度、地块的平均坡度、地块作业方向坡度、地块的土壤组成(种类和比例)、地块的适宜方向、地块的外形(不规则开头形状所占比重)、地块至居民点的平均距离、责任田的固定方式及分散程度和下地距离。田间灌排渠系,占地面积、投资大小、水的有效利用率、排水效果。田间道路的间距、占地面积、投资、附设工程建筑物投资、年度维修与折旧费。林带的有效防护面积、占地面积、增产效果、造林费、回收期等。

耕地规划方案的综合性评价指标有:

(1) 对耕地的保护:耕地保护率、耕地复垦率。

(2) 田、沟、渠、路、林的综合配置:节约占地,减少田间交叉工程物,减少基建投资、折旧费及修理费等。

(3) 合理的作物结构及轮作方式:用养地结合、肥料平衡、完成国家计划任务。

(4) 合理组织劳动,减少空行及运输费用。

(5) 概算规划后农作物单产提高、人均收入、人均粮食占有量等方面的变化情况。

(6) 林带资源的综合利用:例如提供饲料、中草药、工业原料、绿肥以及利用林带养蜂、养蚕等。

## 5.4 水利工程用地规划设计

水资源是人类和一切生物赖以生存的必不可少的自然资源,随着经济的发展,水资源的供需矛盾越来越突出,水资源短缺已成为不少国家和地区可持续发展的主要障碍。就农业而言,农业灌溉用水占水资源利用的比例很大,水资源的数量及分布对农业生产至关重要,水利是农业的命脉。因此,如何合理利用水资源,兴利除害,防洪治涝,搞好水利规划,意义重大。

### 5.4.1 水利工程用地的类型与规划的内容

1) 水利工程用地的类型

水利工程是指为控制和利用水资源,以达到除害兴利目的而兴建的各项工程总称。水利工程用地类型如下:

(1) 防洪工程。防洪工程是通过修建水库、分洪或蓄洪工程和堤防、河道整治、开挖新河等以保护城市、工矿区和农田免遭洪水危害。防洪工程主要根据防洪对象的要求,综合考虑河流上中下游两岸、干支流、近远期和大中小工程相结合等因素,确定防洪任务。

(2) 灌溉工程。灌溉工程是通过修建蓄水、引水、提水工程,为农作物提供必需的水量,灌溉工程应考虑蓄、引、提相结合,充分利用当地水资源。

(3) 治涝工程。治涝工程是采取设置排水闸、排水站或挡潮闸等工程措施,来治理洼地、垸田的溃涝灾害。治涝工程应根据农业高产稳产的要求,考虑涝区的地形、土壤、水文、气象、渍涝情况,正确处理大中小、近远期、上下游、泄与蓄、自排与抽排以及工程措施与其他措施等关系,合理确定防涝任务和设计标准。防涝设计标准一般以涝区发生一定的暴雨不受渍涝为准,重现期一般为5~10年。

(4) 水力发电工程。即利用水能发电的工程。水力发电工程、引水式电站和抽水蓄能式电站,应根据工农业用电需要、综合利用要求和电站建设条件,合理确定水电站的规模,其规模的大小应根据装机容量确定。

(5) 综合利用工程。是指一个具有多种功能的工程。如灌溉工程还可承担向城市和工业输水的任务。

水利工程按性质和服务对象还可分为:河流开发利用和治理工程,农业水利工程等。

2) 水利工程用地规划的内容

水利工程用地可分为水利骨干工程(如水库)用地和田间工程用地两种类型,前者为非农业用地,属于基本建设范畴,后者为农地规划的内容,水利工程用地规划内容大致包括:水资源类型及其开发利用方式;供水工程用地规划;排灌工程用地等规划。

### 5.4.2 水资源的类型与水土资源平衡

1) 水资源的类型及其开发利用方式

水资源通常是指逐年可以得到更新的淡水数量,它是一个动态的不可替代的资源。其类型可按存在形式、形成条件、利用程度、利用方式等方面来进行分类,主要有地表水、地下水、海水、城市污水和工业废水等几种类型,它们的补给来源都是大气降水。在进行土地利用规划时必须充分考虑利用大气降水,蓄保地表水,合理开发地下水。

(1) 地表水

地表水包括河川径流和当地地面径流,河川径流指江河来水,其集水面积比较大,水源丰富,是重要的水资源类型。但河川径流水情,随时间变化大;当地地面径流是指规划区内或附近地区因降雨而产生的径流,主要用作灌溉水源,在一些丘陵、山区,当水源比较充足时，可以通过建筑水库，进行蓄水发电。地面径流的特点是受季节影响大，雨季径流多、旱季径流少。无论在平地或是山区都可以选择适当地点兴修塘库，将地面径流蓄积起来用作农田灌溉。

(2) 地下水

地下水是指除河水、湖水、海水等地表水以外，埋藏在地表以下的，运动和储存在土层和岩层空隙中的水源总称。其主要来源是大气降水渗入地下而形成的，它是干旱半干旱地区的主要水源，既可用作灌溉水源，又可用作工业用水和城乡居民生活用水。一般受气候、季节影响小；较分散、分布广，开发利用的工程量小，容易施工；受地面污染少、水质良好；地下水开发利用占地少，管理方便，灌溉及时；在地下水位高的地区开发利用地下水，有利降低地下水位。

(3) 城市污水与工业废水

这类水源经过一定处理达到农田灌溉用水水质标准后可以灌溉农田。利用污水灌溉还能增加肥源，改良土壤。

水资源开发利用的方式是多种多样的，水资源的综合利用是世界各国开发水源的一项重要原则，除水力外，还应同时考虑防洪、灌溉、供水、航运、水产、旅游等作用，以及水资源开发对环境和生态的影响。实行综合利用可以保证水资源可持续、高效、合理的为国民经济服务。

2) 水土资源平衡

水土资源平衡就是综合考虑地区水资源的供应能力和需求状况，分析本地区水资源的余缺情况，合理协调水资源的供求关系，以寻求水土资源的平衡。水土平衡计算是一项复杂而细致的工作，往往贯穿于规划的始终，通过水土平衡计划，把来水总量与需水总量加以比较可以发现本地区的水量余缺情况，进一步挖掘水资源的潜力，确定水量调节措施，以达到水土资源的平衡与合理利用，促进经济的发展。

(1) 水土资源平衡的重要作用

① 水土资源平衡是进行水资源的区域再分配，合理利用水土资源的重要依据。

如上所述，各种水资源均来源于大气降水，由于受地理位置（纬度、距海洋的远近、地形等）的影响，大气降水的分布是很不均衡的，这就造成了水资源在地区间的不平衡分布，使得有的地区水多，有的地区缺水。通过各个地区的水土平衡计算，就可以根据地区间的水量余缺情况，进行水资源的区域再分配，以盈补缺，就我国的水土资源组合情况来看，从沿海到内陆，从南方到北方，水资源的数量相差很悬殊，南方湿润多雨，水量多有剩余，北方干旱少雨，缺水十分严重。因此，实现南水北调，水量相济，已成为我国土地资源利用，乃至整个国民经济发展的一项战略措施。

② 水土资源平衡是确定水量调节措施，兴修水利工程措施的基本依据。

通过水土资源计算，如果本地区水量充足有余，就应当考虑向外调水，如果本地区水量不足，就应当考虑从区外引水，并兴建相应的水利工程设施。

③ 水土资源平衡是确定土地利用方式的重要依据。

土地资源的利用是受水资源制约的，通过水土平衡计算，可以根据水量的余缺情况改进土地利用方式，以达到水土资源的最佳配合，若来水量有余，可以根据当地季节、劳力等具体情况，扩大灌溉面积，调整作物布局和轮作制度，以提高土地利用的集约度。反之，就应适当减少灌溉定额,以提高水资源的有效利用率。

(2) 水土资源平衡计算

① 地区水量平衡计算

地区的水资源状况,一般用该地区的水量盈亏来表示,地区水量平衡方程式为:

$$(P+G+A)-(S+E+Q)=\pm\Delta Q$$

式中:$P$——降水量;

$G$——来自外区的地下水量;

$A$——土壤水;

$S$——流至外区的地面径流量;

$E$——总蒸发量;

$Q$——流出该区的地下水量。

当 $\Delta Q$ 为正值表示该地区水量盈余,$\Delta Q$ 为负值则表示该地区水量不足。

② 水量供需平衡计算

水量供需平衡计算要计算来水量和用水量两个部分,来水量指地区内可以利用的一切水源,需水量则指灌溉用水、工业用水、城乡居民生活用水、畜禽用水和水运、水电、水产养殖等需水量。一般来讲,水运、水电、水产养殖对水资源是用而不耗(不包括水体的蒸发),因此,在计算用水量时,可以不包括在内。水量平衡计算可按下列步骤进行:

a. 确定用水保证率

进行水量供需平衡计算时,首先从本地区的水土资源状况出发,选择适合的用水保证率,满足经济合理的要求,如果用水保证率选得过高就会增加水利工程的投资和管理费用,如果用水保证率选得过低则不能满足生产的需水要求。不同的用水保证率和需水定额是不同的,因此,在水土资源平衡计算中,要考虑气象、水源、土地面积、土壤质地、各类作物产量指标和灌水定额等因素,正确确定本地区的用水保证率。一般取中等干旱年作为选择保证率的依据。

b. 来水量计算

来水量包括规划区域内可以利用的一切水资源,如河川径流、当地地面径流和地下水等。

ⓐ河川径流计算

抽水站提水

$$W = 3\,600Qtn$$

式中:$W$——抽水站提水总量($m^3$);

$Q$——抽水站设计流量($m^3/s$);

$t$——抽水站每天开机时间(h),一般取 20~22;

$n$——抽水天数(d);

3 600——单位换算系数。

ⓑ当地地面径流计算

当地地面径流一般是通过修建塘库蓄积起来,以供当地农业灌溉的用水。如水库来水量计算公式

$$W = 1\,000FCP$$

式中：$W$——水库来水量($m^3$)；

$F$——水库集水面积($km^2$)；

$C$——该地区年径流系数，一般为 0.3～0.5；

$P$——年降雨量(mm)；

1 000——单位换算系数。

ⓒ 地下水资源计算

地下水的来源主要是靠大气降水入渗补给，因此，在计算一个区的地下水资源时，可以用分区降水入渗系数估算地下水量。计算公式如下：

$$W = BP$$

式中：$W$——地下水量($m^3$)；

$B$——降水入渗系数，与降雨量、土质等因素有关，在华北地区平均为 0.22 左右；

$P$——降水量(mm)。

ⓓ 调入水量

在以行政区域为单位进行土地利用规划时，规划区往往是一个大型灌区的一部分，这种水量实际上指的是灌区的配合水量，其来水量可按灌区水资源分配方案确定，它不包括流经规划区的过境河流引水。

ⓔ 其他来水量计算

如工业和生活废水等可用水量应根据水质、环境要求、污水处理水平等情况具体确定。

③ 需水量计算

需水量包括规划区域的一切用水，根据上述用水项目逐项进行计算。

a. 居民生活用水

居民生活用水量计算公式

$$W = CP$$

式中：$W$——规划区域内居民生活用水量($m^3$)；

$P$——规划区域内居民人口总数；

$C$——平均每个居民日用水量(每人每日平均用水 20～40 L)。

b. 工业用水

工业用水量因工业种类、设备、工艺水平而不同，如钢铁工业用水量的标准是 20 $m^3/t$；水泥工业为 1.5～2.0 $m^3/t$；化肥工业为 2～5.5 $m^3/t$；造纸工业为 200 $m^3/t$。

c. 农业灌溉用水

在用水量计算中，最主要的是农作物灌溉用水。在计算农作物灌溉用水时，首先要制定农作物灌溉制度，它是指在一定的气候、土壤和农业耕作的条件下，为了保证农作物丰产，满足农作物各个生育阶段对水分的要求所规定的一种适时适量的灌水制度，包括灌水定额、灌水时间、灌水次数和灌溉定额。灌溉制度随作物种类、品种、自然条件、农业技术措施以及灌溉方式的不同而异。

在灌溉制度确定之后，就可以根据农作物结构、本地区的灌溉用水量计算，计算公式为：

$$M = nmA$$

式中：$M$——灌区灌溉用水总量($m^3$)；
  $n$——复种指数；
  $m$——综合毛灌溉定额($m^3$)；
  $A$——灌溉面积(亩)。

④ 水量供需平衡计算

在分别计算了规划区内可能的来水量和用水量之后，对其进行比较，就可发现水量的余缺情况，并依此确定水量调节措施。经过水量供需平衡计算后，可能会出现下列两种情况：一是供过于求，在这种情况下，一切水利设施的规划方案，应以总需水量为准，不能因水源丰富，规划超过需求的水利工程设施，对用水来说不能进行过量灌溉，这不仅会引起地下水位上升，产生土壤盐碱化，还会增加投资。二是供不应求，如有条件进行调水规划，在制定水利设施规划时，应以可利用来水量为依据。

### 5.4.3 供水工程用地规划设计

1) 供水工程用地的类型

农业水利工程可分为供水工程和输排水工程两部分。由于水源的类型不同，供水工程用地类型包括水库用地、抽水站用地、机井用地等。水电站可看做供水工程的一部分。

2) 供水工程用地的要求

(1) 水库用地规划设计

① 水库用地要求

水库库址选择是水库规划的重要内容，对于土地利用规划，其他项目的规划起控制作用，库址选择一般要求，库址地形要肚大、口小、底平；水源丰富，有足够的集水面积；库址河段应有适当的落差，同时应能集中满足发电要求的流量；筑坝地点地质条件要好，基础稳固不沉陷、不漏水；库址距离灌区要近，地形要高于灌区地面，以使引水渠道短、沿渠水量损失小和建筑物少，并能保证自流灌溉；库区淹没损失小，淹没农田、村庄和交通设施少，避免大规模的人口迁移。

② 水库库容的确定

水库库容一般由两部分组成，在放水涵洞以上和正常蓄水位以下称为有效库容；放水涵洞以下库容称为死库容，用以满足养鱼、沉淀泥沙和水库上游通航等要求。

死库容主要是满足下游农田自流、灌溉所要求的引水位高程，以保证放水建筑物泄放渠道设计流量具有的最低水位。有效库容实际上就是水库的供水量。一般设计低水位确定以后便可根据水库的来水和供水资料进行调节计算，以确定水库的有效库容。

③ 水库用地规划

水库建筑物由拦水坝、溢洪道和放水涵管所组成，规划时必须确定建筑物的位置，选择其建筑形式(见图 5.8)。

a. 拦水坝。拦水坝用以拦蓄水量和抬高水位，坝体设计应包括坝高、坝顶宽和坝坡等。坝顶高程为正常蓄水位即水库设计水位、溢洪道水深、风浪高和安全超高之和。坝顶宽度应根据坝高确定，要综合考虑施工、构造、防汛抢险交通等要求。

b. 溢洪道。溢洪道是水库宣泄过量洪水确保库坝安全的建筑物。溢洪道位置的选择极为重要。如果水库周围有天然山凹，其高度和蓄水高度相近，下游又有泄水的地方，这是

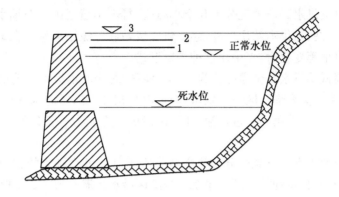

**图 5.8　坝高组成部分示意图**
1—溢洪道水位；2—风浪高；3—安全超高

开挖溢洪道比较理想的位置。溢洪道的断面尺寸的确定是关系水库工程造价的重要因素，其尺寸的大小与暴雨强度、集水面积、地面坡度及植被覆盖等情况有关，但必须根据当地情况因地制宜加以确定。

c. 放水涵管。放水涵管是把库内水引入下游灌溉渠道，以保证农田灌水。小型水库的放水启闭设备通常采用分级放水卧管，这种卧管自上而下地逐级提水，水温较高，利于农作物生长；放水管的上端应高出水库最高蓄水位，管上每隔 0.3～0.6m 设一放水孔，平时用孔盖封闭，用水时，随水面下降逐级打开，让库水由孔口流入卧管内，再经涵洞放至水库下游。放水涵管断面尺寸是根据灌溉放水流量来决定的。

④ 水库用地面积估算

供水工程占地面积和工程的规模和平面布置形式有关，当工程规模、选址等确定后，即可估算工程的占地面积。水库占地包括库区静水库容时水体淹没面积和拦水坝、溢洪道等附属工程的占地。一般主要是对库区的淹没面积进行估算。水库的库区面积取决于库址的地形与水库规模。当库址选定后，根据水库的设计库容即可确定水库的面积。在一定的库址地形条件下，水库库容与面积之间有着固定的关系。在水库规划和设计阶段通过在库区内测量出地形图，根据不同水位计算出相应的水库面积和容积即可求出。

(2) 抽水站用地规划设计

① 抽水站用地要求

抽水站站址的选择对合理利用灌溉水源及其排泄的水域，对水利工程经济效益的发挥起重要作用。抽水站用地一般要求靠近水源，高度适中，且避开淤泥及流沙层（这样有利于工程布局），同时尽量选在交通方便、村庄附近的地方，以便施工、维修和管理。

② 抽水站用地规划

抽水站用地规划包括抽水站的布置形式、内部组成和扬程的确定。

a. 抽水站的布置形式

抽水站的布置应根据地形条件、水源条件、控制灌溉面积的大小，因地制宜地加以确定。灌溉抽水站和渠系布置形式，一般有以下四种：

第一种是集中供水。全灌区由一个抽水站和一条干渠控制全部灌溉面积，这种形式用于高差不大的小型灌区，支渠垂直于等高线（同时垂直干渠）布置。

第二种是分级供水。全灌区分为几个小灌区,每个小灌区由一个抽水站和一条干渠控制,其特点是一级站,除供本站用水外,还要供二级站和三级站用水。在地形坡度较陡或地形上有较明显台地等变化时,多采用这种布置形式。

第三种是高低渠供水。全灌区分为几个小灌区,每个小灌区均设有分置于本灌区最高处的干渠,由抽水站向全部灌区集中供水,分别由互相独立的压力水管进行输水,但它们位于同一个机房内,共同使用一个进水池,在灌区沿供水方向为一长条形。水源集中时,多采用这种布置形式。

第四种是分散供水。全灌区分为几个小灌区,分别由几个独立的、互不联结的抽水站供水,每个小灌区有其独特的抽水灌溉系统。当灌区沿水源流向为一长条形,坡度较大且取水又不能集中时,常采用这种形式。

b. 抽水站装机流量的确定

抽水站装机流量,是根据灌溉流量和排涝流量确定的,灌溉流量受气候条件(降雨量和蒸发量)、作物种类及其需水量、作物比例及其灌溉面积以及塘库调节作用等因素所制约。当抽水站的灌溉面积确定之后,即可按下列顺序计算灌溉流量:

ⓐ 确定灌区内种植作物的种类及其组成比例;

ⓑ 分析设计年作物生育期的旬降雨量;

ⓒ 各种作物生育期的旬需水量与设计年份相应的旬降雨量之差,即得到各作物生育期所缺的水量;

ⓓ 各种作物生育期的缺水量乘以作物组成比例即为灌溉期作物综合缺水量,这部分缺水量主要由地面径流(塘库蓄水)和建站抽水来供给。但在规划中必须进行地面径流的调节计算,首先考虑地面径流的充分利用,即可得出在作物生育期间塘库能供给的水量,其余部分均由抽水站供水。

c. 抽水站供水量估算

估算水站装机流量的经验公式如下:

$$A = mB$$

式中:$A$——装机流量(供水量)($m^3/hm^2$);

$m$——系数,对于 60 $hm^2$ 以下的小灌区采用 1/2,对于大灌区采用 1/3;

$B$——灌溉面积($hm^2$)。

对于圩区抽水站装机流量,大多由排涝要求而定,能够满足排涝的要求,一般都能满足灌溉的要求,影响排涝量的因素有:降雨量、蒸发量、排水面积、圩区沟塘地蓄水量和作物耐淹条件等。

d. 扬程的确定

扬程通常是指总扬程,又叫水头,单位用 m 表示。总扬程是由进水池水面到出水池水面的高度再加上水流通过管通的水头损失。净扬程又分吸水扬程和压力扬程,吸水扬程是指进水池水面到水泵轴线之间的垂直高度;压力扬程是指水泵轴线至出水池水面之间的垂直高度。

e. 机组选择

抽水机(机泵)和动力机(电动机或柴油机)等组成的总体称为机组,选择机组就是选定水泵和动力机。应用于农田灌溉、排水的水泵可分为离心泵、轴流泵、混流泵和深井泵四种。一般根据设计流量和设计扬程选择水泵,确定水泵型号和需要台数。然后校核扬程以检验电动机是否超载以及水泵是否汽蚀。动力机选择应包括确定机型和功率,常用动力机有电动机、柴油机等。一个地区要从实际出发选择机组。

③ 抽水站用地面积估算

抽水站用地面积估算,主要根据抽水站平面布置和规模的大小进行用地面积估算,一般为 3~10 亩。

(3) 机井用地规划设计

① 机井用地要求

在我国北方地区,由于地表水源缺乏,常开采地下水进行农田灌溉,井位用地布置一般依据农田基本建设的总体安排,靠近渠路沟布置,多设在田块的角上和田块高处,以利于输水和控制较大的灌溉面积,同时井位应尽量设在灌水田块的适中位置,以减少渠道水量损失,缩短灌水时间;最好在富水带,以提高出水量,减少井群抽水干扰,便于拦截地下水,机井应排列成行,并尽量与地下水流相垂直,前后机井要错开,以免影响出水量;在渠井结合灌区,要使井位与灌溉渠系很好地结合,以便利用多井汇流,扩大灌溉效果。机井用地面积包括井位占地和配电设备占地,一般为 0.2 亩左右。

② 机井用地规划

a. 机井供水量估算

机井供水量主要根据机井的灌溉面积计算,其计算公式为:

$$A = QTtn/m$$

式中:$A$——单井灌溉面积($hm^2$);

$Q$——单井出水量($m^3/h$);

$T$——每天灌溉时间(h);

$t$——轮灌天数(d);

$n$——井灌渠水利用系数;

$m$——灌水定额($m^3/hm^2$)。

b. 机井布置方式

机井井位应根据地形条件进行布置,一般在地形平坦地区,按网格状布井;在沿河地段,采取直线布置方式;在坡地上,井网应与地下水流方向垂直,沿等高线布置。

c. 机井间距的确定

在一定范围内,应该打多少机井,一般应根据单井灌溉面积和灌区的耕地面积计算出应打的机井数,机井间距确定的方法有以下两种:一是按单井灌溉面积确定井距,在地下水补给比较充分、地下水资源比较丰富的地区,机井间距可由单井出水量和能灌溉的面积确定。二是按单井影响半径来确定井距,一般认为在其他条件(如井深、含水量、提水机具等)一定的情况下,两井同时抽水,因干扰出水量减少 25%~30% 时,此两井的间距即可作为确定井距的依据。不同土质的最小井距可参考表 5.6。

表 5.6  不同土质的最小井距　　　　　　（单位：m）

| 土质 | 细砂 | 中砂 | 粗砂 | 沙砾和卵石层 |
|---|---|---|---|---|
| 最小井距 | 110～200 | 200～400 | 400～800 | 800～1 200 |

### 5.4.4　输排水工程用地规划设计

输排水工程是为了将水源引到用水地点或将田间多余的水排到田外，而建立的一套灌排水工程系统。它和道路一样起着骨架作用，在土地利用规划中排水工程的规划具有重要意义。

1) 排水工程用地的类型

输排系统包括渠道取水枢纽、输水配水系统、田间调节系统、排水汇水系统和灌排渠系统上的建筑物。另外，丘陵山区包括塘坝蓄水工程，平原低洼地区包括堤防、圩垸的排水枢纽工程等。

(1) 取水枢纽。取水枢纽是根据灌区作物的需要，引水入渠。塘坝工程是丘陵山区的取水枢纽，排灌站是平原低洼地区的取水和排水枢纽。

(2) 输水配水系统。输水配水系统通过各级渠道输送和分配到田间，灌溉渠道一般分干、支、斗、农四级，较大的灌区多于四级，尚有总干、分干、分支各级，较小的灌区可以少于四级。在灌溉时一般干渠担负向乡或农场配水，支渠担负向轮作区配水，斗渠担负向轮作田区（或田块）或灌水耕作堆段配水，各级渠道是土地利用规划项目的重要组成部分，与其周围的土地是不可分割的整体。

(3) 田间调节系统。主要是将来自农渠的水分送至田间，以满足作物正常生长的需要，田间多余的水量也需要通过田间调节系统排除，以保证作物免受渍害。田间调节系统根据农业生产和机械作业的需要，随时填挖。包括毛渠、输水沟、灌水沟、灌水格田等临时渠道。

(4) 排水系统。排水系统内各级排水渠道，一般包括农、斗、支、干级排水渠道，其任务是将田间多余的水量排至容泄区。

(5) 排水枢纽和排水容泄区。把洪水或田间多余水量排入容泄区的工程设施叫排水枢纽，包括各种排水设施，容泄、储存洪水和余水的地区叫容泄区。

(6) 灌溉排水系统上的建筑物。为了保证渠道顺利通过各种天然地物和人工建筑物等障碍，必须在各级渠道上修建各种渠系建筑物，如用以调节水位、控制流量、宣泄洪水的水闸；跨越谷地、山沟、水道的渡槽，倒虹吸管；穿过山涧的隧洞，穿过道路、土坝、垫方渠道的涵沿洞；连接坡度较大的陡坡、跌水以及量水建筑物等，平原地区灌排系统组成图见图5.9。

2) 输排工程用地要求

(1) 骨干输水工程用地要求

骨干输水工程主要包括干、支两级灌排渠道。其布局关系到整个灌溉地区的土地利用规划、灌排效益和工程造价，以及管理养护等一系列有关全局性的问题。因此，在进行骨干输水工程的布局选线时，应考虑如下要求：

① 在水源和容泄区水位既定的条件下，应使灌溉排水渠道获得最大的自流灌溉面积和排水面积。

② 在地形上应使渠道纵坡比降适中，不致造成渠道的冲刷或泥沙淤积，多级渠道纵坡

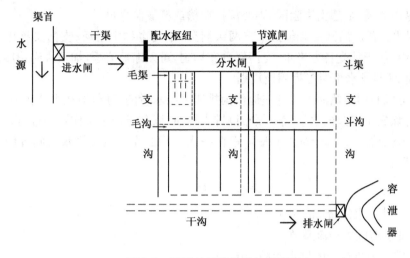

图 5.9 平原地区灌排系统组成图

比降,如干渠的适宜纵坡比降为 1/2 000～1/10 000,支渠为 1/1 000～1/3 000,斗、农渠为 1/200～1/1 000。

③ 为了减少渠道输水损失,防止渠道坍塌保证工程安全,渠道应尽可能短顺平直,渠道沿线地质坚固稳定,透水性弱。因此,在渠道选线上,应尽可能避开透水性强的地段,以及大段易坍的松散岩层和风化坡、积土石地带。

除了满足渠道本身对用地的要求外,渠道布局还应保证工程费用少,效益大,输水损失小,经济合理。在渠道布置上,要根据灌排的效益而定,如当地形条件有变化时,可放弃部分自流灌溉,改为提水灌溉,可以减少较多的工程量。

同时,渠道选线应尽量少占或不占耕地,把开挖新渠和新建农地结合起来,尽量改造和利用原有水利设施,在不影响农田水分合理调节下,尽可能做到灌排系统所占土地与其所控制的土地总面积之比为最小,上下渠道最好垂直相交,同级渠道最好同向等距平行布置,以保证其所控制的地段外形规整。

(2) 容泄区与排水枢纽用地要求

容泄区可以是河流、湖泊、水库、井孔。在选择容泄区时,一般要求:容泄区地势应越低越好,最好能做到自流排水;容泄区要有足够的承容量;在选择低洼地区作为泄洪蓄洪区时,要选择那些淹没损失小的圩区;在平原圩区,因洪水季节外河洪水顶托往往造成外河水位高于内河,这时应建闸阻抵外水倒灌,闸址应选在地质条件好、地基坚固稳定、外河水流平稳的地段,同时,排涝机站也应选在不冲不淤、地质条件良好的地段。

3) 灌排工程用地规划

(1) 骨干输水工程用地规划

根据骨干输水工程的用地要求,其用地规划布置有以下几种形式:

① 干渠沿等高线布置。这种形式适用于地面向一侧倾斜的地区,干渠一般沿等高线走向布置在灌区的最高位置。

② 干渠垂直于等高线布置。这种形式适用于地形呈脊状隆起的线丘岗地。

③ 合理穿绕布置。布置渠道,常会遇到各种地形障碍,如岗、冲、溪、谷及地质条件差的地段,这时应根据具体的地形条件和经济合理的原则,采取适当布置形式,使渠道可以随弯

就弯,形成盘山渠道,如遇山岗阻隔,则要深挖明槽或凿隧洞穿过。

④ 河网化布置。河网一般包括干支两级河道,干河也称中心河,支河又称生产河。干河位置要适中,便于承受各方来水,支河要分布均匀,可以缩短流程,加快排涝速度。

(2) 容泄区与排水枢纽工程用地规划

容泄区可以利用自然河道或低洼地作为排泄多余水量的场所,但在雨量较多、地势低洼的地方,要排除农田多余的水量就必须布设排水枢纽,以利于排水工作顺利进行。

① 排水流量估算。设计排水流量可根据排水面积的净雨量及排水时间等因素按下列公式加以估算:

$$Q = aPE/(86.4t)$$

式中:$Q$——设计排水流量($m^3/s$);
$a$——排水地区的径流系数;
$E$——排水沟所控制的排水面积($km^2$);
$P$——设计频率的降雨量(mm);
$t$——规定的排涝天数(d);
86.4——单位换算系数。

② 排水站的规划布置。根据地形条件的不同,排水站的规划布置一般包括:一级外排(即由排水站把圩内涝水直接排入外河),等高截流分区分级抽排(即对于面积较大,地面高差也较大,又有较大内湖的圩区,在沿湖区设置的排水站)等。

4) 输排工程用地面积概算

输排工程用地包括渠道工程用地、容泄区与排水枢纽工程用地。容泄区与排水枢纽工程用地面积,根据容泄与排水规模确定。一般用地面积较少,容泄区如果结合河流基本上不占地。但是渠道工程一般需要占用大量土地。渠道用地面积可根据渠道设计流量和断面形状估算渠道的占地宽度,由渠道宽度乘以渠道长度即得渠道占地面积。渠道的断面形状与水流、地形、地质及施工等条件有关。

(1) 灌溉渠道用地面积估算

① 灌溉渠道的设计流量计算

灌溉渠道的设计流量与渠道控制面积、作物组成、作物灌溉制度等因素有关。

$$Q = MW/(86\,400tn)$$

式中:$Q$——渠道的设计流量($m^3/s$);
$M$——灌水定额($m^3/hm^2$);
$W$——控制的灌溉面积($hm^2$);
$t$——允许灌水的连续天数(旱作区 10~15 d,水稻区 7~10 d);
86 400——单位换算系数;
$n$——渠道水有效利用系数,与渠道流量、土质条件和地下水埋藏深度有关。

② 渠道的占地宽度计算

渠道的断面形状最常见的是梯形断面,渠道的横断面结构一般有挖方渠道、填方渠道和半挖半填渠道。渠道的占地宽度包括过水断面和渠堤两部分,渠道的占地宽度 $B$ 计算公式为

$$B = b + 2a + 2d_1 + 2d_2$$
$$h = h_0 + h_1$$

式中：$h_1$——安全超高，其值为：干支渠道为 0~2，超高为 0.4~0.6，干支渠道小于 2，超高为 0.35，斗渠为 0.25，农渠为 0.15；

$a$——渠堤宽度，如果堤顶与道路结合，可按交通要求选择宽度，如果堤顶不与道路结合，其干支渠在渠道流量为 5~10 m³/s 时，堤顶宽 1.0~1.2 m，斗渠为 0.5~0.8 m，农渠为 0.3 m；

$h_0$——渠道的设计水深(m)；

$b$——渠道的设计底宽(m)；

$d_1$，$d_2$——内边坡底宽和外边坡底宽(m)。

在设计渠道断面时，当流量、渠底比降和糙率已定的情况下，都希望能得到最小的过水断面，以减少土石方开挖量；或者说，在过水断面积、渠底比降和糙率已定的情况下，使渠道通过的流量最大。水力学中把满足上述条件的断面称为水力最优断面(见图 5.10)。

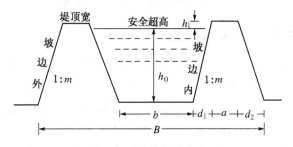

**图 5.10 渠道占地宽度**

图 5.10 中，1∶m 为边坡，一般根据土壤性质而定，对于大渠道可查找有关的渠道设计规范，小型渠道黏土为 1∶1，轻壤土为 1∶1.25，砂壤土为 1∶1.5，砂土为 1∶2.0。

(2) 排水渠道用地面积估算

排水渠道断面设计方法与灌溉渠道是基本相同的，但也有其特点。排水渠道边坡系数要比灌溉渠道大，因为沟坡容易坍塌。土壤质地越轻，排水渠道愈深，所选用的边坡系数越大。由于排水渠道的用途不同，确定断面尺寸可参考有关经验数据。主要用来排除地面水的田间排水渠道，沟深一般为 0.5~0.8 m，底宽为 0.2~0.5 m，沟的边坡一般轻质土多采用 1∶1~1∶1.5，黏土可陡些。

主要用来控制地下水的田间排水渠道，沟深至少在 1.5 m 以上，边坡一般采用 1∶1 或 1∶1.5，对于砂性土壤可达 1∶2 以上。

兼有排除地面和地下水双重任务的排水渠道，沟深按控制地下水的要求确定，过水断面应满足排除地面水的要求，边坡可取 1∶1 或 1∶1.5，砂性土壤边坡还可缓些。

排水渠道一般采取单式梯形断面，在多数情况下采用挖方，当排水渠道的日常流量和最大流量悬殊时，排水渠道采用复式断面，以免排水渠道在日常流量时，流速过小而发生淤积，或者排洪时，流速过大发生冲刷。

## 5.5 园地规划设计

园地是重要的土地类型之一,规划好园地,不仅具有重要的经济意义,而且具有重要的生态意义。园地产品对发展农村商品经济、出口创汇、增加农民收入、提高人民生活水平、改善农业生产条件、美化环境均具有极其重要的作用。园地包括果园、桑园、茶园、橡胶园、其他经济园地。园地规划要为园林的生长发育创造良好的条件,同时也要为园林生产过程的顺利实现创造土地组织条件。因此,园地规划要采用先进技术,进行科学管理,努力提高园林地生态系统的生产能力。

### 5.5.1 园地规划设计的内容

园地规划设计的内容包括正确地配置适宜的树种和品种,规划园地小区,道路网、防护林带、灌排渠及园地辅助建筑等项目,以使园林树种能配置在最适宜其生长发育的地段上,并为改善生产条件,有效地组织生产管理创造良好的土地条件。

### 5.5.2 果树树种的选择与配置

我国果树资源丰富,分布广阔。一般按照果树生长习性分为落叶果树和常绿果树两大类,落叶果树带大致以长江中下游河段和秦岭为界,即大致在北纬30°以北,主要有仁果类(苹果、梨、山楂)、核果类(杏、桃、梅、李、樱桃)、坚果类(板栗、山核桃、银杏)、浆果类(葡萄、石榴、草莓)、柿枣类(柿、枣)。此界以南为常绿果树带,主要有柑果类(柑橘、柚)、浆果类(杨桃、木瓜)、荔枝类(荔枝、龙眼)、核果类(橄榄、杨梅)、坚果类(腰果、椰子)、草木类(香蕉、菠萝)、藤木类(西番莲等)。

1) 果树树种和品种的选择

品种是经人类培育选择创造的、经济性状及农业生物学特性符合生产要求的、遗传上相对相似的植物群体。品种的改良,总的来说,包括提高产量、改进品质、增强抗性、调节成熟期和适于栽培等方面。果树的树种和品种十分繁多,按对温度的要求可分为:需要较低温度(7~13 ℃)的苹果、梨、山楂、李,需要中等温度(13~18 ℃)的桃、葡萄、枇杷、栗等,需要较高温度(18~24 ℃)的柑橘、香蕉、菠萝、荔枝等;按对水分的要求可分为:抗旱力强的(桃、杏、枣、核桃等)、抗旱力中等的(苹果、梨、李、柑橘等)、抗旱力弱的(香蕉、枇杷、杨梅等);从果树品种来看,各树种又分早、中、晚熟品种。不同的果树树种和品种,具有不同的生物学特性,对外界环境条件的要求也不同,所以果园规划时要正确选择树种和品种。

果树树种和品种的选择除考虑生物学特性外还应考虑市场需求并与企业的经济发展水平相适应;应选择适于当地气候、地形、土壤、水文地质等自然条件,抗逆性强,优质高产的树种和品种;还应考虑交通条件及距城市远近,如距城市近,交通方便,就可多发展不耐贮藏和运输的早、中熟品种和浆果,而在山区则应发展耐贮的晚熟品种和干果。

2) 果树树种和品种的配置

要把各类果树配置在最适宜生长发育的地段上,配置果园中不同的树种和品种时,应详细考虑它们对气候、地形、土壤、坡位、坡向、地下水位和其他条件的特殊要求。根据果园内各地段的自然条件,将它们配置在最适宜其生长发育的地段上。

大部分果树适宜在轻松的土壤和砂质土壤上生长,但各种果树适应的范围不同,仁果类和柑果类宜配置在水肥条件较好的地段,而核果类及枣类等能适应干旱的土壤,而葡萄则在山地、沙地、盐碱地上均能正常生长。在坡地上部水肥条件较差,砾石多,灌溉困难的地方,一般配置杏、李、桃等,中下部水土条件较好,可配置仁果类。山脚则适于配置柑橘及浆果类。坡向对果树配置也有影响,一般南坡和西南坡,如柑橘、枣、杏等,在南方要考虑日灼,有时也配置在东坡和西坡,此外,还要考虑生产管理上的要求。最好为每个树种划定一个地段。要把费工不耐储的树种配置在交通方便,距离居民点较近的地方。

3）授粉树的配置

大部分果树都是自花不实的,或结果率很低,为了获得高产,须用其他品种的花粉进行异花授粉,所以按一定比例配置几个品种,以保证异花授粉,是一项重要措施。

优良的授粉树应与主栽品种开花、物候期一致,具有大量发芽率高的花粉,能满足授粉要求,要与主栽品种有良好的授粉亲和力,能相互适应,授粉树本身也具有较高的经济价值,结果成熟期与主栽品种相同,便于管理。

### 5.5.3 果园小区设计

果园小区是种植着相同树种的几个相互授粉的品种,并以道路、林带、渠道相围割的地段。小区是果园管理的基本单位,小区内的地形、土壤、小气候要相近,小区的面积、方向、形状要依自然条件和人工管理的要求,因地制宜地确定。

1）小区的规模和边长

小区的规模取决于种植树种和品种的面积、机械化和运输要求,以及防风、灌溉和节约道路,林带占地的要求与具体的自然条件。在平原机械化水平较高的情况下,小区面积可大些,约在 3～12 hm²。在山地、丘陵地区应考虑水土保持、排灌系统、自然割裂情况来划分小区,一般约 2～3 hm²。在切割程度大的地区也可在 2 hm² 以下。

在采用机械作业时,小区的长度尽可能在 400 m 以上;在畜力作业时,可以在 200 m 左右。小区的宽度要便于沿果树行间到四周道路上产品运输的适宜距离,保证具有足够的有效防风距离,一般小区宽度为 150～200 m。

2）小区的方向和形状

在平原区一般设计成长方形,其长宽比为 2∶1～5∶1。在丘陵区、山区形状可采取近似带状的长方形,长边可以因地形起伏而发生弯曲,有时也可以呈平行四边形或梯形。小区的方向应与最适宜的果树栽植行向一致,在配置果树时应考虑保证果树必需的营养面积,提高对害风的抵抗能力,防止土壤冲刷,便于进行果树间作业及正确地灌溉,一般有正方形、长方形和棋盘形（见图 5.11）三种配置方式。

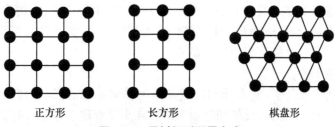

图 5.11 果树行列配置方式

在平原地区可采用正方形的果树配置方法,便于纵横向作业,适于大面积机械化作业的平地果园,接受光照条件也较好。按长方形配置时,应使小区长边垂直于主害风方向,有利于改善机械化作业条件和保持水土。当坡度超过 4°~7°时,可采用水平沟种植,果树呈棋盘式布置,而在山区,坡度超过 15°时,最好修梯田种植。

### 5.5.4 果园用地田间工程规划设计

1) 道路规划

果园内货物运输量大,管理费工,因此修建方便的道路网非常重要。大型或中型果园内道路系统由干路、支路和小路三级组成。干路服务于大片小区,多为 8~10 m;支路是小区间的道路,服务于货物运输和机耕作业供应线,一般设在防护林带的两侧,宽 4~5 m;在规模大的小区为了便于管理,在小区内间距 50~100 m 设宽 2 m 的小路。山地果园的道路应按照地形修筑成迂回的盘道,路面向内侧倾斜,在道路内侧修排水沟,坡降要控制在 3%~5%,防止出现冲沟。为节约用地,果园内道路网占地以不超过果园面积的 4%~5% 为宜。

果园辅助建筑物包括果园的工具房、仓库、包装场、给水设施(水池、水井等)、蜂场等。工具房、仓库等应设在果园中心部位,并有干道相通,包装场(堆果场)应在一个小区或几个小区设一处,其面积根据盛果期的产量而定,一般每 100 t 果实需堆果场 2 亩左右。包装场一般设在小区交叉口的道旁,在山区应选在便于担运、装车之处,为防止果品在堆放中遭曝晒,堆果场应选在蔽阴的坡面上。

养蜂场的配置对果园生产很重要,蜜蜂对促进异花授粉和提高产果率有良好作用。蜂箱离果树越近,产果率越高,养蜂场应分散设在各小区内,每 56 亩果园至少养蜂 1 箱。对苹果园、梨园最好每 10 亩养蜂 1~2 箱。

2) 防护林规划

果园对防护林带有更加严格的要求,在果园中必须设置防护林带,以防落果,促进授粉,改良小气候和土壤水分条件。当果园面积较大时,内部沿小区也配置防护林,主林带沿果园小区长边垂直于主害风方向,副林带配置在小区短边上,并与沟、渠、道路的规划相结合。主林带间距应与有效防护林距离一致,一般在 150~200 m。副林带间距即小区的长度,一般为 200~400 m。

在山地果园,迎风面的林带要密些,背风面林带可稀些。由于山岭风常与山谷主沟方向一致,所以主林带多顺坡配置,并稍偏向谷口,便于山坡冷空气的排出,故在谷地下部多采用透风结构的林带。

在防护林带与果树行之间,为避免遮阴,一般留出一定的空地带。空地带可作为农具转弯的道路,空地带宽小于 12~15 m。

防护林树种选择上要采用当地乡土树种,适应性强,生长速度快,寿命长,枝多冠密,与果树无共同病虫害,并且要选择有一定经济价值的树种,如建材、筐材、蜜源、油料等,既能达到防风固沙,改善气候,又能达到增加收益的目的。

3) 灌排渠系规划

在需要灌溉排水条件下,需设计和配置果园灌排渠系,以保证果树在需水时能及时灌溉,果园灌排系统一般由干渠、支渠和毛渠组成。在果园管理中,定植、追肥、灌溉、喷雾都需要水。水从水源通过干渠引至果园中,再通过支渠引到小区中,一般沿短边配置,然后通过灌水沟将水引至果树行间,直接灌溉树盘。灌水沟与小区长边一致,一般干渠的比降在1/1 000左右,支渠的比降在1/500左右。

规划果园,最好使水源配置在果园土地的中心,大型果园则可能需要好几个水源。山地果园的水源可依靠河流、水库或提水灌溉。水库最好位于果园上部,以自流引水,若不具备建上位水库的条件,则在果园中选适当地点拦洪蓄水,修小水库、塘,或建机站,以动力抽水上山。

在果园地势低洼,易于积水,土壤过湿或渍涝;土壤透水性不良或有不透水层;果园临近江河湖泊,地下水位高;山地、丘陵地区果园,水土流失严重等情况下要修筑果园的排水系统。

在平地果园,排水系统由毛沟、支沟和干沟组成,毛沟设在果树行间,支沟沿小区界线设置,干沟可沿干道设置,干沟的末尾为出水口,泄入容泄区。山地果园的排水,一般在山坡上部挖拦水沟,泄入自然沟中。

在平地果园为节约用地和不影响机械作业,也可采用暗管排水。暗管埋设的深度和间距,根据不同土壤的透水性及地下水位的高低而定,一般深度在 1~1.5 m,间距在 12~35 m。

作业站、包装点等辅助经营中心要配置在交通方便的地方,以便即时、经济的运输和加工。

## 5.6 林地规划设计

### 5.6.1 林地的功能与分类

1) 林地的功能

林业是国民经济的重要组成部分,它既是社会性的大产业,又是一项公益事业,兼有经济效益、生态效益和社会效益。植树造林,绿化大地,是中国的一项基本国策,也是国民经济建设的长期战略任务。

地球表面大体可以分为陆地生态系统、淡水生态系统和海洋生态系统。森林在所有陆地生态系统中拥有最大的生物量,北方针叶林为 $300\sim400$ t/hm$^2$,温带阔叶林、亚热带森林为 $400\sim500$ t/hm$^2$,热带雨林为 500 t/hm$^2$,而热带与亚热带荒漠生物量最小,只有 2.5 t/hm$^2$,大陆表面的 1/3 是森林,每公顷的生物总量可达 100~400 t(干重),为农田或草本植物群落的 20~100 倍。林木是多年生植物,对周围环境能持续地发生较大的影响。因此,它在自然界的动态平衡中具有重要作用。

林地具有经济功能、生态功能和社会功能。森林生态系统对气候、水文、土壤等环境因素均有着重大影响。在森林较好的覆盖下,每公顷每年只流失土壤 0.05 t;而在没有森林覆盖的地方,每公顷每年流失土壤 2.2 t。也有人推算,流失 1 cm 厚的土层,在森林中需要 8 000年;而在裸地上只需 3 年,在坡耕地上,往往一场大雨就能流失。据估计,地球上的森林每年为人类吸收处理掉二氧化碳数百亿吨,空气中近 60%的氧气都来自于森林植被。故林地的作用是其他生态系统所无法取代的。

## 2) 林地的分类

所谓森林，简单地说，就是在地球表面木本植物群落中以木本树种占优势的群落。生长在森林里的树木称为林木。根据中国各地的自然条件和社会经济状况，《中华人民共和国森林法》把森林分为防护林、用材林、经济林、薪炭林和特种林五大林种。

### (1) 防护林

任何森林都具有保护生态环境的作用，但不是所有的森林都是防护林，只有以防护为主要目的的森林、林木和灌木丛才叫做"防护林"。包括水源涵养林、水土保护林、防风固沙林、农田、牧场防护林、护岸林和护路林。

### (2) 用材林

以生产用材(木材、竹材)为主要目的的森林叫"用材林"。用材林是重要的建筑材料，采掘工业的支柱以及造纸的原料，随着国家经济建设和人民生活水平的提高，木材的需要量越来越大，资源的不足，森林覆盖率低，生态条件恶化，都要求大造用材林，用材林地的规划，特别是林场用地规划，对于发展林业有着非常重要的意义。

### (3) 经济林

以生产果品、食用油料、饮料、调料、工业原料和药材等为主要目的的林木称之为"经济林"。在土地利用现状分类中，把果、茶、桑、橡胶树、热带的可可、咖啡、胡椒、油棕等均划为园地，在此含义下，经济林地则包括上述种类以外的，以生产食用油料、饮料、调料和药材为主要目的的林木。随着市场经济的确立，从提高经济效益出发，各地区已逐步将用材林、薪炭林，乃至防护林都用一些经济价值高的林木所代替。如大片的杜仲林、漆林、油桐林等。合理规划经济林地，特别是选择适宜而价值高的经济林地是规划工作非常重要的任务之一。

### (4) 薪炭林

是以生产燃料为主要目的的林木。使用木柴是人类的传统习惯，为满足对这种燃料的需求，营造大片林木为薪炭林，有时仅把薪炭林作为用材林的一部分，因为所有林木都可以其部分不成材而作为薪炭用。世界各国，特别是发展中国家，以林木作为燃料，消耗量很大，约占世界森林资源消耗量的一半。为燃料不足而砍伐森林，破坏草地，使生态急剧恶化，都从一个侧面说明薪炭林之重要。由于煤、石油为不可再生资源，所以，从世界范围看林木等植物作为燃料，可能是长远性的能源之一。在林地规划中配置以薪炭用木为主的经济、用材混合林，将是有效利用土地的重要途径。

### (5) 特种林

特种林即特种用途林，是以国防、环境保护、科学实验为主要目的的森林和林木。包括国防林、实验林、环境保护林、风景林、名胜古迹和革命纪念地的林木以及自然保护区的森林。

## 5.6.2 林地规划设计的内容

林地规划的内容主要有树种的选择与配置、营林区的划分、林班的划分、小班的划分以及道路及附属建筑物的规划。

### 1) 树种的选择与配置

根据造林的目的和要求，按不同树种的生态习性，结合适地适树的原则来选择。

用材林一般多选用速生、丰产、优质树种；经济林树种的选择除适地适树外，还要看有经济利用价值的部位不同而选用不同的品种,如油茶或油桐是利用果实为主,因此要选择具有果实和丰产性的品种。

薪炭林应选择生长迅速、森林生物产量高、樵采周期短和易于繁殖的树种,最好是有多种用途的树种,即除作薪材之外还可提供饲料、肥料(指绿肥)、木料和其他林副产品。薪炭林应选择适应性强,对旱、热、冷、瘠、湿、偏酸、偏碱等不良的立地条件有较大的忍耐性的树种。最好选用豆科或非豆科可改良土壤条件的树种,具备发火力强,燃料价值高,燃烧时不发生火花或有毒气体和有刺激的树,根据不同的立地条件,北方可选择油松、河北杨、刺槐、沙棘、胡枝子、柠条、柽柳、紫穗槐、辽东栎、臭椿等;南方地区可选用马尾松、枫香、砾树、木荷、胡枝子、紫穗槐、黄荆等,而南方滨海地区可栽植大相思树、大麻黄和新银合欢等。

环境保护树和风景林要选择对污染抗性强且能吸收污染气体($SO_2$、NO)的树种,如臭椿、榆树、槐树、白蜡、加扬、重柳、紫荆、紫藤、木槿、丁香等。对于疗养、风景区要选择发叶早、落叶晚(常绿最好)、树形美观、色彩鲜明(花果艳丽或以叶代花树种),能挥发具有杀菌能力分泌物的树种,如大部分松属、桉属树。

各种树对立地条件(地形、土壤、水文、植被等)要求不同,不仅表现在气候带、海拔高程,而且同带、同高的地方,还有坡向、坡位、土壤差异之分,必须把大小环境条件与树种的生态习性紧密结合配置。如毛竹要求在长江流域山区肥沃疏松的酸性土中生长,立地应背风向阳,三面环山,35°坡以下的山地或平地,土层要厚,排水要好,砂质土壤或黄泥土为好,最忌低洼积水地,因为它怕风吹、雪压、水泡。

2)营林区的划分

营林区是林场内为了合理的进行森林经营活动,并考虑生产和生活的方便,根据有效经营活动范围,特别是护林防火工作量的大小而划分的管理单位。其面积大小要依据森林资源集中和分散程度、地形地势的特点、居民点分布的疏密、树种的特性、火险等级、交通条件及经营水平而定。其管理半径,以步行计算,最远处不超过1.5小时路程为宜。营林区的界线最好是结合自然地物,如河流、沟谷、山脊等自然界线。

3)林班的划分

林班是林场内具有永久性经营管理的土地区划单位。它是森林资源调查统计的基本单位。在开展森林经营活动和生产管理时,都以林班为基本单位。

林班是根据护林、抚育、采伐、集运材的要求,结合地形、树种、经营水平,特别是永久性道路状况划分的。通常林班多为两山夹一沟,且以永久性道路为界线,其面积一般在 $50\sim200\ hm^2$。小林场的林班面积可在 50 $hm^2$ 以下,林班应集中连片,外形力求规整。规划时应对各林班统一编号。林班的划分方法有三种:即人工区划法、自然区划法和综合区划法。

4)小班的划分

在林班内根据经营要求和林学特征,划出不同的林分地段,称为小班。小班内应有相同的经营目的和经营措施。具体划分应考虑土壤、林种、优势树种、龄级、郁闭度、林型、地位级、出材率、林权等条件,所划小班自然条件应基本相同。小班最小面积(规模)应根据使用图纸的比例尺大小,以在规划设计图上能明显、准确地反映出来为原则。当使用比例尺为 1/25 000时,小班面积应在 3 $hm^2$ 以上。

5)道路及附属建筑物规划

林道是开发利用森林资源,提高经营管理水平的重要条件。它不仅是木材生产,而且是营林、护林、多种经营、综合利用以及居民交通、旅游所使用的工具。故应根据采伐、集材、营林、护林的要求规划道路网,并与林外道路网衔接,尽量做到投资少、服务范围广、平均运距短、运营条件好。

此外,还应规划瞭望台、防火设施、贮木场、仓库、机械修理站、林业工人居住区和林场、分场办公室、林科站等建筑物。

上述各项目是发展林业所必需的。我国林地权属分为国营和集体两大类。在大面积林区一般成立国营林场、集体林场、国营集体联办林场等。对于小片的责任山、自留山,其规划造林均由承包户或个体农户(林民)自己确定。政府只能从大环境出发予以指导和示范。

### 5.6.3 林地规划设计的特点

由于各种林地营林的目的不同,其树种选择、栽植的密度、抚育管理方法均不相同。

1) 树种选择的特点

树种栽植的密度与林种有关,如培育用材林,要求在一定期限内单位面积上生产尽可能多的,具有一定规格和质量的木材。单位面积上蓄积量的多少,取决于树木的高度、直径和株数,每亩株数多、树木高、直径粗,蓄积量就大。但是,这三者有着相互制约的关系。树木生长、发育需要从土壤中不断吸收水分和养料,如果吸收的份额少,树高与直径的生长就会受影响。单株积材量小,每亩的成材量就小。反之过稀,单株营养充足,又高又大,又因株数少,土壤中养分未被充分利用而造成浪费。对于各树种,其栽种密度也不一样,科研结果表明,在长白山林区落叶松以每亩220株(10~15年树龄)蓄积量最高,用材林与薪炭林、防护林相比密度要小。

2) 防护林、薪炭林和经济林

防护林也因防护的对象和作用不同而密度不同,如农用防护林要求有一定的结构和透风系数。而水土保持林、沟谷防护林等则要求树根有很强的分蘖性,地上部分也很密,以防大雨击打和径流冲刷。

薪炭林要求高密度及较高的生物量。个体栽得密,就能充分利用太阳光能和土地潜力,从而提高林分群体的生物量。薪炭林生长周期短,林木个体所需之营养空间相对少一些,只有密植才能充分利用空间。密植可促使树木的干枝向燃料价值高的干材增加(少生枝叶),从而提高薪炭林的质量。薪炭林密度在400~1 000株/亩之间。

经济林是以生产果实或其他林产品为目的的,一般密度不宜过大,特别以取果实(油茶、油桐、乌桕等)为目的的林分,应以树冠最大发育程度来确定其密度。如油茶以70~80株/亩,千年桐10~20株/亩,三年桐50~60株/亩,乌桕15~20株/亩为好。使树冠得到充分的光照条件,从而丰产。而割漆的漆树30~60株/亩。

3) 风景林

风景林与公园绿地可为城市居民创造幽美的环境和净化空气,因此栽树的种类、方式、密度都要按绿化规划设计要求配置,如公园里栽树既要有观赏意义,又要有经济价值。通常在干道两旁栽植高大、浓阴的行道树,环园周围可栽用材林或果树林,树坛中因地制宜合理搭配常绿树与落叶树,乔灌草结合,药用树与果树、观叶树与观花树结合,做到叶美花盛,景色自然,四季争妍。一般树种有雪松、银杏、玉兰、女贞、枫香、梧桐、合欢、槭树、苏树、樟树、桉树,南方还有木棉、榕树、南洋杉、棕榈等。

#### 5.6.4 林地规划设计的评价

根据适地适林和总体规划确定的发展林业方向,在多种方案决策过程中起重要作用,所以,可从下面指标中确定最优方案。

1) 适生条件比较

适生条件不仅指自然条件,还包括土地区位、社会需要(如薪炭林、防护林等)和林地面积的大小、经营方向等。

2) 经济效益比较

可能某片林地对于几种林都适合,那就要看经济效益如何。如某林地距城市较近,山又不陡,交通也方便,可建造果园,也可建造经济林,一般不会作用材林。又如该地可作经济林,对油茶、油桐、茶叶都适宜,但茶叶价值高,销路好,当地也有技术条件,也可以改变规划方案,变林地为茶园。反映在经济效益上还有投入产出方面的比较。

3) 社会效益比较

不论是哪一种林,生态效益都好,而社会效益则不一样,如当地燃料紧张,交通不便,栽植经济林收入多一些,但群众缺柴,经济林难以提供大量木柴,群众生活困难,经济林也难发展,在此种情况下应栽植速生薪炭林。

## 5.7 牧草地规划设计

### 5.7.1 牧草地规划设计的原理

牧草地是指野生或人工种植草本牧草达5年以上可供放牧牲畜的土地。全世界牧场草地的总面积达$3.155\times10^9$ $hm^2$。牧草地是发展草地牧业的物质基础,畜牧业是通过动物养殖生产动物性产品的行业,养殖对象主要是畜和禽。畜牧业提供肉、奶、蛋等动物性产品,以及毛、皮革等工业原料,同时还提供役畜、赛马等为人类服务。

自改革开放以来,中国畜牧业发展迅速,近20年来,畜禽存栏总数和肉、蛋、奶产量逐年增加。目前我国的马、山羊、绵羊的存栏总数居世界第一,人均肉、蛋产量已达35 kg和10 kg,分别超过世界人均33.5 kg和7.1 kg的水平。

草地牧业生产过程中受许多因素的影响,包括自然条件(如地貌、气候、土壤等)、植被(如牧草种类、毒草等)、动物(如牲畜种类、习性、野生动物等)、草地管理(如放牧制度、割草制度、草地建设、草地改良、牧草贮藏等)各方面的因素,只有使这些因素间相互协调,形成良性的草地生态系统,才能促进草地牧业的顺利发展。但由于自然灾害、人为破坏和过度放牧,常引起草地退化,使适口性植物长势弱,优良牧草减少,杂草增加,如继续过度放牧,就会导致植物死亡,地面裸露,产生土壤侵蚀。而适当放牧可刺激牧草分蘖,促进牧草生长,家畜粪便撒布于草地,可以增加土壤肥力;此外科学的管理,增加投入,解决草地供水、灌溉问题,规划牧道以及改良草地等措施都能促使牧草生机旺盛,不断满足牲畜所需要的草料,形成良好的有生产力的草原生态系统。

1) 确定适宜的载畜量

草地载畜量是单位面积草地所能饲养牲畜的头数。载畜量的多少直接影响草地利用状况。载畜量过大,势必造成过度放牧使草地退化;载畜量过小,又会浪费草地;从每头牲畜和每公顷产品与载畜量的关系可以看出,在载畜量低,放牧不足的情况下,牲畜可能充分挑食优良牧草,个体生长快,每头产品量高,但每公顷的产品量低。随着载畜量的增加,每公顷产品量上升,但每头牲畜产品量下降。当载畜量过大时,由于放牧过度,每头牲畜和每公顷产品均急剧下降,只有在载畜量适当,最适度放牧时,才会出现最高产量。

2）确定适宜的牧草可利用率

牧草可利用率是指在适度放牧条件下允许采食的牧草量,占总牧草产量的百分率。

$$可利用率 = \frac{允许采食的牧草量}{牧草总产量} \times 100\%$$

牧草可利用率可以保护牧草提高生长的生机,但牲畜在牧场上实际采食往往数量不定,其实际采食牧草的重量叫采食率。当采食率大于或小于可利用率时,表现为放牧过重或过轻,当采食率接近可利用率时,则放牧适当。

$$采食率 = \frac{采食量}{牧草产量} \times 100\%$$

牧草可利用率要根据牧草种类、地形情况、水土流失程度、放牧制度、牲畜种类、利用季节、草地类型而定。

3）确定适宜的放牧时间

适宜的放牧时间是指草地适宜开始放牧到结束放牧为止的时期。过早或过晚放牧都会影响牧草的生长。一般来说,根据牧草种类和土壤水分状况以及牧草贮存越冬养料或草籽成熟的需要来确定适宜的放牧时间,例如禾本科牧草为主的草地,应在禾本科牧草开始抽茎时开始放牧,而在生长季结束前30天停止放牧为宜,但是牲畜对饲草的需要要求全年都能均衡供应,因此往往在适宜放牧以前的时间内也往往不能停止放牧,所以应采取多种措施配合,如收割干草、延长放牧、结合补饲等办法,减轻对草地的压力,满足牲畜对饲草饲料的需要。

4）控制牧畜采食后牧草的剩余高度

牲畜采食后牧草剩余高度应适中,若采食过低,虽然牧草的采食率高,但牧草的再生力受到影响,故既要充分利用牧草,又要保持牧草的生机。

不同的草地牧草生长习性不同,季节不同生长状况也不同,不同牲畜的采食习性有差异,应区别对待。一般来说,多年生草地放牧后剩余的高度以5～6 cm为宜。

5）建立合理的畜群结构

确定畜群结构要根据当地的草地、气候、饲料条件、经营管理水平、市场需求等条件来考虑饲养牲畜的种类、品种的搭配及同类牲畜中种公畜、繁殖母畜、肥育畜及幼畜占的比例。这样可以有利于草地的充分利用,便于家畜的饲养管理。因为不同的牲畜利用植被的方法是不同的,其对牧草的适口性、采食高度均不同,所以混合放牧可以提高草地利用率。此外,可根据草地条件的差异,配置不同畜群。合理的牲畜分布,要求能把牲畜均匀地分布在放牧区域内,以便能均匀地利用草地,避免牲畜集中到水源附近和优良牧草多的地方。为避免局部过度放牧,组织放牧时要采取相应的措施,如分区围栏、恰当布置供水、供盐的地方,及时更换营地,修筑牧道等,都有利于轮牧制的实施,合理安排牲畜的分布。

### 5.7.2 牧草地规划设计的基本内容

**1) 牧草地规划的任务**

牧草是放牧畜牧业的主要饲料来源,所以应以草原生态经济原理为基础,按照牧草地合理利用的要求,通过人为管理措施将草地与牲畜二者协调起来,以达到畜牧业高产、稳产、优质的目的。牧草地规划的基本任务是合理利用草地,保护、改良和建设草地,不断提高产草量和载畜量,以创造良好的土地组织条件,逐步实现草地经营和牧养畜牧业生产的现代化。牧草地规划的具体任务包括:

(1) 做好牧草地资源的调查和评价工作。牧草地资源调查和评价是牧草地规划工作的基础和主要依据。调查的主要内容有:草地资源状况(面积、分布、植被、产量等)、自然条件(气候、地形、土壤等)、草地生产经营状况(利用方式、牧畜种类、生产水平、基本建设、改良措施、机械化水平等)、社会经济条件(人口、劳力、民族构成、交通运输条件、专业化方向、商品率等)、存在问题及改进的途径和措施、远景规划设想等。

(2) 采用科学的放牧制度,合理利用草地。放牧制度有自由放牧和划区轮牧两种,自由放牧是一种传统的非科学的放牧方法,有时会造成优良牧草因过度放牧而受到抑制,杂草繁衍;另一方面,家畜在牧场奔走,既消耗体力,导致畜产品下降,又容易感染疾病和寄生虫,降低生产力。实践证明,划区轮牧是一种科学的放牧制度,划区轮牧是根据草地生产力和牧畜习性及便于管理的要求,在划分季节牧地的基础上,为各畜群固定放牧地段,并在各地段内划分轮牧小区,各畜群按计划在各季牧地上按小区轮牧。划区轮牧比自由放牧可节约草地面积近 1/3,提高家畜生产力约 25%~36%。

(3) 为合理利用、改良、保护和建设草地创造良好的土地条件。合理利用、改良、保护、建设草地是提高草地生产力的关键,是发展牲畜数量和提高质量的基础,为此应对草地、水、电、路、棚圈、圈栏、草畜配套等进行综合规划,并改良草地和建立人工草地,实现草地经营和牧养畜牧业的现代化。

**2) 牧草地规划的内容**

根据牧草地规划的任务,其规划内容包括:放牧地规划,季节牧地的划分,牧道、饮水点、畜圈、护牲林、圈栏配种点、畜产品加工厂的配置,畜群放牧地段的配置,轮牧小区的配置,牧草地改良规划(人工草地的规划、草库轮规划、草田轮作制规划),割草地规划(轮割制的制度确定及轮割区的划分、贮草场的配置)。

### 5.7.3 放牧地规划设计

**1) 季节牧地的划分**

季节牧地是在一定季节内适宜放牧的地段。一般在草原辽阔、季节变化比较明显,地形、土壤、植被生长差异较大的情况下划分。这是由于不同的自然条件下,牧草的长势不同,造成植被有一定的适宜利用时期;另一方面,牲畜在不同季节对放牧地也有不同的要求,所以划分季节牧地就可以均匀地利用牧地,并保证牲畜在全年各个时期均有充足的牧地和饲草供应。

视气候情况、牧草生长特性、地形地势条件、水源状况、家畜种类和头数、经营习惯和管理水平等,可制定季节牧地划分的种类和比例。一般可分为两季(夏秋、冬春)、三季(冬、春、夏)、四季牧地(春、夏、秋、冬)。半农半牧区,草场不大,牲畜又多,多划分为双季牧场。在牧区,草原辽阔多划为四季牧场;冬季寒冷、时间长的地区,冬季牧地占的比重就大些,而夏季牧场,草层生长旺盛,其比重可相对小些。如内蒙草原的季节牧地划分是:夏放梁、冬放洼、春秋两季放沟汊。

2) 畜群放牧地段的配置

不同种类、不同年龄的牲畜对饲草的质量和数量有着不同的要求。各种牲畜进行混合放牧在卫生防疫方面也是不合理的,为了合理放牧,需将不同种类、性别和畜龄进行编组,固定一定的放牧地段。畜群放牧地段的配置需考虑的内容有:根据不同畜群对牧草的要求,划拨其相应的放牧地段;考虑放牧地的地形条件,各种牲畜的采食程度与地形密切相关。牛在较平坦的坡地和坡顶,采食率达 80%,而在陡坡上会下降到只有 20% 左右,故牛适宜在平坦草地上放牧。而羊适应力较强,尤其是山羊在陡坡上仍能采食,但羊却不适宜在低洼潮湿的地方放牧,因为易感染疾病。所以一般先满足牛、马要求,然后将地形较差的地段放牧羊群;每个畜群放牧地段应与水源、定居点、畜圈有方便的联系,且具有独立的水源,以减少驱赶距离,避免传播疾病。在有人工饲料地时,天然放牧地应与之相邻配置,以便综合利用,减少驱赶距离和运输费用;在地形平坦处,畜群放牧地段尽量设计成集中连片的规整的长方形或方形,以便进一步设计轮牧小区,在地形割裂的地方,放牧地段界线应与自然界线相结合。

3) 轮牧小区设计

在放牧地段内划分轮牧小区并按一定的轮换顺序采用不同的放牧时间和利用方式。轮牧小区是轮牧的基本单位。划区轮牧有利于减少牧草浪费,节省草原面积,可以改进植被的成分,提高牧草的产量和品质,增加畜产品的数量,便于家畜管理,防止病虫害。设计轮牧小区应解决轮牧小区的数目和面积、小区的长度和宽度以及配置轮作小区等问题。

(1) 轮牧小区的数目与面积的确定

轮牧小区的数目和规模取决于草层恢复期限、轮牧周期长短、小区放牧天数、放牧频率、草地生产能力、放牧季节、畜群种类、割草和休闲的小区数等因素。

轮牧周期指在同一放牧地段的小区相邻两次放牧间隔的时间,以天数表示。轮牧周期长短取决于牧草更新的速度,牧草再生速度快,轮牧周期就短,反之则长。牧草再生速度因土壤、气温、雨量、植被种类不同而异,一般轮牧周期约在 36~40 d。

放牧频率指在一个放牧季节内每个小区重复利用的次数,一般轮牧周期长,则放牧频率低,反之则高。

小区放牧天数的确定,首先要使畜群在一定放牧天数内既能充分利用草层,又要避免重复吃草,这就要考虑不同季节牧草的生长速度、牲畜习性的差异。其次,在小区连续放牧,应使家畜免受寄生虫病的感染,为此,主要根据各种寄生虫病原体随病畜粪便排出体外后,再度变为侵袭性病体的时间长短,家畜放牧天数应在可能产生感染之前转移。综合上述要求,一般认为小区放牧天数应不超过 5~6 d。在非生长季节或干旱荒漠草原,小区放牧天数不受此限制。

(2) 小区的长度和宽度

最适宜放牧的轮牧小区的外形是长方形,轮牧小区的宽度应按畜群横队前进放牧的宽度来确定,即根据畜种头数及每头牲畜在放牧中应占的宽度来确定。为了使牲畜在往返过程中能采食新鲜牧草,小区的宽度应是单程放牧宽度的两倍。每头牲畜放牧时所需最小宽度如表 5.7,小区的长度用小区面积除以小区宽度即得。但其长度不能超过家畜在喂水、休息和挤乳间隔时间中所行走距离的一半。

表 5.7　每头牲畜放牧时所需最小宽度

| 牲畜种类 | 每头最小放牧宽度 (m) |
| --- | --- |
| 成年牛 | 1.5～2.0 |
| 1～2 岁犊牛 | 1.0～1.25 |
| 1 岁以下犊牛 | 0.5～1.0 |
| 母牛 | 0.4～0.5 |
| 未孕羊、处女羊、去势羊 | 0.3～0.4 |
| 成年马 | 1.5～2.0 |
| 猪 | 0.5～1.25 |

(3) 轮牧小区的配置

在配置轮牧小区时应考虑草层的特性、地形、风向、水源、野营和牧道的位置,具体包括以下要求(见图 5.12):

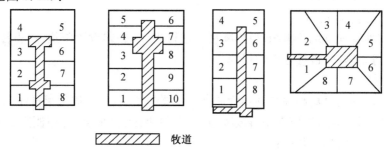

图 5.12　轮牧小区配置

① 轮牧小区内草层要求尽量一致,避免牲畜在采食中挑选喜食的牧草,而影响草地的质量。在坡地上应长边沿着等高线配置,使之处于相同的坡向与坡位上,小区内草层生长一致,而且横坡配置也避免牲畜上下坡采食消耗过多能量,且有利于保持水土。

② 小区的配置要考虑光照、风向对放牧的影响。在放牧时要避免阳光直射家畜的眼睛和因风而影响家畜的进食速度,所以在夏季牧场上,最好将小区长边按东西向配置。为避风最好将小区长边垂直于主风方向。

③ 小区的配置应与水源、畜圈保持最近的距离,并有良好的牧道相通,以缩短驱赶距离,为此,在配置小区时,应将轮牧小区的短边朝向水源与畜圈,但应避免以水源和畜圈为中心向外呈放射状布置。这样会使水源附近遭到过度放牧,草层退化。

④ 小区界线应尽可能利用自然界线或地物,若自然地物不明显,也可用木桩、土堆、石块、牧栏或电圈栏来标明。

4) 轮牧制度的确定

牧场轮换制度是指每个畜群放牧地段内的轮牧小区,每年利用方式均按计划顺序变动、周期轮换的一种制度。它是划区轮牧制度的重要内容之一,只有实行轮换放牧,才能避免在一个轮牧小区上以同一种方式进行放牧,从而导致草场退化,所以放牧地的轮换是保护、改良草地,提高草地生产能力的重要措施。在条件较差,尚未实行小区轮牧的地方,在季节牧地间也可实施牧场轮换。

(1) 季节牧地的轮换

各季牧地的地形、土壤、植被、水源条件相似,且具备生活及生产用房、牲畜棚圈等设施时,才能进行四季轮换,否则可考虑两季轮换,例如夏和秋季牧地轮换,春和冬季牧地轮换。

(2) 轮牧小区的轮换

为了提高牧场的生产力,一般在轮换中应包含以下环节:第一是延迟放牧。指主要优良牧草种子成熟之后再进行放牧。这样可以增加种子产量,增进植被的粮、茎中养分的储藏,促进第二年植物长势更旺。另一方面成熟的种子落入土中可以达到天然播种的目的,促进牧场改良。天然播种后,牧草生长较慢,第二年实行较迟放牧,可以给牧草充分生长的机会,以保证延迟放牧取得良好的效果。第二是割草。牧草生长旺期,往往有剩余,为了全年都能均衡供应饲草,可在适宜割草的地区,组织轮割。第三是休闲。即规定在一定年份内,在生长季节内完全不放牧,以保证植物根系健康发育,同时在休闲时可对草地实施培育措施,如播种牧草、施肥等。牧场轮换的年限、方式因地区不同而异,形式多样。

5) 生产设施的设置

为了合理地管理草地和组织放牧,顺利地进行生产,必须设置牧道、牲畜棚圈、饮水点、护牧林、圈栏等设施,并进行合理的规划。

(1) 牧道规划

牧道对合理利用草场和牲畜饲养管理有着重要的意义,为了避免家畜任意践踏牧场,给家畜转移创造良好的条件,应在畜群放牧地段、轮牧小区、饮水点、牲畜棚圈之间设置牧道。按其功能牧道可分为如下几种:

① 主干牧道。是联系几个放牧地段的牲畜道路。

② 主要牧道。是放牧地段内联系小区间的牲畜道路。

③ 临时牧道。一般设在人工饲料地内部,联系饮水处、野营用的牲畜道路。

牧道的配置应使家畜的驱赶距离短而服务的面积大,牧道应修建在干燥和结实的土地上,避免通过低湿地和沼泽地,不要通过陡坡和峡谷,距陡岩至少要 40 m 以上,要避开公路、牲畜埋葬地,一般沿着畜群放牧地段和轮牧小区边界设置。

(2) 饮水点与喂盐点的设置

为了保证人们生活用水以及牲畜饮水和喂盐的需要,应解决牧草地的水源及饮水点、喂盐点的配置问题。水源可以是河流、湖泊、池塘等。在水源较缺乏的地方,可采取打井、利用积雪融化和筑坝蓄水等方式来解决水源不足的问题,有的地方通过修建蓄水池、管道等设备来供给牲畜饮水。为满足牲畜对盐的需要,应合理配置喂盐点。牲畜吃盐的数量因季节和年份不同,喂盐点应合理地分布在放牧地上。

(3) 牲畜棚圈的配置

为了保证牲畜安全越冬度春,在冬、春季牧地上应建立畜圈,即野营。牲畜棚圈应设在季节牧地的适中地点,在有人工饲料地的情况下,应靠近人工饲料地,并靠近水源,但不得近于 150 m,以免污染水源。冬春季用的棚圈应选在避风向阳之处,夏季应在干燥、背风、向阳、土质坚实之处。羊群一般不设野外固定畜圈,以免传染蠕虫病,故应经常更换休息地。

(4) 护牧林的设置

护牧林可以改变草地的小气候,提高草地生产能力,并可改善牲畜的放牧和饲养条件。

牧场防护林可沿放牧地段和轮牧小区边界设置。另外在牲畜棚圈和饮水处附近或放牧地的中心栽种乔木树丛，可以保护牲畜不受夏季炎热的日晒和风暴的袭击，保护棚圈。此外在季节牧场的转场路线上设防风御寒林带，以预防不利天气的牲畜临时掩蔽所，有十字形、同心圆及长方形等布置形式。

(5) 围栏的设置

围栏可以使划区轮牧制度得以实现，可以有计划有控制地放牧，还可以防止野生动物的入侵。围栏可以是木围栏、铁丝围栏或电围栏等，可以是固定的，也可以是活动的。围栏配置要与放牧地段、轮牧小区、护牧林、饮水点、棚圈的规划相协调。

### 5.7.4 割草地规划设计

天然草地除直接供放牧外，还可割下来用作饲料，放牧地和割草地是草地经营的两个重要组成部分。由于牧草地的产草量存在着明显的季节间的不均衡，夏、秋季节产草多且营养好，冬季则严重不足，所以为了保证全年均衡供应饲草，必须在天然草地或人工草地上打草，加工成青饲、干草或干草粉储存起来，备冬季补饲之用，因此割草是牧草地利用的又一主要方式，对保证草地畜牧业高产稳产具有重要意义，必须对其进行合理的规划设计。

1) 割草地的选择

首先要求草地植株生长旺盛，茎杆高大，且草质好。所以一般以根茎性或繁丛性上疏禾科草类或高大丛生的豆科草类以及上述草类的混合型为好，杂草类在干燥过程中枝叶易脱落，不易调制成良好的干草，其占草地的草类比例以不超过10%为宜，作为割草地，还要求植被的再生能力强。从地形看，地势低平，土壤水分条件较好，集中连片，障碍物少的低洼地草地、河滩草地、河谷地和排干的沼泽地都可以。配置割草地，这些地方牧草生长好，又便于管理和机械割草。

2) 轮割区的划分

(1) 确定轮割制度

用轮作的方式每年轮换利用和管理割草地，调节各地段的割草时期，放牧与割草相结合叫做轮割制度。割草地如果连年在同一地段同一时期割草，就会限制根部的正常生长、茎叶的发育和种子的形成，从而导致草地和产草量下降，为此，要设计轮割区和轮割地段，在一个轮割区内一般要设计4～6个轮割地段。割草地轮割制度是按一定顺序逐年变更收割时间、收割次数、休闲与培育措施等，这种制度有利于草地植物积累足够的营养物质和形成种子，能改善生长条件，保持草地的生长。

割草地轮割制度因各地的自然和经济特点不同而异，例如在条件较好处，按照牧草的发育阶段及培养草场的要求，轮割制度中包括以下环节：休闲、抽穗期收割、始花期收割、盛花期收割、结籽后收割。

(2) 轮割区的划分

轮割区是轮割制度的基本作业单位，可按割草地的总面积、轮割制度、地形条件、割草的机械化程度、草地改良和保护的要求、劳动组织等条件划分为几个轮作区，各轮作区的面积应基本相等，以保证每年获得均衡的产草量，割草场的外形应力求规整，边长应能适应机械作业的要求，轮割区内草层的类型应基本一致，以便于在同一时间内打草，各区与放牧地、牲畜棚圈应有方便的道路联系。

### 3) 贮草场的设置

牧草收割后经自然风干,含水量降至 50% 以下,可就地堆放,降至 15% 和 17% 时,可长期贮存。从割草地收割的青草,其主要利用方式之一是调制干草,贮存起来以备冬季饲草的不足。调制干草的方法简单,成本较低,便于长期大量贮藏,而且干草所含营养物质比较全面,在保证牲畜越冬上具有重要作用。因此必须正确地规划贮草场,选择场址,确定占地面积,进行贮草场的内部布局。

(1) 场址的选择

长期贮存干草的场所应选在接近畜圈的地方,有道路联系、运输方便、地势干燥、平坦、排水良好,以防干草受潮变质,贮草场要特别注意防火防潮,应设在背风处,四周设围栏,围栏外侧挖沟并种植树木。

(2) 贮草场占地面积计算

贮草场的占地面积可按下列方法估算:

① 确定草堆的形状和规格,计算出草堆的体积,草堆一般有长方形和圆形,堆顶有圆顶、平顶和尖顶等,其规格大小可视具体情况而异。一般长方形草堆的宽度约 5 m 左右,长度约 20 m 左右;圆形草堆通常直径约 5 m,根据草堆的形状和规格,即可计算出每个草堆的体积。

② 实测单位体积干草的重量和草堆总重,单位体积干草重量因收获期的不同和堆放期的长短而不同,干草越密实,其重量就越大。根据草堆体积和单位体积当量即可求得草堆的干草总量。

③ 计算草堆数。根据总的干草需要量和一堆干草的重量即可求得所需草堆数。

④ 根据草堆的占地及间距,草堆与外围的间距和附属设置的占地即可估算出整个贮草场的占地面积。草堆周围应挖泄水沟(宽 40 cm,深 30 cm),堆放场围栏外侧应挖壕沟,种植树木。

(3) 贮草场内部配置

一般草堆呈行列状布置,两相邻草堆相隔 5 m 左右,前后两个草堆之间的间距应不小于 30 m,草堆与贮草场棚栏之间应保持距离在 15 m 以上,草场内要设置贮水池和消防用具及管理人员住房等(见图 5.13)。

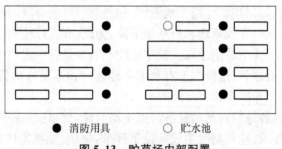

● 消防用具　　○ 贮水池

图 5.13　贮草场内部配置

### 5.7.5 牧草地规划设计的评价

牧草地规划设计的评价主要是通过评价指标体系进行规划前与规划后对比或数个规划方案之间进行比较来选取最优方案。牧草地规划设计方案的评价指标体系包括生态效益、经济效益、社会效益等方面,由于各地的自然、经济条件不同,管理水平也不同,在评价时,要选择适宜的和主要的评价项目和指标(见表 5.8)。

表 5.8　牧草地规划方案评价指标体系

| 项　目 | 指　标 |
|---|---|
| 草地生产条件的改善 | ① 草地灌、排面积的比重<br>② 草地的林网覆盖率<br>③ 改良草地的比重<br>④ 保持水土的状况 |
| 畜牧业生产条件的改善 | ① 牧道的占地面积<br>② 季节牧地的平衡情况<br>③ 饲草饲料需要量的保证程度<br>④ 饮水的保证程度<br>⑤ 棚圈建设状况 |
| 草地生产能力的提高 | ① 牧草品质提高状况<br>② 枯草期缩短情况<br>③ 产草量的提高<br>④ 草地等级的提高<br>⑤ 载畜量的提高<br>⑥ 畜产品的增长<br>⑦ 草地的有效利用系数<br>⑧ 草地生产率的提高<br>⑨ 饲料转化率的提高 |
| 经济效益 | ① 亩投入<br>② 亩产值<br>③ 纯收入<br>④ 投资回收期<br>⑤ 牲畜总头数的增长和总收入的增长率<br>⑥ 各种畜产品的产值及其增长率<br>⑦ 劳动生产率 |
| 社会效益 | ① 畜产品的商品率<br>② 草地畜牧业容纳农村劳动力的程度<br>③ 畜产品换取外汇的情况<br>④ 草地畜牧业对农业的促进作用<br>⑤ 完成计划产品产量、品种、利润、税收指标<br>⑥ 人均消费量指标 |

## 5.8　水产用地规划设计

### 5.8.1　水产业用地及其分类

水产养殖是在人为控制下繁殖、培育和收获水生动植物的生产活动,分淡水养殖和海水养殖。养殖对象主要是鱼类、甲壳类(虾、蟹等)、贝类、藻类、头足类等,为人类提供了丰富的水产食品和其他工业原料。

1) 中国水产养殖业现状

我国淡水养殖历史可追溯到公元前 11 世纪,公元前 5 世纪我国就有《养鱼经》问世。海水养殖也有悠久的历史,宋代已有人工培育珍珠,养牡蛎、藻类的记录。淡水养殖主要有两种类型:一种是池塘精养鲤科鱼类,以投饵、施肥取得高产,并将各种不同食性的鱼类进行混养,以充分发挥个体生产力;另一种是在湖泊、水库、河沟、水稻田等大、中型水域中放养苗种,主要依靠天然饵料获得水产品。据统计,目前我国水产品人均占有量 29.1 kg,比世界平均水平多 10 kg 左右,水产品总产量在世界的排位已从 10 年前的第四位,上升到首位。我国拥有广阔的海域和纵横交错的内陆江河以及星罗棋布的湖库池塘。近海水面约有 1.5 亿 hm$^2$,其中可供养殖的浅海、滩涂约 0.0133 亿 hm$^2$,内陆水面约 0.27 亿 hm$^2$,其中河流约 0.12 亿 hm$^2$,湖泊约 0.08 亿 hm$^2$,池塘水库约 0.067 亿 hm$^2$,是世界上水面资源最多的国家之一。浩瀚的水面是我国丰富的水产资源宝库。

2)水产用地的分类

(1)水体资源类型

水面用地包括沿海滩涂和内陆水域。按水体形成可分为两大类,即天然水体,如近海、海涂、内陆水域(如江河、湖泊、沼泽)等;人工水体,如水库、池塘、水田等。

水体按运动方式可分为三类:流动水体,如河流;静态水体,如湖泊、池塘;半流动水体,如水库。

不同的水体类型、不同部位,水环境的理化和生物学特性不同,栖居着不同的生物,所以要区别水体类型加以合理利用。

(2)水产用地类型

水产用地可按水体资源类型划分为两类:

① 天然水产用地:指近海、海涂及内陆江河、沼泽等,主要采用天然捕捞生产方式。

② 养殖水产用地:指水库、湖泊、塘堰、人工鱼池、水稻田、人工海水养殖区等,主要采用人工养殖生产方式。

### 5.8.2 人工养殖场规划设计

人工养殖场可养鱼;可饲养小水产品,如龟、鳖、鳝、虾、蟹、河蚌育珠等;栽培水生植物以及进行海水养殖,如贝类、海藻、鱼虾等。

1)人工养鱼场规划

适宜水产养殖的水面,应符合能养、能管、能捕三个条件。人工鱼池是实行精养的一种好方式。人工鱼池应当规格化,它应具有一定的规模、形状、深度,并有完善的注、排水系统和生产设施,因而能保证水质良好,防止病害和外灾,便于采用机械操作。符合鱼类生产要求,便于生产管理,从而可保证渔业的高产稳产。

(1)人工鱼池用地选择的条件

① 位于水源充足、交通方便的地方,这样有利于注水和排水及对鱼种、饵料、成鱼的运输。

② 水质要好。水是鱼类的生产环境,也是鱼类天然饵料的生产基地,水质好坏直接影响着鱼的产量。

③ 土质适于建池,土壤质地要求以壤土最好。砾质土、砂土、粉土透水性强,不适于建池。

④ 地形宜于建池。平坦开阔的地方当然是建池的好地方,但为了不占良田,只要不在陡坡地势高低悬殊太大之处,一般在梯级台地均可建池。

⑤ 注意防洪安全。不论在滨湖平原或山区丘陵,选点时都应对洪水予以注意。一般应按建场 25 年内不受洪水侵犯来考虑滨湖建场的地方,水库区选点时,场址应在安全水位线上,山区丘陵区选点时应调查 25 年一遇的最大降雨量,并作出相应的排洪措施。

⑥ 养鱼场周围不应有高大的树木或房屋,以免遮阴和影响空气流通,最好附近有方便

的电源,有饵料供应处,如附近有酿造和农副产品加工厂等。

(2) 养鱼场的总体布局要求

① 场房最好布置在养鱼场中心位置,有公路相通。

② 亲鱼池、产卵池及孵化设备紧靠场房,以便于管理。

③ 鱼苗池靠近卵化设备,鱼种池围绕鱼苗池,外围与成鱼池相邻,可缩短鱼种搬运距离,减少鱼种的损伤。

④ 鱼池的配置一般有阶梯式和水平式两种形式。阶梯式适用于倾斜的地面,水平式适用于平坦的地区。鱼池的外形多为长方形,长宽比可采用3∶2或2∶1,鱼池的走向尽量呈东西向,可增加鱼池的日照时间,减少南北风浪对池埂的冲刷。

⑤ 水源位置应在全场最底处,以便于自流灌溉,同时亦方便生活用水及浇地等。

⑥ 养鱼场是生态农业的重要环节,开展养鱼场用地的综合利用,实行"以养为主,养捕结合,因地制宜,多种经营"的方针。生态农业的形式有:渔牧结合,鱼桑结合;稻田养鱼,沼气肥养鱼等多种形式。搞好养鱼场用地的总体规划(见图5.14)。

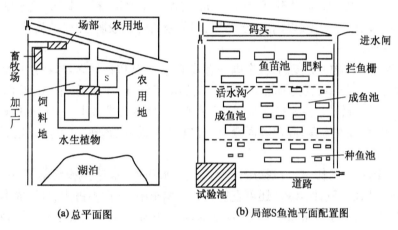

图 5.14 养殖场平面规划图

2) 小水产养殖池规划

为了有效利用水面资源,提高生态经济效益,增加创汇或药用产品,要因地制宜地建设一些小水产养殖地,其中包括养龟、鳖、鳝、虾、蟹、河蚌等池类。

(1) 养龟池。养龟场宜建在向阳避风、缓坡的坡角,离沟、河近,进、排水方便的地方。场地规模,可根据本单位具体条件而定,可利用原有的小水塘改建,也可人工修建,最好能做成几个池子,以便分批饲养,饲养场周围应用条石或砖筑成高1 m以上的围墙,并堵塞缝隙以免龟外逃或鼠类、野犬入场危害。池底要铺填淤泥,以利龟越冬,池水要清洁、常换,池中最好能栽种一些水生植物。

(2) 养鳖池。根据鳖喜阳怕风、喜洁怕脏、喜静怕惊的特性,养鳖池应建在背风向阳,进、排水方便,树林阴蔽,少有行人、道路的地方。为避免互相残害,亲鳖、成鳖、幼鳖要分池饲养,成鳖池面积在1亩以上,池底呈斜面由浅入深,深可达1.5 m以上,浅在0.8 m左右,以便于鳖随气温变化而活动于深浅之处,鳖池一般为泥底、四壁用条石或砖砌抹平,池埂应盖有一端伸入池中15~20 cm 的石板,防止鳖外逃,为了亲鳖产卵,在池的浅水一端设20~30 m 的产卵台,用松软砂土铺厚50~60 cm 的平台,上种遮阴植物。

（3）池塘养蟹。由于兴修水利，江、河、湖、海隔绝，断了河蟹生殖洄游的路径，所以，采用人工养殖尤其重要。养殖河蟹，首先要繁殖蟹苗，可以从海里捕捉怀卵蟹，也可将性成熟的亲蟹放入海水池(内地可用人工配制海水)中，促使其交配、产卵、孵化。当由幼体变成蟹苗时，可投入湖泊、塘堰、水库、河汊中放养。由于河蟹有钻洞凿穴的习性，土坝附近不能养蟹，以防钻洞毁堤。

（4）河蚌育珠。河蚌喜在缓流水、泥沙底、浮淤生物丰富的水域生活，所以，养珠场一般选在水源充足的塘堰、沟渠、湖汊、水库等富营养水域，其中尤以养鱼的塘堰为最好。根据食性，在育珠场可养草鱼和鳊鱼，既无争食之矛盾，又可促进河蚌生长，做到鱼、珠双收，但鱼的放养密度要减半。

### 3）水生植物用地规划

为了充分利用水面资源，除因地制宜放养各种动物水产外，还应种植一些水生植物，如莲藕、慈姑、水芋、菱等淀粉植物，茭白、水芹、莼菜、水菜、豆瓣菜等水生蔬菜，席草、蒲草、芦苇等工业原料植物和绿萍、水花生、水浮莲、水葫芦等水生饲料绿肥。

（1）水生淀粉植物。如莲藕，因品种不同，有的适于沤田、稻田栽培，浅水藕只要求水深在 0.3~0.6 m，最深在 1 m 以内，适于池塘、湖荡栽培的一般属中、晚熟品种，属于深水藕的水深可达 1.5 m。

（2）水生蔬菜作物。如茭白，在全国均有栽培，但长江以南居多，作蔬菜栽培一般在沤田区，茭白与藕、慈姑、席草、芡实等轮作，地势较高的水田可与水稻轮作，春、秋两季均可栽植。

（3）水生工业原料。主要指席草、蒲草、芦苇等，席草要求浅水，一般用水田栽培，蒲草、芦苇能耐深水，可栽在湖荡、湖汊和河滩上。它们常与慈姑、莲藕等轮作，以达到合理利用水面和沤田的目的。

（4）水生饲料绿肥作物。包括绿萍、水花生、水葫芦、水浮萍和茭草等，可以广泛利用河、湖、沟、塘、港、汊等水面，绿萍还可直接放养在稻田中，它们不占用农田，成本低，产量高，养分全面，肥效稳，对于发展畜牧业，改良土壤，均有显著效果。只要水位不深，水流不急，都应放养这些作物。

### 4）海水养殖规划

世界水产品产量来自内陆淡水域的只占 10% 左右，而来自海洋渔业的占 90%。所以，就整个世界的渔业来看，海洋渔场是渔业生产的主要资源。海水养殖内容包括贝类、鱼虾、海藻等，其中贝类养殖是浅海、滩涂利用的重要项目之一。目前养殖的主要贝类有牡蛎、贻贝、蚶、蛤仔、文蛤、鲍，以及海龟、西施舌、红肉蓝蛤等，许多贝类可直接作为海洋鱼类的天然饵料。贝类的生活环境是广阔的潮间带与浅海，由于分布不同，水深和理化性状不同，对各种贝类的适宜性也不相同，掌握这些规律，可以正确地指导贝类养殖生产。目前人工养殖生产基本上是在水深 30 m 以内进行，此区内可划分为高潮区、中潮区、低潮和浅海区。影响贝类生活的主要因素有潮汐、波浪和海流、海水温度、盐度、营养盐、水质等。

潮汐、波浪和海流对贝类生活有很大的影响，它可以带来丰富的营养物质、氧气和饵料，有利于贝类生产。鲍和扇贝等喜欢生活在潮汐动荡很大、浪大、流急的地方，而泥蚶、蛤仔等埋栖贝类喜欢潮汐平稳、浪小的海区，相反则易被冲走，因此在选择养殖场时，必须考虑海水运动可能产生的影响。

温度对贝类生活也很重要，尽管它们是变温动物，但严寒的冬季能导致贝类血液和体液冻结而死亡,根据贝的种类不同,对温度的适宜性也不同。从主要养殖种类来看,不同种类的牡蛎、贻贝、蚶类、蛤仔、文蛤、鲍鱼等从北到南都有其适宜之地,同是牡蛎、扇贝,大边湾牡蛎和栉孔扇贝分布在辽东半岛、山东半岛一带海岸线附近,而近江牡蛎和华贵栉孔扇贝则分布在南海各地。因此,可根据贝类适宜性,加以选养。

鱼虾养殖。长期以来,海洋渔业基本上是以天然捕捞为主。由于人口迅速增多,对蛋白质食物要求增大,船队和捕捞工具在数量上增加和质量上提高,使水产资源相对减少。捕捞渔业,部分地移为人工养殖,在相当时间内,它还只是对海洋捕捞渔业的一个补充,但对于充分利用水面资源和饵料资源,增加鱼虾商品供应量是很有意义的。

海水的人工养殖,通常是在入海河口或港湾附近的沿岸区建筑堤坝围堵洼地、沼泽、沟渠、港道,以及废弃的盐田水池,筑以进排水口,在涨潮时,随水引入鱼、虾的幼苗或捕捞某些适于养殖的优质鱼苗,在较短时间内(较天然增值),得到较多较好的渔获量。

### 5.8.3 其他水产用地规划设计

1) 湖泊养鱼规划

(1) 湖泊养鱼经营方针的确定

根据湖泊水面大小,通常分为大、中、小三种类型,大型湖泊的面积为 1 万 $hm^2$ 以上,1 万 $hm^2$ 以下的为中小型湖泊。

湖泊养鱼主要是人工放养和自然资源的增值,经营方针取决于水体大小、经营管理水平、捕捞条件及产量高低等。

大型湖泊一般以资源增值为主,辅以人工放养,若管理水平高,水质较肥,可以适当提高人工放养比例。中型湖泊可采取资源增值与人工放养并重的方针。小型湖泊一般以人工放养为主,在条件好的地方,还可采取投饵施肥的精养。

(2) 湖泊养鱼所要求的条件

① 要求湖泊深度适宜,湖岸弯曲。在湖盆斜度很大,水很深的情况下,深积物分解缓慢,分解后的物质也很难均匀分布到整个水体中,因而生产性能很低。而湖盆底部斜度较小或平坦的淡水湖泊,沉积物均匀地分布于整个湖底之上,与水接触面大,分散快,对于浮游生物和水生植物繁殖极为有利。同时,这种湖底栖动物由于食料丰富,栖息范围大,它们的种类和产量也都较深水湖泊为多,因而这样的湖泊生产性能高,适宜养鱼。

② 水质符合要求。水的物理和化学性质不仅要满足鱼类生长发育的要求,还应为天然食料的繁殖提供良好的条件,要求水温在一年中有 8 个月在 15.0℃ 以上,约有 6 个月在 20.0℃ 以上,生物旺盛生长的时间长,水质最好为微碱性,pH 值在 7.5~8.5 之间,生物生产力较高,水体的表层和底层的温度和主要营养物质的含量基本上一致,且水是终年流动的,这样,各层水体均有利于生物的生长繁殖。天然食料是鱼类生存的基础,只有天然食料基础好,才能发挥湖泊养鱼的潜力。

(3) 湖泊养鱼的规划

① 湖泊养鱼要尽可能做到就地繁殖、就地培育。应建立鱼种场、捕鱼船队和必要的附属设施,并可结合饲养猪、鸭、鹅等,以提供鱼种、饲料、肥料,改变粗放薄收为半精养的饲养方式。

② 湖泊鱼种的放养数量、搭配比例和规格的确定。对于人工投放鱼种而言,要根据水体的自然条件、天然食料基础、鱼种条件以及饵料供应的可能程度来确定。

不同鱼种食性不同,生活习性不同,将食性与生活习性不同的各种鱼混养,就可以充分利用水体的空间和饵料,提高水体生产能力。一般来说,开始一两年湖里水草多,可多放草食性鱼类,如草鱼、鳊鱼等,占放养总数的 30%～40%,可把水草压低,使湖水变肥。

③ 提高湖泊产量的主要措施有合理放养,建筑良好可靠的拦鱼设备,适时进行灌江纳苗,适当清除湖泊的害鱼类;提高天然食料基础,增加有利于鱼类活动的水域,挖湖泥增加湖深,筑堤改大水面为小水面,以利于精养;做好捕捞工具改革,提高捕捞技术等。

2) 河道养鱼规划

河道与湖泊虽然是两个不同类型的水体,但从养殖上来说,它们都是大面积的生产,在养放方式与养殖技术上具有共同特点。

适于养鱼的河道是平原耕地间的浅水小河,更多的是利用河身河段,在这样的河段,河床平坦,沉积物质分布均匀,生产力高,此外河道弯曲处也适于养鱼。河道养鱼与湖泊养鱼要求不同,但应特别注意搞好拦鱼设备。

3) 水库养鱼规划

水库养鱼有其特点和有利条件。一般水库都具有广阔的库区,大量的无机盐类和有机物质随水冲入库区,有利于鱼类及其天然食料的生长与繁殖;水库的水深不一致,适于多种习性的鱼类生活,有利于多种鱼类混养;水库的水位波动较大,有大面积消落区,可掌握消落时期,种植饲料作物,有利于水库的多种经营。大部分水库有各种形式的库湾,可以用来作为精养基地,一般水库沿岸都具有发展条件,可以做到渔、牧、副结合,有利于综合经营。

(1) 养鱼水库综合规划

水库的规划设计要考虑水利、电力、航运、农业、林业、生产和旅游的需要,所以必须综合考虑,做出全面规划,使各方面都能协作配合好。水库由于利用目的不同,对蓄水的要求也不同,所以在建库时,在可能的条件下,应照顾渔业的要求:

① 在蓄水前必须清理库底,清除各种树桩、屋基等障碍物,以便于捕捞;

② 在建造溢洪道和输水涵洞时,应将挡鱼设施统一考虑在内;

③ 在大型河流上建筑水库,如果原河流中有洄游性鱼类,预计水库建成后,大水库中或流入库内河流仍有其产卵场,那么在建库时应考虑在坝上建筑鱼道,以利于洄游性和半洄游性鱼类的产卵、繁殖和育肥;

④ 要防止水库周围工业污水的流入,危害鱼类资源;

⑤ 调查水库中原有河流内的鱼类组成,对凶猛的鱼类和杂鱼类,进行强度捕捞,减少对放养鱼类的危害。

(2) 放养密度和鱼种搭配

水库营养类型的划分,主要根据水体中营养物质浓度、形态特征、浮游植物生物量、生产力作指标、鱼产量的高低,将水库划分为各种类型。水库的营养类型可作为投放鱼种、合理利用饵料生物资源、挖掘水体生产力、提高单产的科学依据。

将与鱼类生长关系较密切的饵料生物作为划分的主要指标,可将水库划分成贫营养型、一般营养型和富营养型三种。

水库的营养类型对水库的放养密度有很大影响,水体能达到的最高负载力,必须与饵料生物的供应量相适应。

(3) 库湾养鱼

库湾养鱼是利用消落区内能够在高水位时蓄水的库湾,修建堤坝,把它与水库主体部隔开来,进行养鱼。库湾养鱼可充分利用消落区,不占良田,而实行精养,提高水库的鱼产量。同时,可以利用库湾培育鱼种,投放水库,就近解决水库放养的需要,减少运输,成活率也高。

选择库湾作为养鱼基地,应考虑养殖和工程基建两方面的要求:

① 出口要小,内部宽,湾底平,这样工程小而建成后可利用的面积大;
② 运取石材料方便,便于施工;
③ 基础好,土质没有渗漏现象;
④ 土坝高度,略高于水库历年最高水位;
⑤ 库湾四周山头低、光照充足,或背北向南的位置,光照良好;
⑥ 水质好,不含有害物质,周围没有工矿污水排入;
⑦ 集水面积小,来水量不大,有利于培育水质和建筑拦鱼坝;
⑧ 库湾的面积因饲养不同规格的鱼种,而选择不同的面积,一般培育长度为 1 寸(1 寸 =0.03 m)左右的鱼种,库湾面积以 $1\sim5\ hm^2$ 为宜,培育大鱼种的库湾以 $6\sim14\ hm^2$ 为宜。

4) 稻田养鱼规划

稻田养鱼在我国有悠久的历史,稻田养鱼不仅可以提供大量食用鱼,还可提供大量鱼种,供水库、山塘的放养。实践证明,养鱼的稻田比不养鱼的稻田增产,可以做到稻鱼双丰收,因为鱼类排出的粪便,即可肥田,鱼吃掉稻田中的多种害虫,大大减轻了虫害,鱼吃掉田中的草芽、草籽及一些水生植物,有助于稻田的发育。所以鱼对水稻的生长发育有利无害。

稻田养鱼还可以改善环境卫生,减少农村疾病,如草鱼一天能吞食幼蚊 370 只以上,鲤也在 300 只以上。

适于养鱼的稻田应具备以下条件和设施:

(1) 水源充足,进出水方便,蓄水力强,涨水不受淹没,山洪暴发不受冲刷,天旱不易干涸的地方;

(2) 田埂要高而坚实,埂高 1 尺(1 尺 =0.3 m),宽约 $6\sim8$ 寸,防止鱼类越埂逃掉;

(3) 养鱼的稻田要有充分的阳光照射,水温暖和;

(4) 稻田水质越肥越好;

(5) 养鱼的稻田要开挖鱼沟,鱼沟一般沿田埂周边开挖,深 $2\sim3$ 寸,鱼沟是在田的低处开一个 $2\sim3$ 尺长、1 尺深的水坑,这样,在夏季水温高或农田放水时,鱼可以进入水沟;

(6) 开好注、排水口及设置拦鱼设备,在稻田相对两角的田埂上开好注、排水口,并用拦鱼设备拦于注、排水口上,稻田养鱼一般以鲤鱼为主,其次是鲫鱼,有的地方以草鱼为主,搭配鲢、鳙鱼。

## 5.8.4 水产用地规划设计的评价

评价水面利用合理与否,不仅要对养殖水面利用的不同方案进行评价,还应对水面及其环境的综合利用进行评价。其评价指标主要有:可用水面与已利用水面的比例;已利用水面的单产与产值;养殖场的总产量和产值;单位水面积成本及总成本;单位产品的成本;单位面积纯收入和全场总纯收入;每个劳力平均纯收入。

# 6 土地利用专项规划

土地利用专项规划是为了特定的目的,针对特定的用地而进行的单项专门性的规划,它是土地利用总体规划的深入和补充,也是保障土地利用总体规划实施的重要措施。根据目前国家的规定,各级土地利用总体规划必须包含相应的土地利用专项规划。

## 6.1 土地利用专项规划概述

土地利用专项规划是为了解决某个特定的土地利用问题而编制的土地利用规划,如村镇规划、菜地保护区规划、名特优产品保护区规划、自然保护区规划、耕地保护区规划、土地开发规划、土地整理复垦规划等。

土地利用专项规划的产生是在土地利用总体规划尚未编制的情况下,用以解决某特定地区某个紧迫问题所提出的一套措施、政策或方案,或者在总体规划中提出的综合性政策、措施不足以解决局部地区的特殊问题时,所需编制的专门规划。它不同于土地利用总体规划,协调整个区域的各种用地安排,而是就某一专题,对某一用地深入开发。在内容的广度上,土地利用总体规划超过土地利用专项规划,而在内容深度上,后者超过前者。两者研究的特殊矛盾不同。显然,不论是总体规划,还是专项规划,其最终目标都是通过对土地生态经济系统的调控,提高土地的利用率和生产力,获取土地综合效益最优。

### 6.1.1 土地利用专项规划的概念和特征

土地利用专项规划是指针对土地利用的某一方面而进行的土地利用规划。就其本质而言是土地利用总体规划的深入和补充,是土地利用总体规划的有机组成部分,因而,土地利用专项规划仍具有土地利用总体规划的一般性质,即具有综合性、长期性、战略性、指导性和动态性。

从上述专项规划的定义可以看到,土地利用专项规划是一项与总体规划含义不同的规划,因而除具有土地利用总体规划一般性质外,还具有其特殊性质。

1) 针对性

土地利用总体规划是对土地利用全部过程进行宏观控制、协调、综合平衡的战略性的安排,而未对土地利用过程中的某一方面、某一阶段做出具体的安排。土地利用包括开发、利用、整治和保护四个方面。其中土地开发、整治和保护是土地利用过程中具有不同于一般土地利用意义的三个方面。土地利用有广义和狭义之分。广义的土地利用指土地的开发、利用、整治和保护活动过程;狭义的土地利用指土地利用活动过程本身,也就是土地的使用。广义和狭义的土地利用都是土地利用总体规划的研究和工作对象。而土地利用专项规划则专指针对土地利用过程中的土地开发、土地整治、土地保护三个方面的规划。

2) 局部性

土地利用总体规划的范围是规划区内的全部土地,而土地利用专项规划只是规划区内的部分土地。土地利用专项规划是针对土地利用的某一方面进行的规划,在一定时期,需要开发、整治或保护的土地只是局部存在的,因而土地利用专项规划只是相对规划区内的部分土地。

3) 具体性

土地利用专项规划虽然也具有综合性、战略性和指导性等宏观控制的性质,但相对土地利用总体规划而言,则具有具体性。首先,它是对土地利用具体的某一方面的规划;其次,规划的内容、措施、解决的土地利用问题都比较具体;再次,专项规划的指导性相对减弱,实用性增加,一般都具有具体的实施方法。

4) 选择性

土地利用总体规划要对全部土地实行同一类型的规划,规划的目的、任务、内容、程序、方法等基本一致。而专项规划由于针对性强,同一总体规划区内土地利用问题性质不同,应采取的专项规划类型就不同。不同类型的专项规划,其目的、任务、内容、程序、方法、手段等是不同的。如土地整治和土地保护就不同,甚至土地沙化治理和土地盐化治理也不同。因此要根据规划区内的土地利用的具体问题,选择土地利用专项规划的类型。

### 6.1.2 土地利用专项规划的主要类型

土地利用专项规划的任务主要是对土地进行更好的开发、整治和保护。其中土地开发是指对未利用土地或低利用率土地进行开发或提高利用率。土地整治是指对土地资源中已被开发利用,但其土地生态系统正在或已遭破坏的土地进行改造,以使其恢复正常土地利用功能。土地保护是指保护土地数量、质量和生产力以及具有重大科学、经济、生态价值的土地自然生态系统。不同地区针对不同土地利用特点和问题,而编制的土地利用专项规划的任务,需要根据具体情况而定,即根据土地利用专项规划的目的而定。而且,作为土地利用总体规划组成部分的土地利用专项规划的任务,还要完成总体规划所分配的任务。

土地利用专项规划的类型很多,每一土地利用方式都可以编制相应的专项规划。但按照专项规划所涉及的土地利用的内容而划分,我国目前开展的土地利用专项规划大致可以分为以下三大类:

1) 土地开发整治类

它是研究和编制我国土地资源中暂时难以利用和已被开发而遭破坏或开发利用不充分的土地,如滩涂、荒草地、沼泽地、中低产田、废弃工矿地、废弃村庄用地、交通挖废地等。这类专项规划是为不断提供后备土地资源服务的。

2) 土地保护类

它是研究和编制我国土地资源中具有重要经济、生态、社会和其他特殊意义的土地利用保护规划,如基本农田保护区规划、自然生态保护区规划、土特产保护区规划、名胜古迹风景区保护规划等,是保护我国土地生产力,稳定我国土地生态环境的重要措施和手段。

3) 建设用地控制类

它是研究各类建设用地的适当规划和合理布局,如城镇用地规划,水利、交通用地规划等,是控制建设用地的重要手段。

另外,有些根据国家土地法律、法规和政策需要而编制的土地利用专项规划则可能同时兼具土地保护、开发和建设用地控制的内容,如耕地总量占补平衡专项规划就涉及建设占用耕地的控制、耕地后备资源的开发、中低产田改造等内容。再如土地储备规划涉及规划区域各类储备地块。

## 6.2 基本农田保护区规划

基本农田是粮食生产的重要基础,是耕地保护的核心。基本农田是国家从战略的角度出发,考虑满足整个国民经济发展和本地区规划期内人口增长对农产品的需求,而必须确保的最低数量的农田。我国于1994年8月颁布《基本农田保护条例》,并在基本农田保护方面投入大量的人力、资金,但基本农田数量、质量仍逐年下降,特别是在当前我国人口持续增加、经济建设不可避免要占用部分耕地、粮食生产不容乐观的形势下,保护耕地特别是保护基本农田是"一条不可逾越的红线"。对保障国家粮食安全,维护社会稳定,促进经济社会全面、协调、可持续发展具有十分重要的意义。

### 6.2.1 基本农田及其相关概念

1) 基本农田

根据《基本农田保护条例》(1998年12月27日国务院令第257号发布)第二条规定"基本农田,是指按照一定时期人口和社会经济发展对农产品的需求,依据土地利用总体规划确定的不得占用的耕地"。第十条又规定下列耕地应当划入基本农田保护区,严格管理"(一)经国务院有关主管部门或者县级以上地方人民政府批准确定的粮、棉、油生产基地内的耕地;(二)有良好的水利与水土保持设施的耕地,正在实施改造计划以及可以改造的中、低产田;(三)蔬菜生产基地;(四)农业科研、教学实验田。根据土地利用总体规划,铁路、公路等交通沿线,城市和村庄、集镇建设用地区周边的耕地,应当优先划入基本农田保护区;需要退耕还林、还牧、还湖的耕地,不应当划入基本农田保护区"。

我国尽管在20世纪50年代就开始了对农田的保护,但一直未见成效并受到政府重视。我国"基本农田"一词提出大致为20世纪60年代初。1963年11月,黄河中下游水土保持会议上,便有"通过水土保持,逐步建立旱涝保收,产量较高的基本农田"之说。20世纪60年代,有人称之为高产稳产基本农田,也有人称之为旱涝保收高产稳产基本农田。虽然称谓不同,但是中心内容都是高产和稳产,强调了基本农田和一般耕地之间的质量差别,反映了土地内在肥力特征和生产特征。但是产量高和稳并没有明确标准和科学依据,而且这种标准有一定的地域性。直到20世纪80年代末,基本农田仍是指生产力高、抗灾能力强的高产稳产农田。进入20世纪90年代,随着人口增加,耕地减少,人地关系逐渐紧张,国家开始重视基本农田数量保护,强调基本农田与人口以及社会发展之间的关系。

1994年8月国务院颁布《基本农田保护条例》,明确基本农田概念、分等定级方法等内容。1996年5月国家制定《划定基本农田保护区技术规程》,规范基本农田保护区划定操作。并把"承认维持生产所需要拥有的起码土地面积,并抑制进一步分割土地和限制具有生产力的可耕地转向其他用途"列入中国21世纪议程。2011年6月,国土资源部发布《基本农田划定技术规程》(TD/T 1032—2011),标志着我国基本农田划定工作全面进入可操作性、科学化、规范化阶段。

基本农田应该包含以下三方面的含义：(1)强调基本农田与一般耕地的内在肥力差异，即耕地自然生产力高低；(2)明确基本农田与一般耕地所处地段的不同，即农田区位条件的优劣；(3)基本农田是一定时段内人地关系状况的反映，即时段性特点，它赋予了基本农田的动态内容。因此，对基本农田的理解应当考虑农田内在肥力特征、所处区位条件以及不同时期对基本农田的需求状况。

2) 基本农田保护区

根据《基本农田保护条例》(1998年12月27日国务院令第257号发布)第二条规定"基本农田保护区，是指为对基本农田实行特殊保护而依据土地利用总体规划和依照法定程序确定的特定保护区域"。

严格说来，农田保护包含三层含义：一是农田保存，即根据区域社会和经济发展需要，维持区域必需的农田数量和质量动态稳定，保存农田生产力；二是农田利用，即保持拟保存的农田资源的持续开发利用，以便取得合理的生态、社会和经济效益，保证国民经济稳定和社会发展所需基本农产品的供应；三是农田监测和管理，即利用行政、科学手段，对拟保存农田的环境、基础设施、土壤肥力和土地利用状况进行监测和管理。其中，保护的主体是保存农田生产力，保护的前提是明确人地关系和区域发展目标，保护的目的是持续有效地利用农田资源。监测和管理是保护的手段，也是农田可持续利用的保证。

因此，基本农田保护具有区域性、综合性、层次性、时段性和政策性。区域性是由基本农田分散性和经济差异性所决定的，它表现在以下三个方面：① 不同区域基本农田保护侧重点不同，如平原地区侧重农田数量保护，山区更重视农田质量保护；不同区域基本农田数量指标、保护目标和保护方式不同，如在城市边缘带和经济开发区，基本农田面积比率略低于农业区，农田保护目标偏重于环境保护；区域之间基本农田保护相互协调。② 综合性表现为基本农田保护是一项复杂的系统工程，其对象、目标、理论和方法中均存在着自然、社会、经济的广泛交叉和联系，表现为保护的综合性特征。③ 层次性由基本农田空间分布、保护内容和管理机构的等级层次决定，不同层次上，基本农田保护目标、内容不同，保护方式也不同。④ 时段性表现为基本农田保护不仅受人地关系的影响，还取决于农田资源面积和质量状况。⑤ 政策性表现为基本农田保护是国家对耕地资源保护的反映。

综上所述，基本农田保护区规划的基本任务是在分析研究人口数量、土地质量和数量、国民经济发展对土地需求等内容的基础上，明确基本农田保护的布局安排、数量指标和质量要求。基本农田保护区规划是土地利用总体规划的专项规划，是土地利用总体规划中有关耕地保护内容的深化和完善。

3) 基本农田划定

根据《基本农田划定技术规程》(TD/T 1032—2011)规定，基本农田划定指的是"根据土地管理法、基本农田保护条例及相关规定，按照土地利用总体规划，依照规定程序确定基本农田空间位置、数量、质量等级、地类等信息的过程"。基本农田划定就是在空间、数量上和质量上将基本农田落实到具体的地块。

### 6.2.2 基本农田保护区规划

国土资源部规定，县级土地利用总体规划，应结合土地用途区确定，划定基本农保护区。

1) 基本农田保护区划定的基本原则

(1) 切实保护耕地原则

"十分珍惜和合理利用每寸土地,切实保护耕地"是我国的一项基本国策,划定基本农田保护区就是要保护耕地资源,满足人民生活和社会生产对耕地的需求,基本农田保护规划应优先保护集中连片和高产稳产的耕地。

(2) 综合协调、统筹兼顾原则

我国正处于经济快速发展、城市化加速的阶段,非农业建设需要占用大量的耕地。因此,划定基本农田保护区时,也要充分考虑经济发展对非农业建设用地的需求,对区域内的各类用地进行综合协调和统筹安排,保证经济快速、持续、协调发展。

(3) 与土地利用总体规划相衔接的原则

基本农田保护区规划是土地利用总体规划的专项规划,是关于耕地保护内容的深化和补充。基本农田保护区规划还要完成土地利用总体规划所分配的任务,应在土地利用总体规划控制下编制,基本农田的数量、分布都要与土地利用总体规划相协调,以保证土地利用总体规划的顺利实施。

(4) 双轨并行的原则

基本农田保护区划定必须遵循由上而下和由下而上相结合的双轨并行原则,基本农田保护控制指标由省(自治区、直辖市)、市、县(市)、乡(镇)逐级下达,以乡(镇)行政辖区为基本核定单位。基本农田保护区划定方案经上一级人民政府审核后,提请同级人民代表大会常务委员会审议通过,并报省人民政府备案。基本农田保护区的保护与管理实行由下对上逐级负责的方法,逐级签订基本农田保护责任书。

(5) 区划完整性的原则

为了便于农业生产机械化和耕地的规模化经营,以及对基本农田实行统一管理,划定基本农田保护区尽量集中连片,并不宜打破村级行政界线。

2) 划区要求

(1) 下列耕地应当划入基本农田保护区:经国务院主管部门或者县级以上地方人民政府批准确定的粮、棉、油、蔬菜生产基地内的耕地;有良好的水利与水土保持设施的耕地,正在改造或已列入改造规划的中、低产田;农业科研、教学实验田;集中连片程度较高的耕地;相邻城镇间、城市组团间和交通干线间绿色隔离带中的耕地。

(2) 为基本农田生产服务的农村道路、农田水利、农田防护林和其他农业设施,以及农田之间的其他零星土地,可以划入基本农田保护区。

(3) 土地利用总体规划已预留为建设用地的土地,不再划入基本农田保护区。

(4) 基本农田保护区的边界应依据上一级土地利用总体规划的规划目标和分区要求,参照已有的相关规划,综合考虑生态环境建设安排、基础设施建设用地布局、城乡建设用地扩展边界划定等因素确定。尽可能利用明显的线形地物或河川、山脊、林带等自然、人工地物界线,兼顾行政界限。

(5) 基本农田保护区划定中,可以多划一定比例的基本农田,用于规划期内补划不易确定具体范围的建设项目占用基本农田,包括难以确定用地范围的交通、水利等线形工程用地,不宜在城镇村建设用地范围内建设难以定位的独立建设项目(如防灾救灾建设、社会公益项目建设、城镇村重要基础设施建设、污染企业搬迁等)。同时,列明可在基本农田保护区内安排的建设项目清单。

3) 管制规则

(1) 基本农田保护区内鼓励开展基本农田建设,可进行直接为基本农田服务的农村道路、农田水利、农田防护林及其他农业设施的建设。

(2) 土地整理复垦资金应当优先投入基本农田保护区。

(3) 基本农田保护区内非农建设用地和其他零星农用地应当优先整理、复垦或调整为基本农田;规划期内确实不能复垦或调整的,可保留现状用途,但不得扩大面积。

(4) 基本农田保护区内,严禁安排城镇村建设用地和未列入项目清单的其他非农建设项目。

(5) 在不突破规划的基本农田规模的前提下,列入项目清单的建设项目占用基本农田时不再补划,简化相应用地报批程序。

此外,在划定基本农田保护区时,还要区分基本农田集中区和基本农田整备区。① 基本农田集中区。市级土地利用总体规划,可根据当地实际情况,将基本农田分布集中度相对较高、优质基本农田所占比例相对较大的区域,划定为基本农田集中区。基本农田集中区,要重点保护和整治。城乡建设用地规划布局应尽量避让基本农田集中区。② 基本农田整备区。乡级土地利用总体规划,在落实基本农田保护任务、明确划定基本农田保护地块的前提下,可结合新农村建设和土地综合整治项目的实施,划定基本农田整备区。基本农田整备区内,要加大土地综合整治的资金投入,引导建设用地等其他土地逐步退出,将零星分散的基本农田集中布局,形成集中连片的、高标准粮棉油生产基地。

### 6.2.3 基本农田划定规划

乡级土地利用总体规划要求,应将县级规划划定的基本农田保护区进一步落实到具体的地块,这就是基本农田划定。

1) 基本原则

基本农田划定应遵循"依法依规、规范划定、确保数量、提升质量,稳定布局、明确条件"的基本原则,具体要求为:① 依据有关法律法规和土地利用总体规划,以已有基本农田保护成果为基础,综合运用土地利用现状调查成果与农用地分等成果,开展基本农田划定工作。② 确保划定后的基本农田面积不低于土地利用总体规划确定的基本农田保护面积指标。③ 优先保留原有基本农田中的高等级耕地,集中连片耕地;划定后基本农田平均质量等级应高于划定前的平均质量等级,基本农田集中连片程度有所提高。④ 新划定的基本农田土地利用现状应当是耕地。

2) 工作程序

基本农田划定工作分为工作准备、方案编制与论证、组织实施、验收与报备四个阶段。

(1) 工作准备

① 基础资料收集

收集以下资料:

a. 土地利用总体规划资料

ⓐ 市、县、乡三级土地利用总体规划图、数据库、文本及说明;

ⓑ 涉及基本农田的规划调整有关成果和审批资料。
   b. 土地利用现状调查资料
   ⓐ 土地利用现状调查成果；
   ⓑ 年度土地变更调查成果。
   c. 已有基本农田保护资料
   ⓐ 图件资料：标准分幅基本农田保护图，乡级基本农田保护图，县级基本农田分布图；
   ⓑ 表册资料：基本农田面积统计表、汇总表，基本农田台账等表册；
   ⓒ 数据库资料：基本农田数据库；
   ⓓ 文字资料：基本农田保护相关文字资料。
   d. 农用地分等资料
   农用地分等成果图件、数据库及相关技术报告。
   e. 其他土地管理相关资料
   ⓐ 建设项目依法占用基本农田的用地审批资料；
   ⓑ 涉及基本农田的生态退耕及灾毁资料；
   ⓒ 土地整理复垦开发相关资料；
   ⓓ 岩石地球化学测量成果资料。
② 初步调查和分析
土地利用总体规划批准后，应用土地利用现状调查成果，建立已有的基本农田划定成果与土地利用总体规划成果的对应关系。通过内业核实和实地勘察，查清规划确定的基本农田保护区内基本农田地块现状信息，确保规划确定的基本农田图、数、实地一致；结合农用地分等成果，核实基本农田质量等级信息；综合分析可划定基本农田的空间位置、地类、数量、质量等级等。

(2) 方案编制与论证
① 方案编制
在初步调查和分析的基础上，拟定基本农田划定方案，方案包括：
   a. 基本农田划定方案包括：划定方案文本及说明；拟划定基本农田清单[含地块坐落、片(块)编号、地类、面积、质量等级信息等]；涉及划定的相关图件；划定前、后的基本农田汇总表等。
   b. 相关附件包括：划定地块的实地勘验报告；相关部门意见；县、乡级土地利用总体规划图、数据库、文本及说明；其他必要附件等。
② 方案论证
对于基本农田划定方案，应从组织、经济、技术、公众接受程度等方面，进行可行性论证，征求村民意见，取得相关权益人同意，做好与相关方面的协调。经反复协调仍有异议的，应提交县级人民政府审定。

(3) 组织与实施
县级国土资源管理部门依照经审批通过的基本农田划定方案，根据划定的技术方法与技术要求开展划定工作，将基本农田落到具体地块，落实保护责任，及时设立统一规范的保护标志，编制、更新数据库、图件、表册等基本农田相关成果资料，填写基本农田划定平衡表。

(4) 成果验收与报备

① 成果验收

基本农田划定成果验收采取内业审核与实地抽查相结合的方式,按规定进行自检、初检和验收。依据最新土地利用调查成果和土地利用总体规划,对划定地块进行对比分析并实地核实。

初检按照每个县(市、区)不低于新划入基本农田总面积50%的比例进行抽查;验收应按照不低于新划入基本农田总面积15%的比例进行实地抽查核实。

② 成果报备

基本农田划定成果经验收合格后,由各级国土资源管理部门逐级备案。

报备内容:基本农田保护图、表、册、相关工作报告等纸质资料;数据库等电子信息。

此外,"51号文件"还特意对基本农田调整做了相关规定。市、县、乡级土地利用总体规划编制中,基本农田调整应当按照面积不减少、质量有提高、布局总体稳定的总要求,遵循以下原则:a. 依法依规,规范调整。应依据有关法律法规、现行规划实施情况和新一轮规划目标任务,对现状基本农田进行局部调整。严禁借规划修编随意调减耕地保有量和基本农田保护面积,擅自调整基本农田布局。b. 确保数量,提升质量。调整后的基本农田数量不得低于上一级规划下达的基本农田保护面积指标;调整后的基本农田平均质量等别应高于调整前的平均质量等别,或调整部分的质量等别有所提高;调整后的基本农田数量、质量和布局安排应协调一致。c. 稳定布局,明确条件。国家和地方人民政府确定的粮、棉、油生产基地内的耕地,集中连片、有良好水利与水土保持设施的耕地,交通沿线、城镇工矿、集镇村庄周边的耕地,水田、水浇地等高等别耕地,土地整理复垦开发新增优质耕地,应当优先划为基本农田。

对于调入的基本农田,要求:a. 新划为基本农田的土地现状应当为耕地。规划期内预期开发为耕地的未利用地和水域、预期整理复垦为耕地的建设用地、预期调整为耕地的其他农用地等,不得划为基本农田。b. 高等别耕地、集中连片耕地、已验收合格的土地、整理复垦开发新增的优质耕地等,应当优先划为基本农田。c. 城镇村建设用地规模边界内作为"绿心"、"绿带"保留的耕地,以及城乡建设用地扩展边界内作为生态景观和绿色开敞空间的耕地可以划为基本农田。d. 地形坡度大于25°或田面坡度大于15°的耕地、易受自然灾害损毁的耕地,不得划为基本农田。

对于调出的基本农田,要求:a. 低等别、质量较差、田面坡度大于25°、严重沙化不宜农作以及生态脆弱地区水土流失严重的基本农田可以调出。b. 因损毁、采矿塌陷和污染严重难以恢复、不宜农作的基本农田可以调出。c. 现状基本农田中的非耕地可以调出。d. 土地利用总体规划确定的建设用地范围内的基本农田应当调出。e. 零星破碎、区位偏僻、不易管理的基本农田可以调出。

## 6.3 土地整治规划

土地是人类社会发展的重要自然经济综合体,具有重要的承载、生产、财富、生态等价值功能。作为自然经济资源,土地已经被人们开发利用,成为从事生产和生活的场所,是人类潜在生存空间。随着社会经济的高速发展,人们根据土地的职能和价值,不断对土地进行开发建设,扩大生存空间,因此人类的历史其实就是一部争夺潜在生存空间和扩大现实生存空间的斗争史。人类生存空间的扩充,究其实质主要是通过土地整治来实现的,通过土地整治,土地成为人类基本的自然经济资源。土地整治规划是我国重要的土地利用专项规划,对实施土地利用总体规划、落实土地用途管制政策、促进土地的高效节约集约利用、实现耕地总量动态平衡、贯彻"十分珍惜、合理利用土地和切实保护耕地"的基本国策、保证社会经济生态的可持续发展具有重要意义。

### 6.3.1 土地整治与土地整治规划概述

#### 1) 土地整治的内涵

土地整治[①]是农业中最基本的建设项目,系属农业工程内容。国家实行土地整治,对低效利用、不合理利用和未利用的土地进行治理,对生产建设破坏和自然灾害损毁的土地进行恢复利用,从而提高土地的利用率和产出率。

狭义的土地整治,又叫土地治理,是指通过采取生物、工程技术等综合措施,改变土地的生态环境,以建立新的有利于人类生产活动的生态系统平衡,提高土地利用率和产出率,使土地资源能永续利用。狭义的土地整治侧重于采取有针对性的措施对土地退化现象进行消除与预防,即防和治两个方面:防是指消除可能造成未退化土地发生退化和使已退化土地继续发生退化的各种动力因素,治是指对已退化土地进行建设性改造。土地整治,对未退化土地,其目的是要维持土地已有的良好性状并使其具有持续的利用能力;对已退化的土地,其目的是要消除其不良性状,恢复土地良好的生产条件,从而提高土地的永续利用能力。

广义的土地整治,是指为保障土地资源的可持续利用,促进经济和社会的可持续发展,根据土地生态系统平衡的原理,结合土地利用现状,按照土地利用总体规划、城市规划、土地整治专项规划所确定的目标和用途,采用行政、经济、法律、生物、工程技术等直接或间接的手段和措施,对低效利用、不合理利用和未利用的土地进行科学开发利用、建设调整、改良改造和综合治理;对生产建设破坏和自然灾害损毁的土地进行恢复利用,提高土地节约集约利用率和产出率,改善生产、生活条件和生态环境的活动过程。简言之,土地整治就是对受生态环境、技术条件、社会经济等因素制约和影响的利用率低、质量差、产出不高的土地,采用生物、工程技术等综合措施进行科学开发利用、建设调整、改良改造和综合治理。

土地整治是农业基本建设的重要内容之一。对土地进行科学整治,有利于合理开发和利用土地资源,提高土地生产力,保持生态平衡,防止水土流失以及土壤沙化和碱化。实施土地整治的根本目的在于提高土地的利用率和产出率,实现经济、社会、生态三大效率良性循环。在科学发展与可持续利用的历史新时期,我国所讲的土地整治主要是广义的土地整治,它是对土地进行考察、规划、开发、利用、改良、治理、保护等各项措施的总称,主要包括土地开发、土地整理、土地复垦和土地治理。

---

① 土地整治、土地整理与土地开发整理三者都是规范性专业术语。以往,土地整理与土地开发整理在学术界、国土资源行政主管部门和土地实务活动中的使用频度要远远高于土地整治,而土地整治多被视为对水土流失地、风沙地等进行治理的特定称谓,土地整治等同于土地治理。但近年来,在国土资源行政主管部门和专业实践领域出现了土地整治与广义的土地整理、土地开发整理等同使用和统筹整合的新趋势。本书认为从土地整理、土地开发整理到土地整治的称谓变换,不是简单的语义措辞之变,在本质上它深刻反映了人类土地利用思维方式的变革,即由传统的单向度利用转向既要提高节约集约利用水平,又要加强土地综合治理的多维度利用。

(1) 土地开发(Land Development)

土地开发,从广义上来讲是指人类通过采取工程措施、生物措施和技术措施等,使各种未利用土地资源,如荒山、荒地、荒滩、荒水等,投入经营与使用;或使土地利用由一种利用状态改变为另一种状态的活动,如将农地开发为城市建设用地。从狭义的角度理解,土地开发主要是对未利用土地进行开发利用,要实现耕地总量动态平衡,未利用土地开发是补充耕地的一种有效途径。未利用土地的开发要统一规划,特别是要注意保护生态环境,严禁在生态脆弱的地区进行盲目开发,同时根据开发区域的地域特点和土地适宜性以及土地利用总体规划,确定土地的适宜开发规模和使用用途。

土地开发实际上是为合理而有效地利用土地创造必要条件而进行的经济、技术的投入过程。通过土地开发活动,可以有效地扩大土地利用范围,使原来不适合某种用途的土地变为适合该用途的土地,同时,可以有效地改善土地利用条件,提高土地利用率。

(2) 土地整理(Land Consolidation)

广义的土地整理是指在一定区域内,按照土地利用规划或城市规划所确定的目标和用途,采取行政、经济、法律和工程技术手段,对土地利用状况进行综合整治、调整改造,以提高土地的利用率和产出率,改善生产、生活条件和生态环境的过程,包括对现有已利用土地的整理和对未利用土地的开发以及对废弃地的复垦,以提高其利用的集约程度,增加耕地总量。土地整理的实质是调整土地关系,合理组织土地利用,其范围广泛,从地域表现形态角度可分为农地整理和市地整理两方面的内容。现阶段我国狭义的土地整理主要指农地整理,包括农用地整理和农村建设用地整理。

(3) 土地复垦(Land Reclamation)

我国1988年11月8日国务院第19号令发布的《土地复垦规定》中的第二、三条明确了土地复垦的含义和范畴。《规定》指出:土地复垦是指对生产建设过程中,因挖损、塌陷、压占等造成破坏的土地,采取整治措施,使其恢复到可利用状态的活动。土地复垦的范畴包括从事开采矿产资源、烧制砖瓦、燃煤发电等生产建设活动造成破坏和废弃的土地。由于采矿业是破坏土地最严重的行业,因此,狭义的土地复垦是专指对工矿业用地的再生利用和生态系统的恢复。

土地复垦要因地制宜,以生态效益、社会效益和经济效益并重为原则,确定复垦的方式和规模,结合国民经济和社会发展计划与土地利用总体规划,确定复垦的目标、方向、方法和进度,最大限度地发挥综合效益。

(4) 土地治理(Land Improvement)

土地治理是指通过采取生物、工程技术等综合措施,改变土地的生态环境,以建立新的有利于人类生产活动的生态系统平衡,提高土地的利用率和产出率,使土地资源能永续利用的活动。其目的就是要对已利用或未利用的土地进行治理改造,调整土地生态机制,提高土地生产潜力,使其更好地得到利用。

土地治理一般通过两个途径:一是从自然条件着手,人为改造土地条件,使地形、土壤、水、植被、热量等自然因素处于较好的组合状况;二是从人类活动自身着手,采取有利于保护土地的开发利用技术和方法。

土地整治是人类在土地利用进程中不断建设、不断调整、不断治理土地的过程。现在所从事的土地整治是经济社会发展到一定阶段,对土地利用在深度、广度和空间上的配置方式提出新的要求,是建立在社会主义市场经济基础上的经济体制和经济增长方式转变的客观要求,是落实土地基本国策,实现土地资源永续利用的必然选择。土地整治也是实施土地利用规划的重要手段,土地整治的内涵和外延都十分丰富,不同的国家、不同历史时期,对土地整治都有不同的要求。世界上许多国家都在积极推进这项经济、社会建设的基础性工作。我国现阶段的土地整治包含以往进行的土地开发、土地整理、土地复垦、土地治理,但又不等同于这四个方面的简单叠加,其内涵比四个方面的叠加更加丰富,层次更高。土地整治不是简单地对某一地块采取单项的物理措施,而是按照经济社会发展的要求,在尊重自然规律、尊重原有产权和农民意愿、尊重市场经济规律的前提下,按照土地利用总体规划重新安排有限的土地资源,以满足社会经济快速发展的综合性事业。土地整治顺应经济社会发展的需要,尊重农民意愿、市场规律和自然规律,长期坚持开展土地整治必将对我国经济社会发展起到重要的作用。

2) 土地整治规划的含义和特点

(1) 土地整治规划的含义

土地整治规划是指在规划区内的土地利用总体规划的指导和控制下,对规划区内未利用、暂时不能利用或已利用但利用不充分的土地,确定实施开发、利用、改造的方向、规模、空间布局和时间顺序。土地整治规划是对一定区域内的土地整理、土地复垦和土地开发等土地利用活动的总体部署和统筹安排,是一项重要的土地利用专项规划。土地整治规划体系分为五级:国家级、省级、地(市)级、县级和乡(镇)级。其中国家级、省级和地(市)级为宏观调控层面,县级和乡(镇)级属于实际操作层面。目前我国重点编制国家级、省级、地(市)级、县级四级土地整治规划。

(2) 土地整治规划的特点

土地整治规划是在土地利用总体规划的指导下,通过对一定区域内自然、社会、经济条件的综合分析和土地整治潜力的调查评价,划分土地整治区域,制定土地整治目标,确定土地整治模式,明确土地整治重点,落实土地整治项目,指导土地整治活动所做的总体安排。具有以下特点:

① 土地整治规划属于土地利用专项规划

土地整治规划是为充分挖掘土地利用潜力,提高土地利用效率,改善土地生态环境,促进土地资源可持续利用而采取的开发、利用、整治与保护相结合的综合措施。它与土地利用总体规划是有区别的,土地利用总体规划的对象是一定区域内的全部土地资源,而土地整治规划的对象主要是利用效率不高和暂时没有开发的未利用地与废弃地。目前,土地整治规划的主要目的是增加有效耕地面积,实现耕地总量动态平衡,确保国家粮食安全和社会稳定。从规划的对象、解决问题的性质来看,土地整治规划属于土地利用规划体系中的专项规划。

② 土地整治规划是土地利用总体规划的深化与完善

土地整治规划虽然属于专项规划,具有一定的独立性,但它是以土地利用总体规划为指导的,是实现土地利用总体规划目标的重要手段。首先,土地整治规划将对土地利用总体规划确定的土地整治内容进行深化、补充和完善;其次,土地整治规划通过确定土地整治项目的位置、范围、类型、规模、建设时序等,使土地利用总体规划制定的土地开发、土地整理和土地复垦目标得到具体落实。因此,土地整治规划是土地利用总体规划的延伸、深化和细化。

3) 土地整治规划的目的和作用
(1) 土地整治规划的目的

土地整治规划的根本目的是形成合理、高效、集约的土地利用结构,提高土地利用效率,适应社会经济发展对土地的需求。在这一根本目标的框架内,根据不同的发展时期,可将土地整治规划的目的分解出多层次的目的。从现阶段社会经济发展对土地需求层面来看,土地整治规划有五个方面的目的。

① 有计划实现耕地总量动态平衡

我国人口众多,人均耕地面积少,耕地后备资源严重不足,土地利用面临着突出问题,补充耕地的任务主要靠土地整治和土地复垦来完成。科学预测耕地供求状况,充分协调经济建设与生态环境,合理划分土地整治区域,安排土地整治活动的空间和时间序列,通过综合整治措施使我国各类零星废弃和利用率低的土地得到集约利用,体现新时期深化土地管理的特点,此举也是实现耕地总量动态平衡的重要措施。

② 提高土地产出率和综合生产能力

通过对土地利用方式、生产强度的调整,改善土地生产、生态条件,保持和提高土地再生产的能力,以持续获得人们生产和生活所需要的产品。土地整治规划是按照现代化的生产要求进行的一种资源再配置过程,为现代化建设提供广阔的土地资源空间,进而提高土地的产出率和综合生产能力。

③ 协调土地整治活动与国家各项建设活动的关系

土地整治活动涉及经济、社会、生态等各个方面,通过编制土地整治规划,充分与国家和地方的经济发展规划,以及农业、林业、水利、交通、环保等部门规划相衔接,避免土地整治的盲目性。按照社会生产力发展的要求,对土地利用中产生的人与地及人与人之间的关系予以调整和适度组织优化再配置,使人们更有序和理性地对土地进行开发、利用和保护。在土地整治中把短期利益与长远利益、部门利益与整体利益、地方利益与国家利益统一起来,实现土地整治过程中经济效益、社会效益和生态效益的统一。

④ 为制定项目投资计划、组织项目实施提供依据

目前,各地土地整治存在争项目、争资金的现象,带有很大的短期性和盲目性,缺乏对当地经济、社会、生态的综合考虑,造成部分土地整治活动经济效益低下并引起生态恶化等问题,需要国家对土地整治活动进行指导和规范,编制耕地开发整治投资计划,进行有效的组织和管理。编制土地整治规划有助于国家宏观政策的贯彻落实,明确土地整治的方向和重点,便于组织土地整治活动,有利于引导和规范地方土地整治工作,促进土地整治工作的有序、健康发展。

⑤ 实现土地资源的景观功能

从可持续发展的角度来看,编制土地整治规划不仅要从经济效益上考虑,还要从社会、生态效益上考虑。景观功能是物质文明和精神文明的必要要求,其社会效益和生态效益明显。

(2) 土地整治规划的作用

① 土地整治规划是实现土地利用总体规划的重要措施

土地利用总体规划属于宏观控制性规划,它制定的土地整治内容必须通过专项规划进行深化、细化和完善,它制定的土地整治目标必须通过专项规划逐步分解落实。当前土地利

用总体规划实施中存在着宏观控制与微观落实相脱节的问题,因此迫切需要编制全国范围的、分层次的土地整治规划,来逐步落实土地利用总体规划确定的土地整治任务和目标。

② 增加耕地面积,提高土地利用率

由于我国人口众多,人均耕地面积少,耕地后备资源严重不足,土地利用所面临的问题日益突出。一方面,随着人口不断增加,为确保粮食安全、解决十几亿人的"吃饭"问题,现有耕地数量不能再减少。目前,随着人类对农业生物量需求的不断增加,除了应加强农业生物本身的改造以增加产量外,积极扩大土地生产面积和改造治理土地,提高土地生产潜力,仍然是当今争夺生存空间、缓和土地压力的重要课题。另一方面,随着我国经济快速发展和工业化、城市化的进程加快,还将占用部分耕地。因此,实现全国耕地总量动态平衡意义重大、任务艰巨。通过编制土地整治规划,有重点有计划地实施土地整治,提高土地利用率,增加耕地面积,补充建设用地,是实现耕地总量动态平衡的主要途径。

③ 规范土地整治活动

编制各级土地整治规划,明确土地整治的方向、重点,有利于科学指导和规范各地土地整治活动,有助于抑制土地整治过程中的不规范行为和短期行为,对促进土地整治事业的健康、有序发展起到积极重要的作用。

4) 土地整治规划的依据

土地整治规划的依据主要有:有关土地开发、土地整理、土地复垦、土地治理的法律、法规,如《中华人民共和国土地管理法》、《中华人民共和国环境保护法》、《中华人民共和国城市规划法》、《中华人民共和国矿产资源法》等;各级人民政府制定的有关土地开发、土地整理、土地复垦、土地治理的政策、措施和实施细则;当地国民经济和社会发展规划;土地利用总体规划以及农业区域开发规划、城市和村镇规划、工矿企业的生产建设计划等;待开发、复垦土地资源调查资料以及为土地开发、复垦而设置的专项研究成果等;土地整理、土地治理潜力调查分析资料;国民经济统计资料等。

5) 土地整治规划的基本内容

(1) 土地整治规划的一般构成

土地整治规划是土地利用总体规划的深化和补充,是土地利用总体规划的重要组成部分。就土地整治规划工作全局而言,无论是国家级、省级、地(市)级还是县级土地整治规划,一般都包含土地整治规划目标、土地整治分区、重点区域与重点工程、土地整治项目、投资与效益等五个方面的内容。

① 土地整治规划目标

a. 内涵

土地整治规划目标是指为保障经济社会可持续发展对土地资源的需求,在规划期间通过土地整治所要达到的特定目的。主要包括规划期内土地整理、土地复垦、土地开发、土地治理的规模及增加耕地与其他用地的面积。

b. 确定目标的步骤

首先是提出初步规划目标,初步规划目标必须在依据国民经济和社会发展、土地利用总体规划和生态建设与环境保护等要求,以及土地整治潜力的基础上提出;其次是对初步规划目标进行可行性论证,主要是分析影响土地整治规划目标实现的各种因素,包括规划期间补充耕地及各类用地的需求量、土地整治可提供的用地量、投资能力等;再次是确定规划目标,根据论证结果,经过上下反馈、充分协调和修改完善,由规划领导小组审核确定规划目标;最后是总体安排,依据土地整治供需分析和所要达到的规划目标,在与上级规划充分协调的基础上,落实规划期间土地开发、土地整理、土地复垦的规模以及整理后可补充耕地、其他农用地、建设用地的数量,并将这些指标分解到下级行政区域。

② 土地整治分区

a. 分区目的

土地整治分区是为规范土地整治活动和引导投资方向,在规划期内为有针对性地安排土地整治项目而划定的区域。土地整治分区一般适用于县级土地整治规划,其目的是为了明确各区土地整治方向和重点,分类指导土地整治活动,引导投资方向,为安排项目提供依据,同时因地制宜地制定土地整治措施。

b. 区域类型

土地整治分区的区域类型包括土地整理区、土地复垦区、土地开发区、土地整治综合区。

土地整理区是指以开展耕地整理、农村居民点整理、其他农用地整理等活动,安排土地整理项目为主的区域。

土地复垦区是指以开展土地复垦活动、安排土地复垦项目为主的区域。

土地开发区是指以开展土地开发活动、安排土地开发项目为主的区域。

土地整治综合区是指包括上述两种或两种以上,且难以区分活动主次关系的区域。

③ 重点区域与重点工程

a. 重点区域

重点区域是指在土地整治潜力调查、分析和评价的基础上,为统筹安排一定地域内耕地及各类农用地后备资源的开发利用,引导土地整治方向,实现土地整治长远目标所划定的区域。划定重点区域应遵循以下原则:土地整治潜力较大,分布相对集中;土地整治基础条件较好;有利于保护和改善区域生态环境;原则上不打破县级行政区域界线。

b. 重点工程

重点工程是指在划定重点区域的基础上,围绕实现规划目标和形成土地整治规模,以落实重点区域内土地整治任务,或解决重大的能源、交通、水利等基础设施建设和流域开发治理、生态环境建设等国土整治活动中出现的土地利用问题为目的,所采取的有效引导土地整治活动的组织形式。重点工程可以跨若干重点区域,一般通过土地整治项目进行实施。重点工程应具有以下特点:土地整治规模较大;对实现规划目标起支撑作用;在解决基础设施建设、流域开发治理、生态环境建设等引起的土地利用问题中发挥主导作用;预期投资效益较好;能够明显改善区域生态环境。

④ 土地整治项目

a. 项目

项目一般是指在土地整治区内安排的,在规划期内组织实施的,具有明确的建设范围、建设期限和建设目标的土地整治任务。

b. 项目的特征

项目是在时间、资金等约束条件下,具有专门组织和特定目标的一次性任务。它的基本特征有:是一次性的投资执行方案;具有明确的建设目标;具有限定的约束条件;项目管理方法具有规范性和系统性;具有生命周期。

一般的项目运作程序可划分为八个阶段,即:项目建议书阶段、可行性研究阶段、规划设计阶段、建设准备阶段、施工安装阶段、生产准备阶段、竣工验收阶段和后评价阶段。

c. 项目的类型

为了便于实施和管理,项目一般应按照相对单一活动类型划分,项目的具体名称可在此基础上根据各地实际情况确定。按照不同的标准可以将土地整治项目分为:政府投资项目、法定投资项目和社会投资项目;土地开发项目、土地整理项目、土地复垦项目和综合项目;新建、续建、改建、重建和扩建项目。

ⓐ 政府投资项目、法定投资项目和社会投资项目。政府投资项目指各级政府直接投资建设的开发整治项目。目前主要指国家投资土地开发整治项目和各级地方投资土地开发整治项目两种,简称国家投资项目和地方投资项目。法定投资项目指用地单位和个人履行"耕地占补平衡"或土地复垦义务自行实施的投资项目。社会投资项目是指由企业或个人以营利为目的投资建设的项目。

ⓑ 土地开发项目、土地整理项目(包括耕地整理项目、其他农用地整理项目、农村居民点整理项目)、土地复垦项目和综合项目。土地开发项目是指以荒山、荒地、荒滩等未利用土地资源为主要对象,以增加有效耕地面积为主要目的的土地整治项目。土地整理项目是指按照土地利用总体规划的要求,通过对田、水、路、林、村进行综合整治,以增加有效耕地面积,提高耕地质量,改善农业生产条件和生态环境为目的的土地整治项目。土地复垦项目是指对生产建设过程中,因挖损、塌陷、压占等造成破坏和废弃的土地,采取整治措施,使其恢复到可供利用状态的土地整治项目。综合项目是指具有开发、整理、复垦中两种以上综合性质的土地整治项目。根据土地整治区域内的土地利用或增加的耕地性质不能确定为某一开发、整理、复垦单项项目时,应确定为综合项目。

ⓒ 新建、续建、改建、重建和扩建项目。新建项目是指拟列入投资计划开始实施的新项目。续建项目是指对已经批准实施的项目,提高建设标准或增加建设内容继续建设的项目。改建项目是指对原有建设内容进行部分或全部改动,或对原项目建设内容进行更新改造而设立的项目。重建项目是指由于原有项目建设内容老化,需将老化的原有项目建设内容废除,按照原项目建设内容重新建设而设立的项目。续建、改建、重建项目可以统称为土地再整理项目。扩建项目是指对已经批准实施的项目扩大建设区域范围的项目。

d. 项目选定的原则

土地整治项目的选定应遵循以下的原则:以土地整治潜力评价结果为基础,注重生态环境影响;集中连片且具有一定规模;具有较好的基础设施条件;具有示范意义和良好的社会经济效益;地方政府和公众积极性高,资金来源可靠;项目建设期一般不超过三年(农村居民点整理除外)。

e. 项目选定的步骤

根据土地整治潜力分析、划区结果和规划目标,初步提出项目类型、范围与规模,进行实地考察,邀请当地干部、群众座谈,分析项目实施的可行性,与有关部门协商,进行综合平衡,确定项目的边界线,量算面积后,进行项目汇总,编绘项目图集。

⑤ 投资与效益

a. 投资估算

投资估算的目的主要是预测实现规划目标所需的总投资和各项目的投资额。投资估算的步骤如下：

ⓐ 测算典型项目单位面积投资量。分地貌类型和项目性质在本地区或类似地区选择已完成的典型项目的决算材料，分别测算出典型项目单位面积投资量。

ⓑ 估算项目投资量。根据典型项目与规划确定的各个项目在地形、地貌、基础设施（水、电、路）、交通条件、物价水平、劳动力价格等方面的差异，对项目单位面积投资标准进行修正，再根据项目规模计算出项目投资量。

ⓒ 计算总投资量

$$C = \Delta S \times \frac{\sum_{i=1}^{n} C_i}{\sum_{i=1}^{n} (S_i \times R_i)} (i = 1, 2, 3, \cdots, n)$$

式中：$C$——总投资额（万元）；

$C_i$——典型项目总投资量（万元）；

$S_i$——典型项目规模（$hm^2$）；

$R_i$——典型项目新增耕地系数；

$\Delta S$——规划新增耕地总目标（$hm^2$）；

$n$——典型项目个数。

不同类型的土地整治项目，尤其是农村居民点整理和土地复垦项目，它们的新增耕地系数和单位面积投资额的差距是较大的。因此，在测算时，可以分地貌和项目类型分别计算，以提高估算精度。

b. 筹资渠道分析

在进行筹资渠道分析之前，首先应对筹资环境做初步分析。筹资环境分析主要包括社会经济发展水平，基础设施状况，发展前景，土地利用的经济、社会、生态效益对筹资的影响和回报以及投资收益的可行性论证等。

目前，土地整治涉及的资金筹集渠道主要有新增建设用地土地有偿使用费、耕地开垦费、土地复垦费、耕地占用税、农发基金、新菜地开发建设基金等来自土地方面的资金以及企业和个人投资、农民个人以工代赈、其他投资等。

c. 效益评价

效益评价主要包括经济效益评价、社会效益评价和环境效益评价。

经济效益评价的重点是对土地整治的投入产出进行分析，一般采用静态分析法，主要测算投入量、预期净产出和投资回收期等。具体步骤如下：

第一步：计算总投入量（$C$）。

第二步：计算预期净产出：

$$R = \Delta S \times r + S_0 (r - r_0)$$

式中：$R$——土地整治增加的年纯收入（万元/a）；

$\Delta S$——规划净增加耕地面积（$hm^2$）；

$S_0$——整治前耕地面积（$hm^2$）；

$r$——整治后单位耕地面积年纯收入（万元）；

$r_0$——整治前单位耕地面积年纯收入（万元）。

第三步：计算静态投资回收期：

$$T = \frac{C}{R}$$

式中：$T$——静态投资回收期(年)；

$C$——土地整治总投资额(万元)；

$R$——土地整治增加的年纯收入(万元/年)。

社会效益评价，主要指从土地整治后增加耕地对扩大农村剩余劳动力就业，降低生产成本，增加农民收入，使土地经营规模化、集约化，改善农业生产和农民生活条件，促进农村现代化建设的作用等方面，选择适当的评价指标，采用定性与定量相结合的方法进行评价。

环境效益评价，主要指根据植被覆盖率、防治土地退化、治理和改善农田生态环境、提高旱涝保收能力等方面采用定性与定量相结合的方法进行评价。

(2) 各级土地整治规划的主要内容

各级土地整治规划的内容各有侧重：国家级土地整治规划的重点是制定全国土地整治的方针和政策，提出土地整治的重点区域和重大工程；省、地(市)级土地整治规划的重点是提出本行政区域内土地整治的重点区域、重点工程和重点项目，以及补充耕地区域平衡的原则、方向和途径，确定土地整治的投资方向；县级土地整治规划的重点是划分土地整治区，明确土地整理、复垦、开发和治理项目的位置、范围、规模，作为确立土地整理、复垦和开发项目的依据。

各级土地整治规划的主要内容有：省级和地(市)级土地整治规划，主要是分析土地整治的背景与条件，调查评价并测算土地整治的潜力，确定土地整治规划目标和任务，提出土地整治的总体安排，划定土地整治的重点区域、安排重点工程、提出重点项目，制定土地整治补充耕地的区域平衡方案，估算土地整治的投资，评价预期综合效益，最后制定实施规划的政策措施；县级土地整治规划，主要是分析土地整治的背景与条件，调查测算土地整理、复垦、开发的潜力，制定土地整治规划的目标和任务，提出土地整治的总体安排，划定土地整治区，确定各区土地整治的模式、方向和重点，确定土地整治项目的位置、范围和规模，分类分期测算规划期内土地整治投入量，并进行社会效益、经济效益和生态效益分析，最后制定实施规划的技术、经济、组织和政策等方面的保障措施。

### 6.3.2 土地开发规划

土地开发是人类土地利用活动的启动阶段，通过土地开发，把未被利用的土地投入利用过程，扩大人类利用土地的范围，使利用率不高的土地得到充分利用。土地开发作为扩大土地利用范围、提高土地利用率和生产力的重要手段，是土地利用"开源"的主要方式之一。土地管理工作的一项重要内容就是加强对土地开发的管理。土地开发应在土地开发规划的指导下进行，土地管理部门通过编制土地开发规划，全面安排本地区土地资源的开发利用，并对具体区段的土地开发利用做出规划设计。

1) 土地开发与土地开发规划

(1) 土地开发的含义

土地开发是将尚未利用的土地资源，通过一定的技术措施改变成可使用的状态。在人类社会发展的初期，开发未利用土地资源是人类生存的基础。通过土地开发，人类利用土的范围越来越大,但随着人类社会的发展进步,被开发利用的土地越来越多,在当今社会,除一些经济很落后的地区以外,未被开发利用的原始土地已为数不多,且大多为目前的经济、科技水平下大多是难以开发利用的,如冰川、沙漠等。因此,如果仅仅把土地开发理解为对原始土地的开垦,土地开发就在很大程度上失去它在当今社会应有的意义。

(2) 土地开发的特性

土地开发一般具有以下三方面的特性:

① 从生态学角度看,土地开发就是打破原有的生态平衡,建立新的生态平衡的过程。对于未利用土地的初始开发,是一个由自然生态系统向人工生态系统转变的过程。在土地开发的过程中,人的力量作用于自然,对原有生态系统可能会产生积极的、有利的影响,也可能产生消极的、有害的影响;同时,人对土地生态系统中大部分自然因子的作用力是有限的。因此,土地开发必须遵循生态规律,建立良性循环的生态系统,避免造成原有生态系统的恶化,以建立更新、更高层次的生态平衡。

② 从经济学角度看,土地开发与社会生产方式密切相关,并且以提高土地利用率、土地生产率和经济效益为前提。土地开发受一定的社会经济条件制约,在不同的经济水平及生产方式条件下,土地开发的方式及开发程度也不同。即使同一社会形态的同一时期,农村和城市经济条件的差异也导致农用土地和城市土地开发的组织形式和经营方式的不同。对于农用土地而言,由于农村经济的商品化、专业化、社会化程度都比城市低,土地开发和使用常融为一体;而城市经济由于其高度的商品化和社会化,使得建设用地开发有可能成为一个行业而得到发展。土地开发是一项经济活动,其经济意义就是要提高土地的生产率,能否获得相应的经济效益是开发活动关注的主要目的。在土地开发过程中人力、物力、资金的投入,必须要获得更大的收益,生产出更多的产品,创造更好的生态和社会环境。

③ 土地开发具有经营性的特点,尤其是城市土地开发。所谓经营性的特点,就是土地开发可以作为一个生产过程,实行专业化经营。土地开发可以通过取得开发权,从土地开发中取得利润。因此,土地开发的经营权和管理权可以分开,开发土地的开发权和使用权也可以分开。土地所有者可以以产权代表的身份拥有土地开发权,同时这种开发权也可以依法转让。

(3) 土地开发的形式

土地开发的形式主要有以下四种:

① 宜农荒地的开发

宜农荒地的开发是指在现代经济技术条件下,将可以开垦的天然荒草地、疏林地、灌木林地和其他未被利用的宜农土地开发成可被利用土地的过程。

② 闲散地的开发

闲散地的开发主要是将尚未利用的面积零碎、分布散乱的土地开发成为可被利用土地的过程。

③ 中低产田的开发

中低产田的开发就是利用现有的经济技术条件,对中低产田进行技术改造,使其利用条件得以改善的过程。中低产田开发是农业土地开发的主要任务。

④ 沿海滩涂的开发

沿海滩涂主要指分布于海岸带部分潮涨淹没、退潮露出的土地。沿海滩涂开发的形式多种多样,如围海造田、围海养殖等,也可用作工业排废处理场所,还可填海进行城市建设等。

(4) 土地开发规划

① 土地开发规划的定义

土地开发规划是通过对区域内具有一定开发潜力和开发价值的土地进行自然、社会、经济评价和开发的可行性论证,以确定土地开发利用目标、开发方式、开发模式,制定实现土地开发目标应采取的办法和对策的一项措施,即对规划地区内待开发土地的开发利用所作的全面安排或设计。

② 土地开发利用与土地利用总体规划的关系

土地开发规划是根据土地利用的总需求、土地本身的适宜性和开发潜力,统筹协调不同时期、不同区域的土地开发方向、目标、内容和重点以及土地开发的数量和顺序。土地开发规划是以土地利用总体规划为依据进行编制的,它作为土地利用总体规划的专项规划之一,既是其组成部分,又是对土地利用总体规划的补充。如果土地利用总体规划尚未编制,也可以先行编制土地开发规划。

(5) 土地开发规划的类型

土地开发规划从其性质来看,可分为综合开发规划和项目开发规划两类。

① 综合开发规划

综合开发规划是宏观性规划,它是从宏观角度出发,考察区域内全部待开发土地资源,对土地开发利用方向、目标、规模、开发途径和措施等方面所做的全面部署和安排。综合开发规划涉及的范围较广,既要考虑农业土地的配置,确定不同地区土地开发重点和方向,还要进行开发地区内与农业发展相关的其他部门的发展与建设,如水利、水能开发布局、居民点的配置、交通网的布设及电力系统的规划等。土地利用总体规划中所作的土地开发规划一般是指综合开发规划,主要内容有:土地开发的可行性论证;综合评价待开发土地资源;确定土地开发目标、方向、规模和开发重点;确定开发后的农用地结构和布局;确定居民点、水利、交通、电力等其他用地布局;开发规划方案的评价选优;提出实施规划的具体政策与措施。

② 项目开发规划

项目开发规划是微观性规划,是从微观角度确定每一待开发地块区的开发利用方向、规模、开发形式、措施等。因此,它是就某一开发单体,如某地块、地段等的开发利用所作的具体开发规划设计,如水、电、田、路、渠、井、林如何配置布置、土地平整方式等;它是具体的开发规划项目设计。

(6) 土地开发规划的内容

土地开发规划主要包含两方面的内容:一是如何开发的决策规划,即进行土地开发的可行性论证,确定土地开发的规模、时间、地点和方法;二是待开发土地的利用规划,即确定区域内各类待开发土地的用途。本书讨论的土地开发规划主要指农用地开发规划。

农用地开发是以农、林、牧、渔为中心的土地开发,大的开发区还包括水利、道路设施和保护水土的生物工程设施的配置,因此,农用地开发规划比较复杂,应注意多方面因素。开发规模、时间、地点的决策,既要考虑社会经济技术条件的制约,还要适合土地资源特点;待开发土地的利用规划也不能单纯设计农业土地的安排,要统筹协调进行总体规划,其中,省、市、县或跨市县的区域性土地开发总体规划是从宏观上进行控制,乡镇或农业企业内土地开发规划则要求具体和详细。农用地开发规划主要包括以下内容:待开发土地资源评价;土地开发的可行性论证;确定土地开发目标和方向;确定待开发土地的利用结构和布局;配置保护生态的生物工程措施;土地开发规划方案的实施措施和计划。

2) 待开发土地资源调查与评价

(1) 我国待开发土地资源的现状特征

待开发土地资源一方面指未利用土地中可供开发利用的土地及工矿废弃地、零星闲散地;另一方面,针对某种用途的土地而言,待开发土地资源还包括有可能改变用途的已利用的其他类型土地,例如适宜开垦为耕地的草地、滩涂等都是耕地的待开发土地资源。待开发土地资源包括目前尚未利用的各种荒芜、贫瘠、废弃、闲置的,经改造、复垦、建设后可以利用的土地。

我国待开发土地资源的总量不多,特别是开发条件好、投资少、见效快的更少,大片荒地多(占待开发土地资源总量的84%),有利于大规模开发,50%以上的待开发土地资源分布在新疆、内蒙古和云南三个边远省区,耕地待开发土地资源主要分布于新疆、内蒙古和黑龙江、四川等省区,人多地少,经济实力不足,干旱少雨是目前土地开发的主要限制因素,待开发土地资源中山坡地多、平地少,有利于发展林果、林牧或经济作物,同时质量好的土地少,中等和次等地多,开发难度大。

(2) 待开发土地资源的调查

待开发土地资源调查是指摸清未利用土地资源的数量、分布、特点及开发利用的难易程度、适宜的用途和利用潜力等,从而为各级部门对土地开发管理进行宏观决策,为编制土地开发利用规划与年度计划提供科学依据。

① 待开发土地资源调查的内容

待开发土地资源调查的内容主要包括:待开发土地资源的类型、数量和分布情况调查;待开发土地资源开发难易程度调查;开发后的适宜用途调查;土地开发投入产出预测调查。

a. 待开发土地资源的类型、数量和分布情况调查。我国的待开发土地资源主要包括成片荒地、滩涂、闲散土地及各种废弃地等四大类。待开发土地资源调查就是要分类查清各类资源的数量、具体分布状况和特点等。此项调查既可结合土地利用现状进行调查,也可组织专门调查。在已完成过土地利用现状调查的地区,可直接利用土地利用现状调查成果。具体方法是:首先以土地利用现状图为依据,透绘全部未利用土地图斑,在各图斑内注记二级分类代号,并对全部图斑进行统一编号,编绘成土地后备资源分布图;再利用土地利用现状调查的面积统计成果,编制各未利用土地图斑的面积统计表,并把调查成果转绘到待开发土地资源分布图上,这张图是编制土地待开发资源开发规划的基础和依据。

b. 待开发土地资源开发难易程度调查。衡量一块待开发土地的开发难易程度有四项指标。一是它所处的社会经济区位。经济区位条件越好,社会需求越大,同时决定了一定的经济实力。雄厚的经济实力可以保证充足的资金用于开发难以利用的土地,相对降低了开发难度。二是现有科学技术水平。开发,是一个资金、技术、人力、物力投入过程,有些待开发土地只需简单的投入就可以利用,有些必须采用更先进的机械或生物工程技术措施。对同一块待开发土地来说,手工劳动显然要比机械施工开发难度大得多。三是土地开发的用途。将土地开发出来做何用途,决定了开发的深度。如果开发后用于建设用地,一般只需

"三通一平";如果开发出来做耕地,则要使表层土壤适宜农作物的生长。因此,不同的开发方式也决定了不同的开发难度。四是待开发土地本身的自然属性。土地是自然历史综合体,待开发土地所处地貌、土质、石砾含量及地质构造等自然因素决定了开发这块土地的技术难度。因此,要确定一块土地的开发难易程度,必须综合考虑上述几个方面的因素,即自然、社会经济条件和科学技术水平。

c. 开发后的适宜用途调查。它属于一种预测性调查。由于土地具有多宜性(既可作耕地,也可栽果树,还可供养殖),因此,开发后适宜用途牵涉到判断属性问题。判断属性又分为自然属性和经济属性两种。若以自然属性进行判断,一块土地开垦后可作耕地,也可作园地、林地、水产养殖用地或建设用地。若按社会经济属性判断,就必须根据地块所在位置的土地利用总体规划或城市规划来判定。目前,一般规定除在规划中已经规划的利用方式之外,对待开发土地资源开发后适宜用途以自然属性进行判断,并按耕地、园地、林地、水产养殖地、牧草地、建设用地和其他用地等七种用途先后顺序归类。这样的顺序主要是考虑我国耕地珍贵,必须采用耕地优先,其他次之的原则。

d. 土地开发投入产出预测调查。开发投入产出预测调查的目的主要是为编制土地开发规划,进行可行性论证等提供参考。开发调查包括两方面内容:一是开发投资调查;二是开发投工调查。开发投资主要根据与相邻地区已开发同类土地比较进行推算或按待开发土地资源本身特性及开发后用途进行估算。因此,开发投资是相对于调查时的价格水平推算的。开发所需投工调查主要是针对农村闲散地开发成农用地而言的。目前农村一般实行义务工制度,如果调查了待开发土地所需工日,即可由农村集体组织统一开发,由农民投入一定的义务工,国家、集体给予适当补偿。在编制土地开发利用规划时要在投入调查的基础上,对产出进行概算,以预测经济效益与社会效益。

② 待开发土地资源调查的方法

a. 待开发土地调查从形式上可分为全面调查和典型调查两种。全面调查是指对调查范围内的待开发土地资源进行逐块调查,目的是为了取得全面的、比较准确的基本资料。全面调查的范围广、准确性好,但涉及单位较多,需耗费大量的人力、物力和财力及较长的时间。典型调查则是有意识地选择调查对象中若干有代表性的单位,做系统、周密、细致的调查,掌握有关情况,并据此推算整个调查地区待开发土地资源的状况。典型调查的范围小,单位少,所需时间短,所投入的人力、物力较少,但它只可以推算所调查地区待开发土地资源类型的数量,难以对待开发土地资源的具体分布状况进行准确把握。

b. 待开发土地资源调查从内容上分为综合调查和专项调查两种。综合调查是将待开发土地资源作为土地利用现状详查的一项内容,或是在已完成了详查的基础上,依据详查资料,按照待开发土地资源调查的内容与要求,进行必要的补充修正。专项调查则是针对某一类型的待开发土地资源进行的专门调查,如专门的成片宜农地的调查、滩涂资源的调查等。

(3) 待开发土地资源评价

待开发土地资源评价是在调查的基础上,通过对影响土地生产能力的主要自然性状(气候、土壤、地貌、地形、水文、植被等)和社会经济条件进行分析、评估,鉴定土地对于某种特定用途的适宜性和限制性,从而确定待开发土地资源的适宜用途、开发潜力及开发目标和开发利用价值,为开发规划提供科学的依据。

对待开发土地资源,条件具备的,应进行适宜性评价。对已完成土地适宜性评价的地区,可直接利用已有成果,并把各图斑的适宜用途注记到土地后备资源分布图上,同时在对待开发土地资源进行适宜性评价的基础上,分析不同地块针对具体用途所具有的潜在生产能力。主导因素与综合分析相结合是目前待开发土地资源评价的基本方法,即在评价待开发土地资源时,对气候、地形、土壤、植被、水文和地质等自然因素进行全面综合分析,研究各因素之间的相互关系,找出影响不同地区、不同类型待开发土地资源的主导因素,并对其进行重点评价。待开发土地资源评价应以资源类型为基础,选择具体影响待开发土地资源质量的较稳定的自然要素进行评价。待开发土地资源的等级划分是评价的核心,同一等级的待开发土地资源适合使用的适宜程度、生产潜力和开发难易程度大致相同。

3) 土地开发规划的编制

(1) 土地开发规划编制的步骤

土地开发规划的编制是建立在基础资料之上的,已开展或正在开展土地利用总体规划工作的地区,应充分注意与土地利用总体规划相协调,在总体规划中应包括土地开发综合规划。此外,土地开发规划的编制,必须以地域的资源状况和土地潜力分析及待开发土地的适宜性评价为依据,使土地开发规划建立在科学合理、切实可行的基础上。

从土地开发规划编制的全过程来看,主要分为以下几个步骤(见图6.1):

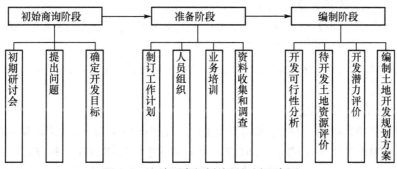

图 6.1 土地开发规划编制规划示意图

① 初始商询阶段。包括初期研讨会、提出问题、确定开发目标。

② 准备阶段。包括制订工作计划、人员组织、业务培训、待开发土地资源的资料收集和调查。待开发土地资源的资料收集和调查,要求弄清土地后备资源、废弃地及已开发利用的低利用率土地的基本情况,为进行待开发土地的资源适宜性评价、分等定级、编制土地开发规划提供基础资料。调查的主要内容包括待开发土地资源的种类、数量、分布、所处的自然性状(如地形地貌条件、土壤种类与质地、有机质含量、水文地质、植被及障碍因素等)、社会经济条件(如当地的经济发展水平、人口、人均占有土地、劳力资源、交通运输条件及土地利用习惯)等。

③ 编制阶段。编制阶段主要包括待开发土地资源开发条件的可行性分析、待开发土地资源的评价以及待开发土地资源开发潜力的分析,在此基础上确定土地开发目标,编制土地开发规划方案。待开发土地资源开发可行性分析,主要从自然条件、社会经济条件和技术条件等方面进行分析;待开发土地资源的评价,主要涉及开发难易程度评价、适宜性评价、对开发投入的评价以及分等定级等方面的内容;待开发土地资源开发潜力分析,主要是对未利用土地(即后备土地资源)、低利用率土地(即再开发土地资源)而言的。后备土地资源是指目前还没有被开发利用,但在一定时期、一定科技水平和社会经济条件下能被开发利用的土

地。再开发土地资源一般是指目前已被开发利用，但开发利用程度还没有达到可能的利用程度，具有进一步的开发潜力和开发价值的土地。

(2) 土地开发规划方案的编制

城镇土地开发规划可参照城市规划方法进行，这里主要介绍农用地开发规划的编制。

① 论证土地开发的可行性

a. 经济效益论证。经济效益论证是土地开发可行性论证的主要内容，经济效益的高低是衡量土地是否可以进行开发的主要依据。反映经济效益的指标主要是开发土地的产投比，即开发土地的总投入与总产量的对比分析，考察土地开发的经济效益，一方面要分析土地开发的利用率和生产率，另一方面要分析开发的总投入、投资回收期、贷款偿还期、产品的市场价格、投资风险及投入效益系数等，还要预测土地开发的近期、中期和长远利益。

b. 生态效益论证。土地开发是打破原有的生态平衡，建立新的生态平衡的过程，不合理的土地开发，往往会造成生态环境的恶化。因此，土地开发前应对开发后土地生态系统的状况及对土地生态系统的影响进行论证，只有在不造成生态失衡，可获得更佳的生态经济效益的前提下，才能进行待开发土地资源的开发。

c. 技术可行性论证。分析待开发土地资源开发所需的技术水平和管理方法及其在当地有无实现的可能、实现程度的大小等。

d. 社会经济条件可行性论证。主要分析土地开发所需要资金、物资的需求量及供给能力以及水源、能源、交通、劳力等供应是否有保障。

e. 政策因素论证。主要分析土地开发行为、开发方式、开发用途等是否与国家有关政策、规定相符合。

② 土地开发目标的确定

农用地开发的目标有三种：增加耕地、增加收入和增加覆被，三者之间既有联系又相互独立。增加耕地能带来一定的收入，但增加收入并不止增加耕地这一种方式；增加覆被又和增加耕地存在矛盾，规划的任务就是协调这些关系与矛盾。一个地区或企业的土地开发目标可以是单一的，也可以是多方面的。目标的确定，取决于以下几方面因素：a. 社会需求和经济建设的需要，主要分析一个地区的社会需求要有全局观念和追求长远利益的观念，要分清主次，确定该地迫切需要解决的问题；b. 待开发土地的适宜性和生产力，这是土地开发的基础和前提条件，提出目标时要考虑土地的适宜性，切忌凭空想象，应严格遵循自然规律；c. 经济能力和技术水平，土地开发一般需要充足的资金和一定的技术手段，制订规划时，对此要有充分的认识，以免半途而废，浪费土地资源和人力、物力、财力。

③ 确定土地开发利用结构

待开发土地利用结构取决于一个地区或企业适宜的用地构成比例的要求、国民经济发展长远计划或企业的经营方针、各类型待开发土地的数量和质量情况，以及建立良性生态系统的要求和当地的社会经济条件。

确定土地利用结构的规划方法有三类：

一是根据需求，逐项确定各种用地面积，然后参照待开发土地评价结果进行调整，综合平衡各项指标。

二是根据实际可能，如待开发土地适宜性、生产力，各类土地的数量、质量、水、资金、劳力等条件，确定各种用地的构成，再以此与发展计划指标进行平衡。

三是建立数学模型,如线性规划、多目标参数法等,以实际资源情况、国民经济建设的需要和社会经济条件等指标为制约因素,以最佳的社会、经济、生态效益为目标,求出用地结构的最优解。

过去,区域性规划通常采用第一种方法,企业内部规划多用第二种方法。近年来,第三种方法得到越来越多的应用,它是一种定量分析,但建立模型需要可靠的数据,否则,得出的结论很可能脱离实际。编制土地开发规划,可以综合使用这些方法,或以一种方法为主,用其他方法论证,确保规划严谨科学,切合实际。需要注意的是,不管采用哪种方法,规划都要有弹性,以适应经济建设的调整与变化。

④ 土地开发配套设施规划

土地开发的配套设施规划,要依据开发区域或地段的情况来决定,因而它主要是企业内土地开发规划的任务。

土地开发的配套设施包括道路、水利工程和保护环境的生物工程措施,是否需要新建或完善交通、水利设施较易决定,而保护环境容易被人们忽视。规划时一定要牢固树立土地开发与保护生态环境相结合的观念,充分考虑土地开发可能给生态环境带来的问题,设置农田防护林、水土保持林,采取坎地改梯地等各项措施。

⑤ 土地开发利用布局

区域性土地开发规划布局一般是分区提出各类土地的比例和构成,将骨干交通、水利工程设施的布局在图上示意表示。

a. 配置各业用地时应考虑的条件

生物与生态环境的最佳结合,取决于物种特性和环境系统功能的配置,因此,安排各业用地时首先要充分考虑土地的空间特性,按土地的海拔、坡度、坡向、坡形和土壤肥力状况,因地制宜配置各业用地。

考虑区位因素,依据待开发土地距离居民点、道路、水源的远近,适当安排其用途,以满足生产资料、产品运输和灌溉的要求。

考虑各业之间的相互关系,优化农、林、牧、渔结构,配置待开发土地的用途要与周围土地的利用情况有机结合。

着眼将来,考虑农业现代化的发展要求。农作物要求适当集中连片并与土地治理相结合,以利于机耕。

b. 各业用地配置的具体要求

菜地。蔬菜生产需要精耕细作,费工费时,且蔬菜不耐运输和贮藏,因此,菜地应尽可能配置在居民点附近,同时菜地要求土壤肥沃,水源充足,土地平整。

大田作物用地。大田作物指粮食作物、经济作物和油料作物,它们对耕种土地的要求很高,要求土壤肥沃,理化性状好,土层深厚,水源充足,地形平坦,集中连片。

果园。配置果园时,要特别注意气候条件,充分利用水气环境,果树喜温怕风,应安排在南坡、东坡或东南坡背风处。低洼地易停滞冷空气,且排水不良,不适宜建立果园;地下水位过高,也不适宜果树生长。果园需进行灌溉,所以要选在有水源的地方。

茶园。茶树的特点是喜温、喜湿、喜酸性土壤,耐阴、怕涝。一般要求土壤pH值4.5～6.5,土壤含水量30%～60%,空气相对湿度80%左右,年降雨量1 500毫米以下,适宜生长的平均气温在20～30 ℃,最低临界温度−30 ℃,最高不超过31 ℃,大于10 ℃积温4 500 ℃

以上。

桑园。发展桑蚕的地区要求年降雨量500毫米以上,大于10 ℃的积温不少于2 600 ℃,无霜期至少120天。桑树在一般土壤里均能生长,但以沙质中性土壤最宜。桑园的地下水位应在1米以下。

林地。植树造林要将获取生态效益与追求经济效益结合起来。丘陵山区造林要结合水土保持,在分水岭和坡度转折处以及沟头、沟边、沟底、河滩附近营造林木。平原地区也要安排适当的防护林网,创造适宜的生态环境,提高农田抗御自然灾害的能力。

草地。牧草对土地条件的要求不高,配置时主要是处理好牧草地与林地的矛盾。

⑥ 土地开发规划的实施措施

开发资金的落实是实施土地开发的重要条件。开发资金的来源主要包括国家投资、地方集资、单位或个人投资、引进外资。地方资金的筹集方式主要有集资、入股、预收定金、收取复垦押金、银行贷款及地方财政拨款、收取土地使用税等。按照"取之于土、用之于土"的原则,对农村宅基地、承包地、闲置地、城市建设用地、非农业建设占用耕地等征收土地使用税,以此筹措土地开发资金。

为保证开发规划的落实,规划中应说明实施规划所需的政策和措施,包括实施开发规划的经济、法律政策和技术措施等,应编制年度计划,并列入政府计划之中,实行项目管理。年度实施计划主要包括开发面积、时间、地段、利用类型等。企业内规划还应进行现场铺图工作,即将规划图上的全部设计界线,通过测量手段,在实地上放样定线,它是测图工作的还原。土地管理部门应会同有关部门加强监督检查,确保土地开发规划得到最佳贯彻执行。

### 6.3.3 土地整理规划

土地整理规划是土地利用总体规划的专项规划之一,是土地利用总体规划的重要内容,是完善、落实土地利用总体规划的重要措施和手段。编制土地整理规划,实施土地整理,能够有效调整土地利用关系,改善土地利用结构。

1) 土地整理的内涵、范畴与模式

(1) 土地整理的内涵

① 土地整理的概念

在不同国家,由于国情、经济和社会发展水平的差异,土地整理的内涵不尽一致,世界上提出土地整理较早的国家或地区,如德国、法国、荷兰、俄罗斯、加拿大等,将调整土地利用结构和土地关系、实现土地规划目标的实施过程称为"土地整理",日本称为"土地整治"或"土地整备",韩国称为"土地调整",中国台湾地区称为"土地重划"。

我国开展现代意义的土地整理实践较晚,根据我国国情,土地整理可分为广义和狭义两个层面来理解。广义的土地整理是指在一定的地域区间内,按照土地利用规划或城市规划所确定的目标和用途,采取行政、经济、工程技术、法律等手段,对土地利用状况进行综合整治,优化土地利用结构,科学规划,合理布局,综合开发利用,提高土地资源的利用率和产出率,增加可利用土地数量,改善生产、生活条件和生态环境,确保经济、社会、环境三大效益良性循环。广义的土地整理既包括对现有已利用土地的整理,以提高其利用的集约程度,也包括对未利用地的开发和对废弃地的复垦,以增加耕地总量,从地域上来看既可以是农地整理,也可以是市地整理。现阶段我国狭义的土地整理主要指的是农村土地整理,包括农用地整理和农村建设用地整理。农用地整理主要以增加耕地面积,提高耕地利用率和产出率为根本目的,按照土地利用总体规划的要求,对农田、水域、道路、农田防护林网用地进行综合整理的措施和手段,既包括对已利用农用地的结构调整和土地整治(即耕地整理),也包括土地开发和土地复垦等。我国目前所开展的土地整理大都是狭义的农村土地整理,与此同时,我国城市地区也不同程度地存在土地低效利用问题,开展城市土地整理的潜力很大,进行农村土地整理的同时,城市土地整理也不可忽视。

② 土地整理的特性

a. 政府行为的主导性

在农用地整理过程中,政府行为起主导作用,这是因为农用地整理是在国家鼓励、政策支持的前提下,以政府制定的土地利用总体规划和专项规划为依据而进行的。同时,在农用地整理过程中,又涉及诸多组织和个人产权关系的调整和利益分配等问题。因此,只有在政府的指导下,农用地整理按规划进行,才能真正达到改善生产条件和生态环境,增加有效耕地面积的目的。

b. 整理目标的多元性

农用地整理是一个多元目标行为,通过农用地整理,提高土地利用率,从而增加土地的经济产出,实现经济目标;通过农用地整理,调整土地占有与分配关系,实现农用地整理的社会目标;通过农用地整理,改善土地资源开发利用的生态环境条件,实现农用地整理的生态目标。这三项目标是统一的,都是为了实现区域土地资源的可持续利用和最优化配置,但在具体阶段和具体对象上有时又是矛盾的,主要表现在:有时以经济目标为中心,而造成土地资源可持续生产能力下降或土地占有的不公平性;有时以社会政治目标为中心,而造成经济效益低下、生态环境恶化。因此,为实现多元目标体系,就必须在协调社会、经济和生态三项目标的基础上,通过土地资源在不同产业、区域之间的均衡分配和合理利用来实现土地资源的可持续利用。

c. 整理过程的长期性

农用地整理是一项长期和艰巨的工作,具体的农用地整理行为是在一定社会经济环境及技术条件下产生的,当环境条件发生变化时,人们就要求重新调整土地占有关系,使土地利用方式和结构适应社会经济发展的客观需要。

d. 整理工作的复杂性

农用地整理工作广泛,涉及法律、社会、经济、自然和科学技术等方面。从法律角度来看,农用地整理工作要有完善的法律制度基础;从社会角度来看,农用地整理涉及用地者以及不同主管部门之间相互关系问题,土地行政主管部门与土地使用者以及农业、城建、道路和基层政府等部门之间的协调问题;从经济角度来看,农用地整理过程就是土地收益分配关系的调整过程,公平而有效地完成这一调整过程至关重要;从生态角度来看,农用地整理工作要因地制宜,以实现土地资源可持续利用的目标。

e. 整理区域的差异性

由于不同地区的社会经济技术发展水平、土地资源及其环境条件的差异,农用地整理的内容、目标、手段亦不同。根据东南部及西北部资源禀赋的差异,东南部农用地整理应着重针对耕地、林地、水域等地类进行,以促进粮棉、林业及水产业的发展;而西北部应着重针对牧草地以及发展畜牧经济为主要目标进行整理,对于新疆来说,除了通过农用地整理来增加耕地外,还要考虑生态环境保护问题。

(2) 土地整理的范畴

土地整理的实质是调整土地关系和合理组织土地利用。土地整理的范畴广泛,从地域表现形态角度可分为农地整理和市地整理两方面的内容(见图6.2)。

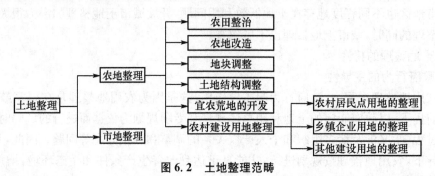

图6.2　土地整理范畴

① 农地整理

农地整理是我国目前和今后相当长一段时期内土地整理的主要内容,其特点是以增加有效耕地面积并提高耕地质量为中心,通过对田、水、路、林、村实施综合整治开发,改善农业生产和土地利用条件、居住环境和生态环境。主要包括以下内容:

a. 农田整治

如兴建或改造沟渠和田间道路,建立、健全节水、节地、高效的排灌系统;建立农田防护林带;清除耕地中的坟头;填平农田中的废坑塘;平整土地等。

b. 农地改造

它以提高耕地质量为主要目的。如改造中低产田、改造盐碱化土地、提高土壤肥力、将坡地改为梯田等。

c. 地块调整

重点是把细碎、零散的地块集中起来(山区除外),便于规模化经营和机械化作业。

d. 土地结构调整

主要是开发利用滩涂、水域、荒草地等,以替换占用良田的园地、鱼池、牧草地,从而保持和增加耕地面积。

e. 宜农荒地的开发

通过对未利用土地的适宜性评价,确定宜农荒地的分布与数量,然后有序地进行开发复垦。

f. 农村建设用地整理

主要包括村庄的治理,如治理"空心村",充分利用村内空闲地与空宅,缩并零散的小村落到中心村或集镇,增设公共、公益设施等,也包括乡镇企业用地的整理,如关、停污染工矿企业,对效益不高、长期扭亏无望的企业实行转产或技术改造,把零散分布并占用耕地或宜农地的企业迁入统一规划划定的工业园区,缩小乡镇企业用地规模等,此外还包括工矿废弃地、废砖窑的复垦还田以及水利、交通工程建设中压废地的土地整理等。

② 市地整理

对城镇而言,土地整理主要是立足于内部挖潜,集约利用土地,充分利用建成区内的闲散地,并对已被利用的土地结合产业结构调整和提高城市功能的需要,在用途、布局与产出率等方面重新进行优化配置,从而全面提高城市整体功能,并改善城市环境。另外,交通、工矿用地整理也是建设用地整理的重要方面。

(3) 土地整理的任务

土地整理的根本任务是形成合理、高效、集约的土地利用结构,提高土地利用率,适应社会经济发展对土地的需求。在这一根本目标的框架内,不同的发展时期,可分解出多层次的任务。从现阶段社会经济发展对土地的需求层面来看,土地整理尤其是农地整理工作有五个方面的任务。

① 增加耕地面积,提高土地利用率

在挖掘现有土地利用潜力的前提下,通过土地整理的多种方法和手段来增加有效耕地面积,以弥补建设对耕地的占用,促进耕地总量动态平衡目标的实现。这一目标也是现阶段土地整理的主要目标。

② 调整土地关系,使土地关系适应土地生产力提高的要求

按照社会生产力发展的要求,对土地利用中产生的人与地及人与人的关系予以调整和适度组织重配,使人们更有序和更理性地对土地进行开发、利用和保护。

③ 扩大综合生产能力,提高土地产出率

通过土地利用方式、强度的调整,改善土地生产、生态条件,保持和提高土地再生产的能力,以持续获得人们生产和生活需要的产品。现阶段就是提高以土地产出率为基础的土地生产能力。

④ 提高全社会的现代化水平

土地整理是按照现代化的生产要求进行的一种资源再配置过程,反过来又可以为现代化建设提供广阔的土地资源空间,无论是农地整理还是市地整理,都能为现代化建设创造条件,都是现代化建设必不可少的内容。

⑤ 实现土地资源的景观功能

从可持续发展的角度来看,土地整理不仅需要从经济效益上考虑,还要从社会效益和生态效益上考虑。景观功能是物质文明和精神文明的必然要求,其社会效益和生态效益显著。

(4) 土地整理的模式

土地整理模式是在一定阶段所表现出的具有典型意义的土地整理作业模式、组织模式和资金投入模式的总称。

① 国内土地整理模式

我国是世界上开展土地整理最早的国家之一,土地整理的渊源可追溯到西周时期(公元前1066年)的井田沟洫制,后来的秦汉屯田制、西晋占田制、北魏隋唐的均田制等,直到目前我国的土地整理都未间断过。但真正意义上的土地整理是在新中国成立后,土地整理的理论和实践均有较大程度发展,且在不同历史时期有着不同的发展轨迹。按照不同发展阶段,20世纪50年代通过借鉴和学习前苏联的经验,进行土地改革,实行人民公社化,土地收归国有,土地整理主要侧重于大面积的土地开发及结合土地改革进行权属的调整。20世纪70年代全国农业学大寨,土地整理工作重点是大搞农田基本建设,具体整理内容是合并田块、平整土地、整理沟渠、兴建新村和修建道路。80年代推行农村家庭联产承包责任制,土地整理以改变土地利用方式和完善土地利用结构为主。我国现代意义的土地整理从20世纪90年代开始提出实

施，1998年九届全国人大四次会议修订通过的《土地管理法》，明确表示了国家鼓励土地整理的行为，这是我国历史上第一次对土地整理做了明确的法律规定，作为保护耕地的重要措施之一，土地整理工作第一次被纳入法律范畴内。我国现阶段的土地整理主要集中于农地，且大多数地区的土地整理主要目标是增加耕地面积，以实现耕地总量动态平衡。由于地区发展不平衡，各地土地整理的水平和方法各有不同。归纳起来，主要有以下几种模式。

a. 平原"田、水、路、林、村"综合整理模式

平原地区，交通方便，人口密度高，地形平坦，耕地易集中。土地整理重点突出：土地节约集约利用"三个集中"（即农村居民点向中心村和小城镇集中、乡镇企业向工业园区集中、农田向规模经营集中）的土地整理模式（以上海奉贤为代表）和建设高标准农田，实现"田成方、林成网、井配套、路相连、设施齐全、土地平整"的田园生态格局。例如，安徽霍邱创建了"八位一体"的土地整理模式，即创建了田、林、路、渠、宅、塘、墓、农（高效农业）"八位一体"的土地整理模式。

b. 丘陵山区"山、林、田、水、路、村"综合整理模式

丘陵山区，交通较为便利，地形地貌复杂。由于自然条件限制，农田和居民点分散，不利于机械化耕作及减轻农民劳动强度，这类地区土地整理应结合流域综合整治和农田基本建设进行，提高土地产出率和保护生态环境，发展立体生态农业模式。土地整理重点突出：加强小流域综合整治，结合小流域进行山、水、林、田、路、村统一整理的"六位一体"模式。例如，四川旺仓利用南阳村土地整理项目，打破农户承包地界，认真抓好田土坎归并，对坡度＜25°的坡地、荒地、边角地进行全面开发，使山、水、田、林、路、村相互协调。

c. 单项土地整理模式

为增加耕地或环境治理进行的整理即单项土地管理。如青海湟中开展了以"拆、改、圈、并"为主要内容的农村居民点整理活动；安徽六安以退宅还耕为突破口，提出"围绕一个目标"（即围绕耕地总量动态平衡这一总体目标），"抓住两个重点"（即抓住老宅还田、新宅限界两个重点），实行"三个纳入"（即把退宅还耕纳入土地利用总体规划、纳入土地综合治理、纳入基本农田保护区管理）的"三位一体"模式；山西阳泉还把"整理大小河道，增加城市可利用土地面积"纳入该地区的土地整理工作中；平朔露天煤矿贯彻相关法规，全面规划，总体安排复垦整治工作，有计划地排弃和覆土，及时采取复垦措施，及时种植，进行生态恢复，并将生物工程和机械工程相结合、小区试验和大片推广相结合，因地制宜，合理搭配，分阶段实施；河北武安南北洛河综合治理，南北洛河是自然冲积而成的河道，缺乏改造和治理，生态环境差，通过综合治理极大地改善生态环境，有效增加耕地面积。

d. "迁村并点"模式

这一模式在我国很多地区广为推行。在经济发达的地区，村庄土地整理结合中心村建设、农民公寓房建设进行，农民住宅向按规划集中建设的中心村搬迁后，对原村庄土地进行整理。在经济欠发达地区，迁村并点，村庄土地整理结合农村小康建设，主要是腾出耕地、挖掘村内空地、治理"空心村"等。

具体来说，"迁村并点"有四种方式：一是搬迁式，即以城镇建设为依托，农村居民向城镇集中，扩大乡镇规模；二是合并式，即将比较分散的自然村合并为相对集中的居民区，从总体上大量减少自然村的数量，形成中心村；三是内调式，即对原有比较集中的村庄，本着调整、挖潜的原则，重新规划，增加安置新的住户和缩减村庄占地，逐步形成新村；四是滚动式，即在不宜农业耕种的丘岗山地规划农民新村，分期分批动迁。

我国台湾地区把土地整理称作土地重划。其主要内容包括调整地块的高低、大小和形状以及分布状况，土地交换分合、整修田块，改善交通、水路和其他环境条件等，以实现改善农业及农村生产环境、高效利用土地、提高现在及将来的农业生产力、土地集中使用、田块标准化的目标。

② 国外土地整理模式

在土地整理起源和发展过程中，国外土地整理的内容与模式随着自然、社会和经济发展要求的变化不断调整和完善，逐渐形成了完整的体系。虽然各国对土地整理的称呼不同，但土地整理的主要内容与模式基本相同。

a. 德国土地整理

德国土地整理的主要内容是对分散、零碎农地实施集中化，以改善农业生产经营条件。20世纪30年代，德国结合基础设施和公共事业开展土地整理。到70年代，德国土地整理的内容又增加了景观和环境保护。在土地整理规划设计时，要考虑到产生的三大效益，涉及土地利用、地产调整等，通过土地整理追求经济、社会、环境效益的统一和协调。由于土地整理关系到国家及个人的利益，因此，在实施过程中，要与公民、地方政府及各职能部门进行充分的协商。

b. 俄罗斯土地整理

俄罗斯土地整理在指组织土地这一生产资料的一整套国家措施，用于调节土地关系，组织土地利用和管理土地资源。具体包括：建立和完善土地占有和土地使用制度；开展企业内（包括国有农场和集体村庄内部）、农业生产合作社、农业家庭和从事农业生产的其他企业内的土地整理；实施土地占有、土地使用、土地租赁和经营的各种形式和措施；确定城市、城镇和农村居民点的用地界线；论证各项水利工程和自然保护设施的建设和相应的投资计划；为合理利用土地创造良好的空间条件；制定自然景观的保护和改善，土地复垦，低产土地改良，防止水土流失、盐渍化和沼泽化，防治土地污染等各项技术措施体系；制定土地调整、田块整理、田间沟渠和护田林带、轮作田区和轮牧田区、田间道路等设计方案并加以实施。

c. 荷兰土地整理

荷兰土地整理包括对非农业用途占主导地位的区域进行的非农土地整理，对以农业用途为主的区域进行的农业土地整理，为消除因公路、铁路、河流整治等基础设施建设而引起的各种土地利用限制的土地调整以及改善小范围内有限数量的土地所有者的土地分布状况的协议土地整理。荷兰的农业土地整理与非农土地整理在程序上相似，通常分为三个阶段：启动阶段、准备阶段和实施阶段。两者的程序相似，主要差异在于：农业土地整理项目区的土地允许重新分配，而非农土地整理项目区的土地则不可以。

荷兰的乡村景观规划与土地整理过程紧密相连。从荷兰土地整理项目的发展趋势来看，其重点是从单纯的以调整农业为目的演化为乡村地区更加有效的土地多重利用，与此相对应的，荷兰的乡村景观规划也逐渐从为农业生产等经济因素服务到注重有效的土地利用与景观品质，与生态进程的保护和发展相结合。

2) 土地整理规划的体系与内容

土地整理规划是在土地利用总体规划的指导下，通过对一定区域内自然、社会、经济条件的综合分析和土地整理潜力的调查评价，制定土地整理目标，划分土地整理区域，明确土地整理重点，落实土地整理项目，指导土地整理活动所做的总体安排。

(1) 土地整理规划的体系

土地整理规划是土地利用总体规划的专项规划之一，是土地利用总体规划的重要内容，是完善、落实土地利用总体规划的重要措施和手段。中国土地利用总体规划的五级规划体系已经确立,所以,土地整理规划必须按五级土地利用总体规划的原则和要求展开。根据中国行政区划的特点,土地整理规划可划分三个层次,即全国、省(市)、县(乡镇),三个层次土地整理规划相互协调、相互制约,形成一个有机的统一整体,同时,三个层次规划编制采用不同的规划模式。土地整理规划可自上而下,逐级完成。

① 国家级土地整理规划

国家级土地整理规划是土地整理在社会经济发展到一定阶段的产物,需要以较高的资金投入为前提,适用于分区控制模式。由于自然和社会经济发展历史的影响,中国各地区的经济和技术发展很不平衡,所以应根据不同地区的经济实力,将全国划分成不同的区域,制定出不同的土地整理目标和政策。国家级规划应立足于宏观控制,对地区土地整理提出指导性意见,靠政策引导各地区土地整理工作的开展。

按生产力发展基础和发展方向,可将中国分为三个层次的地域:沿海经济发达区、内陆经济次发达区、西部边远经济不发达区。沿海经济发达区经济实力雄厚,人均土地面积少,有能力也有必要对土地进行综合而全面的整理;内陆经济次发达区应根据实际情况,以点带面,逐步展开土地整理活动;西部边远经济不发达区经济力量薄弱,人口稀少,土地限制因素多,目前只适于进行土地单项治理,以减少水土流失、防止土地沙漠化等为主要目标。

② 省(市)级土地整理规划

省(市)级土地整理规划适用于分区与指标相结合模式。根据本地区国民经济、社会发展和保护环境的需要,制定土地整理的近、远期目标和指标,然后结合土地利用总体规划中用地分区结果,在农业用地区中划出具体的土地整理区,从空间布局上落实指标。此模式不仅表现为一定的时间和数量,同时表现为一定的区位和空间,能有效防止规划脱离实际,提高规划质量,同时,增加规划的可操作性,使规划目标易于掌握并分解落实,也有利于实施情况的反馈和监督,使宏观管理与微观管理联系在一起,把规划的实施寓于日常管理之中。

③ 县(乡镇)级土地整理规划

县(乡镇)级土地整理规划适用于规划设计模式。县(乡镇)级土地整理规划主要按上级要求,落实资金、技术,组织具体实施。首先要按土地自然因素的相似性和差异性,将土地划分为一个个的整理单元,单元大小可以是一个乡镇,也可以打破乡镇行政界线。然后对每一个单元,根据单元内土地条件和土地利用方向的要求,对田、水、路、林、村等进行综合规划设计。规划设计是土地整理最基层的规划管理形式,要求细致而严密,从整理的组织领导、资金筹集、工程技术到用工和承包、实施措施等都要周密设计,以保证土地整理工作的顺利进行。

(2) 土地整理规划的基本内容

土地整理分为农用地整理和建设用地整理。前者包括农用地调整、农用地改造、地块调整、基础设施配套、零星农民住宅的迁并等,后者包括村镇用地整理、城镇用地整理、独立工矿用地整理、交通和水利设施用地整理等。土地整理规划的基本内容有:

① 选定土地整理范围

按照土地利用总体规划的统一调查部署,本着先易后难的原则,选取待整理地区,确定其范围和边界。

② 整理区实地调查

对选定待整理地区的土地利用现状及其自然、社会、经济条件进行调查,其主要内容包括:整理区的土地利用现状;整理区的道路、沟渠、塘库等基础设施状况;整理区内的农村居民点分布状况与房屋建筑状况;整理区的地形、地貌、水文状况;整理区的农业生产情况;整理区的人口及社会经济发展状况等。

③ 土地整理潜力分析

在对整理地区的土地利用现状及其自然、社会、经济条件调查的基础上,分析土地整理的潜力,具体包括:通过整理增加可利用土地面积的潜力;通过整理提高土地利用率的潜力;通过整理改善土地生产条件,提高土地产出的潜力。

④ 确定土地整理的目标和方向

根据待整理地区的土地利用现状、资源条件,土地整理的资金投入和技术条件,合理确定土地整理应达到的目标和要求。

⑤ 划定土地整理区

土地整理区分为土地单项整理区和土地综合整理区。前者是指以单项内容(如整理耕地、整理林地、整理村镇用地等)为主的土地整理区,后者是指包括两种或两种以上内容的土地整理区。土地整理区的划定应根据土地整理潜力的调查分析,确定土地整理区的类型、规模、位置、整理目标、整理时间等,要尽量结合自然地形,兼顾行政区划界限,有利于集约用地和土地适度规模经营,注意景观和生态保护,改善生产条件和生态环境,提高农业现代化水平。

⑥ 土地利用结构和布局调整

根据土地整理目标、整理潜力和整理要求,结合典型整理项目的分析,提出土地整理区土地利用结构和布局调整方案。

⑦ 确定土地整理的重点项目

将潜力大、投资小和效益好的整理区或项目确定为土地整理的重点项目。

⑧ 土地整理的投资预算与效益分析

依据整理规划方案,按照需要修建的各种工程设施的类型、规模、标准、土方工程等,推算土地所需资金。同时根据整理后可净增农地面积、土地产出率提高的幅度、生产成本的节约情况等预测土地整理所产生的效益。

⑨ 制定土地整理规划实施计划

土地整理规划实施计划主要包括:土地整理资金的筹措与分担、土地整理后的土地使用调整、土地整理的时间计划安排、土地整理的运行管理等。

⑩ 土地整理规划成果

土地整理规划成果主要包括:土地整理技术报告、工作报告和土地整理图件等。

(3) 土地整理规划的程序

土地整理是一项长期的战略任务,是土地利用总体规划的重要内容,是完善、落实土地利用总体规划的重要措施和手段,必须按照我国五级土地利用总体规划的原则和要求开展(见图6.3)。

① 国家级规划管理应当规定土地整理的方针、政策和法规。全国土地利用总体规划纲要也应提出土地整理的政策等要求,对土地利用内部挖潜、土地整理提出指导性意见。

② 省级规划管理应依据国家的要求,进一步细化国家政策、法规等。省级土地利用总体规划纲要也应因地制宜,提出制定土地利用挖潜、土地整理的目标;确定土地整理的指导性指标、技术规范及开展土地整理的重点区域等。

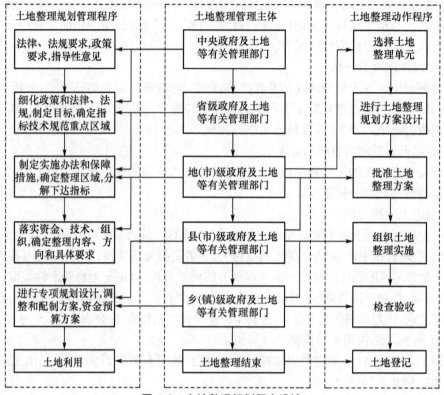

图6.3 土地整理规划程序设计

③地(市)级规划管理应按照上级要求,制定土地整理的实施办法和保障措施,组织协调跨区域土地整理规划设计等。地(市)级土地利用总体规划应根据省级土地利用总体规划的要求,落实土地整理重点区域,并在分析本地土地整理潜力的基础上,确定土地整理区域并分解下达土地整理指标等。

④县(市)、乡(镇)级规划管理,应按上级要求,落实资金、技术、组织等具体措施。县(市)、乡(镇)级土地利用总体规划按照土地用途分区、基本农田保护等的要求,确定土地整理区范围,对田、水、路、林、村等提出综合整治的具体要求。有条件的地方,应坚持零散居民点向中心村、小城镇集中;村办、乡镇企业向工业园区集中,小块耕地向连片集中。

同时,县、乡(镇)级土地整理应按照土地利用规划的要求,特别应按照县、乡(镇)级土地利用总体规划的要求,进行土地整理专项规划设计,其中包括农村居民点、道路、水利、工业园区、农地等规划工程设计,土地整理、配置方案及土地整理资金预算方案等,为土地整理顺利开展提供依据。

### 6.3.4 土地复垦规划

根据国家土地部门的初步估计,我国因生产建设而人为破坏的土地在21世纪中期将达到6 000万亩,其中约一半可恢复成农用地,现在每年仍以70万亩的速度递增。因此,矿区土地复垦与生态重建已引起全社会的关注。在目前土地资源日趋紧张的情况下,提高土地的利用率和生产力已成为土地规划的主要任务和目标。同时,土地复垦也是确保耕地总量动态平衡的措施之一。在这种情形下,土地复垦规划在土地利用专项规划中的分量越来越大,作用越来越重要。

1) 土地复垦的概念

在我国,"土地复垦"一词最早称为"造地覆田"、"复田"、"垦复"、"复耕"、"综合治理"等。1988年11月8日,国务院第19号令发布的《土地复垦规定》(简称《规定》)中的第二、三条明确了土地复垦的含义和范畴。《规定》第二条指出:土地复垦是指对生产建设过程中,因挖损、塌陷、压占等造成破坏的土地,采取整治措施,使其恢复到可利用状态的活动。凡从事开采矿产资源、烧制砖瓦、燃煤发电等生产建设活动造成土地破坏和废弃的都属土地复垦范畴。由于采矿业是破坏土地最严重的行业,因此,狭义地讲"土地复垦"是专指对工矿业用地的再生利用和生态系统的恢复。

土地复垦的最终目的是恢复土地的生产力,保持土地的环境功能,实现土地生态系统新的平衡。我国人多地少,土地问题已对国民经济发展产生严重的制约。近年来我国有计划地开发荒地以缓解人地矛盾,但在各项生产建设中大量土地遭到破坏。据1990年国家土地管理局资料,我国每年因生产建设破坏的土地达2万~2.67万 $hm^2$(30万~40万亩),并预测到2050年全国因生产建设而人为破坏的土地将达到400万 $hm^2$(6 000万亩)。这些被破坏的土地,使耕地减少、环境恶化,尤其是采掘工业,不仅破坏和改变着地表以下200~400米以内地层,而且严重影响地表的生态环境,常常引起塌陷、污染、水土流失和滑坡等灾害。此外,占用耕地还会引起农民的生产与生活安置等社会问题。土地复垦已经成为我国增加各业用地和恢复生态环境的重要途径,对于增加土地资源,改变生态环境,改善工农关系,保障农民群众的生产和生活均具有重要意义。

2) 土地复垦的类型

(1) 水利交通建设废弃地复垦

水利交通废弃地主要指筑圩做堤、修筑公路两侧挖废土地,也包括失修废弃沟渠、因新的水利设施的修建而失去作用的旧沟渠、旧堤坝以及因村庄整理而荒废的农村道路和某些因改线而荒废的公路等。挖废土地常介于路或圩堤与农田连接处,呈狭长带状分布,尤以平原圩区居多,因其地势偏低,建设土源不足,不得已挖废形成。随着农业精细化的深入发展,暗灌明排将得到推广与普及,现有的许多明沟渠将被埋在地下的暗管道所代替而废弃。这部分废弃地被复垦后不仅可增加耕地面积,也使耕地更好地连成一片,有利于农业机械化的实施和规模经营,这些废弃地都应该及时复垦出来,以提高土地利用率。

此类废弃地毗邻农田,复垦利用的方向以耕地为主。土地复垦的关键在于能否解决填料来源问题。一些地方因地制宜,采取以下措施解决这个问题:利用高田抽田筋,挑田埂,削高填低;结合冬春农田水利基本建设,开挖灌排沟渠取土复田,此举既减少了新压废弃地,又填平复垦土地;结合河道疏浚,用挖泥船挖掘河床泥作为复垦土源;结合鱼塘清理,用泥浆泵直接吸泥充填;利用城市生活垃圾,经过处理作底部充垫物,其上覆土;定点取土,利用藤上结瓜的办法,有计划、有目的地加大加深部分废弃地深度,因势整改成鱼塘,解决复垦土源问题。

(2) 独立工矿废弃地复垦

独立工矿废弃地复垦主要是对因各种原因而荒废的独立工矿用地,包括废弃工厂用地、煤矿塌陷地、窑业废弃地等进行复垦开发,使其变成可利用的农业用地或建设用地。

① 废弃工厂用地复垦

废弃工厂用地复垦指对一些由于搬迁、倒闭、转产等而废置的厂房用地进行复垦开发,使其变为农用地或重新作为建设用地使用。废弃工厂用地复垦应该因地制宜,根据土地破坏的情况,结合当地的用地需求,复垦成建设用地或农业用地。

② 煤矿塌陷地复垦

煤矿塌陷地是指开采地下煤炭资源造成地表沉陷形成的废弃土地。由于大面积的农田沉陷,导致土地表层结构破坏,土地无法耕种,给当地人们的生产、生活带来了一系列严重问题。我国是世界第一大煤炭生产和消费国,煤炭占全国能源生产和消费总量的70%,而且这一结构在相当长的时期内不会有较大的改变。仅全国国有重点煤矿,到1994年底累计破坏土地约300万 $hm^2$,煤矸石和粉煤灰等固体废弃物累计占压耕地1.3万~2.0万 $hm^2$。如以每万吨采煤塌陷土地0.2~0.3 $hm^2$ 推算,全国每年新增塌陷地2.7万~4.1万 $hm^2$,造成煤矿区的建设和农业用地紧张,人地矛盾突出,煤矿塌陷地的复垦已刻不容缓。

③ 窑业废弃地复垦

窑业废弃地,不仅指窑业挖废土地,也包括废弃窑基,小则占地数亩,大可占地数百亩,形态上多呈点块状。特别是小土窑,群众斥之为"地老虎",足可想象其破坏土地资源之严重。对窑业用地的复垦应与窑业的治理整顿结合起来,坚决关、停、拆毁大量严重缺乏土源的小土窑。

由于大多数窑业挖废地取土深度不一,底部高低不平,且多积水,很难就势利用,复垦时应该区别对待。对取土深度不大的地块,可以废弃窑基作填垫物,用推土机整平,覆上原剥离熟土层,完善灌排配套设施,实现恢复耕种条件的目标。对取土深度较大的废弃地,充填土源不足,不应一味强求复垦为耕地,可对底部整平,就势改造成鱼塘用于养殖。

(3) 居民点废弃地复垦

居民点废弃地复垦指对一些废弃的农村宅基地、城镇建设用地进行复垦。由于以往缺乏合理的村镇建设规划,农村集镇村落,大多数是自然形成的历史产物,住宅分布比较散乱,村体松散,占地甚多,村内房屋布局杂乱,参差不齐,不利于生产和生活。农民建房尽量贪大求宽,占用浪费耕地现象严重,许多地方村内空闲地得不到充分利用;一些农民进城居住或另占新地建房,造成部分宅基地荒废;农民建房挖土填地基造成许多低洼空闲地。对农村居民点废弃地的复垦,应和新村建设紧密结合,科学安排好复垦后土地的用途。因地制宜,或用机械方法推平空闲地和废弃宅基地,使之复垦成新村建设用地;或将低洼处深挖成塘,塘泥覆盖较高处,配套水利灌溉设施,实现水、田、林、路、村综合治理。

城镇建设中因城镇发展方向和城镇规划的改变而荒废的土地也常常存在。对城镇居民点废弃地的复垦利用,应与旧城改造和土地置换紧密结合,使复垦后的土地得到合理利用。

3) 土地复垦的模式

土地复垦模式应根据各地区资源的分布状况、生态环境条件、经济发展重点、发展方向及待复垦土地资源的数量、类型、分布规律和破坏程度条件的差异,以及土地复垦利用方向等进行选择。根据不同区域我国土地复垦模式主要有以下几类:

(1) 黄淮海平原煤矿塌陷地复垦区

该区域属平原地带,平坦开阔,土质疏松,耕性良好,土地垦殖率高。由于采煤和粉煤灰、煤矸石排放堆积,塌陷并占用了大量土地,造成水土流失和污染加剧,地下水位降低,土地肥力下降,农业减产。塌陷严重区可导致弃耕绝产,严重影响农村经济的发展。

根据本区情况,按照农业综合开发的思路,复垦利用模式主要有:深层塌陷区水产养殖复垦模式;浅层塌陷区复垦造地种植模式;煤矸石充填塌陷坑区造地用于矿区农村生活基地复垦模式;粉煤灰充填塌陷区复土营造经济林果复垦模式;深浅交错尚未稳定塌陷区鱼鸭混养、果蔬间作复垦模式;利用大面积塌陷区兴建水上公园、重建矿区生态环境的复垦模式。

(2) 山西黄土高原丘陵山区煤炭、化工、有色金属基地复垦区

本区域生态环境脆弱,地面以松散堆积物为主,以风水作用为主的各种侵蚀作用活跃,土地沙化现象和水土流失现象严重。

对本区煤炭开采地土地复垦模式以恢复植被(包括经济林在内)为主的林业复垦,并适当建立蔬菜生产基地。根据待复垦土地资源的分布特点和地貌类型,在林业复垦过程中因地制宜,合理配置各林种的空间位置和选择不同树种,适树适地。

对本区铝土矿土地复垦推广采用"剥离—采矿—复垦"一体化复垦新工艺,即进行强化开采,条带复垦。

(3) 西南地区土地复垦整治区

本区包括云南、广西、贵州、甘肃等省、区,分布有我国大型冶金、化工、有色金属工业基地,此区域待复垦土地大部分为开采硬质矿物而破坏的土地,土地贫瘠,排土场岩石坚硬,不适合农业种植,林业复垦是此区域开发被破坏土地的最佳模式。

(4) 晋陕蒙接壤区能源开发破坏土地复垦区

本区包括内蒙古鄂尔多斯市的东胜、伊金霍洛旗、达拉特旗、准格尔旗,呼和浩特市的托克托县,陕西省榆林地区的榆林、横山、神木、府谷县和山西省忻州地区的河曲、保德、偏关、兴县等地。

晋陕蒙接壤地区是我国能源重点开发基地,蕴藏着丰富的煤炭、石油、天然气等矿产资源,同时,本区也是生态环境脆弱区,是黄河泥沙的主要来源地之一。

矿区复垦地下开采区依不同地貌类型分别采用自然恢复、种草复土等复垦模式。沟壑型矿区土地复垦采用自然恢复方式;丘陵型和川地型矿区土地复垦采用机械、人工推高填低,利用矸石、粉煤灰充填沟壑,植树种草;露天开采区以生物开发(主要林牧业开发)为主要复垦方式,复垦与开采同时进行,边剥离、边开采、边复垦、边植树种草。

(5) 大、小兴安岭,松辽平原,长白山区黄金、煤炭等开采基地复垦区

本区包括黑龙江、辽宁、吉林、内蒙古等省(区)的大兴安岭、小兴安岭、松嫩平原、辽河平原和长白山地区。

复垦方式采用复垦土地的再种植和场地复垦等多种方式的土地复垦模式,复垦后土地可用作耕地、林地、牧草地、水产养殖用地、建设用地及旅游用地。

(6) 水毁耕地复垦整治工程区

在东北、华北、华南、西南等省,洪涝发生较为频繁,水灾较严重地区,复垦方式以恢复农田生态系统,兴建防洪排水抗灾工程,加强田间排水配套工程为主。

4) 土地复垦的技术

土地复垦是一项综合工程技术,它通常包括工程复垦和生物复垦两个过程,其中,工程复垦的任务是建立有利于植物生长的地表和生根层,或为今后有关部门利用采矿破坏的土地作前期准备。生物复垦的任务是根据复垦区土地的利用方向来决定采取相应的生物措施以维持矿区的生态平衡,其实质是恢复破坏土地的肥力及生物生产效能。由于废弃地的类型不同,其复垦后的用途要求也不同,所以采用的复垦技术也不一样,主要有以下几种类型:

(1) 砖瓦窑取土坑的复垦

砖瓦窑是破坏土地、侵占耕地的大户。砖瓦行业的原料是土壤,取土制砖瓦留下了大坑。其复垦方式有两种:一是利用其蓄水作为水塘或鱼塘;二是将其垫平或复土种植植物或压实作为建筑基地。充填取土坑的物料可用无毒无害的固体废弃物,如粉煤灰、矿山废渣、城市垃圾等。如复垦后用于种植作物,一般要在其上覆盖至少50厘米厚的土壤;如用作绿化地,则复土厚度可小些。取土坑充填后作为建筑地基必须经过一段时期的沉降,并经过压实或夯实后,才可开槽施工。

(2) 煤矿塌陷区的复垦

在煤矿开采区常出现塌陷,特别在平原区,塌陷深度大,塌陷面广,造成严重的土地破坏。煤矿塌陷区的复垦分为充填复垦和非充填复垦两种。充填复垦的物料有煤矸石、坑口电厂的粉煤灰以及矿区的生活垃圾和建筑垃圾等。一般矿区固体废弃物只能充填约1/4的塌陷区,因此,煤矿塌陷区的复垦技术最常用的还是非充填复垦,通过蓄水将其用于水产养殖或作为矿山城市公园水域。

(3) 煤矸石堆场的复垦

煤矿开采区不仅有塌陷区,还有煤矸石堆场,煤矸石堆场压占了大片土地。煤矸石堆场的复垦有两种途径:一种是清除煤矸石后复垦土地,另一种是在煤矸石堆上复土植树造林。清除煤矸石不但可以空出土地复垦,而且可以利用煤矸石充填塌陷地,具有一举两得、事半功倍之功效。在煤矸石堆上复土造林,可以为矿山城市增添绿地,特别是在平原上可以增添人工山水景色。

(4) 城市垃圾场的复垦

城市垃圾场的复垦有两个步骤,首先是清除垃圾,然后是复垦垃圾堆占的土地。清除垃圾要找到垃圾填埋地,而且要避免垃圾污染地下水。垃圾填埋地一般选在地下径流的下游,最好是封闭洼地;或者用熟土衬底填埋坑,以防污物渗入地下水。垃圾填埋地可以复土用于植树造林,还可以复垦为农田。

(5) 污染地的复垦

污染地的复垦办法一般是将被污染的土挖走,然后填上新土。这种办法在转移污染土壤时,要避免二次污染,最好是将污染土堆放在不引起污染扩散的地点。另一种污染地的复垦办法是通过栽种抗污染的树木,让植物吸收毒素和微生物慢慢降解毒素。

(6) 建筑地基的复垦

旧建筑地基可以直接用于建设。在建筑用地审批时,要充分利用闲置的旧地基。这里所谓建筑地基的复垦是指将其复垦为农用地。当前,为了加强农村现代化建设,各地开展了"拆小村、并大村"和农村城市化的工作,腾出的旧宅基地急需复垦。旧建筑地基一般都经过夯实,如果直接耕翻种地,根系难以下扎,因此,建筑地基的复垦必须先将上部夯实板结的土壤起走,然后复填上肥沃松软的新土,也可以采取分垄深翻的措施,并通过灌水冻融松土。无论是起土覆盖,还是深翻,其深度必须至少达到50厘米,以满足植物根系活动的要求。

5) 土地复垦规划的内容

土地复垦规划的主要内容包括复垦地区土地利用现状(包括废弃地状况)及其周围环境调查、复垦土地的适宜性评价、复垦工程设计、复垦工程概预算,形成复垦规划成果。

(1) 复垦土地现状调查

主要调查复垦区的土质条件、环境条件、土地被破坏程度及工矿企业经营状况等。

区域环境条件。包括复垦区域的气候、气象、地形、地貌、水文、植被等自然环境条件和复垦区的道路交通、供水供电、人口、人均耕地、土地生态环境质量等。

土质条件。包括表土的理化性质、厚度、有机质含量、pH值、土壤水分、微量元素、有毒有害物质含量、石砾含量等。

土地被破坏程度。包括复垦区的挖损和塌陷范围、深度、被污染土层的厚度、地表堆积物的高度和范围等。

工矿企业的采矿及经营状况。包括采矿方法、采矿工艺流程、废弃物的堆放方法,企业在土地复垦方面的投资能力、技术和设备条件、用地需求等。

(2) 复垦土地预测

对于矿山开采造成土地挖废、压废、塌陷等做采前规划,进行复垦规划预测,可以分阶段进行,远期的要预测全部矿物采完时的土地破坏程度,中期的可预测较短周期(5—10年)的土地破坏程度。

(3) 复垦土地的适宜性评价

对复垦土地进行适宜性评价,目的是通过评价来确定复垦后的土地利用方向和土地用途,发挥复垦土地的最佳效益,以便合理安排复垦工程措施和生物措施。这里的适宜性评价不仅针对农业用途,还需针对建设用途,即不仅评价土壤肥力状况,还要评价土地的地基承载力。评价时,不仅考虑土地的自然性状,还需要考虑投入和产出,即进行经济评价。评价方法可采用因素限制法和相关因素分析法。

① 因素限制法

因素限制法同常规的土地评价方法一样,根据当地的实际情况和复垦后不同用途的要求,选择地形、土壤质地、土层厚度、地下水位、地面堆积物、塌陷深度等若干因素,并确定相应的指标来衡量复垦后可能达到的程度,以确定其适宜的用途。

② 相关因素分析法

相关因素分析法是根据废弃地的自身条件,即废弃地性质、堆积物数量、塌陷程度、压占面积、工矿企业的经济能力、拟采用的复垦方法、复垦后可能达到的状态(包括平整状态、坡度、复土厚度、复土性质等)以及客观需求(社会经济和生态的需求)可能性等,经综合分析和评价后,确定其复垦后的用途。

另外,对于产出效益,不能仅仅局限于经济效益,往往需要根据区域可持续发展的要求,评价其社会效益和生态环境效益。对于环境效应的评价和分析可以采用市场价值法、机会成本法、恢复防护费用法、影子工程法、调查评价法等。对于社会效益的评价,主要根据复垦土地对于实现耕地总量动态平衡的作用而确定。

(4) 确定复垦方案

在对复垦区的土地利用状况与环境状况调查以及复垦土地适宜性评价的基础上,具体确定复垦的对象、范围、面积,复垦土地的利用目标与方向,复垦的具体方案及工艺特征等。

(5) 复垦工程设计

复垦工程设计指针对某一特定的复垦地块,根据复垦土地的现状调查和适宜性评价的结果,确定土地复垦利用方向,采用相应的复垦技术,包括生物技术和工程技术。土地复垦生物技术包括快速植被恢复技术、生态工程技术和土壤改良的生物技术。土地复垦工程技术包括充填复垦和非充填复垦。前者包括矸石充填复垦、粉煤灰充填复垦和其他充填复垦；后者包括疏排降复垦、挖抬平复垦、梯田式复垦及其他充填复垦形式。土地复垦工程设计应与矿山设计及生产建设协调进行，其内容主要包括以下几个方面：

① 复垦区的划分与平面布置。合理确定填、挖范围，表土堆积场，废弃物充填区，采运路线，复垦后不同用途的界线等。

② 表土与底土的剥离储存。

③ 废弃岩石的合理排废与采空区的回填、平整。

④ 复垦地表土、底土的铺复。

⑤ 复垦后的再种植与综合利用以及与利用有关的农、林、牧、渔、水利、交通等规划。

(6) 复垦工程概预算

在完成复垦工程设计后，需要编制整个工程的概预算。按照工程项目进行分类，详细列出每一项目的预算资金后进行汇总，按照工程项目进展的先后次序，预算每一阶段所需的资金量。复垦工程概预算要对资金来源、到位时间、使用安排等进行详细说明。复垦工程概预算可以作为复垦土地效益评价的依据，也是对复垦规划实施进行监督的手段，除此以外，复垦工程概预算的编制有利于合理节约使用投资，降低复垦成本。

在复垦工程的概预算中，需要按复垦土地用途分类，分别列出以下主要技术经济指标：复垦利用的土地面积；复垦率；主要工程量；钢材、木材和水泥"三材"总耗量；工程总投资和单位面积复垦费；人员定额；设备类型与数量；年收益预测等。

(7) 形成复垦规划成果

编写土地复垦规划文本及其技术报告和土地复垦规划图件。

6) 土地复垦规划的实施与管理

土地复垦规划的实施主要是建立完善的规划实施保障、监督、控制体系。目前，《土地管理法》和《土地复垦规定》是直接调节土地复垦关系的法律、法规，许多地方政府为了促进土地复垦的发展，也颁布了相应的配套土地复垦的法规和办法。1994年原国家土地管理局发布了《土地复垦技术标准》，为规范土地复垦规划和保障规划实施提供了技术标准，这些都有利于土地复垦规划的实施。土地复垦规划制定后，经当地县以上人民政府批准后组织实施，土地管理部门对土地复垦规划的实施主要抓好以下几方面工作：

(1) 抓好资金落实

落实资金是组织实施土地复垦规划的关键，其主要途径是实行复垦抵押金制度。凡是采矿、采金、烧砖、发电等生产单位，在获得用地之前，必须事先向土地管理部门交纳土地复垦抵押金。待生产建设单位完成土地复垦后，将押金退回。如不进行土地复垦，则将这笔押金用于土地复垦。实行土地复垦抵押金制度，可以从资金上保证土地复垦任务的落实。

(2) 实行土地复垦计划管理

为了确保将复垦规划落到实处，对土地复垦实行计划管理。将土地复垦计划各项指标落实到各单位，并将土地复垦计划指标纳入国民经济发展计划之内，以便加强对这项工作的监督检查。

(3) 推选多种复垦经营形式

为搞好土地复垦工作，保证复垦计划的实施，可以采取多种形式进行复垦，如实行土复垦承包、建立土地复垦开发公司、对复垦土地实行有偿出让等,以调动各部门、各单位土地复垦的积极性。

(4) 加强复垦后的土地利用与保护工作

对复垦后的土地要实行农业措施和生物措施相结合的办法,尽快提高培育能力,争取一年复垦、二年巩固、三年变良田,使复垦后的土地成为具有多种用途和永续利用的资源。通过保护,加强土地管理,变资源优势为经济优势,最大限度地发挥土地经济效益与生态效益。

### 6.3.5 土地治理规划

土地治理规划是指为了使土地资源得以永续利用,人为地创造土地生态良性循环的途径和措施的总体安排。编制土地治理规划,实施土地治理,对已利用或未利用的土地进行治理改造,调整土地生态机制,可以有效地提高土地生产潜力和产出率,使其更好地得到利用,促进土地的可持续利用。

1) 土地治理的内涵与类型

(1) 土地治理的概念

土地治理通过采取生物技术和工程技术等综合措施,改变土地的生态环境,以建立新的有利于人类生产活动的生态系统平衡,提高土地利用率和产出率,使土地资源能永续利用,其目的就是要对已利用或未利用的土地进行治理改造,调整土地生态机制,提高土地生产潜力,使其更好地得到利用。土地治理侧重于采取有针对性的措施消除与预防土地退化现象。要从防和治两个方面入手进行治理。防是指消除可能造成未退化土地发生退化和使已退化土地继续发生退化的各种动力因素;治是指对已退化土地所进行的建设性改造。对未退化土地而言,土地治理的目的是要维持土地已有的良好性状并使其具有持续的利用能力;对已退化的土地而言,土地治理的目的是要消除其不良性状,恢复土地良好的生产条件,从而提高土地的利用能力。

土地治理通过两个途径来进行:一是从自然条件着手,人为改造土地条件,使地形、土壤、水、植被、热量等自然因素处于较好的组合状况;二是从人类活动自身着手,采取有利于保护土地的开发利用技术和方法。

(2) 土地治理的类型

土地治理是在一定地域上进行的,一般土地治理主要有以下几种类型:水土流失土地的治理、荒漠化土地的治理、盐碱化土地的治理、潜育化土地的治理和污染土地的治理等多种类型。这里主要介绍中低产田治理、水土流失土地治理和风沙地治理等土地治理规划。

2) 中低产田治理规划

(1) 中低产田治理的意义

目前,我国土地治理的重点是中低产田改造。我国现有耕地中有 2/3 以上是中低产田,目前的单产水平远未达到应有的生产能力,具有很大的增产潜力,据有关学者的调查结果,在产出效益基本相同的条件下,以中低产田改造为核心的耕地内涵开发成本仅为耕地外延开发成本的 40%,这主要是由于中低产田改造可以利用原有的基础设施,节约对基础设施的投资。另据有关学者根据我国多年来改造中低产田的经验和实践结果推算,如果能将我国现有的中低产田初步改造一遍,至少可新增 1 000 亿 kg 粮食,按近年来我国粮食总产稳定在 4 900 亿 kg 左右计算,增产潜力高达 20% 以上。因此,进行中低产田的改造规划成为我国大部分地区土地治理规划的重点内容。

(2) 中低产田治理规划的内容

① 中低产田现状调查

调查中低产田的分布、面积,土壤理化性状,自然条件和环境(如地下水位、气候条件、风沙情况、防护林(网)情况、周围污染排放情况),水利工程设施,现状利用方式和耕作方式,权属状况,投入产出状况,当地影响中低产田利用的社会经济条件等。

② 中低产田成因分析

根据现状调查资料,分析土壤的理化性质、土地利用的自然条件,从中找出导致农田产量不高的自然因子,考察研究耕作方式、土地污染、投入情况、权属状况,找出限制农田产量提高的社会人文因素。

③ 提出中低产田改造的供选方案

针对中低产田的成因,从克服自然条件限制、改变不当的耕作和利用方式、合理投入、防治污染、改善水利设施、调整土地权属等方面提出改造措施,包括技术手段、经济手段和政策手段。

④ 方案可行性论证

方案可行性论证不仅要对各方案实施后的经济效益、社会效益和生态效益进行分析比较,还要从农民的接受程度和当地的社会经济条件等多方面进行分析论证,确保最终方案能够施行。

⑤ 规划实施措施

规划实施措施包括规划实施的组织机构、执行机构、监督机构,监督形式、途径和手段,规划实施的监测方法和手段,规划实施的奖惩条例等。

土地治理规划的方法应该根据规划的内容而定,主要参考相关的针对某种土地退化而进行的土地治理单项规划的方法,如水土保持规划、土地污染防治规划等单项规划的方法,也可以借鉴土地复垦的自上而下和自下而上以及两者相结合的方法。

3) 水土流失地治理规划

任何陆地,几乎不存在绝对无侵蚀的土壤。严格地说,当其侵蚀量超过成土速度,或土壤的生产能力降低,即超过了永续利用的准则所能允许的侵蚀速度,才称为土壤侵蚀,以水为主要侵蚀动力的称为水土流失。根据土壤学家的估计,在 30 年内形成 25 mm 土层的成土速度,大约相当于每年 $1.8 \text{ t/hm}^2$,为侵蚀极限即侵蚀标准。国际上一般认为每年 $200\sim 1\ 100 \text{ t/hm}^2$ 为土壤允许流失量范围。我国原水利电力部颁发《关于土壤侵蚀类型划分和强度分级标准的规定(试行)》中指出:"由于各流域的成土自然条件的差异,可按实际情况确定土壤允许流失量的大小,可以从每年 $200 \text{ t/hm}^2$、$500 \text{ t/hm}^2$、$1\ 000 \text{ t/hm}^2$ 算起,但每年不得小于 $200 \text{ t/hm}^2$ 或超过 $1\ 000 \text{ t/hm}^2$"。就是说,在允许侵蚀范围内可以不采取水土保持措施,超过了允许范围一定要采取水土保持措施。

(1) 水土流失地现状调查

通过调查了解和掌握该地区水土流失的程度,分析产生的原因以及当地的经济状况和进行治理的能力,为编制规划提供依据。

水土流失测定的方法较多,如野外进行坡面、沟道典型地区侵蚀量调查,利用小型水库和坑塘的多年淤积量进行推算,最好获得下游水文站的输沙量资料,淤积量和输沙量之和为上游小流域面积的侵蚀量。一般可根据水土保持试验站实测坡沟泥径流资料进行分析和采用"通用土壤流失方程式"进行计算。

通用土壤流失方程式由魏斯曼于1961年提出,1963年被美国土壤保持局确认。其公式如下:

$$A=R\times K\times L\times S\times C\times P=RKLSCP$$

式中:$A$——单位面积的侵蚀量($t/hm^2$);
　　$R$——降雨因子;
　　$K$——土壤可蚀性因子;
　　$L$——坡长因子;
　　$S$——坡度因子;
　　$C$——林地管理因子;
　　$P$——土壤保持措施因子(如梯田耕作、等高带状耕作)。

(2) 水土保持生物措施规划

水土保持生物措施是解决水土流失问题的根本措施之一。通过植被保持水土,降低地面径流。在"通用土壤流失方程式"中,$C$值的变化范围为0.001～1(0.001代表管理得很好的茂密森林,1代表无草的休闲地),因此,通过植被管理,可把侵蚀量降低到0.001。

不同植被类型的保水能力不同,在10°～20°的坡地上,在不同植被类型下,径流造成雨水损失的百分数见表。

表　径流损失占降雨量的百分数

| 项　目 | 百分数(%) | 项　目 | 百分数(%) |
| --- | --- | --- | --- |
| 裸露的休闲地 | 30～35 | 草地(永久性) | 5～10 |
| 轮作的一年生农作物 | 7～12 | 阔叶林 | 2～3 |

从表中可以看出雨后径流量的减少顺序:林地和草地径流量较小。因此,解决水土流失地区的水土保持问题及水土保持生物措施,应着重从种草种树方面去考虑。

水土流失地区植树种草主要有水土保持林、水源防护林和护堤护岸林几种类型,并结合具体情况种草。

① 水土保持林的配置

水土保持林具有减轻地表径流速度,使水分大量渗入土层变为地下水,以及利用树木根系固结土壤等作用。造林时应根据不同的地貌部位进行布局,一般有分水岭防护林、水流调节林和沟谷防护林等。

a. 分水岭防护林

分水岭防护林主要配置在丘陵区的"墚"和"峁"上。营造这种防护林,可控制径流起点,涵养水源,防止侵蚀发展与保护农田。根据墚峁类型及土地利用特点,分水岭防护林有两种情况:顶部浑圆形墚峁防护林(见图6.4)和顶部尖削分水岭防护林(见图6.5)。

图6.4　顶部浑圆形墚峁防护林

图6.5　顶部尖削分水岭防护林

b. 水流调节林

为了防止地表径流破坏作用的扩大,并使之转化为地下水,在坡耕地上每隔一定距离配置具有特殊功能的水流调节林,使地表水受到阻滞,以降低流速、分散水坡、增加渗透以防止冲刷,并减少进入溪流中的泥沙量(见图6.6)。

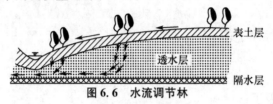

图6.6 水流调节林

根据斜坡地形起伏的不同,林带配置可分为凸形坡、直线坡、凹形坡和阶梯形坡(见图6.7)。水流调节林带的宽度,在有效阻滞斜坡径流的原则下,应尽量少占地,一般带宽20~30米,防护林间距为林带宽的4~6倍,最大为10倍,林带组成为乔灌混交林。

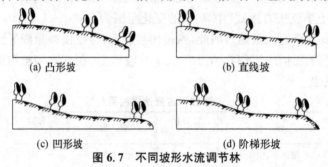

图6.7 不同坡形水流调节林

c. 沟谷防护林

在丘陵山区,沟头、沟岸及沟底因受地表径流的侵蚀、冲刷而继续塌陷下切,并带走大量泥沙淤塞河流和水库,在水土流失严重地区,应沿侵蚀沟的边沿、沟坡和沟底全部造林。沟谷防护林包括沟头、沟岸、沟坡及沟底造林四部分,以降低进入沟头的水流速度,稳定沟坡,防止侵蚀扩张和制止沟底继续下切淤淀泥沙(见图6.8、图6.9)。作为水土保持的树种,应具备易繁殖、生长快、保土能力强,并有一定的经济价值等特点,同时为了适应水土流失区陡坡上的立地条件,还应有耐旱、耐瘠薄等特点。

图6.8 沟头防护林　　图6.9 沟底造林

② 水源防护林的配置

为了防止池塘、水库等水源的淤积和边坡崩绷,应在塘库周围地区营造防护林,以延长塘库的寿命和保护塘库的安全。水源防护林一般由库岸、沟道和坝坡造林三部分组成(见图6.10)。

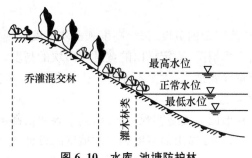

图 6.10 水库、池塘防护林

③ 护堤护岸林的配置

为了阻止河流两岸土地崩塌,防止河水泛滥,应结合工程治理营造护堤护岸林,以保护附近农田和扩大耕地,保障河流附近村镇的安全,同时建立用材林和薪炭林基地(见图 6.11、图 6.12)。

图 6.11 护堤护滩林　　　　图 6.12 高岸护岸林

(3) 水土保持工程措施规划

水土保持工程措施主要通过改变局部地形、蓄水保土和建设基本农田等一整套工程措施,以达到制止水土流失和提高地力的目的。这类措施的特点是实施周期短、见效快,但一次性投资较大且用工较多。

① 梯田的种类

以梯田的断面形式分类,有水平梯田、坡式梯田、隔坡式梯田和波浪梯田,其中以水平梯田为主。按田坎的建筑材料来分,有土坎梯田和石坎梯田,其中以土坎梯田为主。按种植的作物来分,有水稻梯田、旱作梯田、果园梯田、茶园梯田、橡胶梯田,以及其他各种经济种植园梯田等,其中以水稻和旱作梯田为主。

② 梯田的配置

梯田配置时应考虑下列条件要求:

a. 梯田一般应规划在坡度 25°以下的坡耕地上,25°以上的坡耕地原则上应退耕还林还牧,发展多种经营;

b. 配置时要统筹兼顾,对离水源、村庄近的坡地,应优先考虑修筑梯田,使梯田尽快发挥其增产效果;

c. 要注意坡地机械化和水利化。在进行梯田规划设计时,充分利用当地一切水源发展灌溉,合理布置灌溉渠系。一般梯田长度最好 150 m 以上,有条件可达 300~400 m;山地和丘陵地形破碎也应力争达到 100 m 左右。为了灌溉输水方便,梯田的纵向应保持 1/500~1/100 的比降。

③ 水平梯田的设计

水平梯田设计主要是确定田面宽度、田坎高度和田坎坡度的规格，这三方面是互相联系的。需根据原地面坡度、土壤情况，确定梯田的宽度和田坎的高度，并考虑省工、机耕和灌溉的要求。一般来说，田面宽度要适当，太窄不能适应机耕和灌溉，太宽则工程量太大，浪费人力、物力、财力，延缓建设速度。

在梯田断面要素中，除地面坡度是客观存在外，其余各数值都可以通过三角函数关系求得，其断面设计从本质上看，主要是田面宽度和田坎坡度的设计，这两个数值确定后，其余数据只要进行一般计算就可求得。根据水平梯田断面图(见图6.13)，采用下列关系式计算：

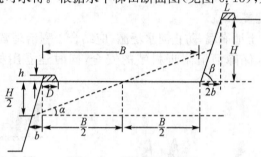

图 6.13 水平梯田断面图

田面宽度： $B = H(\cot\alpha - \cot\beta)$

田坎高度： $H = L \times \sin\alpha = \dfrac{B}{\cot\alpha - \cot\beta}$

田坎占地宽： $2b = H \times \cot\beta$

田坎占地(%)： $\dfrac{2b}{B+2b} \times 100\%$

式中：$L$——斜坡距离(m)；
　　　$B$——田面宽(m)；
　　　$b$——田坎占地宽(m)；
　　　$D$——田埂宽度(m)；
　　　$H$——田坎高(m)；
　　　$h$——田埂高(m)；
　　　$\alpha$——地面坡度；
　　　$\beta$——田坎侧度。

梯田土方量的计算，在挖填方相等时可用下式计算：

$$V = 1\,249.5 \times H$$

式中：$V$——每公顷梯田土方量；
　　　$H$——田坎高度。

4) 风沙地治理规划

所谓风沙地是指气候干燥、沙源丰富、植被稀疏、风大而频繁的地区，在风蚀下砾面残留，细土飞扬，沙粒在地表流动以致蔓延的土地。

(1) 风沙地生物措施规划

生物措施治理风沙地是控制和固定流沙量的一项根本而又经济的措施。在风沙区栽植固沙的草、灌木和乔木，能起到长期固定流沙、防止风沙危害的作用，而且能生产出饲料、燃料和材料，因此，生物固沙能达到除害兴利相结合一举两得的效果。应因地制宜、因害设防，根据风沙区不同的部位选择不同的生物治理措施，如"三北"防护林体系、护村林和防风固沙林等。

① "三北"防护林体系

"三北"防护林体系工程建设，是作为改善这一地区农牧业生产条件，促使生态系统良性循环，改善这一地区整个产业结构的关键性环节来考虑的。"三北"防护林体系的布局根据因地制宜、因害设防的原则，在万里风沙线上搞大规模的防沙林带、固沙片林；在黄河中游黄土高原水土流失地区按山系、流域，成片营造沿边林、沟头林、护坡林、薪炭林、经济林、用材林；在广大农田和基本草牧场，营造农田林网和基本草牧场防护林。营造新林新草时，要尽量使其靠拢、连接，以便更好地发挥防护效益。

② 护村林带

当沙漠未被固定时，为防止流沙威胁村庄，常在沙流边缘营造护村林带。为了防止林带被流沙埋没，采用高秆造林或使林带距沙丘有一定距离。待沙丘移动至林带时，林木已长高，不怕沙埋。林带距离 $L$ 由下式求得：

$$L=\frac{H}{S}\times V$$

式中：$L$——林带距沙丘的距离(m)；

$H$——沙丘高度(m)；

$S$——林木每年生长高度(m/a)；

$V$——沙丘每年前进速度(m/a)。

一般林带宽 20～50 m，多为乔灌混交紧密型结构，树种与农田防护林相同，以杨、柳、沙枣为主，灌木用各种适生品牌。

③ 防风固沙林

营造防风固沙林可以固定流沙，变沙地为农牧业生产用地，是风沙地区发展农牧业生产的重要条件。沙漠造林不易成活，或虽成活，但生长不良，必须实行乔、灌、草结合的办法，以促进幼林正常发育(目前配合乔、灌的草种主要是沙蒿)，具体造林方法有人工沙堆法、拉平沙丘两次造林法(见图 6.14)和利用前挡后拉造林法(见图 6.15)。

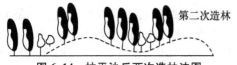

图 6.14 拉平沙丘两次造林法图

图 6.15 前挡后拉造林法

(2) 工程及其配置措施

治理沙漠的工程措施种类繁多，材料各异。我国在风沙区做试验的有草方格沙障、黏土沙障、乳化沥青固沙、卵石、砾石固沙及引水拉沙等。总的来说，工程措施都是一种临时性的措施，需要与生物治沙措施结合。工程措施见效快，但需要大量材料，也很费工，成本较高，一般在局部风沙严重威胁交通线和主要工矿基地的情况下采用。

## 6.4 土地储备规划

### 6.4.1 土地储备规划的研究范畴

1) 土地储备规划的概念

土地储备规划是以土地利用总体规划、城市总体规划、国民经济社会发展规划以及产业发展状况等为依据,以(经营性)建设用地为主要规划对象,对区域土地的收购储备和出让进行统筹安排的行为。土地储备规划属于土地利用规划体系中的专项规划,是制订土地储备年度计划的基础。

土地储备规划要树立科学的土地利用观,正确处理社会主义市场经济条件下经济发展与土地资源利用和保护的关系,统筹"区域之间、城乡之间、近期与远期之间、增量与存量之间"的用地需求,转变规划编制理念、创新规划编制技术、提高规划实施质量,促进土地资源合理配置与集约利用,保障城市经济社会环境协调发展。

2) 土地储备规划的范围

《土地储备管理办法》中指出,土地储备是指市、县人民政府国土资源管理部门为实现调控土地市场、促进土地资源合理利用目标,依法取得土地,进行前期开发、储存以备供应土地的行为。依法收回的国有土地、征购的土地、行使优先购买权取得的土地、已办理农用地转用和土地征收批准手续的土地、其他依法取得的土地五种类型的土地可以纳入土地储备范围。这五种类型的土地主要是城市土地。《中华人民共和国宪法》第十条第三款规定:"国家为了公共利益的需要,可以依照法律规定对土地实行征收或者征用并给予补偿"。《中华人民共和国土地管理法》第二条规定:"国家为公共利益的需要,可以依法对集体所有的土地实行征用"。因此,在城市规划区范围内,因国家建设和城市发展需要征用的农村集体所有的土地也应该包括在土地储备规划范围之内。上海市于2001年编制了《上海市中长期土地储备规划和轨道交通土地储备规划》,明确规划范围为上海市区范围;从广州、武汉、南京等城市编制的土地储备规划来看,都将规划范围定位为全市域,同时根据未来城市的发展定位,确定规划的重点范围。因此可将土地储备规划的范围定位为整个市域,同时又要有所侧重,确保城市重点发展区域。

对于规划的范围可根据以下原则加以确定:一是符合"两规"的原则,即以土地利用总体规划和城市总体规划的空间发展战略为依据,结合国民经济和社会发展现状及战略规划,结合重大工程、重点项目、重点地区实施土地储备,协同推进城市发展战略的实施。二是确保重点的原则,即土地储备规划应当确保重点发展区域的土地储备,确保重点发展领域和事项用地。三是上下协调的原则,即土地储备规划应当充分发挥区县的作用,通过"自下而上"的反馈作用于省、市的储备规划,同时,省、市的储备规划指导全局,对各区县进行指导、汇总、统筹和平衡,将"自下而上"同"自上而下"有机结合起来。

具体来看,土地储备规划的范围除了应该包括《土地储备管理办法》(国土资发〔2007〕277号)中对土地储备确定的范围,即:(一)依法收回的国有土地;(二)征购的土地;(三)行使优先购买权取得的土地;(四)已办理农用地转用、土地征收批准手续的土地;

(五）其他依法取得的土地。此外，还应涵盖以下类型的土地：（一）拟转为建设用地的原国有农用地；（二）拟调整为建设用地的原划拨国有土地；（三）拟依法征用后实行出让的原农村集体所有土地；（四）土地管理部门依法收回的闲置国有土地。

3) 土地储备规划的目标

《土地储备管理办法》（国土资发〔2007〕277号）第二条明确指出，土地储备，是指市、县人民政府国土资源管理部门为实现调控土地市场、促进土地资源合理利用目标，依法取得土地，进行前期开发、储存以备供应土地的行为。其中，土地储备的目标是"调控土地市场、促进土地资源合理利用"。应该说，土地储备规划的目标与土地储备的目标，二者在本质上应该是一致的[4]，即为"完善土地储备制度，加强土地调控，规范土地市场运行，促进土地节约集约利用，提高建设用地保障能力"。《上海市土地储备办法》第三条指出"土地储备，是指市、区（县）政府委托土地储备机构，依据土地利用总体规划、城市规划和土地储备计划，对依法征用、收回、征购或者围垦的土地，先通过实施征地补偿安置、房屋拆迁补偿安置或者必要的基础性建设等予以存储，再按照土地供应计划交付供地的行为"。可知，土地储备规划应结合土地利用总体规划和城市总体规划确定的空间布局和城镇发展战略，必须要理性分析未来土地储备需求量和土地储备潜力，并进行空间布局分析，根据发展需求和战略确定近期土地储备计划和具体空间布局，对近期投放进行规划引导。

对于规划的目的可根据以下原则加以确定：一是节约用地的原则，即以科学发展观为指导思想，按照集中节约利用土地资源的原则，与土地利用规划和土地供应能力相一致，控制增量储备用地规模，尽量不占或少占基本农田，加强存量土地的盘整，增强存量土地储备和再开发力度。二是突出操作性和可行性的原则，即土地储备的数量和空间分布要符合市场经济条件下的市场对土地的合理需求，在摸清已实施土地储备地块的进度和现状的基础上，综合分析实际情况中的多种因素，确保储备规划目的可实现。三是与市场相适应并适度超前的原则，即土地储备的数量和空间分布要符合市场经济条件下的市场对土地的合理需求，并按照土地经营的一般规律，以储备量适度大于需求量的原则，对城市发展有引导作用，并有潜在增值空间的土地进行适度超前储备。土地储备规划的期限可以界定为 $x$ 年一轮，同时储备规模按 $(x+n)$ 年储备计划量下达。

总体来看，土地储备规划的目标应包括以下两个方面：一是对规划期内土地储备地块的规模、结构、布局和时序进行中观研究和"规划落地"；二是摸清可储备的土地资源、把握市场需求，掌握储备实施动态，扩大储备库容，加大统筹能力；三是完善土地储备制度，规范土地市场运行，促进土地节约集约利用，提高土地宏观调控能力。

4) 土地储备规划的内容体系

土地储备规划要结合土地利用总体规划和城市总体规划，基于城市经济社会发展现状与趋势，科学分析城市建设用地供需现状、特点、规律，合理测算建设用地供给潜力，正确预测建设用地需求，确定规划期间各类建设用地储备、供应的规模、空间结构、储备时序，制定土地储备开发模式与机制，进行土地储备的实施、控制研究等。其内容体系如图6.16所示：

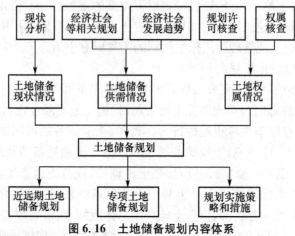

图 6.16　土地储备规划内容体系

完整的土地储备规划应该包括规划区域经济社会现状分析、土地储备现状分析、上轮规划实施评价、土地储备供需分析、近远期土地储备规划、专项土地储备规划以及规划实施策略和措施。

(1) 区域经济社会现状分析：主要是对城市经济社会发展环境与背景进行研究，对城市现状的政治、经济、社会、技术环境及其发展的优势、劣势、机遇、挑战等进行详细系统的分析，科学把握城市未来发展的趋势与路径，探求这些发展趋势与路径对其土地供应与开发在规模、结构、时序等方面可能产生的影响。

(2) 土地储备现状分析：主要是研究城市土地储备开发、供应的现状特点，分析城市土地储备工作的组织结构、工作流程、工作绩效与经验，进而准确把握城市土地储备工作面临的问题和关键点。

(3) 上轮规划实施评价：主要是对上轮规划的近远期规划从实施情况、实施绩效、存在的偏差及其原因等方面进行分析评估，通过总结经验和不足，促使本轮规划保障有侧重、有目的、更实用。

(4) 土地储备供需分析：包括供给潜力和需求预测两部分。在城市土地利用现状分析的基础上，结合土地利用总体规划、城市总体规划以及控制性详细规划，从存量建设用地和新增建设用地两个方面进行潜力评价，以各自形成的规划图为依据，测算出保障城市人口、资源、环境协调发展的土地储备供给潜力；需求方面，从经济、社会、政策三方面驱动力入手，以城市各类建设用地与人口、GDP、固定资产投资、地方财政收入、人均收入等宏观经济要素为依据，运用多因素综合法等预测方法预测城市近远期土地储备的需求规模。

(5) 近远期土地储备规划：主要包括在不同时序下，城市用地供应规模和结构分析以及用地储备供应地块的空间布局等内容。远期土地储备规划以落实城市空间发展战略和市场需求为导向，以有序控制外延扩张和注重现状土地重整为原则，土地储备总量在满足市场需求的前提下，考虑土地运作周期，给予一定的弹性；近期土地储备规划思路要以城市建设规划为依据，与近期城市交通基础设施和环境建设相协调，与地区发展需求相适应，对投放条件相对较好的土地优先储备。

(6) 专项土地储备规划：如旅游开发专项土地储备规划、轨道交通专项土地储备规划、金融服务用地专项规划等。旅游开发专项规划需要通过对旅游资源的现状调查与评价，分析城市旅游资源空间集聚情况、集聚区开发利用价值、开发利用程度、设施利用状况,提出旅游集聚区内旅游服务设施储备土地的位置与面积,并对重点建设项目提出规划建议;轨道交通专项土地储备规划对象主要为轨道交通线站点周边的土地储备,轨道交通建设融资土地储备。

(7) 规划实施策略和措施:制定有针对性、可行性的实施措施是土地储备规划的重要内容,从舆论宣传、计划报批、规划实施、计划执行、土地出让、预申请、规划评估、动态调整等方面提出规划实施的保障措施。

### 6.4.2 土地储备规划的定位

1) 土地储备规划与土地利用总体规划的关系

土地储备规划与土地利用总体规划之间的关系可以从两者的目标、特征、出发点、规划对象等方面进行讨论。

土地利用总体规划目标主要是协调国民经济各部门以及农业各业之间的用地矛盾,平衡农业用地与非农用地之间的配置,提高土地利用率和土地产出率,取得土地的最佳生态效益、经济效益和社会效益。土地储备规划的目标简单地说就是为了具体落实城市规划和土地利用总体规划,其出发点是基于土地利用总体规划对具体建设项目的落实,特别是用地的落实。

土地储备规划与土地利用总体规划在特征上存在一定的差异,土地储备规划侧重的是土地资产的市场运营,具有经济特性;而土地利用总体规划强调的是土地资源的合理配置,更具有资源特性。

此外,两者在规划对象上也存在差异,土地利用总体规划的规划对象是区域内的所有土地,而土地储备规划的规划对象主要是规划区域内需要更新改造的存量城市建设用地,以及即将转变为城市建设用地的增量土地。

可以说,土地储备规划以土地利用总体规划为依据,是土地利用总体规划的一项具体实施规划[5],增量土地的推出必须符合土地利用总体规划的指标控制。土地储备规划以城市建设用地为主要规划对象,属于土地利用总体规划中的"建设用地"范畴,土地的储备、投放数量和区位,应与土地利用总体规划相协调,尤其是在需要占用农用地指标时,应与近期城市建设用地的土地供给能力和方向相一致。

2) 土地储备规划与城市总体规划的关系

城市总体规划与土地储备规划之间既存在同一性,又存在差异性。同一性表现在:土地储备规划是实施城市总体规划的保证,为城市建设集聚资金,它根据城市总体规划优化土地资源配置、调整土地功能分区、盘活存量土地资产、有效提升城市土地集约利用程度。差异性表现在:土地储备规划与城市总体规划由于内涵不同,各自的侧重点存在着差异性,城市总体规划侧重于宏观地分析城市的发展条件,既要考虑长远的效果,还要兼顾近期的发展,尽可能谋求经济效益、社会效益和环境效益的统一;而土地储备规划多从微观出发考虑地块使用,更多地注重近期的效果和开发土地创造的经济效益。

城市总体规划与土地储备规划之间的同一性和差异性形成二者的密切关系,即宏观与微观、远期与近期、整体与局部的关系。城市总体规划对土地储备规划具有指导、协调和控制的作用,而土地储备规划对促进城市总体规划的落实、有效整合城市用地布局、形成城市建设资金来源的多元化等具有一定的反馈作用。

土地储备规划具有空间范围覆盖整个城市化地区、以土地和空间资源为主体、以建设用地为重点的规划特征。土地储备规划的特征表明,土地储备规划是城市总体规划指导下的专项规划,土地储备规划的编制必须以城市总体规划和近期建设规划为依据,与城市发展方向和近期建设重点相一致。

因此,土地储备必须要遵循"规划先行、服从规划"的原则,其中土地利用总体规划相对宏观,主要对建设用地和农用地做出限定,而城市规划则是从操作层面为土地储备工作提供具体的规定和要求,成为土地储备工作的重要法律依据。土地利用总体规划、城市总体规划与土地储备规划之间的相互关系如图6.17所示:

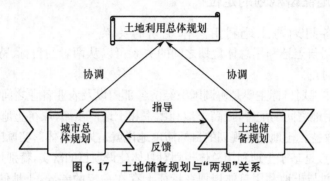

图6.17 土地储备规划与"两规"关系

城市总体规划要兼顾和服务于土地储备规划,土地储备规划则要以城市总体规划为指导,按城市总体规划进行储备整理,并且成为实施城市总体规划的重要手段。

3) 土地储备规划与土地储备计划之间的关系

土地储备规划体系应包括不同层次的规划内容,并与相应层次的内容形成指导、落实和反馈的关系。土地储备规划体系主要包括总体规划、近期规划、年度计划三个层次(见图6.18)。

土地储备规划对土地储备计划具有导向性作用。年度土地储备计划是土地储备规划在时间维度上的细化,应受土地储备规划的指导和指标约束。土地年度储备计划是以一年为期,属于土地储备近期规划的具体化,它要对近期储备规划所规定的分年任务做出具体安排,并落实近期储备规划。土地

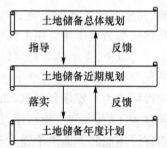

图6.18 土地储备规划层次关系

年度储备计划必须要与近期储备规划相互衔接,通过计划落实规划,再反馈于规划,相互影响,良性互动,保证年度储备计划的连续性。

鉴于此,对于土地储备计划的管理,首先应当根据城市建设的需要,结合土地储备规划、经济和社会发展计划、土地利用年度计划以及市场的供求状况编制土地储备年度计划,遵循控制增量土地,盘活存量土地,合理、节约、集约利用土地的原则。同时,应当拟定年度土地储备项目实施计划,对年度内拟实施的土地储备项目做出具体的安排。另外,在土地储备项目实施过程中,应当重视土地权属变更登记工作,明确产权,规范土地市场。最后,对年度计划中的储备土地应当纳入政府土地储备库统一管理,并按照规定依据土地供应计划公开出让。

### 6.4.3 土地储备规划的编制内容

1) 土地储备现状分析

前期现状研究,主要包括土地利用现状分析以及土地储备现状分析,重点在于后者。土地利用现状分析主要是结合经济社会发展现状,分析城市各种用途土地的数量和结构,对整个规划区域内的土地利用现状具有整体性的把握。土地储备现状分析主要包括以下几个方面:

一是现状土地储备运作模式分析,包括土地储备的运作主体,如市土地储备中心;运作主体之间的联系。储备机构的职能分析,一般来讲,土地储备机构行使了企业职能,同时又具有政府职能。土地储备机构的主要任务是通过国有土地使用权的流转实现土地资产的升值,实现土地收益的最大化,是城市经营的重要方式,这体现了企业职能;另外,土地储备机构在收储土地过程中,还要担负征地、拆迁等职能,这些职能为政府行为。

二是储备土地分析,包括储备土地数量分析,主要是分析对不同区域、不同时间的储备土地的地块数、面积等情况,研究其发展趋势,为后面的规划做铺垫;同时还要分析储备土地的来源,即按照所征购土地的原有属性,分为存量和增量两类来源,其中,增量储备用地指现状为非城市建设用地,规划为城市建设用地;存量储备用地指现状已经是城市建设用地,规划将其进行改造或改变用地性质并公开挂牌出让的建设用地。

三是在库土地分析,主要是在库储备土地的数量及其分布,体现出规划区域内土地资源的潜力分布。

同时,还要对现状土地出让情况进行研究分析,主要包括不同年份、不同地区土地出让面积、可建设用地面积以及价格等情况,从而能够反映出城市扩展的趋势以及需求变化。

最后,对储备现状中存在的问题进行简单的分析,以便更好地进行规划的编制,以及规划的实施。

2) 土地储备潜力分析

土地储备潜力分析的主要目标是梳理规划区域内未来可储备用地的总量。重点是根据规划基期年已经编制完成的各类规划,对本规划确定的储备用地进行分析,扣除现状用地和已批未建用地(已出库)以及已经储备在库的土地,确定规划增量储备用地和存量类储备用地,并分别从行政单元、规划单元、运作主体三个层面进行分类统计分析。

具体做法是以市区范围内控制性详细规划为基础,以现状图和规划图进行对比分析,扣除已批未建用地(已出库)和已经储备在库的土地,得出增量可储备用地分布和总量、存量可储备用地空间分布和总量。同时,为了更清楚地反映情况,可以对储备土地按照用地性质、土地利用状态等不同角度进行分析。

3) 土地储备需求分析

土地储备需求分析即土地储备需求预测,预测必须遵循相关性原则、动态性原则、定性与定量相结合原则、城市理性发展原则。一般来讲,它应包括土地储备量的影响因素、预测思路与方法、综合决策三个研究部分。

土地储备量影响城市土地市场运行和土地资源配置的整体效率,同时又受到城市社会经济发展战略、宏观调控政策、土地利用与规划、不动产市场、资金运营情况等因素的影响,多因素综合预测正是基于对这些因素的整体判断。

(1) 社会经济发展战略

区域发展。根据区域自然条件和社会经济发展进程，需要对区域发展战略作出适时调整，并伴随着土地利用格局及城市交通、商服和公共基础设施等条件不断发生改变，进而影响土地储备量的变化。

产业发展。"退二进三"是城市产业发展的必然趋势，产业结构调整，导致二、三产业空间布局不断发生变化。在优化二、三产业用地结构过程中，土地储备将发挥重要的资源配置功能，大量二、三产业用地通过土地收储与有序投放实现功能与结构的优化布局。因此，产业发展战略调整将会影响土地储备量。

(2) 宏观调控政策

土地是国民经济宏观调控的重要杠杆，近年来我国土地调控过程中出现了一些新问题，如：城市建设用地增长过快，低成本工业用地过度扩张，违法违规用地，等等。国家针对这些问题陆续出台了一系列宏观调控政策，旨在确保房地产市场平稳发展、提高土地集约利用水平、节约利用土地。这无形中增加了土地储备成本，延长了土地储备周期，并进一步影响土地储备的"吞吐"能力与进程。

(3) 土地利用与规划

土地利用方式和结构影响土地储备量。不同的土地利用方式和结构，直接决定着土地资源的利用效率。土地资源高效利用对土地储备量具有双重影响作用，一方面通过节约集约利用土地，可减少土地需求，储备机构为了降低储备风险，必然会控制土地收储量；另一方面，由于产出水平较高，导致同类用地市场需求增加，进而又可能增加该类土地的市场需求。这就要求通过科学的土地储备决策，通过优化各类用地储备结构和相应的开发利用强度，达到最佳平衡点。

规划编制和调整影响土地储备量。土地利用规划与城市规划是城市建设和扩展的重要依据，规划确定的城市用地扩张边界，决定了城市土地储备量的上限。此外，规划调整引致的土地用途转变，又会直接影响土地储备的经济效益，在经济利益驱动下，土地储备数量和结构会随之发生改变。

(4) 不动产市场

土地储备主要是调控土地一级市场，但一、二级市场之间是紧密相连的。当二级市场土地供给大于需求时，需要减缓土地投放节奏，并通过土地储备，回收部分闲置和低效用地，同时适当控制土地储备入库量；反之则应预先适当增加土地储备量，以弥补可能出现的土地供需缺口。房地产市场与土地市场紧密相关，当房地产市场供给大于需求时，为了降低空置率，防范市场风险，需要减少土地投放量，反之则应该适当增加土地投放量，这些情况都会导致土地储备量发生变化。

(5) 资金运营能力

土地征购储备过程既是土地流转过程，也是资金循环过程，需要大量支持。这也是目前我国土地储备多数依靠政府与银行融资的主要原因。土地储备资金运营能力和流通状况直接影响土地储备机构的"购买力"，决定了土地收储能力。近两年来由于国家连续实施加息政策，导致土地储备资金运营成本增加，削弱了储备资金运营能力，进而影响到土地储备量。

4) 地块权属核查

针对储备地区进行地块权属详细核查，划定可储备地块。权属核查的方法是：以已审批的法定规划为基础，将位于储备地区的所有土地逐一核查建设用地规划许可证、规划报建等;核查用地通知书、用地批准书,排除土地使用权已经出让的土地、近期无法收回土地使用权的土地等,最后得到可储备地块。

5) 土地储备量及空间布局

在供需分析的基础上,进行储备规划的详细编制,主要任务是具体确定土地储备量和土地储备的空间布局。

土地储备的适度规模取决于很多因素,但最终都可以归结为需求因素和供给因素两类。土地储备目的之一,是为了有序满足城市建设用地的合理需求。因此,可以认为土地储备的需求决定因素类似于城市建设用地需求决定因素,如房地产市场发展状况、人民生活水平、社会投资情况、产业发展状况等。储备土地的来源有两部分,即城市存量建设用地和城市扩张过程中的增量建设用地,其中又以后者为主。可以认为土地储备供给主要取决于存量建设用地挖潜能力和城市扩张的可能性,它们与旧城改造、土地规划和城市规划密切相关。

土地储备空间布局涉及因素众多,科学合理的土地储备空间布局,应该是"自上而下布局—自下而上反馈对照"的多次反复过程。在自上而下布局过程中,一方面以空间单元土地面积比重作为基准参数;另一方面,选取一定的影响变量,按正向影响和负向影响分为两类,对不同影响变量所反映的信息进行综合,得到正向修正参数和负向修正参数,最后将三种参数进行组合并与土地储备总量相乘,即得到自上而下的布局结果。自下而上反馈对照,是在充分论证各空间单元建设用地供给和需求状况及其发展趋势的基础上,结合已有相关规划和上述时空过程模拟结果,对布局方案进行反馈调整的过程。

6) 土地储备规划图则

土地储备规划图则是规划的主要成果,它需要编制土地储备规划方案文本,填写结转地块、新列地块、预备地块等三类储备地块基本情况表,编制全区域储备地块布局图和地块详图(规划和现状)。

其中结转地块是指上年度列入储备计划,本年度已进入实质性启动的地块,其基本标志是办理后续农用地转用征用或土地收回手续,规划中要说明结转地块总量、分布以及实施情况;新列地块是指列入本年度储备计划,计划本年度进行实质性启动的地块,规划中要说明新列地块总量、分布,现状和规划情况以及新列地块实施方案;预备地块是指列入储备规划,但不列入本年度储备计划的地块,在规划中要说明预备地块总量、分布以及现状和规划情况。

各类地块的附表填写也要有相应的要求:主要是地块编号和其他一些情况。譬如:结转地块编号为 A00X,00X 自 001 起;新列地块编号为 B00X,00X 自 001 起;预备地块编号为 C00X,00X 自 001 起。其他一些填写要求包括:土地面积按照勘测定界报告数据填写;储备地块用途(供地),按照对应的情况进行打钩;储备进展情况主要填写农转用办理等情况;实施方式是指单独储备或联合储备等。

附图编制也要有相应的要求,主要包括土地储备规划储备地块的布局图和储备地块详图。储备地块布局图应当使用"三线"地形图作为底图,"三线"是指县行政区界线、乡镇行政区划线以及骨干河道、骨干路网,同时底图中还要标示本行政区域内重大交通市政基础设施;布局图要反映规划期限内土地储备地块的分布情况、储备地块开发时序,用不同的表现方法(如颜色)区分不同时序的储备地块;同时可以通过一张全区域的储备地块分布布点图表达完整分布状况,再按照储备地块集中程度,通过分幅图按不同分区表达地块具体位置。

储备地块详图应当以大比例尺(至少 1∶2 000)作为底图,可叠加控规中道路红线、河道蓝线等重要规划信息;详图要反映地块的各项基本土地管理和规划管理信息,如区位图式、具体四至边界、土地使用现状情况、已批法定控制性详细规划的相关规划要求和参数。

7) 土地储备规划信息系统建设

土地储备一直存在资料孤立分散、自动化程度低的问题,制约了土地利用管理职能的充分发挥。为了提高土地利用管理效率,充分发挥基础资料在土地利用管理中的潜能,国土资源部设立了"数字国土"工程,旨在利用计算机软、硬件、GIS、网络等现代技术,建立一套覆盖国土管理各业务层面的信息系统,改变原有手工管理模式,提高效率,实现信息资源的有限共享。土地储备信息系统是"数字国土"工程的一个重要组成部分。

(1) 系统平台

信息系统的建设与开发与很多因素有关,其中最重要的是跟最初的开发模式、运行环境配置的选择密切相关,即系统运行的平台。而系统平台主要包括系统硬件和软件环境的配置、选择,其中软件平台的选择是最重要的内容。GIS 技术是目前应用比较广泛、成熟,而又方便的地理信息系统软件平台。

应用空间 GIS 技术建立土地储备管理信息系统,可以直观地表现土地储备状况,更好地认识土地储备的变化规律;可以完成许多传统方法无法进行的信息处理和分析工作,为土地储备综合管理提供直观、系统、科学的管理工具;可以规范管理土地储备数据,实现信息共享,便于各部门数据的交换,改进和完善土地储备综合管线管理与数据更新维护机制;可以高效率地管理各种土地储备信息,为土地资源管理和领导辅助决策提供一个丰富的数据平台和有力的辅助决策工具。同时,可以将 GIS 与办公自动化系统 OA、WEBGIS 技术应用相结合,使得土地储备信息系统与日常办公作业流程相同步,与系统终端浏览器实现土地储备业务管理流程数据、土地储备现状反映同步。

硬件设备配置得合理与否,不仅影响整个系统的费用投入,更重要的是对运行的软件系统有着重要影响。合理的配置将充分、合理地利用经费,而且为运行的软件系统提供良好支持。另外,硬件设备的选择还要考虑到系统的使用目的及功能需要,并为以后的扩展留有一定余地。一般的硬件环境要求主要包括日常办公常用微型计算机,即 PC 机,考虑到数据的复杂多样,最好能够配备多种输入输出设备,如数码相机、扫描仪、绘图机、打印机等。

(2) 功能设计

土地储备规划信息系统的建设必须满足用户需求,即具有一定的功能特点,土地储备信息系统业务功能应该包括以下五个方面(见图 6.19):① 属性查询,辅助项目选址;② 预储备地块管理;③ 储备地块管理;④ 储备地块属性管理;⑤ 储备地块供应管理。

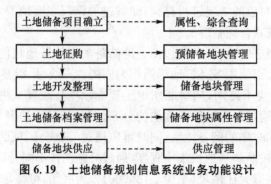

图 6.19 土地储备规划信息系统业务功能设计

系统不仅仅要实现完善的业务功能,同时还要具备其他具体的微观层面上的功能,如图像操作、系统维护、统计分析、数据的输入输出、后台管理、权限设计等。具体有以下几方面:

① 系统应具备较高的实用性,操作简单,使用和维护方便;

② 实现影像图的基本操作,包括放大,缩小,漫游,全图等;

③ 能够对影像图上的地块进行操作,包括录入并储存地块属性,并对地块属性进行编辑;

④ 实现地块的查询及属性统计;

⑤ 提供数据库的后台管理,如用户管理,数据的导入和输出等;

⑥ 系统能按照数据的各种特性对其进行多种统计与分析,并为规划及管理提供辅助性决策依据;

⑦ 针对不同的用户设置权限,防止操作越权,系统管理严密,具有较高的安全性。

(3) 数据库建设

数据库建设是指对于给定的一个应用环境,构造最优的数据库模式,使之能够有效地存储数据,满足各种用户的应用需求、信息需求和处理要求。一般来说,数据库设计和建设的工作量及其消耗的经费占整个系统设计、建设工作量和经费的大部分。

数据库是土地储备规划管理信息系统中核心组成部分,主要包括数据管理与使用两个中心内容,是整个系统建设中内容复杂、操作频繁、数据流量大、数据冲突突出的部分。在数据库的建设过程中,要充分考虑数据结构的复杂性、多样性、准确性等特点,并遵循一定的原则,以保证所建的数据库具有实用性、先进性、可扩充性,保证其能为其他相关部门机关提供所需的数据资料。

具体的原则可以归纳为:

一是标准规范原则。数据库建设要符合国家及相关部门颁布的数据库建设标准和技术规范,数据类型、编码、精度及符号等都应按照已有的国家和行业标准设计。

二是内容完备原则。在数据库设计过程中,必须尽可能覆盖土地储备规划辖区内的全部地块数据,使建成的数据库具有数据类型和内容上的完备性,满足在系统运行处理中的各种需求。

三是分层设计原则。由于土地数据复杂多样,为了使数据库结构清晰,便于设计开发和维护管理,对数据采取分层管理的方式,并要求数据的存储结构和存储策略改变不对应用造成重要影响,存储结构具有易维护、易扩充的特性。将数据库物理存储、数据访问层分开设计,以实现下层的改变不造成对上层应用系统的影响。

四是图文一体原则。图文一体就是保证储备规划辖区内的地块的空间数据和属性数据一一对应,有机统一存储。要利用程序语言对空间和非空间数据进行统一管理,使两者实现关联。

数据库的建立是系统建立的先决条件,土地储备规划信息系统数据库分为属性数据库和空间数据库两部分。空间数据表征目标的位置信息、拓扑关系等,建立步骤一般为:数据预处理、数据录入、数据编辑、建立其拓扑关系和数据入库;属性数据表征与空间位置没有直接关系的特定地理意义的数据,它可以用 SQL Sever 进行管理。最后,可以在 ArcGIS 的模块中,将空间数据通过数据通路导入到 SQL Sever 中,从而实现空间数据和属性数据的连接,完成数据库的设计。

# 7 土地生态规划

## 7.1 土地生态规划的概念与内涵

### 7.1.1 生态规划与土地生态规划概念辨析

近年来,随着生态学思想在各个领域的运用逐步深入,生态规划日益受到人们的关注,其在土地规划领域的应用也更加广泛。与传统规划重点强调经济与社会发展不同,生态规划更加强调经济、社会与生态效益之间的协调发展,并将区域可持续发展作为规划的终极目标。

由于在规划对象上存在一定的重叠,生态规划和土地生态规划联系非常紧密,具有很大的相似性,部分学者甚至认为两者是趋同的。美国宾夕法尼亚大学的 Ian McHarg 教授在其《Design with Nature》一书中就指出:"生态规划法是在认为有利于利用的全部或多数因子的集合、并在没有任何有害的情况或多数无害的条件下,对土地的某种可能用途,确定其最适宜的地区。符合这种标准的地区便认为本身适宜于所考虑的土地利用"。我国的刘天齐等人也指出:"所谓生态规划就是运用生态学原理,通过对土地利用现状和生态适宜度的分析。制定出一个符合生态学要求的土地利用规划,通常称之为生态规划"。

但也有一些学者认为,土地利用是生态规划的重要内容,但生态规划不应仅限于土地利用规划。我国生态学家李博在《生态学》一书中指出:"从区域或城市人工复合生态系统的特点、发展趋势和生态规划所应解决的问题来看,生态规划不应仅限于土地利用规划,而应是以生态学原理和城乡规划原理为指导,应用系统科学、环境科学等多学科的手段辨识、模拟和设计人工复合生态系统内的各种生态关系、确定资源开发利用与保护的生态适宜度,探讨改善系统结构与功能的生态建设对策,促进人与环境关系持续协调发展的一种规划方法"。欧阳志云等人则认为,"生态规划的实质就是运用生态学原理去综合地、长远地评价、规划和协调人与自然资源开发、利用和转化的关系,提高生态经济效益,促进社会经济的持续发展"。

虽然不同学者对生态规划的理解有所不同,但不管是哪种观点,土地利用的生态适宜性分析、各类用地的合理布局与配置等无疑都是生态规划的重要内容。

### 7.1.2 土地生态规划的内涵

土地生态系统是一定区域内由生物因子与环境因素有机结合而成的自然综合体,但随着人类活动的强化,人文因素的干预和影响在土地生态系统功能及动态中起着越来越重要的作用,使土地自然系统日益与地域社会、经济系统相互作用、相互渗透,成为十分复杂的自然—经济—社会复合系统。土地生态规划就是以土地生态系统为对象,以土地利用方式(土地利用类型或土地用途)为中心,以土地生态条件为基础,以土地生态适宜性和土地生态潜力为依据,结合当地经济社会发展规划及各部门发展要求,对土地利用结构和空间配置进行

合理的安排和布局。因此,土地生态规划的内涵体现在以下几个方面:

(1) 土地生态规划是在一定的时空范围内进行的。土地生态规划的空间范围可大可小,但是有明确的边界,规划必须针对这一范围内土地生态系统的特点制定,因此土地生态规划具有明显的地域差异。区域的社会经济因素和自然环境状况总是处于动态变化之中,规划是对未来的计划,需要考虑各种因素的变化情景,因此土地生态规划也是有明确期限的。

(2) 土地生态规划的对象是土地生态系统,土地生态规划是对一定范围、一定时限内区域土地生态系统开发、利用和保护的战略计划,需要对土地这一自然—经济—社会复合系统进行综合考量。

(3) 土地生态规划的主要目的是有效地开发、利用和保护以土地资源为中心的自然资源(包括水资源、动植物资源等),合理的配置社会生产力,最终取得最佳的生态经济效益。人类社会劳动随着生产力的不断发展必然伴随着社会劳动分工。社会劳动分工有两种表现形式——部门分工和地域分工,两者密不可分。部门分工与一定的地域相联系,地域分工要通过部门的差异来表现。土地利用规划的根本目的就是要与实现一定地域与一定部门的最佳结合,实现一定区域土地生态系统的最佳开发利用,以便持久供给国民经济各部门持续、稳定、协调发展所需的资源和能源。

(4) 土地生态规划必须以土地生态区划为基础。土地生态规划与土地生态区划有着密切的联系,土地生态区划是土地生态规划的基础和前期工作,土地生态规划是土地生态区划的深入,是土地生态区划的落实和具体化。

## 7.2 土地生态规划的产生与发展

### 7.2.1 土地生态规划的萌芽阶段

土地生态规划的产生可以追溯到 19 世纪末 20 世纪初,以美国地理学家 George Marsh、地质学家 John Powell,英国生物学家 Patrick Geddes 等为代表的科学家和规划师在土地生态恢复、生态评价、生态勘测和综合规划等方面的理论与实践。

Marsh 在其 1864 年出版的《Man and Nature: or, Physical Geography as Modified by Human Action》一书中,首次提出合理的规划人类活动,使之与自然协调,而不是破坏自然,并呼吁"Design with nature rather than against the environment",这个理念至今仍是生态规划的重要思想基础。Powell 在其《Report on the Lands of Arid Region of the United States》中指出:"恢复这些土地(指不适当耕作而导致的沙化地与废弃地)需要广泛而且综合的规划",规划"不仅要考虑工程问题及方法,还应考虑土地自身的特征"。Powell 也是最早建议通过立法和政策促进制定与生态条件相适应的发展规划的学者之一。Geddes 倡导"综合规划"的概念,强调把规划建立在研究客观现实的基础上,周密的分析地域自然环境潜力与限制土地利用及区域经济变化的相互关系。Geddes 在《Cities in Evolution》一书中,从人与环境的关系出发,系统地研究了决定现代城市成长与变化的动力,强调在规划中充分认识与了解自然环境条件,根据自然的潜力与制约来制定与自然和谐发展的规划方案。他认为在规划工作中规划师应先学习、了解和把握城市,然后再进行判断、整治或改变。

土地生态规划的先驱 Marsh、Powell 和 Geddes 分别从生态规划的指导思想、方法以及规划实施途径等多个方面开展了开创性工作,为后来土地生态规划的理论和实践的发展奠定了基础。

### 7.2.2 土地生态规划的发展与完善阶段

20世纪之初,生态学自身已完成其"独立"过程,形成了一门年轻的学科,并在植物生态学、群落生态学、生态演替、动物行为学等分支领域取得了重大进展。同时,生态学思想更广泛的向社会学、城市与区域规划以及其他应用学科中渗透。生态规划也在生态学的大发展与生态学传播的大背景下得到快速发展。

20世纪前后,生态规划经历了几次大的发展高潮。第一个高潮是Ebenezer Howard倡导的田园城市运动。他在《Garden Cities of Tomorrow》一书中描绘了"明日"的理想城市,这种由人工构筑物与自然景观(指包围城市的绿带与农村景观,以及城市内部大量的绿地与开阔地)组成的所谓"田园城市",实质上就是从城市规划与建设中寻求与自然协调的一种探索。在这个城市中,市民可以就近得到新鲜的农产品,农产品有最近的市场又不限于当地,城市规模必须加以控制,每户居民都能接触到乡村自然景观。Howard的思想对现代生态城市规划仍有着重要的指导作用,也为以后的生态规划理论和实践奠定了基础。

受Geddes和英国花园城市运动的影响,美国区域规划协会(The Regional Planning Association of America)于1923年成立,标志着规划与生态学之间的密切关系得以确认。其主要成员中,尤以强烈支持以生态学为区域规划基础的Benton MacKaye和Lewis Mumford最为著名。MacKaye曾巧妙地将区域规划与生态学联系起来,他将区域规划定义为:"在一定区域范围内,为了优化人类活动,改善生活条件,而重新配置物质基础的过程,包括对区域的生产、生活设施、资源、人口以及其他可能的各种人类活动的综合安排与排序"。按照Mackaye的定义,规划首先应抓住自然所表现的永久综合"秩序",以与人类所创造的"秩序"相区别。MacKaye还引用柏拉图的名言"要征服自然,首先必须服从自然"来强调他的规划思想。MacKaye最后总结道:"区域规划就是生态学,尤其是人类生态学",并从区域规划的角度将人类生态学定义为:"人类生态学关心的是人类与其环境的关系,区域是环境单元,规划是描绘影响人类福祉的活动,其目的是将人类与区域的优化关系付诸实践。因此,区域规划,简言之,就是人类生态学"。

Mumford是Geddes的学生,他提出"以人为中心、区域整体规划和创造性利用景观建设自然适宜的居住环境"等学术观点,为其规划创作注入了巨大的活力。他认为,区域是一个整体,城市是其中的一部分,所以真正的城市规划必须是区域规划。他还特别强调自然环境保护对于城市生存的重要性。

此外,野生生物学家、林学家Aldo Leopold提出了著名的"土地伦理"理论,将人类伦理扩展到土地与自然界。他指出"生态学反应与条件,规定和制约着所有依赖于土地的企事业,无论是经济的,还是文化的",适当的规划意味着向"人与土地和谐相处的状态努力,通过土地与地球上所有的东西(生物)和谐共处"。Leopold将土地利用、管理和保护规划相结合,为土地生态规划的发展做出了巨大的贡献。

在规划方法方面,这一时期最主要的贡献是地图叠置分析方法的发明及其在规划中的运用,为综合分析区域社会经济与自然环境信息提供了方便有效的方法。1913年,Warren Manning将叠置分析方法用于美国Massachusetts州的Billerica规划,为后来的McHarg

生态规划法和地理信息系统空间分析方法的发展奠定基础。

### 7.2.3 土地生态规划的繁荣阶段

20世纪60年代,随着工业化、城市化的飞速进展,环境污染急剧增加,生态环境问题日益突出,生态规划逐渐进入繁荣阶段。Ian McHarg作为这一时期的代表,把土壤学、气象学、地质学和资源学等学科综合起来考虑,强调土地利用规划应遵从自然固有的价值和自然过程,即土地的适宜性,并据此完善了以因子分层分析和地图叠加技术为核心的规划方法论,被称之为"千层饼模式"。在其经典著作《Design with Nature》一书中,McHarg建立了一个城市与区域规划的生态学框架,并通过案例研究,如海岸带管理、城市开阔地的设计、农田保护、高速公路的选线及流域综合开发规划等的分析,对生态规划的流程及应用方法做了全面的探讨。McHarg生态规划方法成为20世纪70年代以来生态规划普遍使用的方法。

20世纪80年代以来,景观生态学在全球范围内迅速发展,为生态规划提供了新的理论和方法。Richard Forman在《Land Mosaics: The Ecology of Landscapes and Regions》一书中归纳和总结了景观格局的优化方法,并强调景观空间格局对过程的控制和影响作用,克服了"千层饼模式"仅限于垂直过程,而对水平过程缺乏关注的局限,促进了景观生态规划的发展。

1991年,Frederick Steiner出版了《The Living Landscape: An Ecological Approach to Landscape Planning》一书,并在书中提出了一整套指导人们如何通过生态学途径进行景观生态规划的框架,完善并发展了生态规划与设计的理论和方法。Steiner强调生态规划不是一个简单的、一成不变的、线性规划过程,而是一个循环的、动态的、不断重复的过程。规划师应该不断地回顾前面的工作,并做出评价和反馈,从而对前面的或后面的步骤进行相应的调整。

## 7.3 土地生态规划的基础理论

### 7.3.1 整体论、系统论与生态系统理论

整体论(Holism)是1926年由Jan Smuts提出的哲学思想,是系统论产生的基础。整体论认为客观世界是由一系列处于不同等级的整体组成的,每一个整体都是一个系统,即处于一个相对稳定状态中的相互关系集合。整体论作为一种科学假设,为在对其内部功能的细节不太了解的情况下研究某个整体或系统提供了基础。

系统论(System theory),也称为一般系统论,是整体论的进一步发展和完善,由奥地利理论生物学家L. V. Bertalanffy在第二次世界大战前后提出。他认为系统是由若干要素组成的具有一定新功能的有机整体,并运用逻辑学和数学方法研究一般系统规律,揭示客观事物和现象之间的相互联系和相互作用规律。系统论的主体思想是阐述对于一切系统普遍有效的原理,不管系统组成元素的性质和关系如何,任何学科的研究对象都可看作一个系统。

整体性是系统论的突出特点,正确处理整体和部分之间的关系是系统论的基本出发点。系统论认为,系统的性质和规律存在于全部要素的相互联系和相互作用之中,各组成成分孤立的特征和活动的简单加和不能反映系统整体的面貌。系统的性能不仅同组成要素的性能有关,还与它们的结构有关,结构决定系统的功能。它重视系统和环境的物质、能量和信息

交换,强调系统和环境是相互联系、相互作用的,并且在一定条件下可以相互转化。它还强调系统的动态性,即把系统作为一种不断运动、发展变化的客观实体去研究。

生态学是研究生物与环境之间相互关系的学科,一定空间中共同栖居着的所有生物(即生物群落)与其环境之间不断地进行物质循环和能量流动而形成的统一整体称为生态系统。生态系统是生态学领域的一个主要结构和功能单位,是生态学从整体论与系统论角度研究生物与环境关系的集中体现。

土地生态规划的对象就是土地生态系统,其各个组成部分之间相互作用,相互联系,构成统一的有机整体,涉及自然、社会、经济等多个方面。因此,在土地生态规划中要从整体性角度研究和把握土地开发利用中面临的生态问题。土地开发利用中产生的生态问题是由多种因素造成的,其形成原因也是非常复杂的,孤立研究其中任何部分或仅从个别方面思考和解决问题的办法将难以奏效。而整体论和系统论则主张从研究对象的整体和全局出发来研究、解决所面临的问题,并形成行之有效的一套理论和方法。

### 7.3.2 生态平衡理论

生态系统能够长期保持其结构和功能的相对稳定,这种状态称为生态平衡。生态系统的相对稳定性有两层含义:一是生态系统的结构和功能长期、持久的保持相对不变,即具有长期的相对稳定性;二是生态系统在环境改变和人类干扰的情况下,能通过内部的调整,维持结构和功能的稳定。因此,生态平衡是一种动态平衡,因为能量流动和物质循环仍在不间断地进行,生物个体也在不断地进行更新。

从热力学的观点看,生态系统是一个开放的系统,它和自然界的其他系统一样,变化的趋势是熵的增加,放出能量,从有序到无序。而生态平衡是一种有序状态,需要从外界不断地向系统输送能量(负熵流)才能维持。因此,生态系统的不平衡是绝对的,平衡是相对的,需要靠外界因素来维持。生态系统对于外界的干扰,具有一定的调节能力,从而维持其内部的稳定。生态系统维持其相对平衡的能力和自我调节的能力与生态系统的复杂性有关,一般来说,生态系统内部的生态环境类型越多、生物种类越丰富、结构越复杂,生态系统自我调节能力越强,越容易保持平衡。

生态平衡的理论要求我们在土地生态规划的过程中要充分发挥生态系统既有的调节能力,维护生态系统的平衡状态和调节能力。而对于已经失去平衡的生态系统,则要合理开发利用和保护土地资源,促进形成新的生态平衡。维护和保持土地资源开发利用的生态平衡,并不是消极地维持现状,而是要依据社会经济的发展、现有的经济技术条件以及自然环境状况,按照生态平衡及其调控理论,以合理开发利用和保护土地资源、实现土地可持续利用为目标,实现土地生态系统更优的生态平衡状态。

根据这一理论,在土地生态规划中不仅要考虑社会经济发展对土地的需求,还要关注生态环境保护对土地的需求,明确生态用地的规模和布局,严格生态用地管理制度,维持区域生态平衡,促进土地生态系统可持续发展。

### 7.3.3 生态适宜性理论

生态适宜性(ecological suitability)是指某一特定生态环境对某一特定生物群落所提供的生存空间的大小及对其正向演替的适宜程度。任何生物的生长和发育都要受到生态环境条件的制约和限制,并只能生活在一定的环境梯度范围(生态幅内)。也就是说,任何生物总是倾向于生活在其最适宜的生境范围内,并占据着一定的生态位,在这种生态环境条件下,生物种群保持着最大的生命活力、生产力和稳定性。生态适宜性的理论基础来源于Justus von Liebig的最小限制因子定律,Victor Shelford的耐性定律以及Charles Elton的生态位理论。它们是自然界普遍存在的规律,是生物对生态环境适应的客观表现与反映。

对于生物群落和自然生态系统而言,生态适宜性主要是指其对自然环境的适宜性,包括气候适宜性、土壤适宜性和水分适宜性等。但对于一些半人工自然生态系统或人工生态系统来讲,除了考虑其自然生态适宜性外,还应考虑其经济适宜性、技术适宜性、社会适宜性和文化适宜性等。因此,生态适宜性可以拓展为一个包含自然、社会、经济等多个方面的综合概念,它是进行土地生态规划的重要基础,例如在农业生产布局时,就需要考虑当地的光温水热条件以及土壤状况,水资源和矿产资源状况则是决定工业用地选址的重要因素。

生态适宜性理论要求在进行生态规划时,必须遵循"因地制宜、因时制宜"的原则。生态适宜性原则不仅适用于农业用地的布局,也可用于各类建设用地的布局。针对不同的用地类型,需要对不同方面的适宜性进行综合评价,从而有效地配置各类资源。

### 7.3.4 环境容载力理论

环境容量从狭义上讲,是指在一定时间与空间范围内的环境系统在一定的环境目标下对外加污染物的最大承受量和负荷量。从广义上讲,环境容量可以理解为某区域环境对该区域发展规模及各类活动要素的最大容纳阈值。这些区域环境容量包括自然环境容量(大气环境容量、水环境容量、土地环境容量)、人工环境容量(用地环境容量、工业容量、建筑容量、人口容量、交通容量等),这些容量的综合即为整体环境容量。环境容量强调的是区域环境系统对其自然灾害的消减能力和人类活动排污的容纳能力,侧重环境系统的自然属性,即内在的自然秉性和特质。

环境承载力是指在一定时期、一定状态或条件下、一定区域范围内,在维持区域生态系统结构不发生质的变化,生态功能不遭受破坏的前提下,区域环境系统所能承受的人类各种社会经济活动的能力,或者说是区域环境对人类社会发展的支持能力。环境承载力强调在区域环境系统结构和功能正常的前提下,环境系统所能承受的人类社会经济活动的能力,侧重环境系统的社会属性,即外在的社会秉性和特质。

环境容载力概念的提出主要是源于对环境容量和环境承载力两个概念的有机结合与高度统一,也是环境质量的量化与质化的综合表述。具体可以定义为自然环境系统在一定的环境容量和环境质量支持下,对人类活动所提供的最大的容纳尺度和最大的支持阈值。简言之,环境容载力是指自然环境在一定的纳污条件下所支撑的社会经济最大发展能力,它可以看做是环境系统结构与社会经济活动的相适宜程度的一种表示,环境容载力可以用环境容量分值和环境承载力指数来综合评价。在一定的时期和地域范围内,根据自然条件和社会经济发展规模,一定的环境系统结构和功能的条件下,其环境容载力是有限的,具有相对稳定性。同时,随着时间的推移和环境条件的改变,环境容载力将发生改变,具有可调控性的特点。

环境容载力理论有助于我们在土地生态规划中确定适宜的社会经济发展目标,并可确定在某一经济发展水平下环境保护与建设所需达到的标准,如水环境、大气环境、土壤环境的质量等级标准;另一方面,对于一个区域既定的经济发展规模与水平,分析预测该区域所需资源的基本数量,如水资源数量、土地资源面积等。环境容载力理论为土地生态规划提供了确定适宜社会经济发展规模的依据,有利于保证规划的客观性和合理性,使我们在制订规划时不至于盲目冒进,也不至于畏缩保守,从而促进土地生态系统的协调发展。

### 7.3.5 景观格局与过程理论

景观生态学是研究景观单元的类型组成、空间配置及其与生态学过程相互作用的综合学科,是生态学领域中最为活跃的分支之一。景观格局与生态过程之间的关系是景观生态学研究的核心问题。景观生态学中的格局是指空间格局,广义地讲,它包括景观组成单元的类型、数量以及空间分布与配置。生态过程则强调景观要素各功能发生发展的动态特征,包括种群动态、群落演替、干扰传播、物质循环、能量流动等。景观格局与生态过程之间有着非常密切的联系,一方面,景观格局制约并影响着景观中的生态过程;另一方面,生态过程又改变和塑造了景观格局。

R. T. Forman 建立了"斑块—廊道—基底"的基本模式,来分析森林、农业、城市等各类景观结构,为进一步研究景观格局和生态过程的关系奠定了基础,成为景观生态学较为常用的分析方法之一。"集中与分散相结合"(aggregate-with-outliers)的最优景观格局模型认为,将土地利用分类集聚,并在发展区与建成区内保留小的自然斑块,同时沿着主要的自然边界地带分布一些人类活动的"飞地",可产生多元化的景观生态功能,即① 保留了生态学上具有不可替代意义的大型自然植被斑块,有利于涵养水源和保护稀有生物;② 景观质地满足粗细纹理相间的原则;③ 风险分担;④ 遗传多样性得以维持;⑤ 形成边界过渡带,减少边界阻力;⑥ 小型斑块的优势得以发挥;⑦ 自然植被廊道的存在有利于物种的空间运动,在小尺度上形成的道路交通网络有助于满足人类活动的需要。

对于土地生态系统而言,不同利用类型在空间上的配置形成了一定的景观格局,而这种格局必然对系统中的生态过程产生影响。因此,在土地生态规划的过程中,要合理地布置各类用地的景观格局,形成对系统有利的生态过程,从而实现景观的生态安全。通常来说,基质代表了景观中最主要的土地利用系统,斑块类型和数量则反映了土地利用系统的多样化尺度,廊道则表示了土地利用系统之间的联系和防护功能。

### 7.3.6 地域分异规律及空间异质性原理

地域分异规律是由于太阳辐射、海陆位置和海拔高度等因素的空间差异而引起的自然生态环境与生物群落在空间地域上发生分化及由此产生的差异。地域分异规律一般包括纬度地带性、经度地带性、垂直地带性和地方性规律。空间异质性(spatial heterogeneity)是指某种生态学变量在空间分布上的不均匀性及复杂程度,是空间斑块性(patchness)和空间梯度(gradient)的综合反映。斑块性强调斑块的种类组成特征及其空间分布与配置关系。梯度指沿某一方向景观特征有规律的逐渐变化的空间特征。空间异质性表现出明显的尺度依赖性。上述两个原理均反映了要素在空间上的非均匀性特征,既有相似性,又存在一定差异。前者是对客观自然规律的模式总结,后者则是景观生态学中对景观格局特征的描述手段,并提出了定量分析的方法。

地域分异规律要求我们在土地生态规划过程中要根据当地环境要素的特征来进行土地生态分区,合理选择土地利用方式,遵循地域分异规律。例如,降水量不足 800mm 的地区,不宜安排大规模的耕地。而空间异质性则强调在规划中要合理配置各种土地利用类型,形成有利生态安全的景观格局,避免土地利用方式的单一化、均质化。例如,在土地整治规划中,不仅要对农用地斑块进行整理,也要保留或布局一定面积的林地和未利用地斑块,构建景观的安全格局。

### 7.3.7 生态系统服务功能理论

生态系统服务功能是指生态系统与生态过程所形成及所维持的人类赖以生存的自然环境条件与效用,它不仅给人类提供生存必需的食物、医药及工农业生产的原料,而且维持人类赖以生存和发展的生命支持系统。换句话讲,生态系统服务是指对生态生存和生活质量有贡献的生态系统产品和服务。生态系统服务是客观存在的,它与生态过程紧密结合在一起,都是生态系统的重要属性。

生态系统服务功能可以归纳为供给、调节、文化和支持四大类型。供给功能是指生态系统生产和提供产品的能力,如提供食物和水;调节功能是指生态系统调节生态环境的能力,如调节气候、减少侵蚀;文化功能是指人们通过精神感受、知识获取、主观映象、消遣娱乐和美学体验从生态系统中获得的非物质收益,如教育与旅游等;支持功能是指生态系统为保证上述供给、调节、文化功能所必需的基础功能,如生产氧气、养分循环等。

与传统经济学意义上的服务不同,生态系统服务只有一小部分能够进入市场被买卖,大多数生态系统服务是公共物品或准公共物品,无法进入市场,其价值也难以被公众认识。Robert Costanza 利用环境经济学方法对全球生态系统服务价值进行了评估,指出 1994 年全球生态系统的服务价值平均达到 33 万亿美元,为当年全世界国民生产总值的 1.8 倍。这一研究成果极大的推进了生态系统服务理论与经济学价值理论的结合,使人类对生态系统的价值产生更深层次的认识。

生态系统服务功能理论及其价值评估是生态学领域的新理论和新方法,它有效地解决了生态效益难以量化的问题,有助于提高公众对生态系统价值的认识,从而推动土地生态规划的制定和实施。具体而言,通过生态系统服务价值评估,我们可以更加客观地评价土地生态规划对生态系统的影响,从而对规划的社会、经济和生态效益进行全面综合的评价,避免以往规划中片面追求经济效益所带来的各种弊端,促进区域的可持续发展。同时,生态系统服务价值评估也为生态补偿价格的确定提供了重要依据,是完善生态补偿制度的重要科学依据。

## 7.4 土地生态规划的内容与方法

### 7.4.1 土地生态规划的主要内容

土地生态规划通过对不同土地利用方式在地域空间上的合理布局与配置,达到最大可能地利用土地生态条件、发挥土地生态潜力以及保护生态环境的目的,促进土地利用、生态环境与经济社会的协调发展,获取最大的生态、经济和社会效益。因此,它具有显著的综合性、地域性、战略性、应用性等特征。由于土地利用和土地生态问题的地域差异性,规划的目标、任务、性质不同,因而规划研究的内容亦不尽相同。但总的来看,可以将土地生态规划研究的主要内容归纳为以下五个方面:

1) 土地生态条件与社会经济条件分析

土地生态条件与社会经济条件既是影响土地资源合理利用的因素，又是土地开发利用的可能条件。在研究、制定土地生态规划设计方案时，必须全面、综合地分析研究区域的各种土地生态条件与社会经济条件，正确认识其有利与不利条件，充分利用其有利因素，发挥优势，扬长避短。

土地生态条件分析的内容广泛，这里着重应调查和分析：

(1) 气候条件，主要包括太阳辐射及光合有效辐射、年降水量及季节分配、年均温、$\geqslant 10\ ℃$ 积温、干燥度、霜期等光热水条件，以及干旱、大风、冻害、冰雹等气象灾害情况；

(2) 地质地貌条件，如岩石、地质构造、地貌类型、地形坡度以及地震、滑坡、泥石流等地质地貌灾害情况；

(3) 土壤条件，主要包括土壤类型、土层厚度、质地、有机质及养分含量等指标；

(4) 生物因素，主要包括植被类型及分布情况，森林面积、蓄积量、林种组成、生长量、采伐量，草场面积、类型、分布、产草量，以及野生动物种类、数量、分布等；

(5) 水文条件，包括河、湖、库、塘数量及分布，水资源总量及可利用量、水质，洪涝灾害情况等。

此外，还有矿产、风景旅游等资源情况分析。其中，尤以地貌类型图、地形坡度图、气候图(水、热等要素)、土壤图(土壤类型等要素)、植被类型图等最为重要。

社会经济条件分析亦很广泛，主要有：

(1) 人口条件，包括总人口数、流动人口、城市人口、农业人口、农业劳动力、人口自然增长率、人口年龄构成等指标；

(2) 农林牧渔各业生产现状、水平及存在问题，各业生产发展战略或远景规划指标；

(3) 工矿、交通、电力等生产现状及发展规划指标；

(4) 城乡建设与基础设施状况以及发展规划指标；

(5) 经济社会发展规划及各部门(或行业)发展规划对土地利用的要求分析。

2) 土地利用现状分析

土地利用现状是人类长期利用土地、改造土地的结果，从当前或长远的眼光来看，有其合理和不合理的两个基本部分，前者宜加以保留，并不断改进，使其更加合理化；后者则必须扬弃。通过土地利用现状分析，可以得知当前土地利用的合理性及其程度，认识土地利用现状的特点与存在的问题，从而为科学地制定土地生态规划设计方案奠定基础、提供依据。土地生态规划中的土地利用现状分析可归纳为以下四个方面：

(1) 土地数量、质量及动态变化分析。对我国而言，可根据土地详查及变更调查、土壤普查、土地遥感监测以及人口、土地、农业、城乡建设等统计年报资料，分析和比较规划区域各类土地的总面积、人均占有量和质量状况，以及近十年来的土地利用变化情况，探究引起土地利用变化的原因，评价土地利用变化对经济、社会和生态环境的影响。

(2) 土地利用现状结构与布局合理性分析。可结合上述土地资源条件，分析各类用地比例关系及各类用地在规划区域范围内的空间分布是否合理，并总结区域土地利用的特点和规律。用地结构一般可分为三个层次进行分析：第一层次是全部土地中农用地、建设用地和未利用地的比例结构；第二层次是农用地中农(狭义指种植业)、林、牧、渔各业用地的结构，以及建设用地中城乡居民点、工矿、交通、水利设施等用地的结构；第三层次包括农业(狭义)内部各类作物(粮食作物、经济作物和其他作物)的用地结构,林业内部用材林、经济林、薪炭林、防护林、特用林等的用地结构,城市建成区内各功能区的用地结构,等等。这方面的分析应根据规划需要和可能条件来确定。

(3) 土地利用程度与效益分析。通过计算土地开发利用率、各类用地实际利用率、集约利用水平和土地产出率等指标,并与平均先进水平或现有技术经济条件下可以实现的最大利用率、产出率相比较,分析评价目前土地利用程度和效益的高低。这方面分析的指标较多,可结合当地实际选用。

(4) 归纳和总结土地利用现状分析中所反映的土地利用特点和存在问题,分析规划期内可能出现的各种影响因素,提出规划设计中要重点解决的土地利用问题。

3) 土地生态评价

土地生态类型研究是土地生态评价与土地生态规划设计的基础工作,它应包括三个具体研究内容:

(1) 土地生态分类,即土地生态系统类型的划分,其目的是使研究区域内复杂多样的土地生态系统类型得以条理化、系统化,为后续各项研究奠定基础依据。

(2) 土地生态系统的组成与结构,着重研究区域内各类土地生态系统的组成和基本特征、空间分布格局,为从宏观和微观两个方面合理地布局和安排各类土地生态系统的适当比例、充分发挥各自的功能提供基础依据。

(3) 土地生态系统的形成与演替,土地生态系统是一个动态的开放系统,通过对各类土地生态系统的形成与演替过程的研究,揭示其发生与发展规律,为人类定向控制土地生态系统的演替方向与过程、促进系统结构和功能的优化提供基本依据。

土地生态评价主要属于土地生态系统功能的研究,重点是土地生态系统生产力的研究。从国内外研究状况和实际需要看,一般包括土地生态适宜性评价和土地生产潜力评价。

(1) 土地生态适宜性评价。主要是根据土地系统固有的生态条件分析并结合考虑社会经济因素,评价其对某类用途(如农、林、牧、水产养殖、城建等)的适宜程度和限制性大小,划分其适宜程度等级(通常可分为高度适宜、中度适宜、低度适宜或勉强适宜、不适宜四个等级),摸清土地资源的数量、质量以及在当前生产情况下土地生态系统的功能如何、有哪些限制性因素、这些因素可能改变的程度和需要采取什么措施,建立土地生态系统的最佳结构。

(2) 土地生产潜力评价。从生产发展的需要出发,综合分析土地本身的生态条件,采取试验、预测模型等方法,测算和评价土地生态系统的潜在生产力,并将这种自然系统的生产潜力与土地生态系统的现实生产力进行对比(当然,这种对比必须以相同或相近地带性部位为标准),揭示今后土地生态系统最优利用能使生产力水平提高的程度。需要说明的是,在进行上述土地生态评价的同时,还应通过分析自然生态结构与功能同目前土地利用结构是否相适应,是人类智慧与自然规律共同创造的共生现象,还是人类违反自然规律的活动给生态环境带来的不良后果,亦即研究人类活动与土地生态条件的协调程度,以便查明现状土地利用是否合理,借以总结经验并找出弊端。

除上述基本评价内容外,视不同需要还可有一些特定目的的评价,如专门针对当今日益严重的土地生态退化问题,在研究和制定其恢复与重建规划方案时,应当进行相应的土地生态退化评价项目,以便摸清引起退化的因素、退化类型、退化程度等级以及需要采取的重建措施;又如,在制定后备土地资源开发利用规划方案时,必需首先进行后备土地资源生态适宜性评价研究项目,以便摸清各类后备土地资源的适宜开发利用方向及适宜性等级、限制性因素类型及其限制强度,以及需要采取的开发利用与保护措施,为合理地开发利用后备土地资源提供科学依据。

4) 土地生态规划设计方案的编制

在上述三项分析研究工作的基础上,便进入土地生态规划设计方案的编制阶段。一般而言,土地生态规划编制的基本内容和主要任务可包括以下四个方面:

(1) 在对规划区域土地生态条件、土地生态适宜性、土地利用现状、开发利用潜力和各业用地需求量进行综合分析的基础上,确定规划期内土地利用的方针和目标(包括总体战略目标和分阶段的具体目标)。

(2) 制定土地利用结构调整与布局方案,协调各部门用地,统筹安排各类用地。这是规划的核心环节,它具体包括两种平衡:一是以土地生态评价和土地利用现状分析得出的各类用地供给量与各业发展对土地的需求量为依据,进行各类用地数量的综合平衡;二是以土地生态适宜性评价图和土地利用现状图为依据,审查各部门、各行业发展要求的用地位置、范围是否存在矛盾,进行各类用地空间布局的综合平衡。当各类用地数量或布局综合平衡出现矛盾时,可根据土地利用调整次序协调解决。

(3) 划分土地生态功能区,亦即土地用途区(或称用地分区),并制定各区土地用途管制的主要规则、土地合理利用和生态建设及保护的主要措施。用地分区(或土地生态功能分区)是土地利用空间布局的基本方法和手段,是协调各部门各行业间用地矛盾、限制不适当开发利用行为、控制各类用地布局、实施土地用途管制和进行各类土地生态建设的基本依据,因而是整个规划的重要环节。规划的基本图件——土地生态规划图的主体内容就是在图上具体落实和划定各类土地生态功能区(或土地用途区)。

(4) 规划方案可行性与效益论证。在编制规划过程中,通常应拟定若干供选方案,每个供选方案均需保证规划主要目标的实现。对每个供选方案要进行实施的可行性(或可操作性)和效益(包括经济、社会和生态三大效益)论证,经过反复协调和优选,最终确定最佳规划方案。

5) 制订规划实施的保障措施

实施规划的措施要具体、可行、得力,应包括政策措施、法规措施、经济措施、工程技术措施、行政管理和监督措施,确保规划方案的顺利实施。

需要指出的是,上述基本内容主要是属于"总体规划"的范畴,至于专项规划和详细规划(即土地生态设计)应根据规划目的、性质、任务以及当地实际情况来确定其应有的研究内容。此外,对于总体的土地生态规划,按我国目前土地利用总体规划的一般做法,地(州)级以上的规划中要进行土地利用地域分区,以便因地制宜地进行分类指导,对各地域区土地利用实施宏观调控。当然,土地利用地域分异显著的县级规划亦应进行这种地域分区。与此相应,县级以上土地生态规划一般应当划分土地生态地域区,即进行土地生态区划,从而将土地生态地域区与生态功能区(土地用途区或用地区)有机结合,这种分区方法很有好处:划分"地域区"可从宏观上控制土地利用方向和用地结构;划分"用地区"可确定用地布局,便于对各类用地实行用途管制,实施土地利用与生态建设措施;这种"条块结合"符合我国现行管理体制,因为地域分区基本保持某一级行政区界的完整,便于"块块"(行政区)组织管理协调,而用地分区(功能分区)基本上是按部门和行业划分,便于"条条"(部门)从上到下管理利用。

综合上述内容,土地生态规划的基本流程大致如图7.1所示。

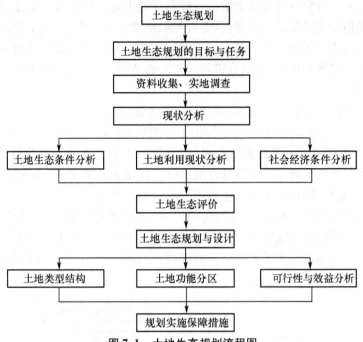

图 7.1 土地生态规划流程图

### 7.4.2 土地生态规划的主要方法

1) McHarg 的千层饼规划模型

McHarg 的《设计结合自然》一书及其规划设计实践可以说是土地生态规划设计理论和方法上的重大创举,成为 20 世纪 70 年代以来土地生态规划的一个基本思路。在该书中,McHarg 建立了以区域自然环境和土地利用适宜性等级分析为核心的生态学框架,其后的研究者们大多遵循这一框架来展开,至今仍然在土地利用生态规划设计中发挥着作用。McHarg 的规划设计方法可分为以下 5 个步骤:

(1) 确定规划范围与规划目标。

(2) 生态调查与区域资料数据分析。各地规划目标虽千差万别,但实现规划目标所依赖的区域自然环境、资源及社会经济条件往往是共同的,因而在规划范围与目标确定之后,应当建立生态调查清单,广泛收集规划区域的自然与人文资料,包括地理、地质、气候、水文、土壤、植被、野生动物、自然景观、土地利用、人口、交通、文化、人的价值观调查,并将其尽可能地落实在地图上。

(3) 根据规划目标综合分析、提取在第二步所收集的资料。

(4) 适宜性分析。对各主要因素及各种资源开发利用方式(土地利用方式)进行适宜性分析,确定各类土地利用的适宜性等级。适宜性分析是土地生态规划设计的核心。常用的分析方法有地图叠置法、因子加权评分法、生态因子组合法等。

(5) 综合适宜性图的建立。McHarg 方法的核心在于:根据区域自然环境与自然资源(土地资源)性能,对其进行生态适宜性分析,以确定土地利用方式与发展规划,从而使人类对土地的开发利用活动与自然特征、自然过程协调统一。适宜性分析是土地生态规划设计的核心内容和关键环节,因而定量地分析描述适宜性等级已成为(土地)生态规划发展的一个重要方向。

总的来说，基于适宜性分析的土地生态规划强调土地利用应该体现土地本身的内在价值，这种内在价值是由自然过程决定的，即自然的地质、土壤、水文、动植物和基于这些自然因子的文化历史，决定了某一地段应适用于某种用途。其目标是根据区域自然资源与环境性能，结合发展和资源利用要求，划分资源与环境的适宜性等级，这是土地生态规划较为可行的生态学途径。

### 2) Odum 的分室模型及其区域生态系统模型

1969年，E. P. Odum 在其论著中提出了分室模型（compartment model），将土地利用类型划分为四大类型：① 生产性土地利用，主要为农业和生产性的林业用地；② 保护性土地利用，主要为对维护区域生态平衡具有关键生态作用的土地单元，如保护栖息地、防护林地等；③ 调和性土地利用，主要是指在系统中起协调作用的土地单元；④ 城镇—工业土地利用，指城市化和工业化土地，往往对自然的生态过程具有负面影响（见图 7.2）。在这一模型中，Odum 认为所有的土地利用都可以划入分室模型四个分室中的一个。由于农业生产与天然生物生产区别较大，为了表述这种差别，也可以将生产性土地利用进一步划分为农业生产性土地利用和自然生产性土地利用。

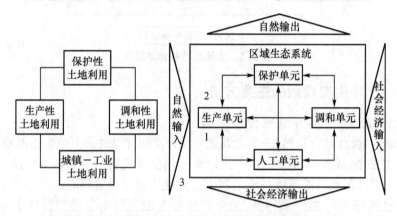

**图 7.2　分室模型与区域生态系统模型（傅伯杰等，2001）**
1—单元内部研究；2—单元间相互作用研究；3—区域策略研究

该模型的应用可按以下 3 个步骤进行：

(1) 根据所选定的用作分室分类标准的一系列参数（或参数组），采用一定的数学方法（如判别功能分析的多变量统计技术等），将规划区域内的各类土地利用归入到上述 5 个分室中。

(2) 计算相同土地利用类型的利用效果，包括经济效益和生态效益，据此确定土地利用后的区域生态效益。

(3) 计算生态匹配值。匹配的过程可以视为"最适即最好"的量度。这一步骤首先是根据区域不同分室的自然基底功能与土地用途建立生态匹配等值计算表，然后将规划用地分别置于表中估算生态匹配值，从而可以判断目前利用状态与规划后利用状态的生态适宜程度和生态效果，确定土地开发利用方案的总体生态效益。

表 7.1　生态匹配等值计算表

| 土地利用类型 | 保护 | 高生产 | 高农业生产 | 生产 | 高自然生产 | 农业生产 | 自然保护 | 商业 |
|---|---|---|---|---|---|---|---|---|
| 保护性土地利用 | +3 | 0 | 0 | 0 | 0 | 0 | 0 | 0 |
| 农业生产性土地利用 | −2 | +3 | +3 | +2 | −1 | +1 | −1 | −1 |
| 自然生产性土地利用 | −1 | +2 | −1 | +2 | +3 | −1 | +1 | −1 |
| 调和性土地利用 | −2 | −3 | −3 | −2 | −2 | −1 | −1 | +3 |
| 城镇—工业土地利用 | −3 | −3 | −3 | −2 | −2 | −2 | −1 | +3 |

注：+3：很适宜；+2：中等适宜；+1：轻微适宜；0：中性；−3：非常不适宜；−2：中等不适宜；−1：轻微不适宜。

同年，Odum 又在分室模型的基础上，提出了区域生态系统模型，成为其"生态系统发展战略"的理论核心。在该模型中，Odum 根据区域中不同土地利用类型的生态功能，将整个区域生态系统分成 4 个景观单元类型：① 生产性单元；② 保护性单元；③ 人工单元；④ 调和性单元。它们共同构成区域生态系统模型第一层次研究的主要内容；第二层次侧重于各单元类型间物质和能量转移过程与机制的研究；第三层次则以区域生态系统的整体为研究对象，主要研究自然和社会经济输入、输出的调控机制，并为区域土地利用的分配提供决策依据。

3）Haber 的析分土地利用系统模型

析分土地利用系统（Differentiated Land-Use System，简称 DLU）模式是著名生态学家、德国慕尼黑技术大学农学院教授 W. Haber 在 Odum 的分室模型基础上提出来的。该系统适用于具有多重的和冲突的土地利用要求，以及引起环境影响的人口比较稠密的国家。该模式假设每一种土地利用类型不可避免地引起环境影响和其他的半对半的机会，它们的减缓具有固有的局限。土地利用的空间和时间分割会在同一时候分割对环境的影响，从而进一步减缓影响。此外，该模式通过空间异质性的维持，促进了生物多样性（包括生态系统或土地类型的多样性以及物种多样性），并对自然保护的重要目标作出贡献。

析分土地利用模型包括土地利用规划中的三条基本准则：

（1）在一给定区域内，占优势的土地利用类型不能为存在的唯一类型，至少该区域土地的 10%～15% 必须为其他土地利用类型所占据。

（2）在一给定区域内，若其绝大部分是农业或城市—工业用地，至少必须保留 10% 的面积作为自然用地类型，其中包括未加管理的牧草地和被择伐管理的林地。这条准则又被称为"10% 急需率"（10% exigency rule），该定律被看成是使得有足够数目的野生动植物种与人类土地利用共存的一般法则。而且上述 10% 的自然用地必须均匀地分布于整个规划区域，不能集中于边际土地的偏远角落。

（3）占优势的土地利用类型本身必须要多样化，应当避免大面积、连续、均一的土地。在人口稠密的地区，田块的大小必须永远不超过 $8\sim10\ \text{hm}^2$。城市和工业区亦应遵循同样的原则。

具体的规划按照以下五个步骤进行：

（1）土地利用分类，即辨识区域土地利用的主要类型，根据生境集合而成的区域自然单元（RNU）来划分，每一个 RNU 有自己的生境特征组，并形成可反映土地用途的模型；

（2）空间格局的确定和评价，即由对 RNU 构成的景观空间格局进行评价和制图，确定每个 RNU 的土地利用面积百分率；

（3）敏感度分析，即识别那些近似自然和半自然的生境簇，这些生境被认为是对环境影响最敏感的地区和最具保护价值的地区；

（4）空间联系，即对每一个 RNU 中所有生境类型之间的空间联系进行研究，特别侧重于连接度的敏感性以及不定向的或相互依存的关系等方面；

（5）影响分析，即利用以上步骤得到的信息，评价每个 RNU 的影响结构，特别强调影响的敏感性和影响范围。

4）集中与分散相结合的规划模型

该模型是 Forman 于 1995 年在其《Land Mosaics: The Ecology of Landscapes and Regions》一书中提出来的，也称为景观格局优化方法，主要基于景观过程与格局分析，通过格局优化来维护生态功能的健康与安全。该模型强调应集中土地利用，而在一个被全部开发的地区，应保持廊道和自然小斑块，并把人类活动沿着主要边界在空间上分散安排。它是 Forman 基于生态空间理论提出的一种最佳生态土地组合的乡村景观规划模型，是根据美国和欧洲的农村情况，融合生态知识与文化背景的一种创新。

该模型是针对在景观中，什么是土地利用最合适的安排这一问题而提出的。它强调的是：应该集中土地利用，而同时在一个被全部开发的地区，保持廊道和自然小斑块，以及把人类活动沿着主要边界在空间上分散安排。在具体操作过程中，要考虑 7 个景观生态属性，即大型植被自然斑块、粒度大小、风险的扩散性、基因变异性、交错带、小的自然植被斑块、廊道等。

而按 Forman 的划分，嵌块体在景观中按其大小可分为粗粒与细粒两类，它们在景观中的生态学意义是不同的。粗粒景观为特殊的内部种提供了大型自然植被斑块；而细粒景观占优势的种是泛化种类。为了防止在一次大的干扰事件中景观的全面破坏，所以在景观生态规划中有必要考虑危险传播这一因素。对景观而言，干扰对其异质性的发展与维持有重要的作用，基因的变异性在对干扰的抗性限制性方面是很重要的，所以在景观生态规划与设计时也要考虑这一因素。小的自然植被斑块在过度人工化的环境中是非常重要的。它可以保持整个景观的多样性，同时提高景观的异质性与人工环境下人的生存质量。廊道可以分为两类，一是自然植被廊道，二是包括多样性小尺度土地利用的廊道。前者可以增强诸如种与地表水运动等自然过程的重要性；后者可以导致人类和多生境种在这些土地利用中运动的有效性。

在明确了规划要考虑因素的意义之后，该如何在空间进行基于上述因素的景观生态规划与设计呢？首先通过集中的土地利用，确保大型自然植被斑块的完整性，以充分发挥其在景观中的生态功能；而在人类活动占主导地位的地段，让自然斑块以廊道或小斑块形式分散布局于整个地段；对于人类居住地，按距离建筑区的远近把其分散安排于自然植被斑块和农田斑块的边缘，愈分散愈好；而在大型自然植被斑块和建筑群斑块之间，可增加一些小的农业斑块。显然，这种规划模型的出发点是管理景观中存在着多种组分，包含较大比重的自然植被斑块，可以通过景观空间结构的调整，使各类斑块大集中、小分散，确立景观的异质性来实现生态保护，以达到生物多样性的保持和视觉多样性的扩展。

# 8 土地利用规划实施评价

从我国已经执行完毕的两轮土地利用规划来看,规划实施对于加强土地宏观管理和实施土地用途管制、严格保护耕地特别是基本农田、促进土地集约节约利用发挥了重要作用。但是,不依规划办事违反规划批地用地的现象;擅自或变相修改规划的问题时有发生;有的规划在执行中反映出科学性和可操作性不强等问题。为此,开展土地利用总体规划实施进行评价研究不仅十分必要,而且通过建立一种评价系统模型,全面分析规划实施效果,促进有关地方落实规划目标、任务和各项政策措施,同时通过总结正反两方面经验,提出改进规划工作的对策建议,作为修编规划和加强规划实施管理的基础和依据。对提高规划的科学性和可操作性,完善和提高土地利用规划理论和技术具有重要意义。因此,2004年国土资源部下发《关于开展土地利用总体规划实施评价和修编前期调研工作的通知》(国土资发〔2004〕133号),要求开展规划实施评价,并明确规划实施评价是规划修编的前提。这是我国土地利用规划中首次提出进行实施评价工作。但是目前,土地利用规划实施评价还未形成比较健全的或者得到广泛认可的方法和评价标准,这里仅对土地利用规划实施评价的概念和类型,以及国内外研究进展和发展历程展望进行介绍。

## 8.1 土地利用规划实施评价的概念和类型

### 8.1.1 土地利用规划实施评价的概念

土地利用规划实施评价,是指根据一定的标准,采用一定的方法,对土地利用总体规划执行的效果进行分析、比较与综合后做出的一种价值判断,是土地利用总体规划执行阶段的重要环节,既是对尚在执行中的规划实施情况的总结,也是进行规划修编和实施措施调整的依据。土地利用规划实施评价主要内容应该包括:通过对规划活动实践的总结分析,明确规划预定目标的执行或完成情况,主要的效益指标完成情况,规划对经济发展和社会进步的影响,规划执行中的守法情况等;通过分析评价,找出规划执行过程中出现的问题并提出改进意见,分析规划成败的原因,总结经验教训,并通过及时有效的信息反馈,为未来新规划的决策提出建议,从而提高规划的合理性、有效性、科学性和预见性,全面贯彻土地利用规划的意图。

由于未来发展的不确定性,规划的科学性和合理性只有在具体的规划实施实践中,在具体的社会经济环境下才能得以体现。例如,新一轮土地利用总体规划中,要求对上一轮规划进行实施评价,目的就是通过全面分析规划实施效果,明确规划修编的意义和改进的方向。

### 8.1.2 土地利用规划实施评价的主要类型

关于土地利用规划实施评价的类型,不同的学者有不同的观点。Talen(1996)在对众多研究文献进行综述的基础上作出全面阐述,他主要依据评估活动进行的不同阶段、内容和方法等因素,将规划实施评估分为三个类型:规划实施之前的评估、规划实践的评估和规划实施结果的评估,为全面认识规划实施评估不同类型及各自类型在评估中可运用的方法提供了基本的框架。国内学者由于对评估目标认识的不一致,在评估体系设计上存在差异,在评估类型上有两分法、三分法与多分法等划分方式。孙施文等(2003)将规划实施评估分为两种类型:规划实施前的评估(包括备选方案评估、规划文件分析)和规划实践的评估(包括规划行为的研究、描述规划过程和规划方案的影响、政策实施分析、规划实施结果评估)。赵小敏等(2003)将规划实施评估分为三种:结果评估、效益评估和效力评估。郑新奇等(2006)将规划实施评估细分为 5 种类型:规划前评估、规划编制过程中评估、规划方案评估、规划方案实施过程评估和规划方案实施效果评估。以上分类法虽然在细节上略有出入,但大多学者对规划实施评估在时间序列上的分类都遵循前、中、后三个时期。

1) 规划实施之前的评价

是一种预测性评价,主要是对规划方案实施可能产生的各种影响进行预测,并将预测信息反馈给规划者或者审批者,从而为规划方案选取提供借鉴。包括以下两个方面:① 备选方案的评价。对备选方案的评价主要是通过建构一些数学模型,模拟土地利用规划以及其他的政策以解释和预测未来行为,或推导出备选方案的多种效用,以便在规划实施前评价它们未来的可能影响。② 规划文件的分析。就是在细致评价规划模型的基础上,对规划文件的"话语"进行分析和解构,以提出建议性的实践行动。

2) 规划实践的评价

针对规划实施过程的一种评价,包括以下 3 个方面:① 对规划行为的研究。主要调查的是"规划师做了些什么"以及规划师"是如何做的",它一般通过检视规划师工作的社会政治环境以理解规划的运作。通过对规划行为机制的研究以评价规划的实践,它不仅关心行为的过程,也联系实施的现实情况。② 描述规划过程和规划方案的影响。一般通过案例研究和建立模型,对规划中物质空间内容和实施机制进行广泛分析和评价。③ 政策实施分析。主要探究政策颁布之后所产生的影响。通常,这类分析关注的是政策内在的行政管理过程以及这个过程是否发生偏差的原因。同时,政策实施分析也包含了对管理者行为策略、目标团体接纳能力以及对它们产生直接或间接影响的政治、经济、社会网络的分析。目前,政策实施分析和程序评价已经由对程序结果的检视发展到对整个实施步骤的解释。

3) 规划实施结果的评价

是一种回顾性评价,主要是对规划实施一定时间后的回顾评价,从而为土地利用规划实施和修改调整提供依据。包括以下两个方面:① 非定量的研究方法。一般而言是指定性的分析方法,是整个分析过程中的基础部分。它通过对规划问题本质属性的分析,在掌握规划实施、运作规律的基础上,做出对规划实施正确而全面的分析判断。② 定量的研究方法。即通过选取一定数量、引入相关模型的实证分析,来获得对于规划实施效果的量化评价,在定性分析的基础上获取更为准确和深刻的认知。

对规划实施评价类型的划分主要依据是评价活动进行的不同阶段、内容和方法等因素进行区分的。目前我国的土地利用规划实施评价,大多是对规划实施结果的评价,也就是对规划编制成果和实施效果的评价和总结,从而全面系统地检讨分析规划的实施过程和结果,从中汲取经验教训,并对新一轮规划修编提供科学依据。

## 8.2 国外土地利用规划实施评价研究

### 8.2.1 国外规划实施评价的标准

确定规划实施评价的标准是规划实施评价成功的基础。对此,不同的研究者也有不同的看法。一些研究者认为对规划实施的评价就是用最后实现的结果与规划编制的成果进行对照,按照原设计要求丝毫不差地实现规划就是最成功的实施。如特别强调规划结果,认为规划或政策都是将在未来一定的时间内完成,所以对于实施的评价依据就是以其结果与规划方案的契合度为标准的,即规划实施的最终结果与最初方案设计的一一对应,并且认为规划实施一旦获得成功,那么整个规划以及规划程序都是成功的。有的研究者虽然也十分强调规划的实施程度以及实施结果与规划方案的一致性,但这并不是单纯地进行规划与现实间的空间比对。如对规划实施获得成功的定义是规划实施后居民与公共设施间的空间关系应该近似于原来规划所要达到的。也就是说,评价工作不必拘泥于对规划区位空间具体位置和方法的评判,只要实施结果符合规划的意图即可。在实际情况中由于规划实施过程中存在不确定性因素,规划编制成果与规划实施成果间并非单一的对应关系。规划目标若要有效就必须结合对不确定性的考虑,并且将其贯彻在规划实施的评价过程中。正如 E. R. Alexander 所认为的,规划首先是"以决策为中心"(decision-centered evaluation)的,是为决策提供一个参照性的框架。因此,受不确定性因素的影响,规划实施的结果与规划方案之间的偏差并不必然地表示规划是失败的。即使规划的结果与最初的方案大相径庭,但是只要当初规划的目的和主旨没有改变,或者是利用更为切实有效的方式达到规划目的,就不能根据结果与方案的不一致性简单地评判规划实施的失败。因此,对规划与政策实施的评价还应强调它们制订和实施的过程,即强调对规划实施过程进行评价。

从 70 年代初开始,以 David Harvey 为代表的激进的政治经济学学派继承了现代土地利用规划的基本理念,更为强调价值判断层面的评价。他们认为不弄清楚规划的价值问题,进而弄清楚规划的正当性、公平性和社会性等问题而去评价其效果,无异于本末倒置。公正与理性应当始终是规划实施同时也是对规划实施进行评价的首要标准。这表明,伴随着规划理念和思想的进步,规划的价值问题成为规划实施评价中不可逃避的问题。

针对规划实施结果与编制成果间关系的研究,在一定程度上解决了以具体问题为目标的规划实施效果问题。但是缺少对整个规划实施运作过程的深度探究,终究难以获取对规划实施客观、公正、全面的评价。一个规划的实施通常受制于一定的社会经济环境。规划实施的效果大多是由其对新出现变化的适应情况所决定的。所以区分实施效果的偏差是由于规划编制方面的原因还是由于实施过程中的实施策略与实施方法的原因是十分重要的。评价规划实施过程中所遇到的风险具有比较重要的意义。

### 8.2.2 国外研究方法及案例

1)评价指标体系的研究

在评价指标体系构建方面,Lucie Laurian 等提出了一种针对规划实施结果的评价方法,以规划实施的广度和深度两方面的多个评价指标,通过实证分析,对规划相关的政策、技术和规划许可标准建立联系,评价规划政策至少实施过一次的比例也即实施的广度和通过规划中专门技术实施的规划许可标准实施政策的比例也即实施的深度,作为规划实施的分值,以此对规划实施评价。K. S. Calbick 初步选取 24 个指标,通过发放调查问卷及其相配套访问的方式,进行指标成功程度的排序,得出在土地利用规划实施过程中关键性的措施包括:法制命令、行政规则、不断修整的指导方针、协作的规划程序、充足资金、强制惩罚、提供项目融资等。Tanis M. Frame 建立的指标体系包括 14 个过程性指标和 11 个结果性指标,经过实际调查分析得到在土地利用规划的决策过程中,仅仅一个指标不能决定规划中的决策正确性,而是一系列影响因素。Christopher T. R. B Joseph 认为土地利用规划实施是受多因素影响的复杂过程,其目的是为了实现社会、环境和生态的可持续利用。主要从社会和政策方面选取评价指标,包括:规划的可持续性、对规划的知晓度、规划实施的法律基础、减轻规划负面效应的有效措施、充分的调整系统等。通过对相关专家和人群使用问卷调查的方法,确定影响规划的政策制度指标体系因子及其重要程度,得出各个因子的分值,并与以前的规划实施效果相比较。

(1) 评价标准

特别在 Joseph 的文中我们看到他将自己的方法与 Gunton、Day 的研究进行对比,比如在评价标准上,Albert、Gunton 和 Day(2002)采用的是五级比例尺度"很重要"、"重要"、"比较重要"、"不是很重要"、"一点不重要",而给各级标注的得分是 2、1、0、-1、-2,即 1.5~2.0 为"很重要",0.5~1.49 为"重要",-0.5~0.49 为"比较重要",-1.5~-0.51 为"不是很重要",-2~-1.51 是"一点不重要"。到 2004 年他们又完善了这个得分体系,将 1~1.66 分作为"最关键",1.66~2.33 作为"中等",2.34~3 作为"最不重要"(见图 8.1)。

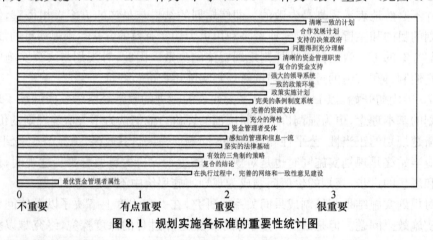

图 8.1 规划实施各标准的重要性统计图

(2) 指标体系的构建

指标体系选择的变化情况见表 8.1。

从这几位研究者的指标框架发展可以看出,国外的规划实施评价越来越突出政府决策和管理体制的重要性,并且强调实施评价需要具有充分的弹性和灵活性(sufficient flexibility)。也就是说,国外的规划实施评价工作已经意识到规划实施过程中的不确定性因素,规划的实施包括对规划实施的效果用可变、灵活的观点来审视。

表 8.1　研究结论重要性比较表

| 标准 | Joseph | Albert, Gunton and Day | Calbick, Day and Gunton |
|---|---|---|---|
| 清晰一致的计划 | 很重要 | 很重要 | |
| 合作发展计划 | 很重要 | 很重要 | 最关键 |
| 支持的决策政府 | 很重要 | | |
| 问题得到充分理解 | 很重要 | 重要 | |
| 清晰的资金管理职责 | 重要 | 很重要 | 最关键 |
| 复合的资金支持 | 重要 | 很重要 | |
| 强大的领导系统 | 重要 | 很重要 | |
| 一致的政策环境 | 重要 | 重要 | |
| 政策实施计划 | 重要 | | 中等 |
| 完善的条例制度系统 | 重要 | | 最关键 |
| 完善的资源支持 | 重要 | 重要 | 中等 |
| 充分的弹性 | 重要 | | 中等 |
| 感知的管理和信息流 | 重要 | 很重要 | 中等 |
| 资金管理者受体 | 重要 | 比较重要 | |
| 坚实的法律基础 | 重要 | | 最关键 |
| 有效的三角制约策略 | 重要 | | |
| 复合的结论 | 重要 | 重要 | 中等 |
| 在执行过程中,完善的网络和一致性意见建设 | 重要 | | 最关键 |
| 最优资金管理者属性 | 不重要 | 不是很重要 | |

2) 代表性框架方法

(1) 针对规划实施结果的评价

代表人物有 Wildavsky 和 E. Talen。Wildavsky 认为,规划或政策都将在未来某一假设的时间内完成,而对于实施的评价是依据结果与规划方案的契合度为标准的,亦即规划实施最终结果与最初方案设计的一一对应性,并且认为规划实施一旦获得成功那么整个规划以及规划程序都是成功的。Wildavsky 首先从城市规划本质含义的定义入手,通过规划与规划评价间的联系来阐明对于规划实施评价的认识。他认为规划是"控制我们行动结果的尝试",是对未来的控制,然而由于未来存在太多的不确定性,对未来的控制几乎是不可能的,因而"究竟什么才是好的规划"在此背景下很难做出评估。因此在 Wildavsky 的方法中,忽略甚至消除了不确定性的存在,这是他整个理论框架的前提条件。但这并不表明 Wildavsky 本人对不确定性的漠视。事实上,Wildavsky 从一开始便认识到不确定性的重要作用。但是,为了符合其对规划及规划评价的认识,Wildavsky 在这里有意忽略了不确定性的存在。

E. Talen 对规划实施获得成功的定义是规划实施后居民与公共设施间的空间关系应该近似于原来规划所要达到的。也就是说,评价工作不必拘泥于对公共设施具体位置的评判,只要实施结果符合规划的意图即可。他在构建城市规划实施评价研究体系的背景下,提出对规划实施结果与编制成果间关系的看法。他认为划清"规划实施过程"和"规划方案成果的实施"之间的区别就显得极为重要,日趋成熟的政策实施分析早已辨明了政策决议与实施结果间的差异,但规划师有必要细致地探究规划是否被真正地实施、实施的程度究竟如何等基本问题,并且对于城市规划实施的评估也应具有自身专业的特色,需要针对规划的物质、空间层面展开分析,以确保规划合理引导城市未来的物质形态发展。尽管他在研究中十分强调规划的实施程度以及规划方案与实施结果的一致性,但这并不是单纯的进行规划与规划现实间的空间对比。首先采用线性分析的方法对规划方案与目标年的公共设施可达性进行比较。然后,采用双变量分析的方法来比较规划进展和实施结果之间的变化关系。最后,采用回归分析的方法,通过比较规划与现实之间市民对公共设施可达性的关系,评价此项规划最终的价值程度。同样的,在分析评价的过程中也将遇到不确定性、复杂性以及其他多种因素的影响,正视并充分考虑了这些因素的作用,最终认为由于多重因果关系作用的存在,规划方案与实施结果之间并不一定要有明确的联系。

(2) 针对规划实施过程的评价方法

比较典型的有 Alexander 与 Faludi 的 PPIP 评价模型和 Pasty Healey 的实证研究。

① Alexander 与 Faludi 的 PPIP 评价模型

Alexander 和 Faludi 在个人研究的基础上,提出了所谓的 PPIP(policy-plan/programme-implementation process)评价模型。这一评价模型否定了结果决定一切的评价方式,强调对规划过程的评价更为合理。在模型中,为了避免规划评价所面临的复杂性与不确定因素的影响,将对规划的理解放在一个更大的背景当中,规划的运作是连接目标与行动、理想与现实的社会协商、互动过程的一部分。

根据运作过程中不同决策要素间的本质区别,将设立政策、规划程序或项目三类从抽象到具体、从一般到特殊的评价要素,并依此选择不同的标准和方法进行评价研究。借助这个模型,政策、规划、项目、程序、可操作性的决议、实施的结果和实施的影响等多项要素得以一并考虑,通过设立"一致性"、"合理的操作过程"、"关于最佳性的事前分析"、"关于最佳性的事后评价"及"有用性"等五个评价标准,融合"传统性"、"主观性"以及"以决策为中心"三种不同的评价方法,建立起规划与政策的评价框架体系,并依照这个框架体系的序列分析最终判定规划或政策是积极、中性,还是消极的实施效应。

② Pasty Healey 的实证研究

Pasty Healey 关于土地利用规划实施评价的研究则是直接以规划实践为基础而展开的。她认为规划实施评价主要是使规划师及其雇主知道规划、政策和行动是否已起作用,同时也帮助实践者来改进实践。通过对规划实施结果与规划方案间关系的校核,将研究集中到对规划运作中的各过程要素与规划实施过程机制的系统分析。在这类研究中所要解决的主要问题,就是如何将土地利用规划的过程和由此过程而产生的结果紧密结合起来,因为某个特殊的规划结果也许恰好符合规划文本中的政策,但这并不意味着两者间存在着必然的联系,而细致的案例研究却能深入地探究这种关系。通过大量的文献检索、实证调查、相关人士访谈等获取每一案例的评价数据,由此来评判规划实施的程度、解释结果产生的缘由、揭示实施中遇到的问题并探究这些问题又是如何解决的。最终,通过此类大量而不同类型的案例研究,获取各种土地利用规划实施背景下的经验信息,从而更好地认识当前规划体系的运作过程以利于后继规划的有效实施。在发达国家,土地利用总体规划公众参与程度较高,公众对规划的知晓情况较多,有些通过对专家和人群发放问卷的方法来评价规划实施的效果。在对土地利用规划实施评价的研究中,国外比较偏重规划对环境、灾害、风险、健康、景观特征、生物多样性等造成的影响。

### 8.2.3 国外研究的发展趋势

将上述国内外研究综述进行总结表明,国外关于土地利用总体规划实施评价的研究起步较早,自20世纪60年代末至80年代中期以来,相关的土地利用总体规划实施研究已经形成一定规模,历程发展大致分为五个阶段(见表8.2)。

表8.2 国外关于土地利用总体规划实施评价的时间阶段划分

| 阶 段 | 代表人物 | 特 点 |
| --- | --- | --- |
| 20世纪60年代 | — | 城市规划评价的初期阶段。研究内容主要集中在规划方案评价和决策技术手段评价,讨论规划方案内容的合理性 |
| 70年代 | A. Wildavsky | 研究内容主要强调一致性,即规划实施的最终结果与最初规划方案要完全一致 |
| 80年代中期 | E. R. Alexander, Faludi | 强调评价应该既有对规划方案的评价,也有对规划过程的分析 |
| 90年代中期 | Pasty Healey, Emily Talen | 强调规划制订过程和实施过程,如果能够证明整个规划制订标准和对实施过程的引导是正确的而且是最优的,那么最终结果与规划方案是否一致就不一定是最终评判标准了 |
| 2000年至今 | Vitor Oliveira, Paulo Pinho | 各国学者在不同尺度的研究区域开展的实证研究不断增多,研究视角也更加丰富 |

总的来说,国外有关土地利用规划的评价已从最初单纯应用数理统计方法对土地规划内容及其要素分布的合理性进行评价,逐步转变到对影响和决定规划成效的规划实施过程的评价,这表明土地利用规划从以规划编制为核心的框架体系已经逐步地转移为对规划实施的关注。并且规划实施评价的研究也逐渐从侧重单一的"结果评判",即认为按照原设计要求丝毫不差地实现规划就是最成功的实施,转变为关注多元的"过程检测"的理性评价,也就是评价工作不必拘泥于对规划区位空间具体位置和方法的评判,只要实施结果符合规划的意图即可。提出了不确定性的概念,在实际情况中由于规划实施过程中存在不确定性因素,规划编制成果与规划实施成果间并非单一的对应关系。规划目标若要有效就必须结合对不确定性的考虑,并且将其贯彻到规划实施的评价过程中。

## 8.3 国内土地利用规划实施评价研究

### 8.3.1 国内规划实施评价方法的研究

在评价方法方面,已经从定性分析向建立指标体系和数学模型使用定量分析的方法转变。比较常见的是以下几种研究方法:

1) 战略环境影响评价

南京大学的赖力对土地利用规划实施后的战略环境影响进行评价,指出土地利用总体规划的战略环境影响评价(SEA)体系包括回顾性SEA与监测性SEA。回顾性SEA的主要任务是评价土地利用规划战略执行产生的已有环境影响,总结规划实施的经验与教训。SEA评价指标体系的内容应包括资源、环境、经济和社会指标四个层次。在战略环境影评价的方法上,采用可持续发展能力评估是目前土地利用规划评价的发展趋势。

战略环境影响评价在指标体系的考虑上,提出了资源、环境、经济和社会指标四个层次,具体评价时侧重于土地利用规划实施的环境影响评价。对规划实施后给经济和社会带来的影响考虑不足。

2) 基于协调度模型的评价方法

浙江大学的吴次芳提出了基于协调度概念的评价方法,他认为土地利用总体规划实施评价指标体系应包括:规划指标实施情况;规划空间布局调整情况;规划社会认同度。吴次芳对传统的协调度模型加以改进,选择几何平均值作为评价合成方法,通过计算协调度,能够严惩落后指标(比如基本农田保护、粮食生产指标等),鼓励各项指标均衡发展。

采用协调度模型,确定模型中各评价因素的上下限是土地利用总体规划实施评价的一个难点。同时协调度模型是将所有的土地利用规划实施评价指标体系作为一个大的系统来考虑,而忽略了系统内部的各个子系统之间的协调性,只用指标的几何平均值作为土地利用规划实施的评价值,显得过于笼统。

3) 构建评价指标体系

江西农业大学的赵小敏等在2003年较早地独立提出土地利用规划实施评价指标体系,采用系统分析法对土地利用总体规划实施评价进行研究,评价内容包括结果评价、效益评价和效力评价三个方面,评价指标包括效果指标和执行指标两类(见图8.2)。

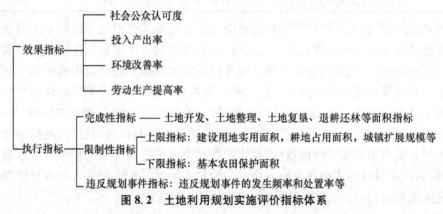

图 8.2 土地利用规划实施评价指标体系

对指标体系中不同的指标采用不同的量化模型,通过层次分析法和特尔菲法来确定各个指标的权重,最后运用加权求和模型来计算分值,以此来评价土地利用规划的实现程度。运用加权求和模型计算分值来衡量土地利用规划实施程度,具有操作性强、方法简单、易于推广的优点,但同时土地利用规划的实施程度是土地利用规划实施评价的一个组成部分,仅仅以实施程度来评价土地利用规划实施是不全面的。

### 8.3.2 国内规划实施评价指标研究

1) 指标体系的构建

近期的规划实施评价研究大多集中在指标体系的构建方面,这里将重点介绍国内对规划实施评价指标的主要研究进展。余向克建立的评价指标体系包含3类:一是目标评价指标体系,包括耕地保有量、退耕还林面积、新增建设用地量指标和土地利用结构调整指标;二是效益评价指标体系,对经济效益、社会效益和生态效益进行评价;三是影响评价指标体系,主要分析土地利用规划执行过程中给经济、生态和社会系统造成的影响。三个系统之间具有相互的协调性及各系统自身的协调性。涂姗建立的评价指标体系包括规划目标实施进展情况(主要是控制性指标、完成性指标和其他指标)和规划用地空间布局执行情况(包括独立项目圈内选址率和重新调整规划面积的比例等),以及规划实施后的社会认可度情况、规划实施所产生的社会、经济与生态效益和规划实施有效管理的执行情况。欧海若认为,规划实施评价的指标体系包括规划指标实施情况、控制性指标、指导性指标、其他指标和规划空间布局调整情况,以及规划社会认可度与公众对规划的知情度和公众对规划实施与管理的满意度等。郑新奇等提出了三级评价指标体系:设立规划执行效果、规划实施有效性、规划实施手段、规划社会认知、规划实施效益 5 个一级指标,30 个二级指标,12 个三级指标(见表 8.3)。

周慧杰等以贵港市为例,采用改进的三标度层次分析法(IAHP)和专家经验估算法相结合的方法,来确定各级指标权重。建立了目标层、准则层、子准则层和措施层四个评价指标体系,采取定性和定量相结合的手段,把不同层次、不同量纲的指标纳入同一评价体系。目标层为效果指标和执行指标,效果指标又分为社会意识度、土地利用、环境生态、社会经济;执行指标分为完成性指标、限制性上限、限制性下限。具体指标体系见图 8.3。

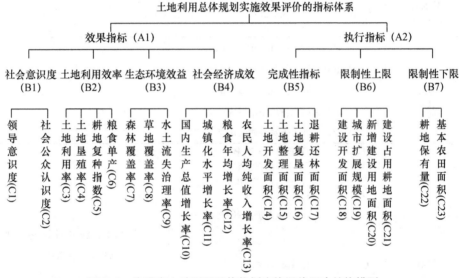

图 8.3　贵港市土地利用总体规划实施评价层次结构模型

表 8.3　土地利用规划实施评价指标体系

| 一级 | 二级 | 三级 |
|---|---|---|
| A 规划执行效果 | A1 城镇规模扩展比 | |
| | A2 补充耕地数量比 | |
| | A3 生态退耕面积比 | |
| | A4 建设占用耕地比 | |
| | A5 建设占用农用地比 | |
| | A6 规划指标落实率 | A61 建设用地指标 |
| | | A62 开发整理指标 |
| | | A63 补充耕地指标 |
| | A7 规划区外选址率 | |
| | A8 基本农田调整率 | |
| | A9 规划调整频次 | |
| | A10 规划调整面积比 | |
| B 规划实施有效性 | B1 实投开发整理资金规划与规划投入比 | |
| | B2 违规案件与查处比 | |
| | B3 建设用地违规面积比 | |
| | B4 建设项目预审率 | |
| | B5 农地转用审批率 | |
| C 规划实施手段 | C1 法规 | |
| | C2 经费投入 | |
| | C3 管理途径 | |
| D 规划社会认知 | D1 领导对规划作用的认知度 | |
| | D2 规划管理部门对规划作用认知度 | |
| | D3 用地者对规划作用认知度 | |
| | D4 社会公众对规划作用认知度 | |
| | D5 专业人士对规划认知度 | |
| E 规划实施效益 | E1 耕地总量平衡率 | |
| | E2 基本农田保护率 | |
| | E3 建设用地集约利用度 | |
| | E4 占补平衡率 | |
| | E5 劳动生产提高率 | |
| | E6 环境改善率 | E61 水土流失面积变化率 |
| | | E62 森林覆盖率 |
| | | E63 农用地污染度 |
| | | E64 水体污染度 |
| | E7 投入产出率 | E71 地均新增建设用地投入率 |
| | | E72 地均新增建设用地产出率 |
| | | E73 单位 GDP 新增建设用地面积 |
| | | E74 单位建设用地面积占农用地面积 |
| | | E75 单位建设用地占耕地面积 |

　　夏春云、严金明教授系统设计了规划实施评价指标体系框架,分为政策执行评价指标(控制性指标)体系、土地利用程度提升指标(非控制性指标)体系、规划方案实施效果和社会影响评价指标体系和规划实施后经济、社会及生态效益的评价指标体系四种。就指标体系

的完备度而言,这个规划实施评价指标体系是最完善的,所列的指标项考虑也非常周全,但是该研究未对指标体系在实际操作中,包括指标权重的确定、指标体系的计算模型以及众多详细指标的筛选比较等作出进一步说明。

在所有指标体系建立中凡涉及社会意识度、公众认知度这类指标内容的,实际操作性均有待考察。因为我国的土地利用规划公众参与度不高,跟国外很高的透明度与公众知晓度相比,我国的土地利用规划实施情况只有政府部门人员以及少数科研人员了解,采用问卷调查等形式对社会意识度数据的获取难度较大。

2) 指标权重的确定

指标权重的确定方法主要有特尔菲法、层次分析法、熵值法、模糊聚类法等。

3) 指标值的计算模型

具体方法有加权平均法、累计加分法、累计减分法、综合评价法等。

(1) 加权平均法

根据不同的指标与目标函数的相互影响关系,运用相关分析的方法,给予它们不同的权重,以区别指标的重要程度。运用时,首先确定了各个指标的权重,然后给各个指标确定分值,最后用加权平均计算整个指标体系的综合评价值,用于评价目标的实现程度。

加权平均法的优点是,在整个评价过程中,充分考虑到了各个因素对目标的影响的重要程度,建立了对应于各个相关因素的指标体系,并给指标体系赋予了不同的权重,加权平均法适用于相关因素较多的评价。加权平均法的缺点是结果汇总的时候计算量较大,不利于修改和调整,另外,确定的每项指标的分值,不能直观地反映其在整个指标体系中的重要程度,分值只有与权数结合时才能体现出指标的真正意义。

(2) 累计加分法

在加权平均法的基础上,进行了一定的简化,直接用指标的预定分值表示指标的重要程度,用操作人员打出的分值与预定分值的比较表示指标的实现程度,操作时有关人员直接给出各个指标在整个评分体系中基于权重考虑的分值,所有指标的分值打完以后,只要将所有打出的分值相加就可以得出表示目标实现程度的分值。

累计加分法的特点是,用分值直接表示权重和指标本身的实现程度,操作起来简单明了,直接打出的分值在指标体系中形象地表示了其重要程度,适合于指标体系不是非常庞大的评价工作。

(3) 累计减分法

和累计加分法一样是在加权平均法的基础上进行的简化,累计减分法采用了在确定各项指标分值的基础上,给各项指标分别减分的原则,采用累计扣分来对项目进行验收评价,就像交通警察对交通违规的处理一样,在每个驾照分值一定的情况下,每违规一次就按照相应的标准扣适当的分数,直到扣完为止。累计减分法可以给违规者深刻的教训,使其很明确什么样的情况是违规的,违规后是怎么扣分的,从而从反面加强了对违规者的教育,而且违规减分法操作简单,操作人员只要根据预先制定好的扣分准则进行扣分就可以了,不容易引起因为打分而产生的被打分者和打分者之间的争端。

(4) 综合评价法

实际上是一个多目标决策问题,即规划方案常采用评价系数进行综合评价。典型的有权重记分法及采用效用函数来进行评价。综合评价将众多的因素都考虑进去,并赋予了一定的权重,但是土地利用总体规划实施的综合评价方法还比较单一。

4) 其他技术方法

3S技术的发展,为土地利用总体规划编制与实施管理带来了新技术、新方法,也为土地利用总体规划实施评价提供了详细准确的基础数据与空间分析手段,提高了规划实施评价的有效性和可操作性。目前,已有学者应用GIS技术,探讨建立土地利用规划实施评价信息系统。然而土地利用空间数据的获取及数据库建设需要较高的成本,对管理人员技术要求较高,限制了其在规划实施评价中的应用。但3S技术是重要的发展方向,随着3S技术的推广,必将全面提升土地利用总体规划实施评价的成果质量。

另外,不同类型的土地利用总体规划实施评价的方法也不尽相同。省级土地利用总体规划实施评价的重点应是对规划指标的落实与实现情况进行评价,而县级及县级以下的土地利用总体规划属于管理实施型的规划,其规划的重要内容是土地利用指标的空间具体定位和土地用途分区的具体空间划分,因此,县级以下土地利用总体规划的实施评价应重点加强空间布局审核和指标数据与实地、图纸的一致性检查。

### 8.3.3 国内现有研究存在的问题

尽管我国在总体规划实施评价研究方面取得了一定研究成果,但是,从整体研究情况来看还存在诸多需要改进的地方。

(1) 法规体系不健全,公众参与度低,使得评价指标体系的准确度不高。发达国家中对土地利用规划实施的评价主要是针对政府实施措施或者规划法律制度提出指标体系或政策方面的建议,定量的研究较少涉及。并且公众的参与度高,公众对规划的知晓程度高,通过对专家和公众发放问卷来调查规划实施效果是可行的。但在我国,有关土地利用总体规划的法律体系还不健全,也没有形成一种交互式的规划编制过程,公众对规划的知晓程度低,因此,通过发放问卷的调查方式只局限于专家学者和执行部门官员小范围,不能起到客观评价作用。

(2) 多偏重于规划实施的环境评价。国内部分学者将土地利用规划实施评价作为战略环境评价的一个组成部分,采用的指标体系是战略环境评价指标体系。虽然战略环境评价指标体系比较成熟,但它并不能充分反映土地利用总体规划实施评价的自身特点,只注重评价土地利用总体规划实施给环境带来的影响而忽略了规划实施对经济和社会造成的影响。

(3) 规划实施评价指标体系不完善。很多土地利用总体规划实施评价只是反映了规划实施评价的单个方面,对土地利用总体规划实施效果和执行力度都没有科学的评价体系,缺乏完整的评价机制。由于规划实施评价缺乏较完善的评价体系,对评价主体、客体、内容的界定不够明确,重点不突出,使得评价缺乏规范性。

(4) 规划实施评价发展还处于初级阶段。我国还停留在注重规划实施的"结果性"评价,着重考察实施结果与控制性目标值之间的差异性,还没有考虑到规划实施过程中的不确定性所带来的问题,即规划编制成果与规划实施成果间并非单一的对应关系。

### 8.3.4 改进措施与方法

(1) 调整土地利用规划的内容。正如城市规划把"更多的注意力投放到规划管理层面上,从法律、规章条例、决策引导、公众监督等管理控制机制上寻求出路"(陈秉钊,1998)一样,国际上的空间规划同样表现为从物质规划走向综合规划。结合中国的实际,首先,适应市场经济体制的改革,规划管理的范围从全面管理走向公共管理,提高管理的深度和有效性;其次,从过去的技术导向走向技术与制度(对于底层规划表现为政策)的综合;第三,从服务于经济发展为主导走向满足自然条件适宜、经济有效、社会接受、环境可持续的持续土地利用规划方向。在此基础上调整规划的内容。

(2) 明晰土地利用规划体系。土地利用规划体系属于纵向协调的方面,实际上与横向协调(城市规划和部门规划)也是不可分割的。国家统一的空间体系的建立会影响到土地利用规划体系的界定。总体而言,国家级土地利用规划具有宏观的政策性,属于政策性规划;省级、市(地)级规划具有指导性,主要任务是在国家级规划的指导下,协调区域内部的矛盾,选择土地利用格局,采用土地利用分区的方式;而县(区)、乡(镇)级规划属于实施型的规划,具有刚性,采用土地用途管制分区的方式。

(3) 探索综合协调的科学方法。规划本身的科学性是其可操作性、严肃性和权威性的重要基础。与评价的方法、部门用地需求量预测的方法、公众参与方法同样重要的是综合协调的方法,即在用地的经济效益、社会效益和环境效益之间的博弈中作出综合的选择。美国的城市理性增长模型和土地评价与土地评估模型等都在这方面做了有益的探索。

(4) 加强规划的监测和评估。作为一门应用的科学,规划本身需要在实践中不断检验而得以发展。FAO的十步骤土地利用规划方法包括:① 确定目标;② 组织规划工作;③ 分析规划的难题;④ 寻找解决的途径;⑤ 自然适宜性评价;⑥ 环境—经济—社会适宜性评价;⑦ 选择最佳方案;⑧ 撰写规划报告;⑨ 规划实施;⑩ 规划监测和修订。规划的监测和评估是土地利用规划的重要环节。探讨有效的监测指标和评估方法非常重要。

(5) 促进规划的社会化进程。从综合性的属性而言,土地利用规划也是政治过程、经济过程、技术过程、社会文化过程等的综合。其中的社会化过程表现为广泛民众参与的特点。上层规划应有国务院各部委和大的利益团体的参与,中层规划应有相应级别政府相关部门和所辖范围内的利益团体的参与,而底层规划更多地吸收基层百姓的参与。从而推动规划的社会化进程,提高规划的可操作性。

# 9 土地利用总体规划环境影响评价

## 9.1 土地利用总体规划环境影响评价概述

### 9.1.1 基本内涵、评价目的与意义

1) 基本内涵

土地利用总体规划环境影响评价属于战略环境影响评价范畴。战略环境影响评价（SEA）是20世纪80年代国际上兴起的环境影响评价形式，是建设项目环境影响评价（EIA）在战略层面上的应用。战略是指带有全局性、长期性和决策性特点的谋划，在层次上，包括法律、政策、规划和计划四个不同类型。因此，战略环境影响评价是实现可持续发展、避免宏观决策失误的重要手段和途径。土地利用总体规划环境影响评价主要通过对土地利用总体规划方案以及土地利用重要专题等实施后可能引致的生态环境影响进行预测、分析与评价，作为确定、调整土地利用总体规划方案环境合理性的重要依据。

2) 评价目的与意义

土地利用总体规划环境影响评价的目的是为了更好地协调规划区域未来土地利用与环境保护的关系，从土地利用的源头上控制和预防环境问题。通过对规划区域土地利用与生态环境现状、特征特点、演变规律等之间关系的解析，以实现土地资源可持续利用和土地生态系统良性循环为目标，预测土地利用规划方案实施前后规划区生态环境的变化趋势、变化强度与变化范围，以及实施后区域可能引致的主要环境问题，藉此评价规划方案的环境合理性和可行性，有针对性地提出规划调整建议以及预防、减轻不良环境影响乃至改善和提升区域生态环境质量的对策和措施，为土地利用总体规划方案的完善与优化提供依据，提高土地利用总体规划的权威性、科学性、指导性和可操作性，从而更好地协调土地利用与区域人口、经济增长和环境保护的关系。

土地利用总体规划环境影响评价作为战略规划环境影响评价的重要组成部分，在土地宏观调控职能日益强化、"保增长、保红线、保环境"压力日益加大的现今，开展这一环境影响评价工作更加具有十分重要的现实意义。

### 9.1.2 评价背景与进展

1) 国外

土地利用规划环境影响评价发端于20世纪70年代中期部分欧美国家，到80年代末向世界范围扩展。由于西方土地所有制和我国不同，除了一部分公共土地由政府管理外，大部分土地属于私人所有，因此一般没有大的行政区域的土地利用总体规划，自然也就没有相应的规划环评。西方国家更多的是小区域以及地块的环境影响评价。如德国按决策层次的高

低将土地利用规划环境影响评价分为：土地利用政策评价、土地利用变化环境影响评价和土地利用项目环境影响评价。其评价内容主要有：确定评价对象和调查范围；空间分析/现状分析；定义环境质量目标和标准；现有空间规划环境影响的评价和依据环境质量目标进行的评价；新的空间规划的环境影响预测和依据环境质量目标进行的评价；为环境优化的空间规划制定建议和抉择；提出防止和减小冲突的措施。美国也通常是在进行土地交易前进行环境尽职调查。主要是调查环境责任，包括四方面内容：一是所购买土地上的直接污染（最主要的）；二是周围土地的污染是否对所购买土地造成危害；三是周围的居民或其他单位（第三方）是否因为买方的存在和活动而起诉买方；四是买方的活动对环境造成的后果（如排污许可）是否符合当地法律法规。类似于目前我国部分城市开展的拟拍卖地块环境影响预评价。

2）国内

我国学者大体上从2003年起对土地利用总体规划环境影响评价的内涵、工作程序、环境影响识别、评价原则、重点任务和主要内容、指标体系与评价方法等进行了理论探讨，并先后对一些省、市、县开展了实证研究。

这些研究的兴起和开展与2003年9月1日起我国颁布实施的《中华人民共和国环境影响评价法》有紧密的联系。因为该法规第二章第7条规定："国务院有关部门、设区的市级以上地方人民政府及其有关部门，对其组织编制的土地利用的有关规划，区域、流域、海域的建设、开发利用规划，应当在规划编制过程中组织进行环境影响评价，编写该规划有关环境影响的篇章或者说明。"可见，该法规确立了我国规划环评的法律地位，将规划纳入环境影响评价的范畴，明确规定了地市级以上行政区域范围土地利用规划环境影响评价工作的法律强制性。2009年国务院又颁布了《规划环境影响评价条例》，进一步为规划层面的环境影响评价提供了法律依据。在技术层面，为了贯彻落实《中华人民共和国环境影响评价法》（2003年版）中关于规划环境影响评价的有关条文，同年环保部门颁布实施了《规划环境影响评价技术导则》(HJ130)，从技术上为我国包括土地利用总体规划在内的规划环评的评价目的、工作程序、评价原则、评价内容、评价方法、评价报告编制要求等提供了技术指导。2005年我国启动的新一轮土地利用总体规划修编过程中开展的土地利用重大问题研究，就专门设置了协调土地利用与生态环境关系专题，旨在加强土地利用总体规划的环境影响研究。同年，国土资源部发布了《省级土地利用总体规划环境影响评价技术指引》，为新一轮省级土地利用总体规划环境影响评价工作提供技术参考。随着土地利用总体规划环境影响评价工作理论与实践的深入以及环评要求的提高，2009年国土资源部颁布了《市级土地利用总体规划环境影响评价技术规范（试行）》(国土资厅发〔2009〕79号)（以下简称《技术规范》），同年国家环境保护部也颁布了《规划环境影响评价技术导则——土地利用总体规划》(征求意见稿，2009)（以下简称《技术导则》）。《技术规范》和《技术导则》都给出了土地利用总体规划环境影响评价的一般性原则、工作程序、基本内容、工作方法与基本要求，对于全国开展土地利用总体规划环境影响评价提供良好的指导性和规范性。其中《技术导则》内容相对丰富、对土地利用规划的环境影响尤其是环境污染影响给予了高度重视，《技术规范》内容略显单薄，但针对性和可操作性相对更强。它们都还处于试行阶段，其科学性、实用性等方面还有待检验。同时个别省份还颁布了更契合本省省情的地方标准，如江苏省的《市级土地利用总体规划环境影响评价技术指南》(DB32/T 1934—2011)。这些都为推动我国土地利用总体规划环境影响评价工作的深入开展起到了十分积极的作用。

### 9.1.3 评价的主要任务

基于土地利用总体规划的主要内容以及规划环境影响评价的目的，其评价的主要任务应包括以下内容：① 分析、评价上轮土地利用总体规划实施的生态环境绩效、经验及不足，为新一轮土地利用总体规划编制提供借鉴；② 分析土地利用总体规划与上一级相关规划的一致性，以及与同级相关规划在社会、经济尤其是环境目标上的协调性；③ 预测和评价土地利用总体规划方案（包括主要地类保护与利用的规模、结构、布局、开发时序以及重大土地利用工程等主要内容）实施后可能引致的环境影响；④ 分析与评价重大土地利用政策的环境影响，着重针对土地利用总体规划实施过程中可能进行的重大土地政策创新开展政策性环境影响评价，并提出完善重大土地利用政策的建议，具体结合土地利用总体规划内容进行开展；⑤ 总体评价该轮土地利用总体规划方案的生态环境合理性，指出规划环境影响评价中已被土地利用总体规划编制采纳的建议，提出土地利用总体规划方案调整建议以及预防和减轻不良环境影响的对策与措施。具体开展评价工作时可根据规划主要内容、评价与管理要求等差异适当增减。

### 9.1.4 评价基本要求

1) 评价原则

规划环评采用的评价原则一般有早期介入原则、一致性原则、整体性原则、公众参与原则、可操作性原则、公众参与原则等，反映了规划环评的一些共性特征。针对土地利用总体规划环境影响评价，《技术规范》和《技术导则》也都给出了评价原则。在此归纳总结、提炼如下评价原则：① 结合进行原则。土地利用总体规划环境影响评价工作应当与规划编制修编中的基础调查、专题研究和方案编制结合进行，在规划评审前完成环境影响评价工作，使土地利用总体规划编制目标确定、方案选择等能更充分地考虑环境保护与生态建设的要求。② 充分协调原则。土地利用总体规划环境影响评价应当充分考虑规划区域社会、经济与环境的发展目标，应与土地利用总体规划有关的法规、政策及相关规划相协调。③ 生态环境主导原则。土地利用是社会经济可持续发展的基本载体，土地利用总体规划方案实施后可能引致的不单单是环境问题，还有土地可持续利用、经济发展与发展方式等系列问题，因此本环评既要以生态环境影响分析为主，同时也不能忽视经济影响与社会影响分析，应统筹考虑其综合影响并作为评价的重要依据。④ 重点突出原则。评价工作应切实关注工矿仓储、城镇住宅等环境影响显著的用地及林地、草地等生态效益显著的用地，选用适当可行的评价方法和评价指标，回应规划方案的环境合理性。重点分析主要土地利用类型的规模、布局调整对土地生态调节、产品提供和人居环境等重要生态服务功能的影响。⑤ 可操作性原则。应当尽可能选择简单、适用，经过检验的评价方法，使评价过程和评价结论具有可操作性。⑥ 针对性原则。即规划环评应针对规划方案进行评价，回应规划方案可能引致的生态环境影响以及方案的环境合理性等问题，不能过于宽泛。此外，公众参与原则也是需要的，但基于土地利用总体规划一般评价范围较大、专业性较强以及不确定性较多等特征，其公众参与更多的是体现在规划和评价阶段的专业咨询更为合理，而不一定完全如项目环评一样的公众参与方式。

2) 评价范围和评价时段

(1) 评价范围。一般情况下,评价范围应与规划区范围相同。涉及跨行政区的生态环境问题时,评价范围应考虑生态系统完整性予以适当扩大。

(2) 评价时段。评价时段应与规划时段保持一致,包括规划基准年、规划近期目标年和规划远期目标年。对规划近期和远期目标分别进行环境影响评价,评价重点应为近期目标。

3) 评价步骤

土地利用总体规划环境影响评价的具体步骤主要包括以下流程(见图9.1)。

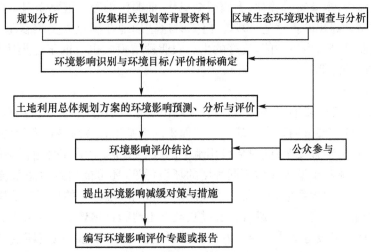

图 9.1 土地利用总体规划环境影响评价基本流程图

4) 评价文件编制

对于该评价成果的文件编制要求,首先是依据国家法规,编写该规划有关环境影响的篇章或者说明。对于管理部门或编制单位提出编写环评报告书的要求应给予鼓励和支持。在编写内容上,总体应包含上述评价任务所列出的任务目标,应对规划方案所涉及的不同土地利用性质的规模、布局、时序以及重要土地利用专题等的环境合理性给予回应,明确规划方案的总体合理性。具体编制要求可参照相关评价《技术导则》和《技术规范》,并根据报告书、专题和篇章的不同要求来完成编制工作。

## 9.2 土地利用方式的生态环境影响与环境影响识别

### 9.2.1 不同土地利用方式的生态环境影响

由于不同土地利用方式的生态环境影响存在明显的差别,有正面也有负面,甚至同一种土地利用方式也同时存在正面和负面环境影响,并且存在波动或变化。因此在开展土地利用总体规划环境影响评价前首先应了解不同土地利用方式的生态环境影响。为此,根据目前我国土地利用总体规划方案所涉及的主要土地利用类型进行简要的生态环境分析。

1) 农用地

农用地包括耕地、园地、林地等多种类型,它们对环境的影响既有正效应又有负效应。其中林地对环境的影响基本为正效应。林地不仅可以涵养大量水源、抑制水土流失、促进土壤有机质积累、提高土壤养分、改良土壤结构、提高土壤质量,同时还可吸附或吸收大气、降水中的各种物质,改善大气环境质量。而且森林是生态系统的重要组成部分,生物资源丰富,对维持生态系统的稳定和平衡起到巨大的作用,天然林地还是陆地生物多样性最为丰富的生态系统类型。草地对环境的影响也基本上为正效应,只不过其正效应相对林地要小些。

耕地、园地等为用于农作物和果品生产的农用地,其农作方式和施肥结构的不同会对水体和土壤等产生不同的环境影响。由于我国人均耕地资源非常贫乏,对土地的开发强度非常高,同时化肥、农药被过度使用,坡地开荒耕作等不当种植方式也屡见不鲜。也因此成为引致区域水土流失、水体富营养化、土壤板结退化、面源污染等的重要原因。据估计,化肥施用对农村水体富营养化的贡献达40%。但同时这些用地在满足人类粮食基本需求的同时也发挥着吸碳制氧等的生态功能,良好的生态农业种植模式也有助于这类用地生态正效应的提高和负效应的降低。

2) 建设用地

建设用地对环境的影响主要是负效应,在经济快速发展的同时,建设用地的迅速扩张成为生态环境恶化的重要影响因素。建设用地面积的大幅扩张容易导致大量耕地尤其是高质量耕地的丧失,威胁粮食安全;同时建设用地上的各类工业、生活和交通污染源排放大量污染物造成大气、水体和土壤等介质不同程度的环境污染,还可能引致生态系统的失衡、生物多样性的降低,并因此导致生态恶化。建设用地中影响环境最大的除了工业用地外,还有矿业用地,其不利影响表现为:"三废"污染环境、破坏土地和自然景观等的直接影响,以及地表塌陷、诱发泥石流、滑坡等地质灾害引发的间接影响。工矿用地不但破坏生物的栖息地,而且废弃尾矿还占用土地,造成原下垫面性质发生变化,地下开采还造成地下支撑面或隔水层局部缺空,地表出现变形或塌陷,土地无法耕种,造成土地的破坏等情形,因此应予以高度重视。

由于建设用地中用地类型多样,环境效应差异巨大,如即使都是工业用地也因产业、工艺、环保技术等不同而环境影响差别极大,土地利用规划一般不涉及具体产业,因此对其进行规划环评就存在较大的不确定性。

3) 生态用地

生态用地主要是指水域、湿地、森林以及自然保护区等重要生态功能区,生态用地对生态环境的正效应是明显的。生态用地可以涵养水源、保护水体、防止水土流失和土地退化、增加可以和生物多样性、提高生态系统的生态功能;生态用地还可吸纳分解水体、土壤、空气中的污染物,净化环境。此外,生态用地在地貌、生物等自然资源以及人文景观等方面都有着很高的价值。

## 9.2.2 土地利用总体规划的环境影响识别

1) 环境影响识别

环境影响识别的目的就是找出受影响的环境因素,减少环境影响评价和预测的盲目性,提高环境影响综合分析的可靠性,使污染防治对策更具针对性。土地利用总体规划环境影响识别的目的就是确定规划方案实施后可能引致的显著环境影响,这不仅是土地利用总体规划环境影响预测和评价的基础,也是保证土地利用总体规划环境影响评价可操作性和有效性的关键。具体来说,环境影响识别包含两层意思:一是确定所有预期的环境影响或相关的环境影响因子与规划之间的关系;二是识别出较为关键的环境影响或环境因子。环境影响识别应包括影响因子识别、影响范围识别、时间跨度和影响性质识别等方面,不仅要识别直接的、短期的、可逆的影响,还应识别间接的、累积的、永久的影响。对土地利用总体规划的环境影响识别目前也有多种表达方式,主要集中在最为基础的影响因子识别层面。一般来说,土地利用规划主要涉及耕地、城镇居民用地、工矿用地、交通用地、林地、草地、水域、园地和未利用地等土地利用类别,因此其环境影响识别也主要应针对这些类别进行影响识别。与土地利用总体规划有关的环境子系统大体可分为:自然和文化遗产环境、生态环境、水环境、大气环境、土壤环境以及社会经济系统(实际评价时可根据各地具体情况加以调整)。为此,基于这些土地利用类别的生态环境影响效应,通常采用最为实用的矩阵法进行影响识别。该方法是将规划因子与环境因素作为矩阵的行与列,并在相应位置填写用以表示土地利用行为与环境要素之间环境效应关系的符号、数字或文字。该方法的优点是可以直接表示因果关系、简单实用、易于理解,不足之处是不能处理间接影响和有明显时间特征的影响(见表 9.1)。

表 9.1 不同土地利用方式的环境影响因子识别表

| 影响因素 | 自然和文化遗产 | 大气环境 | 水环境 | 生态环境 | 社会和经济发展 |
|---|---|---|---|---|---|
| 耕地 | +- | ++ | +- | +++ | +++ |
| 居民点 | --+ | --- | --- | -- | +++ |
| 工矿用地 | --- | --- | --- | --- | +++ |
| 交通用地 | -- | - | - | - | +++ |
| 林地、园地、牧草地 | ++ | +++ | ++ | +++ | ++ |
| 水域 | ++- | +++ | / | +++ | +- |
| 未利用地 | ++- | + | ++- | +++-- | + |

注:+:有利影响,-:不利影响。

根据环境影响识别得出的各规划因子对各环境要素的影响程度,可作为确定土地利用规划环评重点内容和评价指标体系确定的重要依据。

## 9.3 土地利用总体规划环境影响评价的基本内容

### 9.3.1 环境与土地利用现状分析

在对规划方案的环境影响分析前,首先应对规划区域范围的相关现状进行了解和分析。其中自然环境状况和社会环境状况是最基础的内容。前者包括规划区位置、范围、面积、主要气候特征、地质与地形地貌、地表水水文特征、植被分布特征,以及自然资源(包括生物资源、矿产资源等)的分布、开发利用与保护状况。后者社会环境状况包括规划区人口数量及分布状况,经济、产业发展状况,交通水利状况、能源利用状况、城镇及重大基础设施建设状况及布局等。其次,土地利用现状分析不可或缺,只有了解规划区域土地利用现状与特征,包括土地利用结构、规模、空间布局、特点以及区域土地资源利用状况的优劣势、土地利用的演变趋势,总结现行土地利用总体规划实施过程中在土地资源开发、环境保护和生态建设方面的绩效、经验与不足,才能为本轮规划设定的预期环境目标提供借鉴。

环境现状分析是现状分析的重点,包括归纳总结规划区域生态环境质量状况与污染物排放总量。前者包括区域基础性生态用地、重要生态功能区、林木覆盖率、生态网络空间格局、生态脆弱区等基本状况,后者重点是水环境(包括饮用水源地水质、地表水与地下水环境质量)、大气环境质量和土壤环境质量,以及 $COD$、$NH_3—N$、$SO_2$ 和 $NO_x$ 等主要污染物排放总量。同时尽可能分析评价与土地利用相关联的区域单位面积污染物排放强度、生态服务价值等生态环境特征,明确区域生态环境状况的空间差异,以及规划区主要生态、环境问题与土地利用总体规划间的相关关系,分析影响土地资源可持续利用的主要环境制约因素,为后续规划环评提供基础依据。

### 9.3.2 规划协调性分析

规划协调性分析是为了避免不同部门、不同层次规划彼此冲突,是规划环境评价中的强制技术环节。《技术导则》中提出要分析土地利用总体规划是否符合相关资源、环境保护法律、法规及政策要求;与社会经济发展规划、环境保护规划、城镇体系规划、产业发展规划、资源开发规划、生态建设规划、生态功能区划、水土保持规划、林业发展规划、风景名胜区规划和森林保护规划等十余项相关规划和区划的协调性,基本涵盖了与土地利用总体规划相关联的大部分规划。在规划协调分析中,应关注两方面情况。一是注意与上位规划的协调性。即土地利用总体规划满足上位土地利用总体规划及上位其他相关规划的要求,这些上位规划与本规划的关联内容虽然一般较为粗略,但具有方向性、概括性和指导性;二是注意规划的时效性和针对性。目前中国规划繁多,规划年限不同,导致规划目标存在差异,有的规划基准年相对久远,但目前还在其规划期内,由于规划期内各种原因导致当时规划的目标和内容等可能已无法指导现在和未来,或者因为规划部门不同,其关注的利益点不同,造成规划之间不协调,因此在具体协调性分析时应具体问题具体分析,不能简单地进行对比匹配分析,而应从科学发展观的视角来看待。因此对于时效性强、关联度高的其他同位规划的协调性分析应给予高度重视。

### 9.3.3 评价目标与评价指标体系

1) 评价目标

评价目标确定一般主要是根据区域环境与经济社会发展状况以及相关规划目标,充分考虑社会经济发展和生态环境保护前景的前提下加以确定。其评价目标在一定程度上可参照当地生态文明建设、生态建设(生态市、生态示范区等)等部分匹配的规划目标。总的来说,环境目标应保证评价区域生态环境、社会经济发展良好或向整体良好方向转变和发展,并能稳定保持良好甚至优良的状态。

2) 评价指标体系建立原则

指标体系的建立通常包括以下这些原则。即:

(1) 科学性与实用性相结合原则:评价指标应具有明确的科学内涵,能反映土地利用变化敏感性特征以及环境质量变化、社会经济发展状况,并且各项指标的含义、统计口径、计算公式力求规范化、标准化和统一化,同时应考虑各指标定量化的可行性、数据的可靠性等。

(2) 普遍性与区域性相结合原则:不同区域的土地利用环境影响应当具有某些共性和

可比性,但同时应认识到由于不同区域的自然环境、环境特征,以及主要生态环境问题等存在不同,因此必须根据区域的特点选取符合具有本区域特征的土地规划环评指标体系。

(3) 定性与定量指标相结合原则:定量指标使评价具有客观性,便于数学模型或公式的处理,提高准确性,定性指标可以形象地描述和阐明对象特征,弥补定量指标的不足以及数据本身的缺陷,两者必须结合运用。

(4) 动态与静态相结合原则:静态指标主要反映评价区内在评价基准年的生态环境与资源状况,但考虑到土地利用规划和土地利用是一个动态的发展过程,因此必须具有动态指标来反映土地利用变化过程中评价区生态环境以及自然资源的演变特征与规律,预测未来发展趋势。

(5) 可操作性原则:应充分考虑指标数据资料的易获性和可采集性,遵循简洁、方便、有效、实用的原则。

(6) 针对性原则:即指标的选取应考虑与规划方案的关联性和呼应。

3) 评价指标体系与指标

对于土地利用规划评价指标体系也存在不同的观点,如《技术导则》中将指标体系分为总目标层、环境要素层、目标层和指标层4个层次,《技术规范》则分为评价主题、环境目标和评价指标3个层次。评价指标一般都涵盖经济、社会、资源、环境等相关方面的指标。表9.2和表9.3列出了《技术规范》和《技术导则》中推荐的指标体系和指标。

表9.2 《技术规范》推荐的评价指标体系

| 环境主题 | 环境目标 | 评价指标 |
| --- | --- | --- |
| 土地生态环境 | ① 保护基础性生态用地<br>② 保护重要的生态环境敏感区和自然景观<br>③ 推进土地生态建设和土地整治 | ① 基础性生态用地占区域土地总面积的比例(%)<br>② 建设用地占区域土地总面积的比例(%)<br>③ 自然保护区等生态环境敏感区占区域土地总面积的比例(%)<br>④ 建设用地占不同等级生态环境敏感区面积的比例(%)<br>⑤ 土地开发重点区占不同等级生态环境敏感区面积的比例(%)<br>⑥ 土地复垦面积占工矿废弃地面积的比例(%)<br>⑦ 生态退耕面积($hm^2$)<br>⑧ 水土流失治理率(%) |
| 固体废物 | 减少固体废物生成量 | 新增城镇工矿用地固体排放量(t/a) |
| 大气环境 | ① 减少大气污染物排放<br>② 限制可能导致全球气候变化的温室气体的排放<br>③ 减轻热岛效应 | ① 新增城镇工矿用地 $SO_2$ 排放量(t/a)<br>② 新增城镇工矿用地 $CO_2$ 排放量(t/a) |
| 水环境 | 改善流域水质 | 新增城镇工矿用地工业废水排放量(t/a) |
| 地质环境 | ① 防灾避险<br>② 降低滑坡、泥石流、地面沉降等地质灾害产生的可能性 | ① 新增城镇工矿用地占不同等级地质灾害风险区面积比例(%)<br>② 交通、能源等重大建设项目占不同等级地质灾害风险区面积的比例(%)<br>③ 土地开发重大工程占不同等级地质灾害风险区面积的比例(%) |

表 9.3 《技术导则》推荐的评价指标体系

| 总目标层 | 环境要素层 | 目标 | 指标层 | |
|---|---|---|---|---|
| | | | 一级指标 | 二级指标 |
| 土地利用总体规划环境影响评价 | 环境质量 | 控制土壤、水和大气环境污染，维护环境功能不降低；维持高质量食品和其他产品的有效供应 | 水环境质量 | 水环境质量功能区达标率(%) |
| | | | 土壤环境质量 | 土壤环境质量功能区达标率(%)(做了土壤环境质量功能区划的地区) |
| | | | 大气环境质量 | 环境空气质量功能区达标率(%) |
| | | | 污染物排放 | 单位面积特征污染物排污系数 |
| | 生态 | 维护生态系统的稳定性；保持生态服务功能不下降 | 生态系统 | 生态系统功能服务价值(元/hm²)<br>生物丰度指数(%)<br>生态用地比率(%) |
| | | | 生物多样性 | 物种多样性及其分布状况<br>生态系统类型多样性<br>生态系统类型面积适宜性 |
| | | | 景观生态 | 景观破碎化指数 |
| | | | 水土流失 | 水土流失面积比率(%) |
| | | | 局部小气候 | 植物覆盖指数(%) |
| | | 保护具有重要生态功能、重大环境价值、独特自然景观及重要物种栖息地的区域 | 环境敏感区指标 | 受影响环境敏感区面积占区域总面积的比例(%) |
| | 水土资源 | 实现规划区域水资源、土地资源等的可持续利用，使区域自然资源优势得到充分发挥 | 水资源 | 水资源供需平衡指数<br>生态环境用水率(%) |
| | | | 土地资源 | 土地利用结构多样性<br>人均生态用地面积(hm²/人)<br>土地退化率<br>各类用地转化率(%)(耕地转化率、林地转化率等) |
| | 环境风险 | 维护生态安全，控制环境风险 | 灾害风险 | 洪涝、地质等灾害易发面积比率(%) |
| | | | 生态风险 | 物种濒危程度<br>耕地压力指数<br>重要生态系统类型的生态风险指数 |
| | 社会经济 | 协调资源环境与社会经济关系，促进区域社会经济可持续发展 | 社会环境 | 社会稳定程度<br>城镇化程度<br>教育普及程度 |
| | | | 经济效益 | 地均GDP(万元/hm²) |

从表9.3中可以看出两个指标集只有个别指标相同，差异非常显著，反映不同视角的学者对土地规划环评工作的认识存在巨大差异，也说明这方面的研究还有待深入和完善，并最终形成相对统一的评价指标体系和指标集。当然，对于不同区域因自然、社会、经济和环境等方面的主要问题并不一致，规划的重点内容也不尽相同，因此评价指标也不应该相同，各区域应结合当地实际可适当调整部分指标。以下在理论与实践的基础上尝试列出江苏省土地利用总体规划环境影响评价指标(见表9.4)供参考。

表 9.4 江苏省土地利用总体规划环境影响评价指标体系

| 评价主题 | 评价目标 | 评价指标 |
|---|---|---|
| 经济社会发展 | 结合各地实际,提出粮食安全水平,以及经济社会发展目标 | 粮食供给保障程度(%)或土地资源人口承载力(人/公顷)<br>GDP(亿元)或地均 GDP(万元/hm²)<br>万元 GDP 能耗(吨标准煤/万元)<br>建设用地要素投入的边际经济效应(备选) |
| 生态保护 | 区域生态环境质量总体得到提高,重要生态功能区得到保护,生态安全得到保障 | 基础性生态用地占区域土地总面积的比例(%)<br>国土开发度(%)<br>林木覆盖率(%)<br>人均土地生态环境承载力(hm²/人)<br>地均生态系统服务价值(亿元/km²)<br>地均绿当量(无量纲)<br>重要生态功能区占地比例(%)<br>生态网络体系布局完整性与布局合理性(备选)<br>水土流失治理率(%)(备选) |
| 污染控制 | 区域污染物排放总量与排放强度下降 | COD 排放总量(t/a)<br>$SO_2$ 排放总量(t/a)<br>$NH_3-N$ 排放总量(t/a)(备选)<br>单位建设用地 COD 排放强度(t/(hm²·a))<br>单位建设用地 $SO_2$ 排放强度(t/(hm²·a))<br>单位城镇工矿用地 COD 排放强度(t/(hm²·a))<br>单位城镇工矿用地 $SO_2$ 排放强度(t/(hm²·a)) |
| 环境质量改善 | 控制水、大气和土壤环境污染,维护环境功能不降低 | 地表水环境质量达标率(%)<br>环境空气质量功能区达标率(%)<br>土壤环境质量功能区达标率(%)(备选)<br>近岸海域环境功能区达标率(备选) |

在实际评价中,各指标值应包括评价基准年值、近期目标年值和远期目标年值。目标值主要可依据国家、地方或行业标准选取规划年目标值。如缺乏具体目标值,则可在满足经济社会发展水平与生态环境质量至少不降低、维护生态系统安全以及保护自然资源的基本原则下自行设定预期目标,作为评价的标准。

### 9.3.4 规划方案的环境影响分析

土地利用总体规划方案内容丰富,既有宏观目标也有相对具体的规划指标和目标。其中后者的土地利用结构、规模、布局、重大工程等是规划的核心,也是规划环评的核心内容。为此下面主要围绕这些方面加以分析。

1) 土地利用结构与规模的合理性分析

(1) 耕地规模的社会合理性分析。我国是农业人口为主的国家,因此土地利用规划的重要内容之一就是确定耕地合理的规模。目前我国伴随经济发展和城市化进程的加快,建设用地扩张迅猛,耕地成为流转为建设用地的主力,其规模一直在减少。而耕地规模最直接的影响就是粮食自给率问题。对于我国人多地少、粮食需求总量巨大的国家来说,粮食安全是非常重大的议题,因此国家提出了 18 亿亩耕地"红线"要求。对于具体地区来说,粮食自给率保障程度或粮食生产总量是衡量一个地区耕地规模的重要依据。可根据各地具体的管理目标要求和基本农田规模来确定最小耕地规模,对于没有具体管理目标的可参照类似地区进行比对。但该指标不作为环境影响评价的约束性指标。此外,考虑到耕地生态效应的两面性和可变性,其面源污染等负面影响不作为评价指标依据。

(2) 建设用地规模的环境合理性分析。建设用地规模控制也是土地利用规划中的重要内容。建设用地存在不同程度的污染物排放,但由于规划中并没有过于细化各类建设用地,同时各类用地的污染物排放量数据也难以获得,但可获得建设用地的污染物排放量数据,基于此,可根据单位建设用地污染物排放强度的演变规律,推测规划方案中建设用地规模实施后可能引致的污染物排放总量,并与环境保护部门确定的污染物排放控制目标相对比,评价规划区域近远期建设用地规模的环境合理性。

(3) 城镇工矿用地规模的环境合理性分析。考虑到环保部门所统计的污染物排放数据均来自城镇工矿用地,因此可根据单位面积城镇工矿用地污染物排放强度的演变趋势,推测规划方案中城镇工矿用地规模实施后可能引致的污染物排放总量,同样与环境保护部门确定的区域污染物排放控制目标相对比,评价规划方案中区域近远期城镇工矿用地规模的环境合理性。

(4) 土地利用结构方案的生态合理性分析。对于规划方案中的土地利用结构和规模,其生态效应可通过估算区域生态服务价值、生态绿当量、生态承载力等多个生态指标的现状值与规划年预测值,分析规划期间具有重要生态功能的耕地、园地、林地、牧草地、水域等基础性生态用地结构变化是否有利于维护区域生态平衡、改善区域生态状况,作为评价规划方案生态合理性的依据。

(5) 土地利用结构与规模的经济社会合理性分析。可根据趋势预测法着重论述对于规划年经济社会发展重大目标(如国民生产总值等)的保障程度,并评价土地集约利用程度。

2) 土地利用总体规划分区与布局的环境影响分析

(1) 土地利用功能分区及其调控政策的环境影响分析。根据区域自然条件以及社会经济分异特点,分析土地利用功能分区及其管制规则的环境合理性;可依据叠图法等分析土地利用分区与主体功能区划、生态功能区划等相关规划在空间与规模上的协调性。

(2) 重要生态功能区规划内容的协调性分析。重要生态功能区往往是区域生态效应最为显著的地区,是保障区域生态安全和生态品质高低的重要依托。因此规划方案应充分体现对该类用地的保护。应分析区域内现有以及潜在的重要生态功能区是否在规划方案中得到体现和落实,包括重要生态功能区的类型、名录、分布位置、面积、核心区面积以及管制要求等方面是否得到落实或协调。

(3) 城镇工矿用地及产业布局的环境影响分析。城镇工矿用地是污染物排放的重要来源,因此其用地布局对周边影响也是十分显著。为此应尽可能分析主要城镇工矿用地布局可能引致的环境影响,尤其是分析产业及其布局可能对周边引致的大气环境与水环境问题,分析这些用地类型周边是否存在重要生态功能区以及是否可能对其产生明显的不利环境影响。由此作为评价其空间布局环境合理性的重要依据。

3) 重大工程用地的环境影响分析

简要评述重大工程用地可能引致的生态环境影响,包括交通用地、水利设施用地和其他建设用地。对能够确定落地范围或线路的重大工程项目可简要分析其布局(或穿越区)对其周边区域生态环境的影响。从生态保护与建设角度出发,提出土地部门与其他相关部门之间对应重大基础设施工程的决策配合和协调机制。

4) 方案比选

(1) 零方案预测与分析。在规划环评中常常提及方案比选,通过比选有助于明晰各方案的优缺点,确定最佳的方案和提出恰当的规划调整和修改意见。但对于土地利用总体规划来说,规划方案在初步确定前虽有过修改,但一般修改程度较小,不太适合作为多选方案加以比选,因此往往被认为只有单一方案。在该情形下,根据评价工作要求可考虑增加零方案预测与分析,即预测规划区域在惯性作用下其土地利用结构、规模、空间布局等方面的演变结果,据此采用相同的评价指标体系分析其可能产生的综合效应。

(2)方案比选。鉴于通常规划方案的唯一性,利用所建立的评价指标体系,对比分析规划方案与零方案实施后可能产生的综合效应大小,评价规划方案的合理性以及可能存在的不足,作为规划调整的依据。对于确实存在不同规划方案的情形比选工作更有必要和意义。

### 9.3.5 困难与不确定性分析

土地利用总体规划环境影响评价过程的困难与不确定性大致体现在以下几个方面。① 经济社会发展及技术进步的不确定性。各地积极促进经济社会发展和转型,但是由于体制、机制的延续性以及经济社会发展转型的长期性、不确定性乃至于区域经济环境的变化与影响,以及技术进步的不确定性,使得各地经济社会发展转型的程度、污染排放水平、粮食产量、土地集约利用程度等难以有十分准确的判断,从而难免影响对于土地规划环境影响的准确判断,也加大了对耕地、建设用地、林地等各类用地规模、结构、开发时序、布局调控等准确性和合理性的判断。② 土地政策调整或土地宏观调控政策变化的影响。由于土地政策与制度需要不断适应和服务于经济社会发展战略的整体性安排,因此,经济社会发展的不确定性,也增加了土地政策调整的变数,从而有可能对土地利用规划方案进行相应的调整,进而影响到规划环评的评价结果。③ 评价指标的参数值问题。在规划评价中,涉及生态服务价值、生态绿当量、污染物排放强度、生态承载力等诸多评价指标,这些研究成果对于目前相关评价具有一定的帮助和借鉴,但由于相关基础研究总体上还有待深入,加上未来技术进步、环保力度、生态建设力度、管理水平等的确定性不够,使得目前的参数值可能存在一定的"水土不服",并因此可能造成分析结果的偏差。④ 相关研究成果方面问题。土地利用规划是规划区范围生产、生活与生存环境的综合反映,涉及与众多相关规划的协调。在评价工作中必然存在一些相关研究成果缺乏或版本过早,一些研究成果与土地规划土地分类体系或指标不一致(如重要生态功能区类型与土地利用规划类型并不一致),相关图件难以收集完备或图件格式不同难以叠加分析等,就给分析评价工作带来很大难度,也影响分析的直观性和准确性。

### 9.3.6 评价结论与对策措施

1) 评价结论

评价结论应归纳总结土地利用总体规划环境影响评价结果,综合评价包括土地利用总体规划规模、结构、空间布局、土地整治、重大工程用地、土地集约利用和环境友好的土地利用模式等规划方案内容实施后对区域生态环境,以及社会经济的积极影响和可能引致的环境问题,明确规划方案的环境合理性与可行性。

2) 规划调整建议

规划调整建议则是针对规划方案实施后可能引致的部分生态环境不利影响或不足,提出规划调整建议以及(或)拟补充的规划内容并及时提供给规划编制单位,作为规划方案调整的一个重要参考依据。

## 9.4 土地利用总体规划环境影响评价技术方法

土地利用总体规划环境影响评价技术方法众多,大体可分为两大方面。一是环评或规划环评通用的评价方法。二是针对土地利用规划环评适用的评价方法。在此选择一些常用、简便的方法分别加以简要介绍。

### 9.4.1 通用技术方法概述

1) 核查表法

核查表法是将规划常见的或可能产生的各种影响列在一个表格中,然后逐项进行核查后作出判断,最后对核查结果给出定性或半定量的结论。核查表的优点是可将规划行动对社会、经济和环境资源可能产生的影响在一个表中列出来,使用方便,便于专业人士及公众接受,减少主要影响被忽略的可能性,当把多重行动并列排放在一张表格中,还可以准确地识别出可能存在的累积影响效应。核查表的缺点是烦琐耗时、不够灵活、无法清楚地显示出影响过程、影响程度及影响的综合效果。

2) 矩阵法

矩阵法是一种用来量化人类活动和环境资源或相关生态系统之间交互作用的二维核查表,也是最早和最广泛应用于环境分析、评价和决策的方法,可以分为简单相互作用矩阵法和迭代矩阵法两大类。矩阵法可以表示和处理那些由模型、图形叠置和主观评估方法取得的量化结果,具体做法上可以将矩阵中每个要素的数值与对各环境资源、生态系统和人类各种行为产生的累积效应的评估很好地联系起来。由于矩阵采用的是表格形式,具有数学直观性和易于表达的优点,也广泛应用于社会和经济方面的分析。

3) 图形叠置法

图形叠置法(叠图法)是将一套表示环境要素一定特征的透明图片叠置起来,表示区域环境的综合特征和不同地块的总体环境影响强弱。在土地利用规划环境影响评价中,图形叠置法可以反映土地利用空间布局调整可能引起的环境影响的范围以及环境影响的性质和程度。将规划区的土地利用规划图与主体功能区划分图、生态功能区分布图、环境保护目标分布图以及城市总体规划图等相关图件叠加,有助于分析、预测和评价土地利用的空间布局调整可能带来的环境影响。图形叠置法的优点是比较简单、直观,但不能作精确的定量评价。其基本意义在于说明、评价或预测某一地区的受影响状态及适合开发程度,提供选择的地点和线路。

4) 地理信息系统(GIS)和遥感(RS)

GIS 具有强大的空间地理数据存储、分析和管理的功能,并能对分析结果给予直观显示,为具有空间属性特征的环境影响评价提供了一种有效工具。遥感技术特别有利于大规模土地资源的现状调查及数据的收集,如对地形、植被、地貌、水域、土地利用现状等的调查,都广泛地应用遥感技术。遥感技术已经成为现今土地资源调查必不可少的技术工具,为大范围区域内数据的迅速收集提供了极大的便利。计算机技术的迅速发展和 GIS、RS 技术的推广成熟推动土地利用规划评价工作从定性向定量方向发展。GIS 技术作为土地资源规划和评价的关键性工具结合遥感技术在世界范围内被广泛应用。在土地利用规划环境影响评价中 GIS 和 RS 一般用于生态环境现状调查和环境影响预测。将叠图法和地理信息系统

(GIS)、遥感技术(RS)结合起来应用,可以进行土地利用规划的累积环境影响分析。

5) 层次分析法

层次分析(AHP)法是一种强有力的系统分析和运筹学方法,特别适用于处理多目标、多层次的系统问题和难于完全用定量方法分析参与决策的系统工程中的复杂问题。它可以将人们的主观判断用定量形式表达和处理,是定量与定性相结合的一种分析方法。其基本步骤是比较若干因素对同一目标的影响,从而确定它们在目标中所占比重。该方法可以检验并减少主观因素的影响,使分析评价工作更加客观和科学,该方法已在生态环境质量评价中得到广泛应用。由于土地利用系统的多目标和多层次性以及影响因素的复杂性,层次分析法在土地利用规划环评中的应用是切实可行的。

### 9.4.2 生态服务价值评价法

生态系统具有多种生态服务功能,它是指生态系统与生态过程所形成及所维持的人类赖以生存的自然环境条件与效用。包括气候调节、气体调节、水文调节、废物处理、保持土壤、维持生物多样性和提供美学景观、食物生产、原材料生产等多项服务功能。这些服务功能可以通过多种评估方法实现价值化。1997年Costanza等人的生态系统价值评估研究成果被认为是近年生态学界最有影响力的科研成果之一,并被国内外有许多学者广泛接受、应用和深入研究,成为评价各类用地生态服务价值的重要量化指标。因此成为土地利用规划环评的一个重要评价指标。

不过,在具体评价中还是存在一些值得探讨的问题。一是已评估生态服务价值系数的生态系统类型不全面或粗放。如Costanza等将生态系统划分为农田、森林、草地、湿地、水体和荒漠等6类,显然较为粗放,各大生态系统类型并没有再细分子类型,同时与土地利用分类系统并不完全一致,影响到系数引用的准确性。二是这些服务价值系数并不是一成不变的,会随经济发展、物价指数等的变化而波动,不过这可通过比较当量值解决。三是不同时期、不同学者采纳的系数值并不完全一致,影响可比性。目前我国学者主要采用Costanza等(1997)、谢高地等(2003,2008)的研究成果。其中谢高地等(2008版)在参照Costanza等人研究的基础上基于其研究成果的一些不足,如对耕地的生态服务价值估计过低,而对湿地、水域的估计又过高等问题,修正后制定了中国陆地生态系统单位面积生态服务价值系数表,该系数表在国内也逐步得到了较为普遍的认可和引用(见表9.5)。

表9.5 中国不同陆地生态系统单位面积生态服务价值(谢高地等,单位:元/(hm²·a))

| 版本 | 农田 | 森林 | 湿地 | 草地 | 河流/湖泊 | 荒漠 |
|---|---|---|---|---|---|---|
| 生态服务价值 | 3 547.89 | 12 628.69 | 24 597.21 | 5 241.00 | 20 366.69 | 624.25 |

### 9.4.3 生态绿当量评价法

"生态绿当量"概念最初是在生态补偿能力研究中提出的。生态补偿的基本原理是保证开发前后植被的生态功能相当,即保证具有相当"绿量"或者具有基本相同的生态功能"当量"。森林作为地球陆地生态系统的支柱,具有涵养水源、保持水土、改善气候、维持景观和净化环境污染等众多生态功能,即森林的生态效益。从植物生态学角度看,耕地、园地、草地及部分未利用地承载的各种绿色植被都不同程度地发挥着诸如森林的众多生态环境功能,因此可以根据单位面积森林和其他绿色植被生态环境功能强弱将这些用地类型折合为森林。生态绿当量就是衡量单位面积森林和其他绿色植被生态环境功能强弱的量化值,也就是指具有和森林基本相同的生态功能当量,其主体可以是其他绿色植被。换句话说,绿当量可以定义为其他绿色植被的绿量相对于等量森林面积的绿量的比率。地均生态绿当量即区域单位面积生态绿当量。考虑到各地区作物的不同生长期与熟制,生态绿当量结果还需要乘以一个相对于全年满种的生长期系数,其计算公式如下:

$$EGE = (A_0 + \sum_{i=1}^{n} A_i P_i G_i)/A$$

式中:$EGE$——地均生态绿当量;

$A_0$——区域森林面积;

$A_i$——区域内具有和森林基本相同生态功能当量的其他绿色植被的面积;

$P_i$——单位面积其他绿色植被相对于等量森林面积的生态功能当量;

$G_i$——区域内其他绿色植被的生长期系数;

$A$——区域土地总面积;

$n$——其他绿色植被种类。

生态绿当量作为衡量区域生态环境质量改善的指标,具有含义明确、计算简单方便等优点,能够较好地反映区域土地利用结构变化的环境影响,因此可作为土地利用总体规划环境影响评价的评价指标。研究中依林地的绿当量为 1 进行标准化,其他有关土地利用类型与林地绿当量的比例关系大致如下:水田绿当量为 0.77、旱地 0.68、牧草地为 0.73。此外,因不同地区的气候差异,对以上绿当量应乘以相对于全年满种的生长期系数。对于研究成果中没有出现的土地利用类型,可参照相关土地类型进行适当调整后应用。

### 9.4.4 土地生态适宜度评价法

土地生态适宜性评价是运用生态学原理和方法,分析一定地域生态系统敏感性与稳定性,明确区域生态要素的现状、承载力、发展潜力及趋势和区域发展的制约因素,对区域内各处的最佳用地方式作出评价与选择,并提出相应生态开发措施的评价方式,目标是得出与环境相适应的土地生态适宜利用类型。将土地生态适宜性评价引入土地利用规划的环境影响评价,在对研究区域的生态环境现状和主要的环境问题进行调查的基础上,利用土地生态适宜性与生态环境敏感性的关联关系和生态环境敏感性评价的结果,得出该区域的土地生态适宜性评价,提出与环境相适应的土地生态适宜利用类型,根据其空间的差异性划出生态适宜度分布图,并制定相应土地生态开发措施,从而指导土地利用规划环评。

生态适宜性评价方法目前已有很多种,常用的方法有地图重叠法、因子加权评分法、生态因子组合法等。目前对土地生态适宜性分析的研究应用已经比较多,也已经有关于土地生态适宜性分析应用于规划环评的研究,但在简便、通用等方面还存在一些不足,影响其在规划环评中的推广和应用。

# 10 土地利用规划数据库与信息系统建设

## 10.1 土地利用规划信息系统概述

### 10.1.1 土地利用规划信息系统的概念

随着信息技术的飞速发展,各行各业都在着力于应用高新科学技术手段来实现本行业的信息化管理,提高科学化水平,作为土地管理工作中至关重要的组成部分——土地利用规划工作,也应该运用现代化信息技术手段来实现科学化、规范化、自动化、网络化和实时化的管理。

土地利用规划信息系统是以土地资源与资产管理为工作对象建立起来的地理信息系统(Geographic Information System,GIS)。它是将遥感、航测、地面测量及调查得到的关于土地利用、土地使用权属、土地状况、土地行政区划等土地信息,依照一定的标准,以一定的数据结构,在地理信息系统的支持下,输入计算机进行存储,实现土地资源信息的增删、修改、更新,为土地资源的开发利用提供查询、检索、分析、评价、预测和规划决策服务的一种信息系统。

由于土地利用规划的编制、审批和实施涉及大量的图件、指标等空间数据,对规划成果的质量和管理的时效性要求较高,运用 GIS 技术进行管理是十分必要的。GIS 技术在土地利用总体规划管理中的应用主要是辅助规划的编制和修改;规划成果的管理,建设项目用地的预审和报批等。具体地说,将 GIS 应用于土地利用规划信息系统主要有以下几个方面的作用:

1) 建立空间数据库

土地利用规划是对某地区土地在未来的某段时间的土地利用类型进行规划,而土地利用规划及其管理的依据就是规划区域的社会、经济信息、土地利用现状信息及区域内的地形、地貌等地理信息。因此,地理空间信息在土地利用规划信息系统中占有非常重要的地位。土地利用规划信息系统在 GIS 技术的支持下,结合土地利用的各种数据类型可建立多种地理空间数据库和属性数据库。

2) 图形显示和编辑

在空间数据库的基础上,GIS 可将各种图形数据直观而有效地显示出来,并可对图形进行人机交互式的编辑、输出。GIS 的这些功能,使得土地利用规划专家可以在计算机的辅助下完成规划工作,各种图形的显示有效提高了土地利用规划成果的直观性;土地利用规划审批工作者可以在图上直观地察看项目用地的实际情况,大大提高了工作效率。

3) 空间分析功能

GIS 的空间分析功能是 GIS 区别于其他计算机系统的主要标志。土地利用规划信息系统涉及GIS的多种空间分析功能,它们与各种专业模型结合起来发挥作用。在土地利用规划地区基础数据的支撑下,将GIS众多的空间分析工具与土地利用规划专业模型联合使用,可为实现科学、快速的土地利用规划编制创造有利条件。

总而言之,土地利用规划信息系统的建立对促进土地利用规划的科学化、提高规划审查日常管理的工作效率、规范土地利用规划管理、实现数据资源共享十分必要,表现在以下几个方面:

(1) 可以规范土地利用规划编制的操作流程、实施科学的规划管理、提供规范的规划成果,便于数据资源共享。

(2) 可以将种类繁多、数量较大的空间数据、属性数据及规划业务数据进行统一的管理,应用GIS技术实现规划管理业务的图文一体化办公,为土地利用数据的实时更新和土地利用规划的动态管理提供数据支持和技术手段。

(3) 可以使从前大量的规划管理工作尤其是机械性重复劳动部分,如:图件出图、面积量算、表格抄录等,应用计算机辅助完成,从而提高了工作效率。

(4) 将大量的规划信息进行计算机管理,人们可以方便地进行各种信息查询和数据统计工作,并可以通过图表、报表的方式进行显示、输出。

(5) 可以将GIS技术与规划专业模型相结合进行应用,为土地利用规划编制提供辅助规划功能,减少了规划的工作量,促使土地利用规划逐步从"定性"向"定性和定量相结合"的方向发展,提高其科学化水平。

### 10.1.2 土地利用规划信息系统目标

运用GIS等相关技术,结合土地利用规划工作的业务需求,建立基于GIS的土地利用规划信息系统,以满足土地利用规划辅助编制、规划成果管理、规划实施管理的需要,辅助支持日常流程化办公,从而促进土地利用规划业务规范化,土地利用规划成果数字化,土地利用规划编制科学化,实现土地利用规划管理的信息化。

1) 资源清查

资源清查是系统最基本的功能,这时系统的主要任务是将各种来源的数据汇集在一起,并通过系统的统计和空间分析功能,按多种边界和属性条件,提供多种条件组合形式的统计并进行原始土地面貌的快速再现。

2) 城乡土地规划

城市与区域规划中要处理许多不同性质和不同特点的问题,这涉及大量的组成要素,包括资源、环境、人口、交通、经济、教育、文化和金融等。系统的数据库管理有利于将这些数据信息归并到城市的同一系统之中,最后进行城市和区域多目标的开发和规划,包括城镇土地利用总体规划、城市建设用地适宜性评价、城市环境质量评价、道路交通用地规划、公共设施配置以及城市环境的动态监测等。

3) 地籍管理

多用途的地籍管理是系统必须实现的功能之一。地籍管理的数据涉及土地的位置、房地界、名称、面积、类型、等级、权属、质量、地价、税收、地理要素及其有关的设施等,而且由于土地是人类赖以生存和进行社会生产必不可少的物质条件,不仅土地的权属可能发生变化,而且土地的空间特性也在不断改变,借助土地利用规划信息系统能够为土地的科学管理和合理利用提供依据,并作为土地法律咨询的可靠手段。

4) 灾害监测

借助于遥感和遥测数据的收集,利用土地利用规划信息系统,可以有效地用于森林火灾的预测预报、洪水灾情监测和洪水淹没损失的估算,为防洪决策和救灾抢险提供及时、准确的信息。

5) 宏观决策

系统利用拥有的数据库,通过一系列模型的构建和比较分析,为国家宏观决策提供科学依据。

### 10.1.3 土地利用规划信息系统建设流程

按照软件工程的要求,可将土地利用规划信息系统建设的一般过程划分为以下几个阶段(图10.1):

1) 准备与立项

包括成立系统建设领导小组和项目组、经费预算与落实、制订系统建设工作方案、编写立项报告、下达项目任务书或签订项目合同等。

2) 需求分析

调查规划部门及其他相关业务部门对土地利用规划信息系统的期望和要求,在此基础上综合分析业务工作现状和现行系统运行情况,编写需求分析报告。

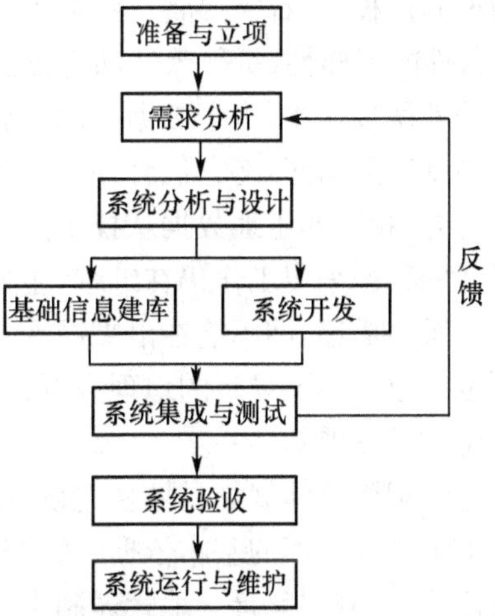

**图10.1 土地利用规划信息系统建设过程示意图**

3) 系统分析与设计

在系统初步分析和可行性研究的基础上,按照先总体后详细的原则,逐步设计系统的总体结构和划分模块,形成系统软件设计说明书。

4) 系统实现

按照系统软件设计报告的要求,编写程序代码,并按照土地利用规划数据库建库规范的要求,完成数据库建库任务。

5) 系统集成与测试

对各模块、各子系统、数据库与软件系统、系统运行环境进行综合集成和配置,并进行测试,生成可实际运行的系统,编写用户使用手册。

6) 系统验收

由主管部门组织专家组对系统功能、数据和系统的可靠性、安全性、可操作性、运行效率、系统材料的完整性进行测试和验收,确保整个系统达到预期目标。

7) 系统运行与维护

包括健全组织、完善制度、搞好培训、做好记录、检查、维护等,确保系统正常、可靠、安全地运行,不断地评价、改进、完善系统。

在系统建设的各个阶段形成的方案、设计、说明、报告、手册要形成正式的文档,作为主要工作成果加以妥善保存。

## 10.2 土地利用规划信息系统的数据准备

### 10.2.1 数据库建设的主要内容

由于编制土地利用总体规划所需的资料涉及各行各业,在各个不同的应用部门存在一定差异,很难对其进行统一的管理、应用。建立一个基础数据库可以统一地规范管理这些资料,以达到数据的共享,形成第一手电子信息资料,便于查阅和存储,而且便于土地数据分析,为政府及土地管理部门提供决策支持。

土地利用规划的基础数据中空间数据是核心,不论是在前期的专题研究中,还是规划方案的编制过程中,都需要将一些数据及指标落实到具体的位置,用图形数据表示出来。由于GIS软件的多样性,每种软件都有自己特定的数据模型,造成数据存储格式和结构的不同。在数据使用过程中,由于数据来源、结构和格式不同,需要采用一定的技术方法构建土地利用规划基础数据库,将它们合并在一起使用。

另外,我国的土地数据从技术要求的角度来说,难以支持数据共享和GIS互操作,大量重复性的数据采集工作仍在继续,主要是因为GIS数据模型缺少对地理现象的显式定义和基础关系的描述,即不能在语义层次上实现数据的共享。GIS互操作在实施中的一个重要问题也是数据模型导致的地理数据语义上的障碍,所以基础数据库构建也是我国土地事业信息化建设发展的第一步。

土地利用总体规划是城乡建设、土地管理的纲领性文件,是实行土地用途管制、落实最严格土地管理制度的基本依据。《中共中央关于制定国民经济和社会发展第十二个五年规划的建议》强调:"完善土地管理制度,强化规划和计划管控。"加快推进规划数据库建设,以信息化带动规划管理科学化、规范化和精细化,是贯彻落实十七届五中全会精神、进一步发挥好土地利用规划管控作用的根本要求,是积极推进依法行政和政务公开、切实提高土地管理效率和水平的客观需要。

《国土资源部关于加快推进土地利用规划数据库建设的通知》(国土资发〔2011〕3号,以下简称《通知》)指出:"目前,新一轮土地利用总体规划总体上已进入审批实施阶段,迫切需要抓住时机,加快规划数据库建设,为实施土地用途管制奠定良好基础;第二次全国土地调查数据库建设基本完成,亟待在此基础上叠加土地利用规划数据,完善国土资源'一张图'。"

同时,《通知》明确要求,规划数据库建库应以第二次全国土地调查数据库为基础,严格遵循已发布的市(地)级、县级、乡(镇)土地利用总体规划数据库标准(TD/T 1026~1028,以下简称《标准》)。结合当前市(地)级、县级、乡(镇)土地利用总体规划数据库建设的实际情况,各地提交的土地利用规划数据库(以下简称规划数据库)成果应包括三个方面的内容(表10.1)。

表 10.1 规划数据库成果数据内容和格式

| 内容 | | 格式要求 |
|---|---|---|
| 空间要素 | 原始建库格式的矢量数据 | 各层一般按照"县级以上行政区划代码+图层名称.扩展名"的规则命名,中心城区按照"县级以上行政区划代码+downtown+图层名称.扩展名"的规则命名 |
| | 标准交换格式的矢量数据 | 采用 VCT 格式或 Shapefile 格式(包括主文件 * .shp、索引文件 * .shx 和 dBASE 表文件 * .dbf)。VCT 格式文件名称一般按照《标准》规定的命名规则命名,中心城区规划的文件名将命名规则中乡级行政区划代码改为"downtown"。Shapefile 格式文件各图层一般按照"县级以上行政区划代码+图层名称.扩展名"的规则命名,中心城区按照"县级以上行政区划代码+downtown+图层名称.扩展名"的规则命名 |
| | 规划栅格图数据 | 采用 jpg 格式,分辨率要求在 300PPI 以上。文件命名一般按照"县级以上行政区划代码+乡级行政区划代码+栅格图全称.jpg"的规则命名,中心城区规划按照"县级以上行政区划代码+downtown+栅格图全称.jpg"的规则命名 |
| 非空间要素 | 规划文档 | 采用 Microsoft Office 2003 Word 格式,文件名称一般按照《标准》规定的命名规则命名。中心城区规划的文件名称将命名规则中乡级行政区划代码改为"downtown" |
| | 规划表格 | 数据格式为 Microsoft Office Access 2003 的格式,命名规则同上 |
| 元数据 | | 按照《国土资源信息核心元数据标准》(TD/T 1016—2003)规定的内容报送,采用 XML 格式。文件名称一般按照"县级以上行政区划代码+乡级行政区划代码+metadata.XML"规则命名。中心城区规划按照"县级以上行政区划代码+downtown+metadata.XML"规则命名 |

另外,电子成果数据内容除了数据库成果之外,还需要有数据库说明文档,数据库说明文档包括数据库有关情况说明、栅格图—图层对照说明、规划数据库成果报送资料清单、规划数据库质量检查结果记录等文档。

规划数据库成果的数据组织,必须符合《标准》的要求。市(地)、县两级规划数据库成果以本级行政辖区为组织单元;乡(镇)规划数据库成果以县级行政辖区为组织单元,数据必须进行行政区拼接,无拓扑错误。中心城区规划数据库与市域(或县域)规划数据库一并汇交。

数据以文件夹的形式组织。

市(地)级、县级规划数据库成果目录结构如图 10.2 所示,其中,根目录名称中的"××××行政区"指"市或县行政区名称+行政区划代码","X 级"指"市级"、"县级","X 域"指"市域"或"县域"。

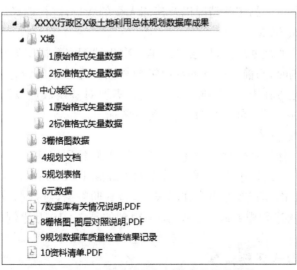

图 10.2 含中心城区规划的成果目录结构

以县为组织单元的乡(镇)规划数据库成果目录结构如图10.3所示。其中,根目录名称中的"××××行政区"指"县行政区名称+行政区划代码","×××1乡"、"×××2乡"、"×××n乡"指该县级行政区包括的某个乡,一个乡一个文件夹,以此类推。

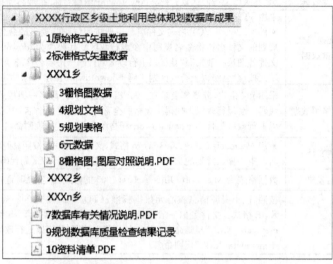

图10.3 以县为组织单元的乡级规划成果目录结构

相应数据存储在相应的文件夹下。

### 10.2.2 建库的技术路线

本轮土地规划数据库的建设工作,主要需要提交四个数据库。

1) 乡级规划数据库

在进行乡镇规划数据库建设时,有两种建设模式可以选择:一是分乡镇进行规划数据库的建立,再将其合并、接边汇总成县级规划数据库,这种模式可以将人员分组同时进行建库工作,但是存在接边工作;二是以整个县级区域为基础,建立一个整体规划数据库,其中分别导入各乡镇规划数据,再通过行政界限进行切割成各乡镇的规划数据库。

各县市可以根据自己的实际情况以及建库人员的数目,进行选择。

2) 县级规划数据库

县级规划数据库的规划编制,以县区的第二次土地调查数据库为基期数据,在进行基期数据处理与规划编制时,与前面所述的乡镇级规划数据库编制的流程一样。与乡镇规划数据库建设所不同的地方在于,在规划编制入库后,需要对基期数据以及规划数据进行缩编,缩编到1:5万的比例尺下,再进行图件、报表等的输出。

3) 市级规划数据库

市级土地利用总体规划数据库的建设,与县级规划数据库建设不同。县级规划数据库建设在于先进行乡级规划修编工作,再将数据库缩编到1:5万;而市级规划数据库的建设,却要先将各区县的二次调查数据库合并起来,作为基期数据,对基期数据进行缩编,缩编为1:10万的数据库,再进行规划编制工作,最终得到的是1:10万比例尺的市级土地利用总体规划数据库。

4) 地市级中心城区数据库

作为乡镇的数据库进行建设。

### 10.2.3 数据库建设的流程

以乡级规划数据库的建设为例,整个建库的流程包括资料收集、土地利用基期数据制作、规划数据制作、规划图件制作、基础资料管理、规划成果输出等内容(图10.4)。

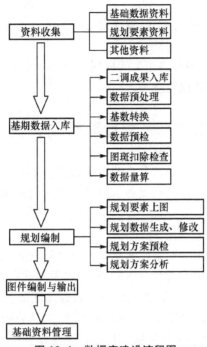

图 10.4 数据库建设流程图

1) 资料收集

在进行规划数据库建设之前,首先要进行资料的收集工作,需要收集的资料分为三个方面:第一,基期数据资料,即第二次土地调查的数据成果,主要包括地类图斑、地类界线、线状地物、零星地物、基本农田保护图斑等;第二,规划要素资料,主要包括土地整治重点项目、重点建设项目、规划基本农田调整数据、规划基本农田保护图斑、建设用地增减挂钩数据等;第三,其他资料,包括行政区、结合图表、数据字典等。

2) 基期数据入库

在建设规划数据库时,先要将基期数据,即第二次土地调查的成果导入数据库。将数据导入数据库之后,要对数据进行预处理,使之符合规划数据库建设的要求;由于规划地类和二调地类代码不同,在数据预处理之后,要对地类代码进行相应的基数转换;基期数据转换修改完成后,需要对规划基期数据库进行必要的预检,以确保结果的准确性;基期数据预检完成后,还需检查基期地类中图形面积与扣除的线状地物、零星地物、田坎面积之间的对应关系是否正确,若有错误,则需要及时检查修正;所有检查全部完成后,就可以对基期数据进行计算,为基期统计报表的输出提供保障。

3) 规划编制

在规划编制阶段,首先是将点线面重点项目、土地整治区等规划要素上图入库;然后生成建设用地空间管制边界数据、规划基本农田保护区数据等;在土地用途分区和建设用地管制区生成之后,需要根据实际情况进行人工干预;在所有涉及的规划要素入库完成之后,需要对整个规划方案进行一次预检,主要检查规划要素的必填属性是否填写、图形、类别是否有误等;在确保所有规划要素准备无误之后,进行一次规划方案分析,将各种统计分析的数据,与规划文本中的指标进行对比,如果不一致,需要适当调整规划方案。

4) 图件编制与输出

按照有关的标准,对图面进行配置,输出图件。

5) 基础资料管理

在规划成果数据做完后,需要将相关的规划资料(word 文档,excel 表格,其他格式的资料)妥善保存在数据库中,以便以后查阅。

## 10.3 土地利用规划信息系统的设计与实现

前面已经介绍了土地利用规划信息系统的建设流程,本节以安徽省枞阳县土地利用规划信息系统的设计为例说明土地利用规划信息系统设计与实现的具体过程。

### 10.3.1 系统定义

系统定义的目标是明确用户对系统的具体要求,摸清相关业务的具体流程,收集有关的图纸、表格和文本,并对这些信息进行分析处理,制定面向现实世界的系统模型,如绘制业务流程图和 E—R 图,制作数据字典等,为系统设计做好前期准备工作。

系统定义实际上分为两部分工作,一是调查了解,二是分析整理。在本系统的系统定义中,调查了解工作主要采取访谈和简易应用规格说明技术相结合的方法进行,首先采取与用户单位(枞阳县国土资源局)相关业务人员面谈的方法进行调查,摸清系统目标、业务职能、业务流程、数据现状等基本情况。然后,以此为基础,提出需求分析的初步成果,制成简易应用规格表,供开发者和用户双方进行讨论,进一步验证用户需求。而分析整理工作主要是在调查了解的基础上利用前文介绍的系统分析工具进行分析和成果的表达。系统定义的这两部分工作没有明显的划分界限,在分析整理过程中可能需要返回进一步调查,而调查了解过程中也要进行一定的分析整理工作。要保证系统定义的正确性与适用性,系统分析人员应尽可能多地了解用户的需求,深入调查和分析业务流程,使系统建设更加科学、合理。

现状调查分析是系统定义的第一步,在本系统的开发过程中,现状调查分析主要是从业务关系、业务职能、相关信息和数据等方面进行。

1) 业务调查与分析

系统定义的方法有结构化分析方法、原型化分析方法和面向对象分析方法。系统设计方法的选择需要考虑多方面的因素,包括系统规模的大小、系统应用类型、系统需求明确程度等。考虑到本系统用户需求易于明确、涉及业务繁多,在本系统的业务分析过程中,采用结构化分析方法。结构化分析方法的主要策略是"自顶向下,逐步求精"。

本系统的结构化系统分析的具体实施步骤如下:

第一步,确定系统的主体业务。根据调查分析,可以确定土地利用规划管理涉及的业务包括土地利用规划编制工作、土地利用规划成果管理和土地利用规划实施工作等三个方面(见图 10.5)。

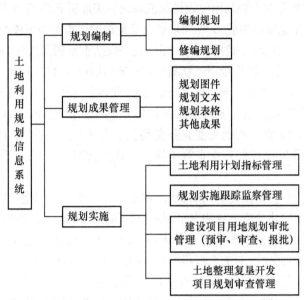

图 10.5　土地规划管理业务关系图

土地利用规划是指在土地利用的过程中,为达到一定的目标,对各类用地的结构和布局进行调整或配置的长期计划。土地利用规划的编制程序是:编制规划的准备工作;调查研究,提出问题报告书和土地利用战略研究报告,编制土地利用规划方案;规划的协调论证;规划的评审和报批(见图 10.6)。

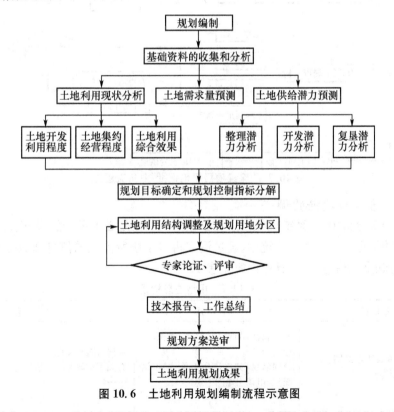

图 10.6　土地利用规划编制流程示意图

规划成果管理主要是对土地利用规划编制或规划修编所得到的规划成果进行管理,主要管理的对象包括土地利用总体规划成果、专项规划成果及在规划实施中形成的相关用项目信息,总的来讲可分为图件和文档两类数据。规划图件成果包括土地利用现状(基期)图、土地利用总体规划图、土地利用规划专题图或专项规划图及在土地利用规划管理中产生的其他图件、影像资料等;规划文档成果主要是指各类土地利用规划文本、规划说明及各类规划附件等。

土地利用规划实施业务是将规划成果具体体现和落实的过程,土地利用规划方案经过审批后,即可逐步付诸实施。规划实施业务主要包括土地利用年度计划管理、建设用地项目规划审查、土地整理开发项目规划审查等工作,其最终目的是实现土地利用规划中提出的土地利用目标。

第二步,对主要业务进行细化,直到最小的职能单元。这是结构化分析方法进行系统分析的主要环节,体现了结构化分析方法中"逐层细化"的策略。使用该策略的优势在于:通过化整为零将复杂的系统简单化,便于理清关系并进行实现。土地业务从上向下,逐层细化后,各业务之间无论是纵向关系还是横向关系都很明确,脉络清晰。例如,"规划实施"业务可分为"计划指标管理"、"实施跟踪监察管理"、"建设用地项目用地规划审批管理"等;如果继续细分下去,"建设项目用地规划审批管理"还可以分为"规划预审"、"规划审查"、"用地报批"等。

第三步,详细调查各职能单元,绘制每个职能单元的业务处理流程图,如图 10.7 所示本系统中的一个职能单元"建设项目用地报批"的业务流程图。

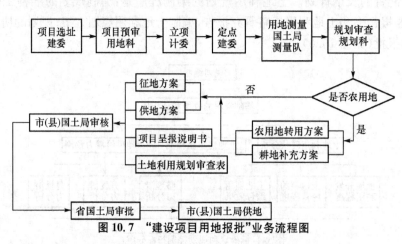

图 10.7 "建设项目用地报批"业务流程图

2) 相关信息和数据的调查

在现状调查分析中,对系统现状信息和数据的调查也是必不可少的,是进行系统可行性分析和设计的依据之一。在本系统中,经过调查将该系统所涉及的信息和数据分为图形信息、属性信息和文档信息三类,具体内容见表 10.2。

表 10.2 用地信息构成

| 图形信息 | 属性信息 | 文档信息 |
| --- | --- | --- |
| 宗地图<br>各级规划图<br>用地方案图(如划地红线图、蓝线图、农村红线图等)<br>现状图<br>…… | 地块属性(如地号、位置、面积、土地类型等)<br>合同信息(如申请用地单位、申请面积、申请土地用途等)<br>…… | 申请材料和文件<br>有关用地政策法规信息<br>…… |

在现状调查分析完成之后,明确系统的功能和性能必须满足如下要求:
(1) 功能要求
系统功能方面的要求主要包括以下内容:

第一,系统功能应涵盖规划管理工作的日常业务,侧重于日常管理功能,包括规划成果管理、规划预审、规划审查、农用地转用、土地的复垦复耕、一书四方案的呈报、土地利用动态监测、规划辅助编制等。

第二,土地利用总体规划及其管理工作涉及大量的空间属性数据,如土地利用现状数据、土地利用规划信息,系统应对各种类型的数据进行全面的管理,以提高规划管理工作的效率和质量,考虑到系统数据量大,需要良好的数据处理能力及处理效率,系统应采用大中型的数据库管理软件进行数据管理。系统数据的存储结构应参照有关的数据库标准与信息系统建设标准(见前节),以满足数据共享的要求,使数据能够实现与上级土地利用总体规划信息系统的信息共享。

第三,土地利用规划成果是建设用地管理、土地执法监察等部门的基础数据,同时与地籍数据存在着诸多的联系。因此,在系统设计时应当留有数据接口,能方便地调用相关数据,同时也能为相关部门提供常用格式的数据。

第四,针对土地利用规划编制、修编业务的特点,系统应用 GIS 技术、数据库技术,提供方便、高效的规划辅助编制工具来辅助完成规划编制的部分工作,如:土地利用现状分析、人口预测、土地利用需求量预测等,为土地利用规划编制工作提供大量的数据信息,从而提高规划编制的科学化水平。

第五,系统应提供完善的土地利用规划成果管理功能,在对各种类型规划数据综合管理的同时,系统还应该提供丰富的查询、浏览、统计功能以及便捷的图形、报表输出功能,其中查询统计结果应提供图表、报表等多种表达形式,从而使系统更好地为土地利用总体规划管理工作服务。

第六,为保障系统安全,对不同身份的用户设置不同的权限。每个用户只能进入各自权限内的功能模块,只能对有权限的数据进行相应级别的数据操作,如浏览、修改、添加和删除。

(2) 性能要求
本系统的性能要求概括起来主要包括三个方面:

第一,系统界面友好,操作简单。系统要有良好的人机交互界面,界面风格应符合土地办公业务习惯和操作人员心理等特点。操作流程尽可能地简单实用,尽量把复杂的功能简化,并提供完善的联机帮助。

第二,系统稳定。系统具有一定的容错和纠错功能。

第三,系统效率。系统具有较高的运行效率。

### 10.3.2 系统总体设计

在系统定义阶段确定系统建设的目标和任务之后,就开始进行系统的总体设计。系统总体设计的基本目的就是回答"系统从总体上应该如何实现"这个问题,总体设计的工作是设计软件的功能结构,也就是要确定系统中每个程序是由哪些模块组成的,以及这些模块间的相互关系。这一阶段的另一项重要任务是数据库的概念化设计,其内容包括,决定数据库的数据内容,选择适当的数据模型,各数据内容如何在库中组织并如何将设计的内容写成报告。

1) 设计原则

系统设计原则为取得良好的经济效益与社会效益,在建立土地利用规划信息系统时,应遵循以下几个基本原则:

第一,科学性原则:系统的设计既要符合信息处理技术的基本法则和要求,又要在系统的软件设计、属性数据的科学分类编码等方面满足当前及今后规范化的土地调查与管理工作的技术准则。

第二,实用性原则:目前土地利用管理正处于从随意、混乱到有序的转变之中。有关管理方法和手段有待进一步提高,管理人员有待进一步充实,基础数据和图件尚在逐步完善中,大部分地区的经济承受能力有限。因此,系统在功能上要以实用为主,在技术上要可行,也需要有一定超前的意识。

第三,统一性原则:在土地利用信息系统的设计和使用过程中,不可避免地要使用大量的地图分幅、地图投影、地理坐标、比例尺、元数据等基础地理数据资料。为了保证系统的通用性,应该尽量使用统一规范化的文件资料数据库存储。这样,才能为数据的共享提供可能。

第四,独立性和合理性原则:在系统的开发过程中,为了保证系统的稳定,应该尽量采用组件式结构,这样既能提高系统的稳定性,又可以兼顾系统的扩展性。并且能使各子系统、各模块都能具备一套完整的、相对独立的处理数据的功能,这样,可以降低系统的重复度,为其升级和维护提供方便。

第五,完整性原则:根据系统的应用需要,提出一套完整的功能操作,以适合应用目的,同时严谨的结构保证了数据的完整性。

2) 系统软件结构体系设计

在 GIS 的发展过程中,目前已出现了大量的 GIS 专业工具软件。对于土地利用规划信息系统的开发来说,国外的 GIS 平台比较成熟,但是价格太高,无法推广使用,因此,考虑到系统的经济性与可推广性,最好是选择已通过国家科委测评的国产软件,这对于将来的应用开发、数据安全及促进我国地理信息产业的发展均具有重要意义。同时还应考虑到以下几个方面:

第一,软件的适应性与完备性:所选软件必须满足土地利用规划信息系统的功能要求,并具有一定的通用性和针对性。对于 GIS 基础软件而言,应包括以下几点:能进行常用的数据格式转换(如 DXF、E00 等);能进行不同坐标系统之间的转换;能进行数字化;能进行较高精度的绘图;能进行通用空间分析;能进行图示符号定制;能处理遥感信息;能够进行网络共享。

第二,软件的稳定性:只有软件的稳定才能保证系统的稳定性。

第三,与硬件的兼容性:能够适应当前各种主流的计算机类型和外部设备。

第四,与其他软件的接口能力:能够与当前各种主流的计算机软件和工具软件相互连接、相互支持。

第五,模型化能力:具有建立数学模型的能力。

第六,二次开发能力:能够进行二次开发。

第七,用户界面的友好性:界面简单,操作灵活、方便。

第八,对大型数据库管理系统的支持:只有采用大型关系型数据库管理数据,才能实现高效的数据访问、查询、统计及更新。

第九,汉字处理能力:软件应为中文版,能够处理汉字。

鉴于以上几点及本系统的实际情况,我们选择了价格适中、功能适用、应用简单的MapGIS作为本系统的开发平台。MapGIS是武汉中地信息工程有限公司开发的GIS基础平台软件,是集地图输入、数据库管理和空间数据分析为一体的空间信息系统,具有完善的地理数据输入、图形编辑、数据库管理、空间分析、图形输出和实用服务等功能模块,其优点主要表现在:第一,图形输入操作比较简单、可靠,能适应工程要求;第二,可以编辑制作具有出版精度的地图;第三,能够进行图形数据与应用数据的一体化管理;第四,可实现多达千幅地图的无缝拼接;第五,具有高效的多媒体数据库管理系统;第六,具有功能齐全的空间分析与查询功能;第七,具有很好的数据可交换性。作为一个GIS基础平台软件,MapGIS给用户提供了多种二次开发方式,使客户利用常用的开发工具就可以方便地完成开发任务。并且,目前国内大多数省市的土地利用现状数据都是采用MapGIS的数据格式进行存储的,而土地利用现状数据又是进行土地利用规划的基础数据。因此综合考虑MapGIS的特点及土地利用现状数据在系统建设中的重要性,选择MapGIS作为系统的开发平台具有不可替代的优势。

由于微型计算机的普及,可在微机上运行的计算机语言工具越来越多,一般说来,选择系统开发的语言工具,必须综合考虑以下因素:对内存的要求,是否是常驻内存或ROM的软件,是否对内存的使用有苛刻的要求;软件的运行速度;CPU资源的利用率;是否经常需要对机器多种资源进行直接控制;程序的可维持性、可读性和可移植性;软件生产率与开发周期。

目前可以用于MapGIS组件的可视化开发语言有很多,如:Visual Basic,Visual C++,Delphi,C++Builder及Power Builder等等,各种开发语言都各有其特点和适用范围。其中,Delphi等具有较强的多媒体和数据库管理功能,且易于实施,适合大多数的GIS应用;Visual C++,C++Builder功能强大,对编程人员要求较高,适用于需要编写复杂的、底层的专业分析模型的GIS应用;Power Builder的数据库功能强,适用于建立有大量关系数据的GIS应用。而Visual Basic不仅仅是一种可视化、面向对象和采用事件驱动方式的结构化程序设计语言,而且是一个集应用程序开发、测试和调试等功能于一体的集成式开发环境,它具有很强的数据库访问功能,使用简单,开发出的应用程序用户界面友好。鉴于此,本系统选用Visual Basic加载MapGIS提供的各种组件,以实现MapGIS的二次开发。

数据库及其DBMS是GIS的核心。从数据管理软件发展来看,关系型数据库是软件的发展趋势,应采用大型的关系型数据库,如SQL Server,Oracle等;从价格上看,SQL Server的价格较低;但从管理海量数据的能力来看,Oracle比SQL Server要稳定、高效得多;从市场上看,Oracle公司是世界上最大的数据库提供商,其主流产品Oracle大型数据库连续十多年一直是市场占有率最高的产品。Oracle数据库服务器提供了强大的数据管理功能和性能良好的网络服务功能,不仅可以实现高效的数据访问、查询、统计及更新,而且可以用来存储MapGIS提供的空间数据。本系统选择Oracle作为系统的数据库管理软件。其主要原因有:系统所使用的基础数据很大;系统要实现空间数据的快速索引及协同设计;当实体数据与属性数据导入数据库时,采用MapGIS与Oracle相结合能够产生较少的数据损失。

3)系统软硬件配置方案

(1)网络和硬件配置

局域网建设的主要目的是利用网络进行协同办公。从网络设备投资及维护成本、技术先进性与稳定性、应用系统的开发难易程度等诸多方面考虑,本系统局域网架构基于100 M

甚至 1 000 M 的快速以太网技术,网络结构采用星形拓扑结构。网络中心设置在规划科办公室,配备一台高性能主干交换机,通过双绞线甚至光纤与各节点相连,各办公室采用智能网络集线器(HUB)与外部相连,从而实现联网操作、实时响应、动态管理。各办公室可以独立配备,也可以全网共享绘图仪与打印机等设备。

(2) 软件环境

操作系统：  服务器操作系统:Windows 2000 Advanced Server;
　　　　　　客户端操作系统:Windows XP Professional。

数据库管理系统:Oracle RDBMS。

(3) 应用软件:Micros 为模块 oft Office 2003 等常用办公软件。

(4) 开发环境:Visual Basic+MapGIS SDK。

4) 设计方法选择

系统设计的常用方法主要有三种:过程法(结构化分析)、原型法和面向对象法。

结构化系统分析与设计开发是 20 世纪 70 年代提出的系统分析方法之一,目前仍广泛使用。结构化分析方法是模型驱动的、以过程为中心的技术,它是一种自上向下逐层分解、由粗到细、由复杂到简单的求解方法。在描述方式上,它的特点是尽量运用图形表示,优点是简明易懂,所表达的意义比较明确。

原型法系统分析是初步确定用户需求,快速地建立具备部分功能的系统,通过用户评估和反馈,逐步完善用户需求。在此基础上,进行系统设计,将系统原型演变为最终的、可实施的系统。原型法特别适用于用户需求不够明确或者用户难于表达其需求的情况;缺点是难以适应复杂的用户环境,不适合大型软件的开发。

与结构化分析注重过程相比,面向对象方法同时关注数据和过程。面向对象方法支持三种基本活动:识别对象和类,描述对象和类之间的关系,以及通过描述每个类的功能定义对象的行为。当重要的对象被认定后,通过一组互相关联的模型详细表示类之间的关系和对象的行为。面向对象分析的主要优点为:加强了对问题域和系统责任的理解;改进与分析有关的各类人员之间的交流;对需求的变化具有较强的适应性;支持软件复用;贯穿软件生命周期全过程的一致性;实用性;有利于用户参与。

由于不同的设计方法强调的重点有一定的差异,其项目适用性也有一定的差异特征。选择系统设计方法时,参与人员应当明白没有十全十美的软件设计开发模型,也不存在通用的模型。每一种开发模型都具有各自的优缺点,有使用的前提条件,除系统所处的文化和业务环境、软件的层次和规模之外,设计方法的选择还受到软件的架构和产品类型、不同的资源和能力等因素制约。对于本系统来说,系统的目标清晰、项目定位准确、业务流程稳定、项目风险处于可控范围,因此选择结构化分析方法。

5) 系统模块设计

为了最终实现目标系统,必须设计出组成这个系统的所有程序和文件(或数据库)。对程序的设计,通常分为两个阶段完成:首先进行结构设计,然后进行过程设计。结构设计确定程序由哪些模块组成,以及这些模块之间的关系;过程设计确定每个模块的处理过程。结构设计是总体设计的任务,过程设计是详细设计阶段的任务。

软件功能结构可以用层次图或结构图来描绘,图 10.8 是本系统的结构图。在进行软件功能设计过程中应该遵循以下几个基本原理:

第一，模块化。软件可以简单地理解为模块的集成。目前，几乎所有的软件体系结构都体现为模块化。模块化是软件设计的一个基本准则，它使得一个程序易于为人们所理解、设

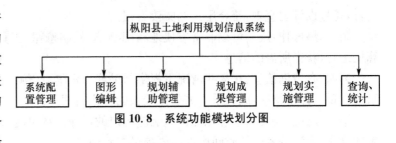

图10.8 系统功能模块划分图

计、测试和维护。高层模块可使我们从整体上把握问题，隐蔽细节以免我们分散注意力，在需要时，又可以深入到较低层次以了解进一步的细节。模块化往往将较复杂的问题转化为一些简单问题的集合，使我们可以将工作量分散到各个工作组以集中力量解决各个问题。

模块化原则是采用结构化设计方法进行总体设计应遵循的基本原则之一，它要求：每一个模块表示一个自我包含的逻辑任务；每个模块都是简单的；每个模块都是封闭的；每个模块都是可以独立测试的；每个模块对应单一、独立的程序功能；每个模块都有单一的入口和出口；每个模块都有一个标准返回点返回上层模块开始执行该模块的那一点；可以把多个模块组合成较大的模块，而不必了解模块内部构造的知识；每个模块都有严格规定的接口，其中包括由入口和出口形成的控制连接、由参数和共享的公用数据形成的数据连接以及由模块间的服务支持形成的功能连接。

第二，抽象和信息隐蔽。抽象是抽出事物的本质特性而暂时不考虑它们的细节，它反映在数据和过程两方面。在模块化问题求解时，在最高抽象级可以采用面向问题环境语言的抽象术语进行叙述；而在较低抽象级，则可采用过程性术语。模块化的概念加上逐步求精的方法将面向问题的术语和面向实现的术语两者结合起来，前者是后者的一种抽象。在软件模块结构图中，下层模块是上层模块的细化，因此顶层或上层模块的抽象程度较高，而在下层模块中则体现功能实现的细节。

信息隐蔽是模块的另一重要特征。"信息隐蔽"意味着有效的模块化可以通过定义一组独立的模块来实现，这些独立的模块彼此之间仅仅交换那些为了完成系统功能所必须交换的信息。一个模块内部所包含的信息（数据或过程），如果它不允许外部的模块访问，其他模块是不能对它们访问的。

抽象和信息隐蔽从两个不同方面说明了模块化设计的特征。"抽象"帮助定义构成软件的过程实体，而"信息隐蔽"实施对过程细节的存取约束。

第三，模块独立性。模块独立性的概念是模块抽象和信息隐蔽的直接结果，是保证软件质量的关键性因素。采用结构化设计方法进行系统总体设计强调把系统设计成具有层次式的模块化结构。模块独立性程度较高的软件，其功能易于划分，接口简单，因此开发、测试和维护都较容易，修改引起的副作用也较小。

6）用户界面设计

用户界面是用户与系统之间传递、交换信息的媒介，是用户使用系统的综合操作环境与系统交互的唯一通道。从用户的角度，评价界面质量的标准如下：

第一，简单：界面尽可能地简单，过多的界面内容往往使用户无所适从，或者分散用户的注意力。

第二，易懂：用户要能够理解界面，其中的文字要贴近用户的日常工作语言，避免技术化

语言,符号设计要直观,符合用户的阅读习惯。

第三,易操作:用户可以非常方便地利用菜单、控制按钮、工具图标或文字链接,控制计算机运行,获得所需的信息。

第四,有帮助信息:在某些情况下提供帮助或提示信息,例如遇到比较难以理解的操作,系统出现了异常情况,或者系统需要比较长的响应时间等。

第五,反应快:要求系统能够快速响应用户的操作。尽可能将一些复杂的操作分解为简单的操作,无法分解的长时间操作需要提供提示信息。

第六,美观:用户界面还要求美观、大方,颜色搭配协调、各种要素布局合理。

总之,良好的界面设计可以使用户对于自己的操作有信心;使用户感觉到是自己在控制计算机,而不是受制于计算机;用户可以预期自己每一项的操作后果。

另外,对于土地利用规划信息系统来说,用户界面还应考虑以下两点:第一,采用土地管理术语,尽量贴近土地规划利用工作的实际;第二,支持用户批处理作业,即将几个连续工作的步骤集中起来,一次性地启动减轻用户操作的负担。

### 10.3.3 系统数据库设计

总体设计阶段不仅要进行系统的模块划分,还要进行系统的数据结构设计。土地信息的标准化是保障信息可持续利用,能够在行业内部网络中流通并与其他信息相兼容的关键所在。数据是土地信息的主要表达形式,数据编码、数据库数据设计是数据有序管理、数据规范的关键措施之一,数据库结构设计主要包括数据编码的标准和规范(在10.2节已经详细叙述过,这里不再赘述);各数据库的设计;数据管理结构的设计。

1) 数据库设计原则

在进行数据库设计时必须遵循如下原则:

第一,实用性。性能良好、易于使用、便于管理维护、数据更新快捷和升级容易,具有优化的数据结构和完善的数据库系统,以及与其他系统数据共享、协同工作的能力。

第二,可扩展性。目前,数据库技术与GIS技术发展非常快,这就要求数据库的设计具有可扩展性和超前性,以确保能适应现代信息技术高速发展。随着公众应用需求不断增加,要充分考虑数据不断变化增加的需要,怎样去适应这种增长需求和可扩展性成为衡量整个数据库建设是否成功的一个重要标志。

第三,安全性。必须保证数据库具有足够的安全性控制,简单地说安全性必须考虑两个方面的问题:一是数据不被非法访问和破坏;数据库的安全性首要的是数据的安全性,系统必须具备足够的安全权限,保证数据不被非法访问、窃取和破坏。二是操作安全可靠:数据库同时应该具备安全权限,不让非法用户操作系统;同时要具备足够容错与纠错能力,以保证合法用户操作时不至于引起系统出错,充分保证数据的逻辑准确性。

第四,集成性。数据库中必须有完整的GIS数据结构,支持的数据结构包括:点、线、面、遥感影像、属性数据等。因此,数据库设计和建设中必须考虑集成原则,且数据库的设计和建设必须基于地理信息系统标准技术。

第五,规范化。数据库的建立必须参照相关的规范和标准,以便能更好地实现各县(市)的数据统一和共享等。

除上述原则,还要考虑所选数据库与Windows的兼容性,对空间数据存储的支持,数据检索速度,管理海量数据的能力,系统稳定性、安全性数据库设计是将整个概化设计转化为最终的详细设计的过程。

2)数据库设计

本系统的数据库设计包括两部分,一是空间数据结构设计,二是属性数据结构设计。

(1)空间数据

本系统的空间数据主要服务于枞阳县土地利用规划管理,为自动化办公业务提供各种现状和规划数据的查询统计,以及规划实施和跟踪监测工作的背景图等。其设计内容包括两方面:表和工作图层的命名规则、规划工作图层。

表和工作图层的名称均用西文(大写)表示,由前缀和后缀两部分组成。其中,前缀为图层所属业务流程的业务名称缩写,如前缀 JYYS 表示"建设项目用地规划预审"流程。表的后缀采用西文(大写)表示,由表名的每个字的汉语拼音的第一个字母组成。在该系统中,为方便查询,为每张表设定一个代码,表10.3 是表代码的说明。工作图层的后缀为图层性质,分为三种:在办(ZB)、通过(TG)和不通过(BTG)。如预审阶段的图层命名,业务名称缩写为"JYYS",则接件时的工作图层名称为"JYYS_ZB",预审结束通过输出的图层名称为"JYYS_TG",不通过的输出图层名称为"JYYS_BTG"。若业务流程中有多个工作模块,可在前缀和后缀之间加上工作模块的名称缩写,它们之间用下划线连接。

表10.3 空间数据表索引(表代码说明)

| 编 号 | 表 名 | 中文名 | 备 注 |
|---|---|---|---|
| 101 | XZQH | 行政区划要素基本属性结构表 | |
| 201 | MZYD | 土地用途面状用地要素属性结构表 | |
| 202 | XZYD | 土地用途线状用地要素属性结构表 | |
| 301 | YTFQ | 土地用途分区要素属性结构表 | |
| 302 | JBNT | 基本农田保护要素属性结构表 | |
| 303 | TDZL | 土地整理要素属性结构表 | |
| 304 | TDFK | 土地复垦要素属性结构表 | |
| 305 | TDKF | 土地开发要素属性结构表 | |
| 306 | STHJ | 生态环境建设要素属性结构表 | |
| 401 | ZJFH | 注记符号属性结构表 | |

图形数据库包括两部分内容:背景图(土地利用现状图和土地利用规划图)和工作图层。背景图层由图层 A10,B11,B12,C10,C20,C30,C40,C50,C60,D10 组成。其中 A10,B11,B12,D10 图层组成"土地利用现状图";A10,C10,C20,C30,C40,C50,C60,D10 组成"土地利用规划图"。

表10.4 是系统的工作图层定义,表中对所有工作图层的层代码、图层内容以及该图层的要素特征进行了定义。在定义图层的时候,还需要对各个图层的属性特征进行定义。

表10.4 规划工作图层定义

| 层名称 | 层代码 | 图层内容 | 要素特征 |
|---|---|---|---|
| 基础地理要素 | | | |
| 行政区划 | A10 | 乡级行政单元 | Polygon |
| 土地利用规划基期要素 | | | |
| 面状用地 | B11 | 面状用地类型 | Polygon |
| 线状用地 | B12 | 线状用地类型 | Line |

续表 10.4

| 层名称 | 层代码 | 图层内容 | 要素特征 |
|---|---|---|---|
| 土地利用规划要素 | | | |
| 土地用途分区 | C10 | 能够表示各种规划信息的最小图斑 | Polygon |
| 基本农田保护 | C20 | 各类线状建设用地 | Line |
| 土地整理 | C30 | 不宜采用图斑表示的规划用地 | Point |
| 土地复垦 | C40 | | Polygon |
| 土地开发 | C50 | | Polygon |
| 生态环境建设 | C60 | | Polygon |
| 注记及其他要素 | | | |
| 注记层 | D10 | 图面、地名、水系、交通、地形、土地用途分类等注记、图例 | Point |
| 其他要素层 | D20 | 图廓线、公里格网、图幅结合表、比例尺符号、图示符号、风玫瑰 | Line |

(2) 属性数据

本系统的属性数据主要是指土地业务处理过程中产生的土地利用规划工作表数据以及管理数据，其设计包括确定其命名规则，并确定实体、实体关系以及关键字段等。

属性数据的命名规则同空间数据命名规则类似。由于本系统的属性数据库采用关系型数据库管理软件 Oracle 进行管理，因此需要将需求分析产生的数据模型按照关系模型的要求进行规范化和标准化设计，包括实体、实体关系以及关键字的设计等。

3) 存储管理结构的设计

在考虑存储管理结构时，主要有两个方面需要考虑。

第一，数据库的管理。从数据库安全角度考虑，各数据层均要由数据库管理员设置用户权限。例如，土地管理部门对使用系统的权限可分为三组：一是系统管理员组，负责系统的总体管理和数据备份；二是操作员组，进行数据的录入，但不能修改数据库；三是用户组，可以进行数据的查询和浏览。不同的权限密码不同。

第二，数据精度。数据精度是描述在一个给定的错误区限内可以找到特定空间特征的能力，对一个数据库来说，设计者需要明确：数据库的精度不会因为采用自动化的数据采集过程而使其增高；数字化图形的精度不会高于其原始地图；数据库总体精度是最低精度部分数据的精度。

### 10.3.4 系统详细设计

系统总体设计阶段已经确定了软件的模块结构和接口描述，划分出不同的目标子系统，即各个功能模块，并编写了总体设计文档，但此时每个模块仍处于黑盒子级，需要更进一步的设计。

系统详细设计的主要内容是在具体进行程序编码之前，根据总体设计提供的文档，细化总体设计中已划分出的每个功能模块，为之选一个具体的算法，并清晰、准确地描述出来，从而在具体编码阶段可以把这些描述直接翻译成用某种程序设计语言书写的程序。其设计成果可以用程序流程图描述，也可以用伪码描述，还可用形式化软件设计语言描述。对于土地利用规划信息系统，这个阶段的任务是：逻辑上正确地实现每个模块的功能，设计出的处理过程应该尽可能简明易懂；空间数据库和属性数据库的设计，要求数据的标准化和规范化；

产生数据字典。

详细设计的表达工具主要有程序流程图、盒式图、PAD图、类程序设计语言等。而详细设计的方法也有多种，包括结构程序设计、面向对象程序设计等。

以结构化程序设计为例，使用该方法进行详细设计时，要遵循以下几个设计原则：第一，采用自顶向下、逐步求精的设计方法；第二，采用顺序、选择、循环三种基本结构组成程序的控制结构；第三，尽量使用单入口/单出口的控制结构，减少传递参量（数）的个数；第四，提高模块的内聚度，降低模块间的关联度。本系统的模块设计参考了国土资源部的国土资源信息化工作标准——《县(市)级土地利用规划管理信息系统建设指南》。

1) 系统配置管理模块

系统配置管理模块包括用户管理、权限管理、编码维护管理、规划实施业务流程配置管理、数据库管理（见图10.9）。其中用户管理是进行用户信息的增、删、改、查，以及用户密码设置的管理；权限管理主要是进行用户权限设置，即通过对用户所能使用的功能模块及数据进行控制，来保证系统安全性和数据保密性；编码维护主要是进行辖区编码与名称设置、乡镇编码与名称设置；数据库管理主要是进行数据库的备份、导入等工作；规划实施业务流程配置主要是用户根据实际工作中规划实施业务的需求自己配置各部门的数据流转顺序。

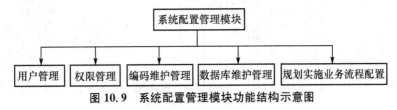

图10.9　系统配置管理模块功能结构示意图

2) 图形编辑模块

图形编辑模块主要是针对系统所涉及的各类空间数据提供方便、实用的图形编辑功能。该模块主要包括工程文件管理、点文件编辑管理、线文件编辑管理、区文件编辑管理、红线图编辑功能以及投影转换等部分。系统提供的图形编辑功能，不仅有一般的通用的图形处理功能，更根据土地利用规划部门的业务特点提供了红线图编辑管理，如：键盘输入坐标点、辅助手工画定面积红线图、点线面的图形"拾取"等功能，具有实用、简单、针对性强等特点。

3) 辅助规划编制模块

辅助规划编制模块主要是应用GIS技术、模型库技术来实现辅助编制土地利用总体规划和专项规划的功能，如：土地利用现状分析、人口预测、各种用地类型需求量预测等功能。用户在规划基础信息录入模块录入了规划区域基础信息后，就可以直接应用该模块所提供的各种分析、预测、辅助决策功能模块，得到所需要的信息（见图10.10）。

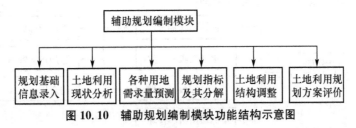

图10.10　辅助规划编制模块功能结构示意图

### 4) 规划成果管理模块

规划成果管理模块主要是对各类规划成果按一定的体系结构进行组织，以方便用户调阅和管理。该模块提供了图件信息和文档信息的查询、浏览、统计、输出等功能。在本模块中用户可以按项目、土地用途等属性进行分类信息查询；也可以按行政区域、土地用途、权属关系等作统计汇总；应用该模块可以对各种图件成果进行标准分幅输出、任意区域裁剪输出等，在图形出图时，系统可以自动生成图件整饰所需的图例、比例尺、指南针等，以方便进行各种类型的图形输出；同时模块还实现了土地利用总体规划文本、规划说明书、专题研究报告及其他相关文字资料等的存档、查阅、打印、导入导出数据库等功能。用户在此模块不能对管理的所有数据进行修改。模块的具体功能如图10.11所示。

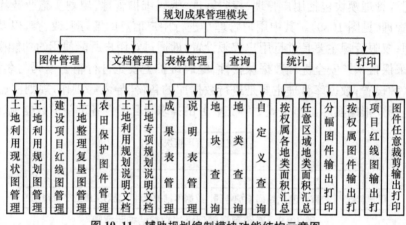

图 10.11　辅助规划编制模块功能结构示意图

### 5) 规划实施管理模块

由于规划实施管理工作的业务很多，依据业务划分成子模块，下面逐一进行介绍。

(1) 土地利用年度计划管理模块

土地利用年度计划管理模块主要实现以下五项功能：一是对年度计划指标，即每一年上级下达的各项用地指标数据的管理；二是对行政区域内每年土地利用计划的实施方案进行管理，就是土地利用实施计划方案的数据录入、数据维护功能；三是年度计划指标使用的核算管理，即核减每一宗农用地转用项目的占用农用地面积和耕地面积，形成现时计划使用剩余指标，供查询和制表输出；四是年度土地利用计划的台账管理，系统自动生成行政区域内的计划使用台账，供查询和制表输出；五是年度计划指标的追加、结余管理，系统自动统计、核算本行政区域内上一年度土地利用计划执行情况，计算上年度节余指标。图 10.12 为土地利用年度计划管理模块功能结构示意图。

图 10.12　土地利用年度计划管理模块功能结构示意图

(2) 建设项目用地预审模块

本模块实现了规划预审业务的流程化办公管理,主要包括项目受理模块、项目信息录入模块及项目预审模块。项目受理模块是为土地管理部门的窗口式办公服务的,在此模块业务人员只登记项目申请单位的信息及收件信息;业务人员在项目信息录入模块进行用地项目的信息录入后,该模块会自动生成建设项目用地预审工作台账;预审模块主要是为业务人员进行项目预审工作服务的,本模块可生成建设项目用地预审申请表和输出申报图件以供上报市级审批使用。

(3) 建设项目用地规划审查模块

本模块根据前面介绍的规划审查日常办公业务流程提供了流程化办公子模块。业务人员在各个模块中逐步录入相关业务信息后,系统可生成建设用地规划审查工作台账;用地项目规划审查模块辅助实现了建设用地项目的一书四方案的制作,提供了建设用地项目呈报书的自动生成及以 Access 文件格式导出和报表打印的功能。图 10.13 为单独选址建设项目用地规划审查功能模块的示意图。

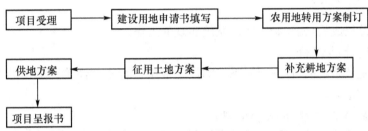

图 10.13　单独选址建设项目用地规划审查功能模块示意图

(4) 土地整理项目规划审查模块

本模块主要包括土地整理项目立项申请模块和项目验收模块。在项目立项申请模块,项目信息录入后,系统可自动生成土地开发整理复垦项目工作台账、项目可行性研究报告及立项申请的相关表格,以供上报审批使用。经过立项审批通过的项目,系统自动将该项目纳入补充耕地项目储备库,以辅助建设用地项目补充耕地方案使用。用户在项目验收模块填写完验收信息后,该项目会自动纳入后备资源库。

(5) 重点项目备案模块

本模块实现了重点项目用地信息的登记、维护工作,同时可以生成工作台账,供用户查询、统计使用。

(6) 规划实施动态监测功能

本模块主要记录了各种用地项目实施的具体情况,待项目实施后依据项目用地实际情况对现状数据进行及时的变更。

6) 查询、统计模块

查询与统计模块提供了综合的查询、统计和专题分析功能,应用该模块可以对土地利用规划业务信息进行各种查询、统计和分析操作,得到的结果系统可以通过图表、报表等多种形式来显示,该模块也提供了各种结果信息的导出、打印功能。规划查询、统计模块的详细功能如图 10.14 所示。

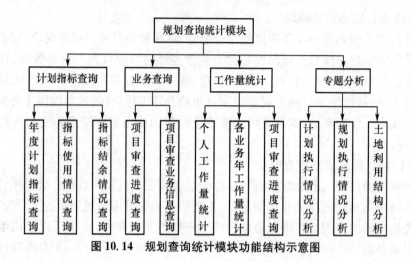

图 10.14　规划查询统计模块功能结构示意图

### 10.3.5　系统实现

在系统设计完成后,就开始进入对系统实现的工作。

1) **系统设计的评价**

在系统实施开始之前,首先要对系统的设计成果进行全面评价。采用的方式是召开开发小组成员的讨论会。

2) **代码编写工作的组织和管理**

系统设计的评价通过之后,由开发小组制订系统实施计划、制定编码规范、制定代码管理机制、组织开发小组人员培训等,为编码工作做准备。

3) **数据库建库**

数据库的建库按空间数据和属性数据分别进行,但不管以何种方式建库,都要先进行源数据的获取和整理以及数据的规范化处理(见 10.2 节)。

4) **功能实现**

包括系统界面的绘制以及功能的编码实现。

5) **系统的调试安装**

在系统开发结束之后,需要将不同开发人员开发的功能模块组装配置起来,进行整个系统正确性和可靠性的检验,系统检验的手段有多种,测试是其中一种,这种方式是使系统有控制地运行,并从多种角度观测系统运行的行为,以发现系统开发中存在的问题并加以改正。这个过程有可能重复多次直到系统运行状态令人满意为止。

在本系统中,系统的调试包括两部分:一是图形功能的调试,选取一个区域作为调试的目标区域,对系统的各项图形功能进行操作,保证其正常的运行;二是办公自动化功能的调试,采用的方法是利用多个土地业务案例,将其作为系统试运行的目标案例,在系统中流转,监测案例的执行情况、处理过程以及最后的结果是否符合要求。

6) **系统维护**

在系统运行过程中,还需要对系统进行定期的维护,以保证系统的正常运行。

# 参 考 文 献

[1] Albert, Karin H., Thomas I. Gunton, J. C. Day. 2002. Implementation of Land and Resource Management Plans in British Columbia: The Kamloops Experience/Burnaby, B. C.: School of Resource and Environmental Management, Simon Fraser University. Research Report #3

[2] Alexander E. R, A. Faludi. Planning and Plan Implementation: Notes on evaluation criteria [J]. Environment and planning B: Planning and Design, 1989

[3] Calbick K. S., J. C. Day, Thomas I. Gunton. 2004. Land Use Planning Implementation: A 'BestPractices' Assessment[J]. Environments 31(3):69-82

[4] Christopher T. R. B Joseph. Evaluation of The B. C. Strategic Land—Use Plan Implementation Framework [M]. London: Cambridge University Press, 2004: 29-33

[5] Costanza R. et al. The Value of The World's Ecosystem Services and Natural Capital[J]. Nature, 1997,387:253-260

[6] Daily GC, eds. Nature's Service: Societal Dependence on Natural Ecosystems[J]. Washington DC: Island Press, 1997

[7] Emily Talen. Do Plans Get Implemented A Review of Evaluation in Planning[J]. Journal of Planning Literature,1996,(10):248-259

[8] FAO. Guidelines for land use planning, Development Series No. 1. FAO, Rome. 1993.

[9] Forman R T T. Land Mosaics: The Ecology of Landscapes and Regions[M]. London: Cambridge University Press, 1995

[10] Healey, P. Researching Planning Practice [J]. Town Planning Review, 1991(62):4.

[11] K. S. Calbick, J. C. Day, Tbomas I. Land Use Planning Implementation: A Best Practices Assessment[J]. Environments, 2004, 31(3): 69-82

[12] Lucie Lanrian, maxineDay, PhilipBerke, et al. Evaluating Plan Implementation-Conformance-Based Methodology [J]. Journal of the American Planning Association, Vol. 70, No 4, Autumn.

[13] McHarg I. Design with Nature [J]. The National History Press, Garden City, New York, 1969.

[14] Smith M. J., 等著;杜培军, 等译. 地理空间分析——原理、技术与软件工具[M]. 北京:电子工业出版社, 2009.

[15] Smyth, A. J., J. Dumanski. FAO. FESLM: An international framework for evaluating sustainable land management. World Soil Resources Report 73. 1993, Rome.

[16] Tanis M. Frame, Tbomas I, Gunton. The Role of Collaborative Planning in Environmental Management: An Evaluation of Land and Resource Management Planning in British Columbia[J]. Journal of Environmental Planning and Management, 2004,47(1):59-82

[17] 安国辉. 土地利用规划[M]. 北京:科学出版社,2008

[18] 白发润. 中国城市土地利用总体规划研究[M]. 长春:吉林人民出版社,1997.

[19] 百度百科. PSR[EB/OL]. http://baike. baidu. com/view/2092076. htm.

[20] 百度百科. 空间自相关[EB/OL]. http://baike. baidu. com/view/3560187. htm.

[21] 百度百科. 人工神经网络[EB/OL]. http://baike.baidu.com/view/19743.htm.
[22] 百度百科. 时间序列分析方法[EB/OL]. http://baike.baidu.com/view/479624.htm.
[23] 百度百科. 遗传算法[EB/OL]. http://baike.baidu.com/view/45853.htm.
[24] 百度百科. 元胞自动机[EB/OL]. http://baike.baidu.com/view/389880.htm.
[25] 百度文库. 系统动力学模型[EB/OL]. http://wenku.baidu.com/view/a2198229cfc789eb172dc819.html.
[26] 百度文库. 移动平均法[EB/OL]. http://wenku.baidu.com/view/63c49d3043323968011c9236.html
[27] 包存宽,陆雍森,尚金城,等. 规划环境影响评价方法及实例[M]. 北京:科学出版社,2006.
[28] 包浩生,彭补拙. 自然资源学导论[M]. 南京:江苏教育出版社,1999.
[29] 卞正富. 矿区土地复垦规划的理论与实践[M]. 北京:煤炭工业出版社,1996.
[30] 蔡安宁. 淮安市土地储备信息系统的开发[J]. 微计算机信息,2009,25(12-3):52-53,93
[31] 蔡玉梅,张文新,赵言文. 中国土地利用规划进展述评[J]. 国土资源,2007(5):14-17.
[32] 蔡玉梅. 改革开放以来我国土地利用规划的评价[J]. 国土资源科技管理,2005,3:57-61.
[33] 曹林,韦晶磊. 土地利用规划的理论与实践研究——基于可持续发展离理念[M]. 天津:南开大学出版社,2012.
[34] 陈洪博,邹清平. 土地科学词典[M]. 南京:江苏科学技术出版社,1992.
[35] 陈胜可. SPSS统计分析从入门到精通[M]. 北京:清华大学出版社,2010.
[36] 陈述彭,鲁学军,周成虎. 地理信息系统导论[M]. 北京:科学出版社,2002.
[37] 陈顺清. 城市增长与土地增值[M]. 北京:科学出版社,2000.
[38] 陈彦光. 地理学数学方法:基础和应用[M]. 北京:科学出版社,2011:175-176.
[39] 陈银蓉,梅昀,代兵,等. 城市土地利用总体规划实施评价研究[J]. 中国人口·资源与环境,2006,16(6):101-107.
[40] 崔功豪,魏清泉,陈宗兴. 区域分析与规划[M]. 北京:高等教育出版社,1999
[41] 邓红蒂,董祚继. 建立土地利用规划实施管理保障体系[J]. 中国土地科学,2002(06).
[42] 董德显. 土地利用规划[M]. 北京:中国展望出版社,1990.
[43] 董黎明,林坚. 土地利用总体规划的思考与探索[M]. 北京:中国建筑工业出版社,2010.
[44] 段杰,李江. 现代地理学基本理论及可持续发展研究[J]. 嘉应大学学报,1997(6):76-79.
[45] 冯振中. 城市土地储备存在的八大风险[J]. 中国土地,2006,(11)24-25.
[46] 付梅臣,王金满,王广军. 土地整理与复垦[M]. 北京:地质出版社,2007.
[47] 傅伯杰,等. 景观生态学原理及应用[M]. 北京:科学出版社,2001.
[48] 高甲荣,齐实. 生态环境建设规划[M]. 北京:中国林业出版社,2006.
[49] 高向军. 土地整理理论与实践[M]. 北京:地质出版社,2003.
[50] 管韬萍,周甬涛. 城市经营性土地储备规划理论与实践[M]. 南京:南京大学出版社,2012.
[51] 国家土地管理局科技宣教司. 土地利用规划[M]. 北京:改革出版社,1992.
[52] 国土资源部. 基本农田划定技术规程(TD/T 1032—2011),2011年6月30日实施.
[53] 海热提,王文兴. 生态环境评价、规划与管理[M]. 北京:中国环境科学出版社,2004.
[54] 郝晋珉. 土地利用规划学[M]. 北京:中国农业大学出版社,2007.
[55] 何芳,叶嫔华. 土地储备也应编制规划[J]. 中国土地,2006,(11):22-23.
[56] 何芳. 土地利用规划[M]. 上海:百家出版社,1994.
[57] 何永祺. 土地利用总体规划[M]. 沈阳:辽宁大学出版社,1991.
[58] 胡宝清,廖赤眉,严志强,等. 广西都安瑶族自治县农业可持续发展的生态安全评价[J]. 农村生态环境,2003,19(2):16-19.
[59] 胡宝清,严志强,廖赤眉,等. 区域生态经济学理论、方法与实践[M]. 北京:中国环境科学出版

[60] 胡振琪. 土地整理概论[M]. 北京:中国农业大学出版社,2007.
[61] 华南理工大学建筑学院城市规划系. 城乡规划导论[M]. 北京:中国建筑工业出版社,2011.9.
[62] 贾冰,李升峰,贾克敬. 中国土地利用规划环境影响评价研究评述[J]. 中国土地科学,2009,23(5):76-80.
[63] 江美球. 城市学[M]. 北京:科学普及出版社,1988.
[64] 孔祥斌,张凤荣,齐伟. 基于农户利用目标的集约化农区土地利用驱动机制分析——以河北省曲周县为例[J]. 地理科学进展,2004,(3):50-57.
[65] 赖力,黄贤金,张晓玲. 土地利用规划的战略环境影响评价[J]. 中国土地科学,2003,17(6):56-60.
[66] 赖力. 中国土地利用的碳排放效应研究[D]. 南京:南京大学博士学位论文,2010.
[67] 黎诚. 土地利用总体规划实施评价研究[D]. 西北农林科技大学硕士论文,2008.
[68] 李满春,任建武,陈刚,等. GIS设计与实现[M]. 北京:科学出版社,2003.
[69] 李满春,余有胜,陈刚,等. 土地利用总体规划管理信息系统的设计与开发[J]. 计算机工程与应用,2000(08).
[70] 李鹏,赵忠,李占斌. 黄土高原沟坡地土地生产力评价的指标体系与评价方法[J]. 土壤与环境,2001,10(4):301-306.
[71] 李小凌,周年兴. 生态规划过程详解——《生命的景观(The Living Landscape)》述评[J]. 规划师,2004(6):92-94.
[72] 林培,梁学庆,朱德举. 土地资源学[M]. 北京:中国农业大学出版社,1997.
[73] 林廷钧. 城市规划要贯穿土地储备始终[J]. 中国土地,2006,(11):21,27.
[74] 刘保奎,冯长春,韩丹. 土地储备规划编制方法探析[J]. 中国房地产,2010,(2):48-51.
[75] 刘汉良. 土地整治规划[M]. 天津:天津大学出版社,2011.
[76] 刘康,李团胜. 生态规划——理论、方法与应用[M]. 北京:化学工业出版社,2004.
[77] 刘明皓,邱道持. 县级土地利用总体规划实施评价方法探讨[J]. 中国农学通报,2006,22(11):391-395.
[78] 刘书楷. 土地经济学[M]. 北京:中国农业出版社,1996.
[79] 刘新华. 新土地管理法全书[M]. 北京:中国物价出版社,1998.
[80] 刘新芝,张维,田凤. 土地储备资金运行中存在的风险[J]. 经济研究参考,2006,(15):28-29.
[81] 刘艳芳,明冬萍,杨建宇. 基于生态绿当量的土地利用结构优化[J]. 武汉大学学报(信息科学版),2002,27(5):493-500.
[82] 刘杨. 基于柔性决策的弹性土地利用总体规划模型研究与实证分析[D]. 南京:南京大学硕士学位论文,2007.
[83] 刘毅,金凤君. 沿海地区人地关系协调发展战略[M]. 北京:商务印书馆,2005.
[84] 吕晓. 建设用地扩张过程的时空均衡分析及管控研究——以南通市通州区为例[D]. 南京:南京大学博士学位论文,2012.
[85] 马克伟. 土地大辞典[M]. 长春:长春出版社,1990.
[86] 穆合义. 基于ArcGis Engine的土地储备信息系统开发[D]. 湖南:中南大学学位论文,2009.
[87] 牛文元. 小城镇建设的规划与管理[M]. 北京:新华出版社,2004.
[88] 欧海若. 土地利用规划的基础理论问题研究[D]. 杭州:浙江大学,2004:97-108.
[89] 欧名豪. 土地利用规划体系研究[J]. 中国土地科学,2003,17(5):41-44.
[90] 欧名豪. 土地利用规划控制研究[M]. 北京:中国林业出版社,1999.
[91] 欧名豪. 土地利用管理[M]. 北京:中国农业出版社,2011.
[92] 欧阳志云,王如松. 生态规划的回顾与展望[J]. 自然资源学报,1995,10(3):203-214.

[93] 彭补拙,周生路. 土地利用规划学[M]. 南京:东南大学出版社,2003.
[94] 乔丹玲. 浅谈城市规划与城市土地储备交易的关系[J]. 广西城镇建设,2005,(12):52-54.
[95] 曲福田,等. 经济发展与土地可持续利用[M]. 北京:人民出版社,2001.
[96] 宋启林. 中国现代城市土地利用学[M]. 北京:中国建筑工业出版社,1992.
[97] 孙施文,周宇. 城市规划实施评估的理论与方法[J]. 城市规划汇刊,2003,(2):15-20.
[98] 孙在宏,陈惠明,乔伟峰,等. 土地管理信息系统[M]. 北京:科学出版社,2005.
[99] 同济大学. 城市规划原理[M]. 北京:中国建筑工业出版社,1989.
[100] 涂姗,李江风. 土地利用总体规划实施评价方法研究——以桂林市资源县为例[J]. 国土资源科技管理,2006,1:55-59.
[101] 王基建. 国土资源管理与执法监督实务全书(上卷)[M]. 北京:中央编译出版社,2006.
[102] 王万茂,高波,夏太寿. 土地生态学[M]. 北京:科学技术文献出版社,1992.
[103] 王万茂,潘文珠. 土地资源管理学[M]. 合肥:安徽科学技术出版社,1989.
[104] 王万茂. 中国乡镇规划概论[M]. 合肥:安徽人民出版社,1988.
[105] 王万茂. 土地利用规划学[M]. 北京:科学出版社,2006.
[106] 王铮,丁金宏. 论地理科学[J]. 地理新论,1991,6(1):5.
[107] 文继群. 基于碳氧平衡的土地利用多情景模拟研究——以江苏省苏州市为例[D]. 南京:南京大学博士学位论文,2011.
[108] 邬建国. 景观生态学——格局、过程、尺度与等级[M]. 北京:高等教育出版社,2000.
[109] 吴承伦,袁涛. 土地开发整治规划理论方法与实践[M]. 北京:中国大地出版社,2003.
[110] 吴传均. 论地理学的研究核心——人地关系地域系统[J]. 经济地理,1991,11(3):1-6.
[111] 吴传钧. 人地关系地域系统的理论研究及调控[J]. 云南师范大学学报(哲学社会科学版),2008,40(2):1-3.
[112] 吴次芳,罗罡辉,尹奇. 土地利用总体规划实施评价研究[J]. 中国土地科学,2003,17(5):35-40.
[113] 吴次芳,徐宝根,等. 土地生态学[M]. 北京:中国大地出版社,2003.
[114] 吴次芳. 土地利用规划[M]. 北京:地质出版社,2000.
[115] 夏春云,严金明. 土地利用规划实施评价的指标体系构建[J]. 中国土地科学,2006,20(2):19-23.
[116] 谢高地,鲁春霞,冷允法,等. 青藏高原生态资产价值[J]. 自然资源学报,2003,18(2):189-196.
[117] 谢高地,甄霖,鲁春霞,等. 一个基于专家知识的生态系统服务价值化方法[J]. 自然资源学报,2008,23(5):911-917.
[118] 徐化成. 景观生态学[M]. 北京:中国林业出版社,1995.
[119] 徐建华. 现代地理学中的数学方法[M]. 北京:高等教育出版社,2002.
[120] 许莉俊,徐里格. 城市规划导向的经营性土地储备近期规划初探[J]. 规划师,2006,11(22):61-64.
[121] 许燮谟,陈章琛. 土地利用工程[M]. 北京:农业出版社,1987.
[122] 薛凌霞,孙鹏举. 兰州市土地利用总体规划实施评价[J]. 甘肃农业大学学报,2008,43(2):120-124.
[123] 严金明,钟金发,池国仁. 土地整理[M]. 北京:经济管理出版社,1998.
[124] 严金明. 中国土地利用规划:理论、方法、战略[M]. 北京:经济管理出版社,2001.
[125] 严金泉. 新世纪土地政策的价值追求——对人地关系的经济学、生态学和伦理学思考[J]. 中国土地科学,2001,15(6):1-4.
[126] 严丽萍. 土地利用总体规划实施评价研究——以杭州市和贵阳市为例[D]. 浙江:浙江大学硕士论文,2006.
[127] 晏晓红. 土地利用总体规划实施评价研究[D]. 武汉:武汉大学硕士论文,2005.

[128] 杨康宁,叶树华. 土地利用总体现划编制技术[M]. 西安:陕西科学技术出版社,1992.
[129] 杨忠学. 湖北省土地利用总体规划实施评价研究[M]. 武汉:华中农业大学出版社,2005:9-10.
[130] 杨子生. 论土地生态规划设计[J]. 云南大学学报(自然科学版),2002,24(2):114-124.
[131] 叶晖. 土地储备规划编制的实践思考——以上海宝山区土地储备规划为例[J]. 上海城市规划,2010,(5):20-24.
[132] 叶剑平. 土地科学导论[M]. 北京:中国人民大学出版社,2005
[133] 尹希成. 全球问题与中国[M]. 武汉:湖北教育出版社,1997
[134] 余克向. 土地利用规划实施评价方法探析[J]. 国土资源科技管理,2006,23(1):32-36.
[135] 余向克,邓良基,李何超. 土地利用规划实施评价方法探析[J]. 国土资源科技管理,2006,(1):32-36.
[136] 袁浩正,赵霞著土地利用规划的经济学分析[M]. 天津:南开大学出版社,2012.
[137] 翟虎渠,钟甫宁. 农业概论[M]. 北京:高等教育出版社,1999.
[138] 张峰,李红军. 城乡统筹下的土地利用规划创新研究[M]. 天津:南开大学出版社,2012.
[139] 张国良. 矿区环境与土地复垦[M]. 北京:中国矿业大学出版社,1997.
[140] 张占录,张正峰. 土地利用规划学[M]. 北京:中国人民大学出版社,2006.
[141] 张正峰. 土地资源管理[M]. 北京:中国人民大学出版社,2008.
[142] 章家恩,等. 生态规划学[M]. 北京:化学工业出版社,2009.
[143] 赵成胜,黄贤金,陈志刚. 城市土地储备规划的相关理论问题研究[J]. 现代城市研究,2011,(4):59-62.
[144] 赵文吉. 数字国土设计、实现与应用[M]. 北京:科学出版社,2008.
[145] 赵小风,黄贤金,陈逸,等. 城市土地集约利用研究进展[J]. 自然资源学报,2010(11).
[146] 赵小敏,郭熙. 土地利用总体规划实施评估[J]. 中国土地科学,2003,17(5):35-40.
[147] 赵烨,杨燕敏,等. 北京市土地利用总体规划实施管理预警系统的构建[J]. 干旱区资源与环境,2006,20(1):23-26.
[148] 郑文娟,冯科. 项目融资模式在土地收购储备中的创新研究——以武汉市为例[J]. 安徽农业科学,2007,35(2):560-561.
[149] 郑新奇,李宁,孙凯. 土地利用总体规划实施评估类型及方法[J]. 中国土地科学,2006,20(1):21-26.
[150] 中国大百科全书地理学编辑委员会. 中国大百科全书(地理学)[M]. 北京:中国大百科全书出版社,1990.
[151] 周慧杰,周兴,胡宝清,等. 广西贵港市土地利用总体规划实施评价[J]. 生态环境,2005,14(5):752-756.
[152] 朱德海,严泰来,杨永侠. 土地管理信息系统[M]. 北京:中国农业大学出版社,2000.
[153] 朱德举. 土地科学导论[M]. 北京:中国农业科技出版社,1995.
[154] 朱国宏. 人地关系论——中国人口与土地关系问题的系统研究[M]. 上海:复旦大学出版社,1996.
[155] 《规划环境影响评价技术导则——土地利用总体规划》(征求意见稿)(2009).
[156] 《市级土地利用总体规划环境影响评价技术规范》(试行)(国土资厅发〔2009〕79号).
[157] 《土地管理之路》编委会. 土地管路之路(上册)[M]. 北京:中国大地出版社,2005

# 后 记

南京大学城市与资源学系于1993年建立了土地管理与房地产开发专业。土地利用规划的内容分别在"自然资源学导论"、"土地管理学"中讲授。近年来,独立开设了"土地利用规划学",同时,我系成人教育有关专业中也将开设"土地利用规划学"。为此,编者在原有课程教学讲义的基础上,认真总结多年来从事土地利用规划工作的经验和成果,充分吸收同仁们的成果和经验,以形成本书的初稿。

南京大学城市与资源学系土地管理与房地产开发专业的包浩生教授、濮励杰教授、周寅康教授、黄贤金教授及其他老师对本书的编写提出了许多宝贵的意见,南京大学继续教育学院的领导对本书的出版给予了大力的支持和帮助,在此一并表示感谢。

本书由彭补拙、周生路拟定编写提纲,编写分工如下:绪论彭补拙,第2、3章黄劲松,第4章张建春,第5章周生路,第6章李春华,第7章陈敬雄,第8章徐颖,全书由彭补拙负责统稿和定稿。

编 者
2003年4月